MBA
MPAcc
MEM
MF

全 国 硕 士 研 究 生 招 生 考 试

2024

管理类经济类综合能力

逻辑攻略

挑灯成硕◎编著

吉林科学技术出版社

图书在版编目（CIP）数据

管理类经济类综合能力. 逻辑攻略 / 挑灯成硕编著
. -- 长春：吉林科学技术出版社，2022.12
（全国硕士研究生招生考试）
ISBN 978-7-5744-0036-8

Ⅰ. ①管… Ⅱ. ①挑… Ⅲ. ①逻辑-研究生-入学考
试-自学参考资料 Ⅳ. ①G643

中国版本图书馆 CIP 数据核字（2022）第 234788 号

管理类经济类综合能力　逻辑攻略

GUANLILEI JINGJILEI ZONGHE NENGLI　LUOJI GONGLÜE

编　　著　挑灯成硕
出 版 人　宛　霞
特约编辑　孙佳林
责任编辑　靳雅帅
幅面尺寸　185 mm×260 mm
字　　数　424 千字
印　　张　17
印　　数　1-8 000 册
版　　次　2022 年 12 月第 1 版
印　　次　2022 年 12 月第 1 次印刷

出　　版　吉林科学技术出版社
发　　行　吉林科学技术出版社
地　　址　长春市南关区福祉大路 5788 号龙腾国际大厦 A 座
邮　　编　130000
发行部电话/传真　0431-81629529　81629530　81629531
　　　　　　　　　　81629532　81629533　81629534
储运部电话　0431-86059116
编辑部电话　0431-81629516
网　　址　http://www.jlstp.cn
印　　刷　三河市航远印刷有限公司

书　　号　ISBN 978-7-5744-0036-8
定　　价　68.00 元

使用指南

《管理类经济类综合能力　逻辑攻略》

本书可作为备考管理类、经济类综合能力逻辑部分第一阶段用书，考生通过阅读本书，能系统、完整地掌握"综合能力"考试逻辑部分的应试要求。书中遵循由浅入深的写作原则，倡导扎实性与系统性的学习，让考生不仅"知其然"，更"知其所以然"。

第一章，读者对其内容不难理解，但很难记住。事实上，这些内容不需要记忆，大概有个印象即可。等学完全书再回来阅读这一章内容，就能够更深刻地理解它。这一章的内容，建议一天之内学习完毕。

第二章和第三章主要讲形式逻辑。这两个章节知识点较多，读者不必记忆那些陌生的逻辑概念，但要对所有的推理规则烂熟于心。由于形式逻辑是后续内容的基础，本书特为形式逻辑附加了补充练习，初学者做起来正确率很可能非常低，但要有耐心也要有信心。做错的题目要看解析后重新做，把自己的思路规范到解析上来；要经常把题目讲解出来，需要精准地组织语言，最大的收获就是让自己的解题思路更加清晰。每道题最好做三遍。这两章内容，学习一个月都是可以的。这两章内容，由杨涵老师编撰组稿。

第四章和第五章的内容是为逻辑考试的另一个重点论证逻辑打基础。这两章篇幅虽然不长，知识点也不难，但它是第六章所有内容的基础，建议考生认真阅读，将所附习题充分练习。这部分内容建议在两个星期之内学习完毕。

第六章从考查方法上列举了论证逻辑的各种题型。这些题型各有其解题思路，但相互之间也有联系，读者在阅读中应对照印证，总结规律；做题时切忌沉迷于题干本身，而是要跳出题干，对照书中所讲解的思路思考论证的方法。本章除第一节可快速学习，其余每一节学习时间为三天左右，要对一种题型的各种解题思路完全熟悉之后再进入下一节内容。整个第六章的学习不要超过一个月。本章的第一节以及第二、三、四节的"锦囊妙计"，特别感谢杨涵老师的编撰工作。

第七章讲解综合推理题型。这种题型是对第二章到第六章所学内容的综合测试，是对考生整体逻辑思维能力的综合考查。这一章的学习以一个星期为宜。

第八章是对全书学习方法的总结，所讲述的阅读方法、答案判别方法还有常用解题方法都非常重要。为什么不把这一章的内容放到前面的章节去讲述呢？因为初学者看到这些方法并不会真正有收获——纸上得来终觉浅。经过前期的积累，阅读到本章，读者一定会有很深刻的感悟。学完这一章，可以复习第七章的习题，用这些方法来重新做题。这一章的内容临考前最好再读一遍。

本书中所列配套练习是所有考生都应该掌握的习题，补充习题则供需要得高分的考生进一步训练。

读者最好在九月初之前完成本书学习，并配合《管理类经济类综合能力 逻辑真题分类训练》进行练习；进入九月，应该通过《管理类经济类综合能力 逻辑真题》[1]，以一天一套题（20~30题）的速度进行整套逻辑题的练习；从十一月开始，以每周一套题的速度练习《管理类综合能力考前预测8套卷》或《经济类综合能力考前预测8套卷》，控制整体做题时间。

考生在运用本书进行逻辑复习备考的过程中，要注意在阅读中逐步体会逻辑考题的共性和规律性，在此基础上把解题技巧变成自己内在的思维方法和感觉。这将引导考生顺利获取逻辑考试的高分。笔者会给考生提供大量的技巧和方法，但尽量避免哗众取宠，因为

---

[1]《管理类经济类综合能力 逻辑真题分类训练》编选的是早年逻辑真题以及 MBA 联考的真题，而《管理类经济类综合能力 逻辑真题》这本书则编选了近年管综和经综的逻辑真题，两本书的题目并不重合，二者叠加，覆盖了从 1997 年至今的所有真题。

所有技巧和方法的运用都是有条件的。如果不重视基础，入门上手快则快矣，但题目变化多端，应对时难免捉襟见肘。

在逻辑考试中，考的是思路，即思维方法。而落实在卷面上的思维方法就那么几种。把题型搞定了，就会发现"题海无边，题型有限"。逻辑考试很多考题都是"貌离神合"的。只要熟悉了各类逻辑考题的题型及解题思路，并能在熟练掌握的基础上融会贯通、举一反三，那么，在遇到同类问题时，一定有助于尽快理清思路，快速准确解题。

再次致谢杨涵老师在本书修订工作中的协助！

作者：挑灯成硕

微博：@语逻老王

微信公众号：挑灯成硕

2022 年 12 月

CONTENTS

目　录

◉ **第一章　逻辑导学** ➟ 1

第一节　逻辑考试概说　　　　　　　》2

第二节　逻辑备考综述　　　　　　　》4

◉ **第二章　形式逻辑考点** ➟ 10

第一节　直言命题　　　　　　　　　》11

第二节　模态命题　　　　　　　　　》19

第三节　联言及选言命题　　　　　　》22

第四节　假言命题　　　　　　　　　》29

第五节　关系命题　　　　　　　　　》37

◉ **第三章　形式逻辑题型** ➟ 39

第一节　寻找推出　　　　　　　　　》40

第二节　寻找矛盾　　　　　　　　　》46

第三节　连逻辑链　　　　　　　　　》51

第四节　传递推理　　　　　　　　　》55

第五节　寻找补全　　　　　　　　　》58

◉ **第四章　论证逻辑基础** ➟ 82

第一节　概　念　　　　　　　　　　》82

第二节　逻辑三大定律　　　　　　　》87

◉ **第五章　论证推理方法** ➟ 94

第一节　归纳推理　　　　　　　　　》94

第二节　统计推理与数字陷阱　　　　》99

第三节　类比推理　　　　　　　　　》104

第四节　因果推理　　　　　　　　　》108

第六章 论证推理常见题型 ➡ 119

第一节 审题方法：结构先行，结论优先 » 119
第二节 支持题型 » 121
第三节 假设题型 » 130
第四节 削弱题型 » 140
第五节 评价题型 » 152
第六节 推论题型 » 155
第七节 描述题型 » 159
第八节 类似比较题型 » 164
第九节 解释题型 » 169
第十节 对话题型 » 172

第七章 综合推理题型 ➡ 178

第一节 综合推理概述 » 178
第二节 真假话辨析 » 192

第八章 应试方法综述 ➡ 197

第一节 逻辑读题的原则 » 197
第二节 干扰项的设置方法 » 201
第三节 答案判别方法 » 203
第四节 常用解题方法总结 » 205

附 录 ➡ 208

2018 年入学管理类综合能力逻辑真题 » 208
2019 年入学管理类综合能力逻辑真题 » 217
2020 年入学管理类综合能力逻辑真题 » 226
2021 年入学管理类综合能力逻辑真题 » 234
2021 年入学经济类综合能力逻辑真题 » 243
2022 年入学管理类综合能力逻辑真题 » 249
2022 年入学经济类综合能力逻辑真题 » 257

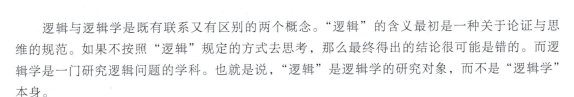

第 一 章

逻辑导学

逻辑与逻辑学是既有联系又有区别的两个概念。"逻辑"的含义最初是一种关于论证与思维的规范。如果不按照"逻辑"规定的方式去思考，那么最终得出的结论很可能是错的。而逻辑学是一门研究逻辑问题的学科。也就是说，"逻辑"是逻辑学的研究对象，而不是"逻辑学"本身。

同样，逻辑推理是一种运用逻辑思维的智力活动，而不是"逻辑"本身。逻辑推理就是通过若干"已知前提"来推导出事物的本来面貌。推理过程会运用到很多逻辑法则。推理是否成立，主要看结论符不符合逻辑与事实。本书除了介绍关于逻辑的基本知识之外，更多是在培养逻辑思维。

专业硕士备考的学习过程，与逻辑思维有着紧密联系。思维无定式，但思维有成法。对于考生来说，洞悉试题考查意图，并坚持适当的训练，就可以得到事半功倍的效果。

逻辑题目从思维过程的角度上可分成形式逻辑和论证推理两大部分。这两部分题目的解题方式既有联系，又有明显的区别。考生在备考初期会为形式逻辑的知识点苦恼不已，而对于论证推理部分，凭借头脑中既有的逻辑思维能力，似乎还能做对不少题目；但是，随着备考的深入，就会发现更难的是论证推理题型。这是因为，掌握形式逻辑的知识点并且熟练运用它们，可以让考生做题又快又好，确保准确率；而论证推理涉及思维训练，思维有套路但是没有模板，于是考生就会发现论证推理的题目答对的概率是忽上忽下的，甚至经过一段时间的学习之后，准确率反而下降了。

这也不难理解，新的思维套路要与旧的感知方式作斗争，在新思维完全确立之前，旧方式在逐步褪去，由此感到题目不可捉摸乃至越做越错是正常现象。这正是逻辑学习的瓶颈所在。突破这个瓶颈的一个重要标志就是，能综合运用形式逻辑与论证推理的知识和套路来解决各种问题——通俗地讲，就是打通"任督二脉"，两种考题在头脑中合二为一。此时的感觉就是所谓"见山不是山，见水不是水"。

可以说，过了这个必经阶段之后，逻辑学习的道路将是一马平川的，接下来的问题就是速度与正确率的综合提升了，即要达到"见山还是山，见水还是水"的境界。

第一节　逻辑考试概说

一、逻辑考试的内容

为了速度与正确率的提升，我们的学习需要从"见山是山，见水是水"的形式逻辑基础内容讲起。由于这部分的知识点比较繁杂，对于初学者来说，一股脑儿地接受很多新鲜概念并不是轻松的事情。因此，理解将要学什么、分成几个步骤来学习，将会让我们取得事半功倍的效果。以下是管理类、经济类综合能力考试大纲，在学习过程中经常翻看大纲，就如同一个人长途跋涉时经常拿出指南针和地图来看看自己走过了哪里、正在向哪里走、距离目的地还有多远——有助于增强信心、防止迷路。

> **管理类、经济类综合能力考试大纲（逻辑推理部分）**
>
> 综合能力考试中的逻辑推理部分主要考查考生对各种信息的理解、分析、判断和综合，以及相应的判断、推理、论证等逻辑思维能力，不考查逻辑学的专业知识。试题内容涉及自然、社会和人文等各个领域，但不考查相关领域的专业知识。
>
> 试题涉及的内容主要包括：
>
> （一）概念
>
> 1.概念的种类　　2.概念之间的关系　　3.定义　　　　4.划分
>
> （二）判断[1]
>
> 1.判断的种类　　2.判断之间的关系
>
> （三）推理
>
> 1.演绎推理　　　2.归纳推理　　　　3.类比推理　　4.综合推理
>
> （四）论证
>
> 1.论证方式分析
>
> 2.论证评价：
>
> （1）加强　　　　（2）削弱　　　　（3）解释　　　（4）其他
>
> 3.谬误识别：
>
> （1）混淆概念　　（2）转移论题　　（3）自相矛盾　　（4）模棱两可
>
> （5）不当类比　　（6）以偏概全　　（7）其他谬误

根据考试大纲相关规定，逻辑推理能力考试并不要求考生掌握逻辑和批判性思维理论的专门原理，而是测试考生对各种信息的理解、分析和提炼能力，重点测试考生分析、比较、评价、反驳和进行各种推理或论证的能力。因此，虽然逻辑考题内容广泛地涉及自然科学、人文和社会科学等背景知识，但并不是针对特定领域具体专业知识的测试，而是对考生逻辑推理能力的考查，即考查考生利用已具有的常识、技能、词汇等进行推理和解决问题的能力。

逻辑考试大纲中将逻辑测试的目标概括为检验考生的三种能力。第一种能力是演绎推理能力，考查这种能力的题目在近两年的考试中都占 50% 左右；第二种能力是评价和分析论证的能力，主要包括前提假设、加强支持、削弱质疑、解释评价等类型的题目，这种能力是近二十年来批判性

---

［1］　判断，又叫"命题"，本书为便于表达，以下都称之为"命题"。

思潮的延续，主要考查考生能否理性看待推理、公平合理地对待论证、不凭感性认识对论证作评价；第三种能力是理解概括能力，这种能力是归纳和类比思维里面比较精华的部分，考生要掌握相关的从弱原则、一致原则以及整体原则。后两种能力可以概括为批判性思维能力。

对演绎推理能力和批判性思维能力的考查，构成了逻辑题目的两大类题型，即"形式逻辑"和"论证推理"。二者的区别在于，形式逻辑注重的是推理形式的有效性，而批判性思维并不仅仅考虑其有效性，更多的是考虑前提对结论的支持或削弱程度、语义的关联，以及一个推理和论证得出真结论的条件，等等。

二、逻辑试题的特点

1. 涉猎广泛，阅读量大

逻辑30道题往往涉及很多考生并不熟悉的领域，出现一些专有名词，而且一般来说要在50分钟之内完成（否则会影响到其他科目的做题时间），平均每道试题的解题时间不到2分钟。考生在阅读完题目后，冥思苦想自然是不可能的，就是稍加思索的时间余地也是不大的，必须在很短的时间内就做出选择。考生只有具备一定的逻辑基础知识和应试技巧，才能在考试中迅速反应。

2. 形式逻辑，有章可循

形式逻辑题目，类似于解数学题，有唯一正确答案，只要遵循了形式逻辑的基本公式，是一定能够得出唯一正确答案的。这类题在考试中大部分属于"送分"题，考生应该做到又快又好地解题。

例： 小张承诺：如果天不下雨，我一定去听音乐会。

以下哪项为真，说明小张没有兑现承诺？

Ⅰ. 天没下雨，小张没去听音乐会。

Ⅱ. 天下雨，小张去听了音乐会。

Ⅲ. 天下雨，小张没去听音乐会。

A. 仅仅Ⅰ。　　　　　　　　　　　B. 仅仅Ⅱ。

C. 仅仅Ⅲ。　　　　　　　　　　　D. 仅仅Ⅰ和Ⅱ。

E. Ⅰ、Ⅱ和Ⅲ。

小张承诺的是一个充分条件，即"天不下雨"是"小张去听音乐会"的充分条件。根据充分条件假言命题的性质，当选项Ⅰ为真时显然小张的承诺是假的，但当选项Ⅱ和Ⅲ为真时，小张的承诺都是真的。

3. 论证推理，套路明显

论证推理考的是日常思维的规律，题型具有很强的规律性。比如要否定一个方案，否定它的可行性比否定它的合理性更有力；再比如要否定一个论证，我们知道论证有论点、论据、论证方法，其中反驳论点是最为有力的。尽管没有公式，但这些规律对于我们快速思考是很有帮助的。本书进行的套路化训练，就是帮助考生寻求规律并掌握解题方法。

这类题型的设置，并不以难度为主，甚至可以说大部分也是送分的，主要是测试考生的思维习惯。对考生来说，此类题型最大障碍是做题过程中会耗费很多时间摄取并加工信息。本书将在第五章和第六章专题介绍论证推理题型，并在第八章第一节讲解阅读题干的方法。

4. 综合推理，灵活多变

解逻辑类题目，不仅依赖考生的知识，而且需要考生综合运用批判性思维的方法。悟到了方法，题目就非常简单，但是如果悟不到，这道题就需要放弃。

最近几年来，专业硕士逻辑命题中这样的题型越来越多，这恰恰体现出了"素质型考试"的特点，即对知识点的掌握只是基本功，想要取得好成绩必须有较好的综合思维素质。所有的解题方法，考生在漫长的求学生涯中都是已经学习过、碰到过的，需要做的是灵活运用，即"知识的迁移"运用。因此，死读书式的备考是事倍功半的。本书将在第七章专题介绍综合推理题型，试着总结一些思维方法给读者。

第二节　逻辑备考综述

一、逻辑备考的几个误区

1. 背景知识是不是越多越好

对于初学者来说，很多考生误以为做题时背景知识越多越好。事实上，逻辑试题中，所有的相关事件的选择都是随机的，所给出的文字材料不存在科学上的正确与否，不牵涉题干中相关事件的正确与否。如果题干给出以下命题：

人是有羽毛的植物。

那么你所要知道的就是：人是植物；人有羽毛。至于这个命题在生物学上是否正确，对于考生解题是无关紧要的。"人""植物""羽毛"在我们解题时只作为三个符号来处理。命题者就是要利用背景知识将考生绕进圈套。用背景知识解题，知识越多，被绕进去的可能性越大。基于此，逻辑考试需要清空头脑原则。

如果专业知识背景和想象有助于解题，那么就存在一个假设：所有考生的专业背景是一样的。但实际情况绝非如此，那么就会出现不同的想象和联想——可是，主观的东西如何作为寻找客观答案的依据呢？

2. 题海战术作用不大

要使得做一定数量的试题起作用，需要两个前提：首先是在掌握解题方法和思维的前提下，熟悉做题套路；其次是善于总结，能在表面看来没有规律的试题中把握规律。如果没有这两个前提，即便大量做题，看到未见过的题目也会不知所措。

二、逻辑备考战略

1. 逻辑复习目标：先易后难，又快又好

逻辑复习成功的标志是能够准确、快速地解题。因此，应该将备考的过程分为两个阶段。

第一阶段，追求准确率。 初接触逻辑的考生在训练时，不需要注重速度，而要力求把解题思路吃透，达到以一题知百题、触类旁通的效果。

由于专业硕士逻辑题的命题思路基本上已经固定，考题的局限性相对较强，因此按照题目的类型进行解题套路的训练，不仅能全面把握各类题型的命题规律，而且能更快更好地培养考生的"题感"，即实际解题的感觉。而形成题感的标志就是正确答案在考生眼中变得非常明显。因此，第一阶段做题不要贪快，最好找有详细答案说明的题去做，关键是要把题做明白。

第二阶段，追求熟练程度。 一般来说，经过一定训练后，只要时间足够，多数人的答题正确率会很高，但是仅仅答对逻辑题是远远不够的，还要答得快。因为在考场中，关键是时间限制影响了答题正确率。因此在基本达到第一阶段要求的基础上，要追求熟练程度，反复做题，形成题感，因为只有解题既快又准，才能取得逻辑高分。有一定基础的考生要力求每30道题用45分钟完成，追求又快又好的效果。

平常在做练习时一定要集中限时训练，否则成效较小。由于大部分逻辑题并不难，如果没有时间限制一般都能做出来，不这样集中训练就起不到应有的效果。有的考生习惯于做一题对一下答案，这非常不利于逻辑的备考。

不要使用疲劳战术，一次正式训练就只做30题；要专心，不要隔一会儿做一道，有手无心；有时暂时的错误率比较高，也不要太担心。

每次练习都要计时计分。具体做法是：（1）总用时限制在50分钟以内；（2）整套题目做一遍之后，记一下时间；（3）用5分钟检查一遍；（4）对照答案；（5）反思错题的原因，总结套路。

2. 逻辑备考经验：研习真题，归类汇总

在思维形成和方法训练的过程中，真题是最好的选择。真题质量比任何模拟题质量都要高，考生应在做真题的过程中提高解题能力、寻找命题规律、悟出解题要领。考生在备考逻辑考试时，90%的精力应放在反复做题和总结解题套路上。精练时一定要集中训练，即在规定时间内一口气做完一套题。

要把历届考题按题目的表现形式或解题方法划分为不同的题型和解题套路，并做详细剖析说明。做完题后的总结更为重要。个别自己弄不透的题最好和同学一起讨论，不仅要知其然，还要知其所以然。

3. 逻辑备考策略：思路训练，"题河"战术

逻辑考试考查的重点是在对知识的综合运用以及解决实际问题的能力上，具体表现在综合能力题目很活，解题技巧和感觉只有在反复练习中才会真正掌握并巩固。解题思路的训练是考前准备的突破口。因此要拿高分，秘诀就是思路训练。

所谓思路训练，指的就是以题目类型为基础，根据不同的试题类型所具有的主要特征而提炼出来的处理不同类型问题的具体方法。通过对大量真题的解题分析，尽量把每一类题型的特点和解题方法分析透彻。对照归纳总结的方法、技巧，研读相关的解题分析便可融会贯通、举一反三、触类旁通。

"题河"战术是指做适量的题，在题目训练的过程中举一反三、触类旁通是逻辑复习效果的关键。但如果只重视数量而忽视总结，则只会浪费时间。也正是基于此，本书的习题经过反复筛选，以达到精练的目的。考生还可以通过《管理类经济类综合能力 逻辑真题》《管理类经济类综合能力 逻辑真题分类训练》和《管理类综合能力考前预测8套卷》《经济类综合能力考前预测8套卷》来增加练习数量。

4. 逻辑高分要诀：模拟实战，形成题感

每次做模拟题时，要按照本书所讲的方法去理解，也就是不是完全按照自己的方式去做。如果逻辑解题训练变成钻牛角尖，变成对逻辑理论或是逻辑题目内容所涉及的领域知识的深入探讨，不但对考试毫无益处，而且有可能导致非常坏的后果。因此考生要按照题目本身所设定的思路去思考。同时严格按考试时间答题，填涂在答题卡上，找到考试的感觉。一定要注意不是让考试来适应考生，而是考生应该主动去适应考试。

三、逻辑学习的本质

备考过程中，一个普遍的学习误区就是过于强调知识点，而忽略做题的方式方法。很多同学试图通过死记硬背的方式来应对考试。这是传统的应试教育训练带来的"路径依赖"。事实上，对于专业硕士综合科目考试来说，越是死记硬背效果越差。

> **挑灯提示**
>
> 知识点好比零件，思维方式和解题方法帮你把零件组装成武器。但这还不够，考试的时候还需要良好的心态、正确的临场策略。这些都具备了，才叫水平。

未来大家会发现，逻辑学科要想很好地通过考试，其实需要五个层面的学习，可以用一个金字塔来表示，如下图所示。

逻辑解题的五个层面

初学阶段大家的关注点都在知识点上，伴随着知识点的讲解，老师会逐步渗透其他四个层面的讲解给大家。到最后大家就会发现，正如上图所示，知识点的掌握对于考试来说其实是最底层的东西——没它是不行的，只有它是远远不够的。必须把五个层面结合起来才能在考场上拿到理想分数。

> **挑灯提示**
>
> 必须把五个层面结合起来才能在考场上拿理想分数，其实这个道理同样适用于数学和英语的学习。很多同学之所以拼命苦学但效果不佳，不是因为不够努力，而是因为努力的方向仅仅是知识点的重复记忆，不会运用——这其实是"用努力感动自己"，对于通过考试来说并没有什么用。

同学们在复习过程中，遇到瓶颈、感觉无法取得突破的时候要反复思考这段话。

四、课程结构

逻辑学习的课程结构，按照考试大纲的分类，包含概念、判断（又称命题）、推理、论证这四大部分。

逻辑题型一般分为三大类：形式逻辑、论证逻辑和综合推理，考试中的题量都是约占1/3。

形式逻辑，形式逻辑学习运用的是必然性推理规则。

论证逻辑，论证逻辑运用的是或然性推理规则，也就是说它的结论不是绝对成立的，我们只是想办法让结论成立或者不成立的可能性增加。

综合推理，考查对上述形式逻辑和论证逻辑知识点以及思维方式、做题技巧的综合运用能力。

1. 春季基础阶段学习形式逻辑

形式逻辑将会是我们首先要学的东西。这部分内容，考生的认知将会经历以下几个阶段：

第一个阶段在学的时候比较痛苦。为什么比较痛苦？因为公式多、定理多，这些公式和定理与我们日常的思维习惯又会有一些不同，或者说平时没有这样的思考方式，很容易记混、记乱，这是初学者特别容易产生的一种情况。

经过一段时间的学习之后，当考生对这些公式特别熟悉，对于考试、命题的套路比较熟悉了之后，考生就会觉得这部分题目超简单。因为形式逻辑的内容有公式在保障，它又是必然性的推理，所以虽然考得很灵活，但知识点比较"死"。你的认知将会经历从"感觉学不会"到"感觉超简单"这样一个过山车似的过程。

但是到了后期，随着做题越来越多，考生会发现其实形式逻辑部分的题目可以出得非常综合。就单个知识点来看，熟悉了之后很简单。但是如果没有将知识内化成自己的思维习惯，碰到了综合性问题可能想不到用哪个公式。想不到，这道题就做不出来。专业硕士备考不完全是一种应试，更注重逻辑思维与批判性思维的培养。如果只会死记硬背而没有养成思维方式，这个考试是非常难过关的，靠临时突击有点悬。

总结：形式逻辑上手困难，越学越简单，实际上题目可以出得非常难。

2. 夏季强化阶段学习论证逻辑

学完形式逻辑，进入到论证逻辑的学习。首先要讲概念和逻辑三大定律。这个内容是考试大纲里面没有列的，但是大纲里面列出来的常见逻辑谬误，前四条就是违反逻辑三大定律导致的，所以我们要讲这个内容。

以此作为基础，我们再来讲论证的几种类型。因为论证逻辑考查的本质就是考生对于论证的识别和重构能力。

把这部分内容学好之后，再看看论证逻辑的具体考查题型有什么。这部分讲完之后，最后总结一些论证逻辑的做题方法和技巧。

论证逻辑学习特点是什么？

刚学的时候，觉得很简单，靠语义理解，基本上一道题看看都会。然后有同学就会说老师你给我讲那些做题方法没什么用，我怎么觉得束手束脚反而不会做了？

但是随着做题的深入，会感觉越学越难。为什么？论证逻辑是或然性推理，充满各种可能性，再加上干扰选项的存在，使得我们在做题的时候总有点拿不准的感觉——五个选项里面都能挑出来两个选项，明知答案就在其中，但是每次总能巧妙地选到其中那个错的。于是觉得论证逻辑好难。

但是学习到最后，经过长时间的积累训练，包括听课、做题、看解析、同学讨论，大家将会觉得其实论证逻辑并不难。

在训练过程中，有些同学发现做题速度变慢了，那是因为你在接受系统化的思维素养训练中有一个接受、消化、吸收的过程。所以当我们用正确的方法去做题的时候，可能速度变慢了，甚至正确率还降低了，这都是正常的。因为你要学习用正确的思维方法去做，必然要经过大量的训练，要有一个思维转换提升的过程，才能达到相对来说更快、更准确地做对题的目标。

所以论证逻辑是原来觉得很简单，越学越觉得难，突破瓶颈之后，发现其实论证逻辑是很简单的。这就是逻辑题其中两种大的类型，未来你们在认知上会存在这样一个变化过程，是很正常的。

3. 秋季做真题并练习综合推理

基础和强化阶段的学习方式是专项强化训练，就是针对某一类型题目做针对性的强化训练，每做一道题都会想这个考点是什么、考哪个知识点……最终达到不假思索即可运用自如的境界。

专项强化训练法，就像健身一样，去健身房教练可能告诉你，今天我们专门来练肩，或者今天专门练小臂，就专门练相应部位的肌肉，持续刺激它。可能第二天才换另一个部位。为什么不是今天把所有部位都刺激一下呢？因为肌肉需要得到强化刺激才能发生变化。

我们做题套路的训练也是同样的道理，从专项训练开始，训练考生针对特定题型形成规定的解题"动作"。

不同类型的题目一旦打乱顺序，你的思路能不能随时灵活切换？这是个问题。尤其是一会儿考形式逻辑，一会儿考论证逻辑，考的知识点又不一样，你能不能很好地去应对，这又是一个问题。

要克服这两个问题，需要反复强化真题。因此，知识点都学完之后，秋季我们再来做真题的训练。

4. 冬季通过模考打磨临场状态

考生认为自己可以又快又好地做完一套题了，这就够了吗？答案是还不够，还得把数学和写作结合到一起来，看 3 个小时的答题时间是否充足，你的整体发挥如何。

因为综合考试是一个综合性的系统工程，你只是逻辑做得好，还赢不了。考试时间是 3 个小时，但人的精力是有限的。你在第 1 个小时做逻辑和在第 3 个小时做逻辑，效果相同吗？考场上遇到困难心态平稳吗？这都是需要通过模考去锤炼的。

所以真题讲解完之后我们要有模考训练。模考的时候，我们再强调临场注意些什么问题，到时候老师会更多地讲解一些做题技巧。

有考生可能说，老师我现在就要学习技巧。考生是觉得技巧很精妙，但是现在学习技巧往往换道题就不会使用，因为还没有养成思维习惯。这就如同吃包子，如果你吃 5 个包子能吃饱，但只吃第 5 个行吗？缺少哪一个也不行。

到什么阶段我们干什么事，这就是我们总体的学习计划。

五、学习方法

1. 逻辑学习的目标设定

对不同的考生来说，学习的要求其实是不一样的。比如对于在校生，初试分数要求比较高，要考一流院校，那么在逻辑这 30 道小题中，必须把错题控制在两三道以内，要考一般院校也只能错五六道；而对于要考 MBA 的考生来讲，这 30 道小题错了七八道也不是没有考上的可能，因为入学的分数要求没有那么高。但笔者还是建议同学们，要记住一个道理："取其上才能得其中，取其中则得其下，取其下则无所得矣"，这句话《论语》和《孙子兵法》里面都说过。

如果一开始把学习目标设定成差不多就行，30 道小题错 10 道我也满意，那么到最后很有可能错 15 道左右。若把目标设定成错三四道这样的水准，然后尽量去接近它，考试的时候即便错五六道，也是不错的水平。

2. 做好思维训练

学习逻辑一开始学的是形，是表面，是一个个知识点。但当考生真的融会贯通之后，这些具体的知识点，是内化在潜意识里面的，形成了思维习惯。做题的时候，考生的意识会自动调用相应的知识，不需要真的临场去做知识点的反应，这才叫养成思维习惯。

就好像老师讲课，往往是一个临场反应，并不是老师非得拿一张讲稿来念，或者背出来。那样的话水平就显得不太高。类似的，如果这样做题就没法应试了。所以学逻辑的最高境界就是"忘记"，你忘了老师讲过什么东西，因为老师讲的这些东西已经变成你自己的思维方式了，这样你会成为一个逻辑高手。怕就怕到最后你还纠结于具体的知识点，那你考试的时候就不一定能够很好运用，碰到综合推理的题目就会比较慌乱，没思路。

3. 讲练结合

学逻辑的基本方法是讲练结合，知识点相对来说是比较少的。老师给大家将知识点讲透，讲明白。做练习的过程中再分析知识点是怎么考的、怎么应用的，最后讲做题的方法。

考试大纲明确说不考查专业的逻辑学知识，但是在形式逻辑这部分，学习相应的逻辑学知识，有助于我们快速准确解题。虽然在学的时候看上去多学了点东西，但到了备考冲刺阶段由于基础打得牢，会更加轻松自如。不学习基础知识直接用技巧做题，在开始时感觉很轻松，但是地基不稳，现在命题方式非常多变，在考场上是有风险的，总会觉得心里不踏实。

每年都会有一些同学总想着走点捷径，但到最后会发现总是会稍微差那么一点点，功亏一篑。差的那个一点点就是要突破的瓶颈，为了那一点点你就需要做很多积累。

基本的思想认知上不要想着走捷径，老师就会给你带上捷径；你越想要走捷径，可能就越走不了。因为任何技巧和方法的应用都是有条件的，没有无条件的技巧，但是这种条件你如果掌握不了，实际上这个技巧就没有用。

第 二 章

形式逻辑考点

■ 本章导航

本章框架

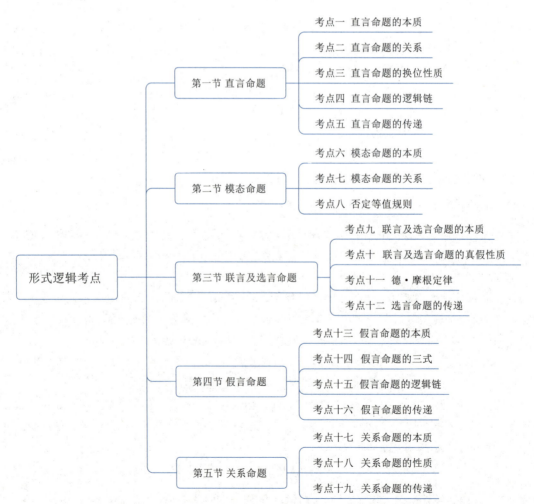

形式逻辑考点

第一节 直言命题
- 考点一 直言命题的本质
- 考点二 直言命题的关系
- 考点三 直言命题的换位性质
- 考点四 直言命题的逻辑链
- 考点五 直言命题的传递

第二节 模态命题
- 考点六 模态命题的本质
- 考点七 模态命题的关系
- 考点八 否定等值规则

第三节 联言及选言命题
- 考点九 联言及选言命题的本质
- 考点十 联言及选言命题的真假性质
- 考点十一 德·摩根定律
- 考点十二 选言命题的传递

第四节 假言命题
- 考点十三 假言命题的本质
- 考点十四 假言命题的三式
- 考点十五 假言命题的逻辑链
- 考点十六 假言命题的传递

第五节 关系命题
- 考点十七 关系命题的本质
- 考点十八 关系命题的性质
- 考点十九 关系命题的传递

本章建议

本章重点阐述形式逻辑考点，具体形式逻辑的解题动作会在下一章说明。对本章学习，笔者有如下建议：

1. 时间建议：建议每天最多自学 2 小时，持续一周学完本章。
2. 无需深究：考生若只想应对综合能力考试，则仅需按本章讲授方式理解和记忆考点即可。
3. 绘制导图：学完本章后，需绘制考点思维导图，以检阅自身是否存在疏漏。
4. 化生为熟：检阅之后，每天需抽出 5 分钟（前期可放宽时限），在脑海中回顾导图内容，以熟化考点。等知识熟练到条件反射程度后，便无需每天回顾。

第一节　直言命题

考点一　直言命题的本质

要点（一）含义本质

直言命题，又称性质命题，是指断定一定范围内某对象具有或不具有某性质的命题。例如，

1. 所有的偶像都是靠实力的。　　2. 所有的人都不是长生的。

3. 某个人是答疑狂魔。　　　　　4. 某个人不是天生丽质。

5. 有的学员是 180 分苗子。　　　6. 有的渣男不是东西。

要点（二）种类划分

若以断定范围划分，可分为"所有"直言命题、"某个"直言命题和"有的"直言命题。

若以是否具有性质划分，可分为"肯定"直言命题和"否定"直言命题。

上述示例的种类、含义本质及结构如下表所示：

种类名称	含义本质	结构词	对象	谓语	性质
全称肯定命题	=all	所有的	偶像	是	靠实力的
全称否定命题		所有的	人	不是	长生的
单称肯定命题	=1	某个	人	是	答疑狂魔
单称否定命题		某个	人	不是	天生丽质
特称肯定命题	≥1	有的	学员	是	180 分的苗子
特称否定命题		有的	渣男	不是	东西

要点（三）刻画方式

用箭头"→"衔接对象和性质，箭头前面放对象，箭头后面放性质。

用逻辑符号"¬"（非），表示否定。

例如，

所有偶像都是靠实力的。即偶→实力。

有的渣男不是东西。即有渣→¬东西。

若某个性质命题针对具体对象，如"巴猪是答疑狂魔"，可简化为"猪（答）"。

考点二　直言命题的关系

各直言命题间共有四种关系，分别为矛盾关系、推出关系、上反对关系、下反对关系。

为了简化理解过程，我们可借用如下图形（以下简称"关系图"）：

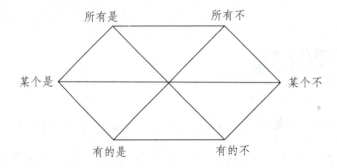

挑灯提示

同一图中，每个命题的对象和性质都需要保证相同概念。

故，所有 S 是 P 不能和所有 A 不是 P 在同一图中，也不能和所有 ¬ S 不是 P 在同一图中。

 要点（一）矛盾关系

1.含义本质

矛盾关系是指，两个命题间具有"必然一真一假"的关系情况，其有两种表现形式：

➤ 一真另必假：若已知其中一个命题为真，则另外一个命题必然为假。

➤ 一假另必真：若已知其中一个命题为假，则另外一个命题必然为真。

2.种类图示

直言命题的矛盾关系共有 3 组，分别是上图中的三条对角线。

（1）"所有是"和"有的不"是矛盾关系。例如，

"所有偶像都是靠实力的"和"有的偶像不是靠实力的"是矛盾关系，必然一真和一假。

（2）"某个是"和"某个不是"是矛盾关系。例如，

"巴猪是答疑狂魔"和"巴猪不是答疑狂魔"是矛盾关系，必然一真和一假。

（3）"所有不"和"有的是"是矛盾关系。例如，

"所有学生都不爱学习"和"有的学生爱学习"是矛盾关系，必然一真和一假。

 ## 要点（二）推出关系

1. 含义本质

推出关系是指，两个命题间具有"真可顺着箭头往下推，假可逆着箭头往上推，其余推理均真假不知"的关系情况。可简称为"真顺假逆，其余不知"。下面举例说明：

男人 ⇒ 人。

真顺：当某位是男人时，可顺着上述箭头推出，其是一个人。

假逆：当某位不是人时，可逆着上述箭头推出，其不是男人。

其余不知：当某位不是男人时，无法推断其是否为人；当某位是人时，无法推断其是否为男人。

2. 种类图示

直言命题的推出关系共有 2 组，分别是关系图中的两条侧边。

（1）"所有是 ⇒ 某个是 ⇒ 有的是"。例如，

所有学生都是 180 分的苗子 ⇒ 学生巴猪是 180 分的苗子 ⇒ 有的学生是 180 分的苗子。

（2）"所有不 ⇒ 某个不 ⇒ 有的不"。例如，

所有女生都是活泼可爱的 ⇒ 女生巴猪是活泼可爱的 ⇒ 有的女生是活泼可爱的。

上述两条推理关系综合后，可简单表示为"所有 ⇒ 某个 ⇒ 有的"。

另外，两条推理关系均可截取，从而得到"所有是 ⇒ 有的是""所有不 ⇒ 有的不"。

例 1 下述四个图中，由已知真假的直言命题，判断其余五个直言命题的真假情况（√ 表示在关系图中该位置命题为真，× 表示在关系图中该位置命题为假）。

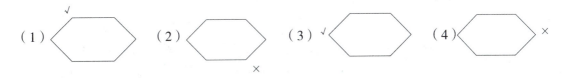

【解析】

（1）因为"所有是"为真，根据矛盾关系可知，"有的不"为假。

再根据推出关系可知，"某个是""有的是"顺次为真，"某个不""所有不"顺次为假。

（2）因为"有的不"为假，根据矛盾关系可知，"所有是"为真。

再根据推出关系可知，"某个不""所有不"顺次为假，"某个是""有的是"顺次为真。

（3）因为"某个是"为真，根据矛盾关系可知，"某个不"为假。

再根据推出关系可知，"有的是"为真，"所有不"为假。其余两种则真假不知。

（4）因为"某个不"为假，根据矛盾关系可知，"某个是"为真。

再根据推出关系可知，"所有不"为假，"有的是"为真。其余两种则真假不知。

要点（三）上反对关系

1. 含义本质

上反对关系是指，两个命题间具有"**必然有一假**"的关系情况，其有两种表现形式：

➤ **一真另必假**：若已知其中一个命题为真，则另外一个命题必然为假。

➤ **一假另不知**：若已知其中一个命题为假，则另外一个命题真假不知。

2. 种类图示

直言命题的上反对关系共有 1 组，为关系图中的**一条上边**。

"所有是"和"所有不"是上反对关系。证明如下：

不妨先设"所有是"为真，根据矛盾关系可知，"有的不"为假，再根据推出关系可知，"所有不"为假。

再设"所有是"为假，根据矛盾关系可知，"有的不"为真，再根据推出关系可知，"所有不"真假不知。

假设"所有不"的情况同理，故上述两者为上反对关系（一真另必假，一假另不知）。

 要点（四）下反对关系

1. 含义本质

下反对关系是指，两个命题间具有"**必然有一真**"的关系情况，其有两种表现形式：

➤ **一真另不知**：若已知其中一个命题为真，则另外一个命题真假不知。

➤ **一假另必真**：若已知其中一个命题为假，则另外一个命题必然为真。

2. 种类图示

直言命题的下反对关系共有 1 组，为关系图中的**一条下边**。

"有的是"和"有的不"是下反对关系。证明如下：

不妨先设"有的是"为真，根据矛盾关系可知，"所有不"为假，再根据推出关系可知，"有的不"真假不知。

再设"有的是"为假，根据矛盾关系可知，"所有不"为真，再根据推出关系可知，"有的不"为真。

假设"有的不"的情况同理，故上述两者为下反对关系（一真另不知，一假另必真）。

> **挑灯提示**
>
> 在日常生活中，说到"有的学生爱学习"为真时，会默认"有的学生不爱学习"。
>
> 但若仅从逻辑上分析，"有的"的含义本质是"≥ 1"即"存在"，从而，可能仅 1 个学生爱学习，也可能所有学生都爱学习。
>
> 因此，上述两句话，仅为下反对关系，一真另不知。

例 2 在中唐公司的中层干部中，王宜获得了由董事会颁发的特别奖。

如果上述断定为真，则以下哪项断定不能确定真假？

Ⅰ. 中唐公司的中层干部都获得了特别奖。

Ⅱ.中唐公司的中层干部都没有获得特别奖。

Ⅲ.中唐公司的中层干部中,有人获得了特别奖。

Ⅳ.中唐公司的中层干部中,有人没获得特别奖。

A.只有Ⅰ。　　　　　　　　　　B.只有Ⅲ和Ⅳ。

C.只有Ⅱ和Ⅲ。　　　　　　　　D.只有Ⅰ和Ⅳ。

E.Ⅰ、Ⅱ和Ⅲ。

题源:2008-10-56

【解析】

注意本题相反陷阱,寻找的是"不能确定真假"的选项。

➤处理题干

题干条件相当于"某个是"。

➤验证复项

复选项Ⅰ,与题干条件是推出关系,因此真假不知,排除B和C项。

复选项Ⅱ,题干条件可推出"某个不"为假,再经推出关系可知,本项必然为假,排除E项。

剩余选项中均无复选项Ⅲ,故可不用验证该项。

故选D项。

复选项Ⅳ,题干条件可推出"某个不"为假,再经推出关系可知,本项真假不知,排除A项。

例3 学者张某说:"问题本身并不神秘,因与果不仅是哲学家的事。每个凡夫俗子一生之中都将面临许多问题,但分析问题的方法与技巧却很少有人掌握,无怪乎华尔街的大师们趾高气扬、身价百倍。"

以下哪项如果为真,最能反驳张某的观点?

A.掌握分析问题的方法与技巧对多数人来说很重要。

B.凡夫俗子中很少有掌握分析问题的方法与技巧。

C.华尔街的分析大师们大都掌握分析问题的方法与技巧。

D.有些凡夫俗子一生之中将要面临的问题并不多。

E.有些凡夫俗子可能不需要掌握分析问题的方法与技巧。

题源:2014-1-34

【解析】

➤处理题干

题干仅中间两句带形式逻辑结构词(每个、很少有),从而其余内容可暂且不看。

而"很少有"不完全等于"有的",从而不是标准的结构词,进而可暂且不看。

题干剩余条件可刻画为:凡→问。

➤选取矛盾

试题所问为"反驳",即,后件"问"为假,故直接选取"凡→问"的矛盾命题,即有凡→¬问。

➤验证选项

A项所涉"很重要",B和C项所涉"方法与技巧",均非目标内容,因此,在视线扫描到时可先暂时跳过,进而观察到D项时,发现其与目标内容一致。此时无需再验证其余选项。

故选D项。

　　挑灯提示

　　大家在做例2和例3时会发现,虽然这两题所涉及的考点,已在前面学过,但要同解析中所叙述的那样快速解出,是需要一定技术动作的(波浪线标记的内容)。这就是笔者在导学篇中讲到的,逻辑要想提高,并和他人拉开差距,所需要的,就是大家能熟化技术动作。

　　而我们会在第二章中,重点分析技术动作,届时请大家务必多多体会动作的运用。

考点三　直言命题的换位性质

 ### 要点（一）逆否性质

1. 公式

逆否性质是指，将原命题对象和性质位置互换，并分别取否定，得到新等价命题的性质。例如，所有的男人都是人 ⇔ 所有不是人的都不是男人。从而可总结如下公式：

$$S \rightarrow P \Leftrightarrow \neg P \rightarrow \neg S$$

2. 适用范围

"所有"命题可以逆否，"有的"命题不可以逆否。从而可总结如下口诀：

"所有"逆否，左右互换，否肯互换。

若"有的"命题非要逆否，则逆否结果真假不知。例如，若仅知有的 $S \rightarrow P$ 为真，从而有的 $\neg P \rightarrow \neg S$ 真假不知。

 ### 要点（二）互换性质

1. 公式

互换性质是指，将原命题对象和性质位置互换，得到新等价命题的性质。例如，有的亚洲人是中国人 ⇔ 有的中国人是亚洲人。从而可总结如下公式：

$$有 S \rightarrow P \Leftrightarrow 有 P \rightarrow S$$

2. 适用范围

"有的"命题可以互换，"所有"命题不可以互换。从而可总结如下口诀：

"有的"互换，符号不动，左右互换。

若"所有"命题非要互换，则互换结果真假不知。例如，若仅知 $S \rightarrow P$ 为真，从而 $P \rightarrow S$ 真假不知。

例 4　所有免试进入北京大学攻读硕士学位的本科生，都已经获得所在学校的推荐资格。
以下哪项的意思和以上断言完全一样？
A. 没有获得所在学校推荐资格的本科生，不能免试去北京大学攻读硕士学位。
B. 免试去南洋大学攻读硕士学位的本科生，可能没有获得所在学校的推荐资格。
C. 获得了所在学校推荐资格的本科生，并不一定能进入大学攻读硕士学位。
D. 除了北京大学，本科生还可以免试去其他学校攻读硕士学位。
E. 提前毕业的本科生，也有可能进入北京大学攻读硕士学位。
题源：2014-10-38
【解析】
题干条件可刻画为：免→获。取逆否后可得，¬获→¬免，A 项与其相符。
故选 A 项。

考点四　直言命题的逻辑链

 要点（一）逻辑链规则

多个直言命题之间，可按如下规则连出逻辑链：

1. 找首尾相同项以连接：某命题的尾部与另命题的首部相同时，可以相同项为纽带连接。

2. "有的"仅开头："有的"只能放首位，不能在中间或末尾。

3. "所有"均可放："所有"可放在任意位置。

4. 携带截取：逻辑链可任意截取，但截取起始部分的结构词必须带上。

综上，逻辑链就只有以下两种形式：

第一种，A→B，B→C，C→D。

——可连接出：A→B→C→D。（开头"所有"，后面都是"所有"）

——可截取出：A→D，A→C，B→D。

第二种，有A→B，B→C，C→D。

——可连接出：有A→B→C→D。（开头"有的"，后面都是"所有"）

——可截取出：有A→C，有A→D，B→D。

> **挑灯提示**
>
> 注意1："有的"与"有的"之间，是无法连出逻辑链的。
>
> 注意2：不论哪种形式的逻辑链，首尾截取考查次数最多，可优先验证。

 要点（二）考场情况

综合能力逻辑试题中，直言命题连逻辑链的情况，主要有以下五种：

处理口诀	题干情况	处理结果
题干有"有的"，则"有的"放开头，往后找相同，考虑逆否或互换	B→C，有A→B，C→D	有A→B→C→D
	B→C，有A→B，¬D→¬C	有A→B→C→D
	B→C，有B→A，C→D	有A→B→C→D
题干没"有的"，则首个条件放开头，往后找相同，考虑逆否	B→C，A→B，C→D	A→B→C→D
	B→C，A→B，¬D→¬C	A→B→C→D

例5 新学年开学伊始，有些新生刚入学就当上了校学生会干部。在奖学金评定中，所有宁夏籍的学生都申请了本年度的甲等奖学金，所有校学生会干部都没有申请本年度的甲等奖学金。

如果上述断定是真的，以下哪项有关断定也必定是真的？

A. 所有的新生都不是宁夏人。

B. 有些新生申请了本年度的甲等奖学金。

C. 并非所有宁夏籍的学生都是新生。

D. 有些新生不是宁夏人。

E. 有些校学生会干部是宁夏人。

题源：396-2015-5

【解析】

➤ 处理题干

题干条件可刻画为：有新→干；宁→甲；干→¬甲。

上述条件可连出如下逻辑链：有新→干→¬甲→¬宁。

➤ 首尾截取

首尾截取后可得，有新→¬宁。

➤ 验证选项

A 项所涉为"所有"，B 项所涉为"甲等奖学金"，均非目标内容，排除。

C 项需要转化，其思考较为繁琐，因此，在视线扫描到时可先暂时跳过。

进而，观察到 D 项时，发现其与目标内容一致。此时，无需再验证其余选项。

故选 D 项。

考点五　直言命题的传递

 要点（一）传递规则

对于"所有"命题而言，有以下两条传递规则：

1. 已知 S→P 为真。若 A（S√），那么可得 A（P√）。例如，

已知所有老王的学生都是能考上的为真。巴猪是老王的学生，那么可得巴猪是能考上的。

2. 已知 S→P 为真。若 A（P×），那么可得 A（S×）。例如，

已知所有老王的学生都是能考上的为真。巴猪没考上，那么可得巴猪不是老王的学生。

> 注意，"有的"命题不具有传递规则。

 要点（二）无效传递

以下两条都是常见推理误区，经常作为命题陷阱。现列举如下，供考生提防：

1. 已知 S→P 为真。若 A（¬S），那么无法得出其他具体情况。尤其注意，仅知 A（¬S），无法得知 A（¬P）。

2. 已知 S→P 为真。若 A（P），那么无法得出其他具体情况。尤其注意，仅知 A（P），无法得知 A（S）。

✎ 例 6　所有爱斯基摩土著人都是穿黑衣服的；所有的北婆罗洲土著人都是穿白衣服的；没有穿白衣服又穿黑衣服的人；H 是穿白衣服的。

基于以上事实，下列哪个判断必为真？

A.H 是北婆罗洲土著人。

B.H 不是爱斯基摩土著人。

C.H 不是北婆罗洲土著人。

D.H 是爱斯基摩土著人。

E.H 既不是爱斯基摩土著人，也不是北婆罗洲土著人。

题源：1997-1-32

【解析】

➤ 处理题干

题干条件可刻画为：爱→黑；北→白；没有白又黑；H（白）。

➤ 顺藤摸瓜

因为 H（白），从而可知 H（¬黑），进而经"爱→黑"，可传递出 H（¬爱）。

故选 B 项。

注意，H（白）肯定"北→白"的后件，无法传递出 H（北）。

第二节　模态命题

考点六　模态命题的本质

 要点（一）含义本质

模态命题是指，断定事物发生的可能性或可能性的命题。例如，

1.老王必然是胖子。　　　　　　　　2.巴猪必然不是胖子。

3.老王可能是胖子。　　　　　　　　4.巴猪可能不是胖子。

 要点（二）种类划分

若以发生的可能性划分，可分为必然模态命题、可能模态命题。

若以是否具有性质划分，可分为肯定模态命题、否定模态命题。

上述示例的种类、含义本质及结构如下表所示：

名称	含义本质	主语	结构词	谓语	宾语
必然肯定模态命题	=100%	老王	必然	是	胖子
必然否定模态命题		老王	必然	不是	胖子
可能肯定模态命题	>0%	巴猪	可能	是	胖子
可能否定模态命题		巴猪	可能	不是	胖子

"事实上，巴猪是胖子"与"事实上，巴猪不是胖子"属于实际情况，而非断定事物发生的必然或可能性，因此，不是模态命题。

考点七　模态命题的关系

各模态命题间共有四种关系，分别为，矛盾关系、推出关系、上反对关系、下反对关系。
模态命题对当关系如下图所示：

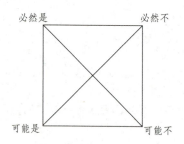

 ### 要点（一）矛盾关系

1．"必然是"和"可能不"是矛盾关系。
2．"必然不"和"可能是"是矛盾关系。

 ### 要点（二）推出关系

1．"必然是 ⇒ 可能是"。
2．"必然不 ⇒ 可能不"。
上述两条推理关系综合后，可简单表示为"必然 ⇒ 可能"。

 ### 要点（三）上反对关系

"必然是"和"必然不"是上反对关系。

 ### 要点（四）下反对关系

"可能是"和"可能不"是下反对关系。

考点八　否定等值规则

 ### 要点（一）规则

否定等值规则是指，在直言命题与模态命题中，否定原命题后，等值推出矛盾命题的推理规则。
从而，可得否定等值规则公式如下：

并非＋原命题 ⇔ 矛盾命题

进而，可知如下情况：

并非所有男人是大猪蹄子 ⇔ 有的男人不是大猪蹄子；

并非努力必然会考上 ⇔ 努力可能不会考上；

并非有的渣男不会悲惨 ⇔ 所有渣男会悲惨；

并非明天可能不会下雨 ⇔ 明天必然会下雨。

继而，可总结出如下口诀：

去掉并非，之后内容，

"所有""有的"互换，"必然""可能"互换，"否定""肯定"互换。

例 7 并非所有出于良好愿望的行为必然会导致良好的结果。

如果以上断定为真，则以下哪项断定必真？

A. 所有出于良好愿望的行为必然不会导致良好的结果。

B. 所有出于良好愿望的行为可能不会导致良好的结果。

C. 有的出于良好愿望的行为不会导致良好的结果。

D. 有的出于良好愿望的行为可能不会导致良好的结果。

E. 有的出于良好愿望的行为一定不会导致良好的结果。

题源：396-2012-3

【解析】

根据否定等值规则，题干可转化为：有的出于良好愿望的行为可能不会导致良好的结果。D 项与其相符。

故选 D 项。

要点（二）注意点

上述口诀在使用过程中，还需注意以下三个特殊之处：

1. "所有……都……"结构中，去掉"所有"只看"都"。

因为"所有"与"都"含义相同，而此两者又往往同时出现，因此，在使用否定等值规则的口诀前，需要优先去掉"所有"只抓"都"即可。例如，

并非所有男人都是大猪蹄子 ⇔ 并非男人都是大猪蹄子 ⇔ 有的男人不是大猪蹄子。

所有男人不都不是大猪蹄子 ⇔ 男人不都不是大猪蹄子 ⇔ 有的男人是大猪蹄子。

例 8 不可能所有的错误都能避免。

以下哪项最接近于上述断定的含义？

A. 所有的错误必然都不能避免。　　　　B. 所有的错误可能都不能避免。

C. 有的错误可能不能避免。　　　　　　D. 有的错误必然能避免。

E. 有的错误必然不能避免。

题源：1998-1-5

【解析】

根据转换规则，题干条件可转化为：必然错误有的不能避免。整理语序发现 E 项与其完全一致。故选 E 项。

注意，本题要的是"最接近"的选项，C 项仅是能由题干推出而已，不如 E 项接近题干。

2. "……+是+模态词"结构中，是之后的内容统统放到最开头。

上述结构，实际是将模态词后置了，因此，在使用否定等值规则的口诀前，需要优先调整一下语序。例如，

所有偶像只会依靠颜值吃饭，是必然假的。⇔ 必然不是（假）所有偶像只会依靠颜值吃饭 ⇔

必然有的偶像不只会依靠颜值吃饭。

上述"必然"没有变化，是因为它在否定词的前面，而否定词之前内容不用变化。

例9 一把钥匙能打开天下所有的锁。这样的万能钥匙是不可能存在的。

以下哪项最符合题干的断定？

A. 任何钥匙都必然有它打不开的锁。

B. 至少有一把钥匙必然打不开天下所有的锁。

C. 至少有一把锁天下所有的钥匙都必然打不开。

D. 任何钥匙都可能有它打不开的锁。

E. 至少有一把钥匙可能打不开天下所有的锁。

题源：2006-1-46

【解析】

题干条件可转化为：不可能有的钥匙能打开所有锁 ⟺ 必然所有钥匙不能打开有的锁。A 项与其完全一致。

故选 A 项。

3. "没有"可视为"并非有的"。

很多考生看到"没有 A 是 B"没法快速转化成"所有 A 不是 B"，那么在前期，大家可将"没有"视为"并非有的"然后再进行否定等值转化。例如，

没有老师不关心学生 ⟺ 并非有的老师不关心学生 ⟺ 所有老师关心学生。

没有学生逃避写作业 ⟺ 并非有的学生逃避写作业 ⟺ 所有学生不逃避写作业。

4. "……的"中的否定词不参与变化。

"……的"是定语，是用来修饰某名词的成分，其与该名词构成整体，因此其中否定词不参与变化，例如，非全日制有的值得考。又如，不想当将军的士兵都不是好士兵。

上述"非全日制""不想当将军的士兵"中的否定词，与之后名词分别构成整体，所以无需进行否定等值变化。

第三节 联言及选言命题

考点九 联言及选言命题的本质

 要点（一）含义本质

1. 联言命题的含义本质

联言命题是指，断定诸多判断同时成立的命题。其含义本质为"=all"。例如，

大涵考上北大并且巴猪考上南大。

真题中出现的联言命题，往往只有两个支[1]，其构成的情况共有如下四种：

支（A）	支（B）	A 并且 B
真	真	真
真	假	假
假	真	假
假	假	假

故可总结如下性质：

支全真，联言真；联言真，支全真。

支有假，联言假；联言假，支有假。

上述性质和表格无需记忆，只要记住联言命题本质为"=all"，从而符合该本质联言命题为真，违背该本质联言命题为假，即可。后续选言命题同理。

2. 选言命题的含义本质

根据支是否相容，选言命题可分为相容选言命题和不相容选言命题。

（1）相容选言命题的含义本质

相容选言命题是指，断定诸多判断至少成立一个的命题。其含义本质为"≥1"。例如，

或者大涵考上或者巴猪考上。

真题中出现的相容选言命题，往往只有两个支，其构成的情况共有如下四种：

支（A）	支（B）	A 或者 B
真	真	真
真	假	真
假	真	真
假	假	假

故可总结如下性质：

支有真，相容真；相容真，支有真。

支全假，相容假；相容假，支全假。

（2）不相容选言命题的含义本质

不相容选言命题是指，断定诸多判断有且仅有一个成立的命题。其含义本质为"仅=1"。例如，

要么巴猪是男人，要么巴猪是女人。

---

[1] 联言命题所断定的诸多判断可统一称作"支"。后续选言命题"支"的定义同理。

真题中出现的不相容选言命题，往往只有两个支，其构成的情况共有如下四种：

支（A）	支（B）	A 要么 B
真	真	假
真	假	真
假	真	真
假	假	假

故可总结如下性质：

支一真一假，不容真；不容真，支一真一假。

支同真同假，不容假；不容假，支同真同假。

要点（二）刻画方式

用逻辑符号"∧"（读作"且"）、"∨"（读作"或"）、"V̇"（读作"要么"），分别表示联言、相容选言、不相容选言命题的结构词。例如，

大涵考上北大并且巴猪考上南大。即大（北）∧巴（南）。

或者大涵考上或者巴猪考上。即大∨巴。

要么巴猪是男人要么巴猪是女人。即男 V̇ 女。

现总结上述核心点如下：

命题名称	含义本质	典型结构词	刻画方式
联言命题	=all	并且	∧
相容选言命题	≥1	或者	∨
不容选言命题	仅 =1	要么	V̇

要点（三）特殊表达

1. 关于"转折连词"

转折连词主要有，但、却、然而等，这些词在形式逻辑中，更主要的是表示前后内容同时发生，例如，巴猪分数考得不高但睡得香，即分数考得不高∧睡得香。

2. 关于"必居其一"

"必居其一"相当于，只能在其中的一个，例如，这次旅行，或者日本或者法国，两者必居其一，即日 V̇ 法。

3. 关于"也"

在真题中，"也"大概率表示联言命题，例如，大涵考上巴猪也考上，即大∧巴。而在有上下文的情况下，根据语义，可能会表示"推出"，例如，老王去的地方，巴猪也会去，即老王→巴猪。但这种情况非常罕见，而且语义上其实很容易识别，因此也不用过于纠结。

4. 关于"不是 A 就是 B"

不是 A 就是 B，可刻画为，A∨B，因为该句并未强调 A 和 B 不能相容，例如，巴猪的下午茶，不是喝奶茶就是吃蛋糕，即奶茶∨蛋糕，因为巴猪完全可以同时享用此二者。

但在真题中（主要是真话假话中），会有附加两者只能有其一的条件，例如，做好事的只有一人，不是巴猪就是小涵，即巴猪 $\dot{\vee}$ 小涵，因为此时不可能两者同时做好事了。

5. 关于"至少""至多"

当"至少""至多"仅涉及 2 个要素时，可直接如下刻画：

（1）A 和 B 至少有一个成立，即 A $\vee$ B。

（2）A 和 B 至少有一个不成立，即 ¬A $\vee$ ¬B。

（3）A 和 B 至多有一个不成立（相当于两者至少有一个成立），即 A $\vee$ B。

（4）A 和 B 至多有一个成立（相当于两者至少有一个不成立），即 ¬A $\vee$ ¬B。

当"至少""至多"所涉要素超过 2 个，或者有否定转化时，用不等号与数字来刻画：

（1）A、B 和 C 至少选择两个，即 ABC≥2。

（2）A、B 和 C 最多选择两个，即 ABC≤2。

（3）并非 A、B 和 C 至少选择两个，即并非（ABC≥2）⇔ABC<2⇔ABC≤1。

（4）并非 A、B 和 C 最多选择两个，即并非（ABC≤2）⇔ABC>2⇔A $\wedge$ B $\wedge$ C。

考点十　联言及选言命题的真假性质

联言及选言命题的真假性质，即为已知某一联言或选言命题的真假，进而推理另一联言或选言命题的真假情况。

该推理过程的思考核心，联言及选言命题的含义本质——联言命题（=all）、相容选言命题（≥1）、不相容选言命题（仅=1）。现举例示范如下：

例 10　现已知 A $\wedge$ B 为真，请分别判断下述命题的真假情况。

（1）A $\vee$ B。

（2）A $\vee$ ¬B。

（3）A $\wedge$ ¬B。

【解析】

（1）A $\wedge$ B 的含义本质为"=all"，当 A $\wedge$ B 为真时，可知 A 为真同时 B 为真，此时 A $\vee$ B 满足"≥1"的含义本质，故 A $\vee$ B 为真。

（2）A $\wedge$ B 的含义本质为"=all"，当 A $\wedge$ B 为真时，可知 A 为真同时 B 为真（即 ¬B 为假），此时 A $\vee$ ¬B 依然满足"≥1"的含义本质，故 A $\vee$ ¬B 为真。

（3）A $\wedge$ B 的含义本质为"=all"，当 A $\wedge$ B 为真时，可知 A 为真同时 B 为真（即 ¬B 为假），此时 A $\wedge$ ¬B 无法满足"=all"的含义本质，故 A $\wedge$ ¬B 为假。

挑灯提示

本处有两个定性思维：

第一，对于联言命题而言，当一个支为假时，无论另一个支是真是假，整个联言命题就一定为假。

第二，对于相容选言命题而言，当一个支为真时，无论另一个支是真是假，整个相容选言命题就一定为真。

◆♪ **例11** 巴猪吃得太多，并且小涵是个好男人。

以下哪项如果为真，能驳倒上述结论？

Ⅰ.巴猪其实吃得不多。

Ⅱ.有的人不是好男人。

Ⅲ.巴猪其实吃得不多，或者有的人不是好男人。

A.只有Ⅰ。 B.只有Ⅱ。

C.只有Ⅲ。 D.只有Ⅰ和Ⅱ。

E.Ⅰ、Ⅱ和Ⅲ。

【解析】

➤ 处理题干

题干条件可刻画为：巴（多）∧小（好），为联言命题，含义本质为"=all"。

➤ 验证复项

复选项Ⅰ可刻画为：巴（¬多），使得题干无法满足"=all"，从而排除B和C项。

复选项Ⅱ可刻画为：有人→¬好，无法对题干产生任何影响，从而排除D和E项。

故选A项。

复选项Ⅲ是相容选言命题，其含义本质为"≥1"，在"=1"的情况下，有可能是"巴（¬多）"为假而"有人→¬好"为真，此时无法反驳题干，故不能入选。

◆♪ **例12** 北方人不都爱吃面食，但南方人都不爱吃面食。

如果已知上述第一个断定真，第二个断定假，则以下哪项据此不能确定真假？

Ⅰ.北方人都爱吃面食，有的南方人也爱吃面食。

Ⅱ.有的北方人爱吃面食，有的南方人不爱吃面食。

Ⅲ.北方人都不爱吃面食，南方人都爱吃面食。

A.只有Ⅰ。 B.只有Ⅱ。

C.只有Ⅲ。 D.只有Ⅱ和Ⅲ。

E.Ⅰ、Ⅱ和Ⅲ。

题源：2008-1-57

【解析】

注意本题相反陷阱，寻找的是"不能确定真假"的选项。

➤ 处理题干

由于第一个断定真，第二个断定假，从而题干可刻画为：有北→¬爱（真）；南→¬爱（假）。

➤ 画关系图

从而可得关系图中其余角落真假情况如下：

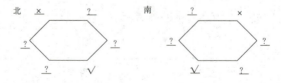

➤ 验证复项

每个复选项在图中对应位置如下：

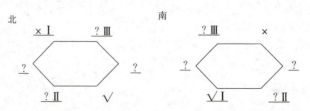

由于三个复选项均为联言命题，故复选项 I 必然为假，其余复项不能确定真假。

故选 D 项。

考点十一 德·摩根定律

德·摩根定律本质上是联言命题与选言命题的矛盾公式。一共有两种，分别是涉及相容选言的德·摩根定律和涉及不相容选言的德·摩根定律。

 要点（一）涉及相容选言的德·摩根定律

对于相容选言命题而言，可进行如下转化：

➤ ¬（A ∨ B）⇒ ¬ A ∧ ¬ B

例如，并非小王考上或者小李考上 ⇒ 小王没考上并且小李没考上。

➤ ¬（¬ A ∧ ¬ B）⇒ A ∨ B

例如，并非小王没考上并且小李没考上 ⇒ 小王考上或者小李考上。

进而，结合上述两者，可得公式如下：

$$¬（A ∧ B）⇔ ¬ A ∨ ¬ B$$

继而，可总结口诀如下：

去掉并非，之后内容，且或互换，否肯互换。

 要点（二）涉及不相容选言的德·摩根定律

不相容选言命题的含义本质为"仅 =1"，从而在只有两个支的情况下，当"仅 =1"不成立时，则只能两真同真（=2），或者两者同假（=0）。

进而，对于不相容选言命题而言，可总结如下公式：

$$¬（A \dot\vee B）⇔（A ∧ B）∨（¬ A ∧ ¬ B）$$

继而，可总结口诀如下：

否定要么，可得2或0。

例 13 一方面确保法律面前人人平等，同时又允许有人触犯法律而不受制裁，这是不可能的。以下哪项最符合题干的断定？

A. 或者允许有人凌驾于法律之上，或者任何人触犯法律都要受到制裁，这是必然的。

B. 任何人触犯法律都要受到制裁，这是必然的。

C. 有人凌驾于法律之上，触犯法律而不受制裁，这是可能。

D. 如果不允许有人触犯法律可以不受制裁，那么法律面前人人平等是可能的。

E. 一方面允许有人凌驾于法律之上，同时声称任何人触犯法律都要受到制裁，这是可能的。

题源：2005-1-39

【解析】

题干条件可刻画为：不可能（平等 ∧ 允许），其等价于必然（¬平等 ∨ ¬允许）。

故选 A 项。

考点十二　选言命题的传递

选言命题的传递一共有两种，分别是相容选言命题的传递和不相容选言命题的传递。

 要点（一）相容选言命题的传递

对于相容选言命题而言，有以下传递规则：

已知 A ∨ B 为真。若 A 为假，那么可得 B 为真。其本质为排除法。例如，

已知巴猪吃轻食或者火锅为真，若巴猪不可能吃轻食，那么巴猪必然吃火锅。

以下是常见推理误区，经常作为命题陷阱。现列举如下，供考生提防：

已知 A 或 B 为真。若 A 为真，那么无法得出其他具体情况。尤其注意，仅知 A 为真，无法得知 B 为假。

 要点（二）不相容选言命题的传递

对于不相容选言命题而言，有以下两条传递规则：

1. 已知 A ∨̇ B 为真。若 A 为假，那么可得 B 为真。例如，

已知巴猪择校时要么选清华要么选北大。若巴猪不选清华，那么选北大。

2. 已知 A ∨̇ B 为真。若 A 为真，那么可得 B 为假。例如，

已知巴猪择校时要么选清华要么选北大。若巴猪选了清华，那么不选北大。

例 14　午饭前，老王一直在纠结要吃什么，他心想："今天上课这么辛苦，我要么吃白菜豆腐汤，要么吃珍珠翡翠白玉汤。"嘴上又说"我或者喝多肉葡萄奶茶，或者不吃珍珠翡翠白玉汤。"

若老王最后没有喝多肉葡萄奶茶，可以得出以下哪项？

A. 老王吃了白菜豆腐汤。

B. 老王没吃白菜豆腐汤。

C. 老王吃了珍珠翡翠白玉汤。

D. 老王特爱吃珍珠翡翠白玉汤。

E. 老王太挑食了。

【解析】

➢ 处理题干

题干条件可刻画为：豆腐 ∨̇ 珍珠；多肉 ∨ ¬珍珠。

➢ 顺藤摸瓜

因为王（¬多肉），从而经"多肉 ∨ ¬珍珠"，可传递出王（¬珍珠），进而经"豆腐 ∨̇ 珍珠"，可传递出"王（豆腐）"。

故选 A 项。

第四节　假言命题

考点十三　假言命题的本质

 要点（一）含义本质

假言命题，又称条件命题，是指断定某一事物存在与否，依赖于另一种事物存在与否的命题。按照条件的类型，可分为充分条件假言命题、必要条件假言命题和充要条件假言命题。

1.充分条件假言命题的含义本质

（1）基本概念

当某事物发生后，另一事物必然会发生，此时就称该事物是另一事物的充分条件。

而此两者所构成的命题，就是充分条件假言命题。

例如，如果巴猪是男人，那么巴猪是人。（男人→人）

"男人"是"人"的充分条件，而"男人→人"是充分条件假言命题。

（2）含义本质

➤ 本质①：有了就行

上例中，已知巴猪是男人后，就能一定得出，巴猪是人。即有了就行。

➤ 本质②：没了不知

上例中，如果巴猪不是男人，未必就能说明，巴猪不是人，因为巴猪也有可能是女人，从而巴猪还是人。即没了不知。

2.必要条件假言命题的含义本质

（1）基本概念

当某事物发生，是另一事物发生所必然要求的（即这个事物没了，另一事物就没了），此时就称该事物是另一事物的必要条件。

而此两者所构成的命题，就是必要条件假言命题。

例如，只有通过初试，才能考上研究生。（通过初试←考上）

"通过初试"是"考上研究生"的必要条件，而"通过初试←考上"是必要条件假言命题。

（2）含义本质

➤ 本质①：没了不行

上例中，如果没有通过初试，就能一定得出，考不上研究生。即没了不行。

➤ 本质②：有了不知

上例中，如果通过初试，未必就能说明考上研究生，因为复试、政审和体检等不通过的话，从而还是上不了研究生。即有了不知。

3.充要条件假言命题的含义本质

充要条件就是充分必要条件，把前面两个条件命题合并就是他。当某事物情况发生后，另一事物情况必然会发生，同时其也是另一事物发生所必然要求的，此时就称该事物是另一事物的充要条件。

而此两者所构成的命题，就是充要条件假言命题。例如，

一个三角形，三条边相等当且仅当这个三角形是等边三角形。（三条边相等 ↔ 这个三角形是等边三角形）

"三条边相等"是"这个三角形是等边三角形"的充要条件，而"三条边相等 ↔ 这个三角形是等边三角形"是充要条件假言命题。

充要条件含义本质：有了就行，没了不行。

> **挑灯提示**
>
> 上述内容较多，为了帮助考生记忆，笔者特提供如下思路：
>
> "充分"相当于"充足有分量"，从而充足有分量的东西肯定是"有了就行"的。
>
> "必要"相当于"必然要有"，从而必然要有的东西肯定是"没了不行"的。
>
> 然后，"充分"与"必要"只能一家占一半，因此"充分"另一层含义是"没了不知"，而"必要"另一层含义是"有了不知"。
>
> 至于"充要"，则是"充分必要"，从而"有了就行，没了不行"。

要点（二）刻画方式

1.充分、必要条件假言命题的刻画方式

充分条件和必要条件是相互的，若 A 是 B 的充分条件，就意味着 B 是 A 的必要条件。就上述示例而言，"人"是"男人"的必要条件；"考上研究生"是"通过初试"的充分条件。

因此，可用箭头"→"衔接充分和必要条件，箭头前面放充分条件，箭头后面放必要条件。具体刻画方式有以下两种：

（1）看结构词

结构词	口诀	典例	刻画方式
如果A，那么B	如果那么，前推后	如果是男人，那么是人	男人→人
只有A，才B	只有才，后推前	只有过初试，才能考上	考上→初试
除非A，否则B	除非否则，否定一个推另一个	除非你死，否则我亡	¬你死→我亡 ¬我亡→你死

看结构词的刻画方式，在真题中使用较多。

"除非 A，否则 B"存在两种变形情况，现举例说明：

➤ 变形 1：A，否则 B

此种变形，本质上是省略了"除非"的"除非 A，否则 B"，因此其刻画口诀还是，否定一个推另一个，例如，你死，否则我亡，其刻画方式为，¬你死→我亡，或，¬我亡→你死，等同于，除非你死，否则我亡。

➤ 变形 2：B，除非 A

此种变形，本质上是省略了"否则"并做了倒装的"除非 A，否则 B"，因此其刻画口诀还是，否定一个推另一个，例如，我亡，除非你死，其刻画方式为，¬我亡→你死，或，¬你死→我亡，等同于，除非你死，否则我亡。

（2）化生为熟

在逻辑真题中，当遇到某句没有形式逻辑结构词又特别复杂时，可将修饰成分，即"……的"中内容作为充分条件，放在箭头的前面。

例如，逻辑是写作的基础，可刻画为，写作→逻辑。

又如，上岸的先决条件是努力，可刻画为，上岸→努力。

再如，巴猪喜欢所有喜欢巴猪的人，可刻画为，喜欢巴猪→巴猪喜欢。

化生为熟的刻画方式，在真题中使用较少。

2. 充要条件假言命题的刻画方式

用箭头"↔"衔接前件、后件。前件、后件位置可随意放。

要点（三）罕见刻画

对于"除非"而言，其还有两种非常罕见的刻画方式，现列示如下：

结构词	口诀	典例	刻画方式
若 A，除非 B	若除非，服从若，前推后	若要人不知，除非己莫为	人不知→己莫为
除非 A，才 B	除非才，服从才，后推前	除非过初试，才能考上	考上→初试

例 15 如果张红是教师，那么他一定学过心理学。

上述判断是从下面哪个判断中推论出来的？

A. 一个好教师应该学习心理学。

B. 只有学过心理学的才可以做教师。

C. 有些教师真的不懂心理学。

D. 心理学知识有助于提高教学效果。

E. 张红曾经说过她非常喜欢心理学。

题源：1997-1-48

【解析】

注意本题相反陷阱，寻找的是"上述判断是从下面哪个推出"，即哪项可推出题干。

➤ 处理题干

题干条件可刻画为：张红（教师）→张红（心理学）。

> 验证选项

A 项没有任何假言命题结构词，从而排除 A 项。

B 项可刻画为：教师→心理学，可推出题干判断。

故选 B 项。

例 16　一个有效三段论的小项在结论中不周延，除非它在前提中周延。

以下哪项与上述断定含义相同？

A. 如果一个有效三段论的小项在前提中周延，那么它在结论中也周延。

B. 如果一个有效三段论的小项在前提中不周延，那么它在结论中周延。

C. 如果一个有效三段论的小项在结论中不周延，那么它在前提中也周延。

D. 如果一个有效三段论的小项在结论中周延，那么它在前提中周延。

E. 如果一个有效三段论的小项在结论中不周延，那么它在前提中也不周延。

题源：396-2015-1

【解析】

题干条件可刻画为：结论（周延）→前提（周延），D 项与其相符。

故选 D 项。

挑灯提示

"除非"的搭配较多，其中"除非…否则…"还存在变形情况，请考生注意区分。

尤其是，"S，除非 P"与"若 S，除非 P"，前者只有"除非"一个结构词，后者不仅有"除非"还有"若"，从而两者刻画方式是不同的——前者为"¬S→P 或 ¬P→S"，后者为"S→P"。

考生可如下记忆：

"除非"与"否则"搭配或者仅有"除非"，服从"否则"，否定一个推另一个。

"除非"与"若"搭配，服从"若"，前推后。

"除非"与"才"搭配，服从"才"，后推前。

考点十四　假言命题的三式

要点（一）逆否式

逆否式是指，将假言命题前件、后件位置互换，并分别取否定，得到等价新命题的推理公式。例如，如果是男人，那么是人 ⟺ 如果不是人，那么不是男人。从而可总结如下公式：

$$A → B ⟺ ¬B → ¬A$$

进而可总结如下口诀：

假言逆否，左右互换，否肯互换。

例 17　小李："只有人类没有外星人来访地球的文字记录，才能说明外星人没有来访过地球。"

小李的推理基于以下哪项假设？

A. 如果外星人来访过地球，则人类会有外星人来访地球的文字记录。

B. 如果外星人没有来访过地球，则人类没有外星人来访地球的文字记录。

C.如果人类有外星人来访地球的文字记录，则外星人来访过地球。

D.如果人类没有外星人来访地球的文字记录，则外星人来访过地球。

E.即使人类没有外星人来访地球的文字记录，外星人也可能来访过地球。

【解析】

题干条件可刻画为：￢记录→￢来访，其等价于，来往→记录，A项与其相符。

故选A项。

 要点（二）矛盾式

矛盾式是指，得到假言命题矛盾命题的推理公式。

从假言命题的含义本质中能看出，假言命题相当于，在条件发生时，必须要兑现承诺。因此，当条件发生，但承诺并未兑现，则假言命题必然为假。从而可总结如下公式：

$$A → B<矛盾>A ∧ ￢ B$$

进而可总结如下口诀：

假言矛盾，肯定前面，并且否定后面。

例如，"若你考上研究生，则巴猪嫁给你"与"你考上研究生，但巴猪没嫁给你"矛盾。

例18　只要不起雾，飞机就能起飞。

以下哪项如果为真，说明上述断定不成立？

Ⅰ.没起雾，但飞机没按时起飞。

Ⅱ.起雾，但飞机仍然按时起飞。

Ⅲ.起雾，飞机航班延期。

A.只有Ⅰ。　　　　　　　　　　　B.只有Ⅱ。

C.只有Ⅲ。　　　　　　　　　　　D.只有Ⅱ和Ⅲ。

E.Ⅰ、Ⅱ和Ⅲ。

题源：2008-1-32

【解析】

➢ 处理题干

题干条件可刻画为：￢起雾→起飞。

➢ 选取矛盾

试题所问为"不成立"，即题干为假，故直接选取"￢起雾→起飞"的矛盾命题，即￢起雾∧￢起飞。

➢ 验证复项

复选项Ⅰ与题干矛盾命题一致，从而排除B、C和D项。

复选项Ⅱ和Ⅲ均肯定了"起雾"，不可能与题干矛盾命题一致，从而排除E项。

故选A项。

 要点（三）恒真式

恒真式是指，否定假言命题前件，与肯定假言命题后件，均能使假言命题为真的推理公式。从而可总结如下公式：

$$A → B ⇔ ￢ A ∨ B$$

现证明如下：

A→B 与 A∧¬B 矛盾，而 ¬A∨B 也与 A∧¬B 矛盾，所以，A→B 与 ¬A∨B 等价。

挑灯提示

上述证明隐含了一个条件——矛盾的矛盾是等价。例如，A 的矛盾是 ¬A，而 ¬A 的矛盾是 A，故矛盾的矛盾是等价。

进而可总结如下口诀：

假言恒真，否定前面，或者肯定后面。

继而可得出如下推理关系：

当假言命题前件为假（A×）时，整个假言命题恒真（A→B√），但后件真假不知（B？）。

当假言命题后件为真（B√）时，整个假言命题恒真（A→B√），但前件真假不知（A？）。

例 19 对于上市公司而言，如果它有分红，那么它就不需要融资。

如果以上陈述为真，以下哪项陈述不可能真？

A. 一个上市公司如果需要分红，就一定会融资。

B. 一个上市公司不是需要融资，就是有办法分红。

C. 一个上市公司如果需要融资，就没有办法分红。

D. 一个上市公司既不需要融资，也有办法分红。

E. 一个上市公司不仅要分红，还要进行融资。

题源：GCT-2005-23（改）

【解析】

题干条件可刻画为：分红→¬融资，其矛盾命题为，分红∧融资，E 项与矛盾命题相符。故选 E 项。

注意，A 项并不与题干矛盾，无法说明题干必然为假。

挑灯提示

A→B 与 A→¬B 并不矛盾，当已知 A→B 为真时，无法说明，A→¬B 一定为假。

从公式上看，由恒真式可知，A→B⇔¬A∨B，A→¬B⇔¬A∨¬B，在 A 为假时，两者均同时为真，从而两者并不矛盾。

从理解上看，在前件不发生时，即假言命题的条件没有发生，那么不论是否兑现承诺，上述两个假言命题均不可能为假，而真与假是矛盾关系（我们说的真假不知，是不知道具体某物为真还是为假，而不是真、假、真假不知为三个并列的关系），因此，上述两个假言命题均为真。

例 20 小董并非既不懂英文又不懂法语。

如果上述断定为真，那么下述哪项断定必定为真？

A. 小董懂英文但不懂法语。

B. 小董懂法语但不懂英文。

C. 小董既不懂英文也不懂法语。

D. 如果小董懂英文，小董一定不懂法语。

E. 如果小董不懂英文，那么他一定懂法语。

【解析】

题干条件可刻画为：并非（¬英∧¬法），根据德·摩根定律其等价于英∨法，再根据恒真式，其可等价于¬英→法，或者¬法→英，E 项与此相符。

故选 E 项。

本题也可直接用矛盾式求得，因为"¬英∧¬法"的矛盾命题，本身就是"¬英→法"。

考点十五 假言命题的逻辑链

要点（一）逻辑链规则

多个假言命题之间，可按如下规则连出逻辑链：

1. 找首尾相同项以连接：某命题的尾部与另命题的首部相同时，可以相同项为纽带连接。

2. 可以截取：逻辑链可任意截取，但截取起始部分的结构词必须带上。

综上，逻辑链就只有以下一种形式：

A→B，B→C，C→D。

——可连接出：A→B→C→D。

——可截取出：A→D，A→C，B→D。

挑灯提示

与直言命题逻辑链相同，假言命题逻辑链中，首尾截取考查次数最多，可优先验证。

要点（二）考场情况

逻辑真题中，直言命题连逻辑链的情况，主要有以下两种：

处理口诀	题干情况	处理结果
题干没"有的"，则首个条件放开头，往后找相同，考虑逆否	B→C，A→B，C→D	A→B→C→D
	B→C，A→B，¬D→¬C	A→B→C→D

例 21 如果你犯了法，你就会受到法律制裁；如果你受到法律制裁，别人就会看不起你；如果别人看不起你，你就无法受到尊重；而只有得到别人的尊重，你才能过得舒心。

从上述叙述中，可以推出下列哪一个结论？

A. 你不犯法，日子就会过得舒心。

B. 你犯了法，日子就不会过得舒心。

C. 你日子过得不舒心，证明你犯了法。

D. 你日子过得舒心，表明你看得起别人。

E. 如果别人看得起你，你日子就能过得舒心。

题源：1997-10-30

【解析】

➢ 处理题干

题干条件可刻画为：犯→受；受→¬看；¬看→尊；舒→尊。

上述条件可连出如下逻辑链：犯→受→¬看→¬尊→¬舒。

➢ 首尾截取

首尾截取后可得，犯→¬舒。

➢ 验证选项

A项可刻画为：¬犯→舒，与目标内容不一致，进而观察到B项时，发现其与目标内容一致。此时，无需再验证其余选项。

故选B项。

考点十六　假言命题的传递

 ## 要点（一）传递规则

对于假言命题而言，有以下两条传递规则：

1. 已知 S→P 为真。若 S 为真，那么可得 P 为真。例如，

如果天下雨，那么地上湿。现在天在下雨，可得，地面湿了。

2. 已知 S→P 为真。若 P 为假，那么可得 S 为假。例如，

如果天下雨，那么地上湿。现在地面没湿，可得，天没下雨。

 ## 要点（二）无效传递

以下两条都是常见推理误区，经常作为命题陷阱。现列举如下，供考生提防：

1. 已知 S→P 为真。若 S 为假，那么无法得出其他具体情况。尤其注意，仅知 S 为假，无法得知 P 为假。

2. 已知 S→P 为真。若 P 为真，那么无法得出其他具体情况。尤其注意，仅知 P 为真，无法得知 S 为真。

例22　林斌一周工作五天，除非这周内有法定休假日。上周林斌工作了六天。

如果上述断定为真，以下哪项一定为真？

A. 上周可能有也可能没有法定休假日。

B. 上周林斌至少有一天在法定工作日上班。

C. 上周一定有法定休假日。

D. 上周一定没有法定休假日。

E. 以上各项都不一定为真。

题源：2009-10-27

【解析】

➢ 处理题干

题干条件可刻画为：林（¬5）→有法；林（6）。

➢ 顺藤摸瓜

因为林（6），从而可知林（¬5），进而经"林（¬5）→有法"，可传递出有法。

故选 C 项。

很多同学认为，既然林（6），那么肯定选 B 项啊，但是完全可能这 6 天，林都是在国庆节或春节期间工作。

其实，大家已经做到第 22 道例题了，一定要深刻认识到，做形式逻辑试题，根本不用如此繁琐思考，就用公式和技术动作推理，他不香吗？

例 23 除非年龄在 50 岁以下，并且能持续游泳三千米以上，否则不能参加下个月举行的花样横渡长江活动。同时，高血压和心脏病患者不能参加。老黄能持续游泳三千米以上，但没被批准参加这项活动。

以上断定能推出以下哪项结论？

Ⅰ.老黄的年龄至少 50 岁。

Ⅱ.老黄患有高血压。

Ⅲ.老黄患有心脏病。

A.只有Ⅰ。　　　　　　　　　　B.只有Ⅱ。

C.只有Ⅲ。　　　　　　　　　　D.只有Ⅰ、Ⅱ和Ⅲ至少一个。

E.Ⅰ、Ⅱ和Ⅲ都不能推出。

题源：2009-1-28

【解析】

➢ 处理题干

题干条件可刻画为：参→50 岁下∧三千米上∧¬高∧¬心；黄（三千米上∧¬参）。

➢ 顺藤摸瓜

由"黄（三千米上∧¬参）"可知，"黄（三千米上）"并且"黄（¬参）"，对于"黄（三千米上）"，其对题干假言命题前件与后件均无影响；对于"黄（¬参）"，则是否定了题干假言命题的前件，无法推出后件真假情况。因此，由题干条件无法推出任何确定性结论。

故选 E 项。

第五节　关系命题

考点十七　关系命题的本质

客观事物不仅具有一定的性质，而且处于一定的关系之中。反映事物与事物之间的关系的命题就是关系命题。例如：

张三和李四是同学。

有些人认识那位司机。

考点十八　关系命题的性质

关系有许多性质，我们需要掌握的主要是对称性和传递性。

1.关系的对称性

关系的对称性是指当事物对象 a 与 b 具有某种关系 R 时，b 与 a 是否也具有这种关系 R。

如果 b 与 a 一定有关系 R，则关系 R 就是对称的。例如，"是同学""是朋友""等于""相邻""在……附近""离……不远""相对立""相矛盾"等关系都是对称的。

如果 b 与 a 一定没有关系 R，则关系 R 就是反对称的。例如，"大于""小于""多于""早于""侵略""战胜""在……之上""是……父亲"等关系都是反对称的。

如果 b 与 a 不一定有关系 R，则关系 R 就是非对称的。例如，"喜欢""爱""认识""理解""信任""帮助""赞成"等关系都是非对称的。

2. 关系的传递性

关系的传递性是指当事物对象 a 与 b 具有某种关系 R，并且 b 与 c 也具有这种关系 R 时，a 与 c 是否也有这种关系 R。

如果 a 与 c 一定有这种关系 R，则关系 R 就是传递的。例如，"大于""小于""等于""早于""平行""真包含""在……以南"等关系都是传递的。

如果 a 与 c 一定没有这种关系 R，则关系 R 就是反传递的。例如，"比……年长两岁""是……父亲"等关系都是反传递的。

如果 a 与 c 不一定有这种关系 R，则关系 R 就是非传递的。例如，"认识""喜欢""战胜""侵略""相邻""离……不远""帮助""爱"等关系都是非传递的。

考点十九 关系命题的传递

关系传递，就是利用关系命题的特性进行推演的推理。

对称性和传递性关系在逻辑考试中的应用就是综合推理里面的排序题型，该题型一般在题干部分给出不同对象之间的若干两两对比的结果，要求从中推出具体的排序。解这类题型的基本思路是要把所给条件抽象成最简单的排序形式。可以优先考虑代入法验证选项。

代入法的要诀是，如果选项是题干要素的单独列举，则用选项代入题干（自下而上代入）验证；如果每个选项都是题干所有要素的列举排序，则用题干条件代入选项（自上而下代入）验证；如果选项是题干某两个或者三个要素的列举，则考虑分别代入题干，寻找话题关键词，做三段论推理。

上述代入法的口诀是：要素单举下代上，要素合举上代下，要素并举两头堵。

不过考生需要注意的是，在观察选项特征后虽然可以优先尝试代入法解题，但是这种方法并不总是有效；尤其在遇到"要素并举"的时候，如果用代入法无法得出答案，则应果断用题干条件来推断。

第 三 章

形式逻辑题型

━━■ 本章导航

本章框架

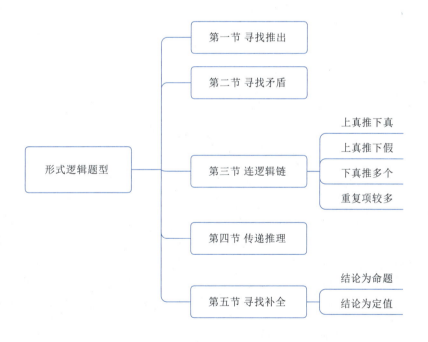

形式逻辑题型
- 第一节 寻找推出
- 第二节 寻找矛盾
- 第三节 连逻辑链
  - 上真推下真
  - 上真推下假
  - 下真推多个
  - 重复项较多
- 第四节 传递推理
- 第五节 寻找补全
  - 结论为命题
  - 结论为定值

本章建议

本章重点阐述形式逻辑的解题动作。对本章学习，笔者有如下建议：

1. 时间建议：建议每天最多自学 2 小时，持续两周学完本章。

2. 搁置考点：例题所对应考点无需深挖，把精力都放在对技术动作的研究上。

3. 盘点动作：每道例题所用到的技术动作（含启动条件），都要单列出来，并整理归纳。

4.**匹配典例**：每条技术动作旁边，要安放一道典型例题，以提示自己如何在试题中操作。

5.**化生为熟**：上述流程后，每天需抽出 15 分钟，看着例题回顾操作动作，以熟化动作。前期因为不熟，可每天只回顾几道例题，再慢慢加量。切记不要贪多。

命题趋势

	17 管综	18 管综	19 管综	20 管综	21 管综	22 管综	21 经综	22 经综
寻找推出	0	3	1	2	0	2	1	2
寻找矛盾	0	0	1	0	0	0	0	0
连逻辑链	2	3	1	0	2	2	1	0
传递推理	1	7	2	1	2	2	0	1
寻找补全	0	1	0	1	0	0	0	0
合计	3	14	5	4	4	6	2	3

近年真题中，管综和经综形式逻辑数量大致分别为 5 个与 2 个，其中，寻找推出、连逻辑链和传递推理为命题重点。

■ 第一节　寻找推出

一、题型特征

提问中特征	所问为"问真"，即要求考生考虑等价或推出。例如， 根据以上陈述，可以得出以下哪项？ 下列各选项除哪项外，均一定为真？ 注意，上述第二条是要求入选"非一定为真"的选项，即与题干违背或无关的选项均可入选。从而答题思路为，考虑等价或推出，排除与题干相符的选项。
题干中特征	题干条件之间，均无法联立。 值得一提的是，若各条件间无相同项，则可直接认为条件间无法联立。

二、解题动作

 锦囊（一）形式逻辑读题步骤

本锦囊对于每道形式逻辑试题均通用，后续不再赘述。具体如下表所示：

步骤 1 阅读提问	拿到试题后，考生需首先仔细阅读提问，重点关注以下三点： （1）相反陷阱：①少数试题为选项推理题干；②少数试题存在"除了"。 （2）补充条件：在提问开头可能会补充一个条件，该条件往往为解题起点。 （3）题型特征：提问及题干表述结合，可大致断定试题题型，具体下文阐述。

续表

步骤2 扫描试题	阅读提问后，考生需快速扫描试题的题干和五个选项，主要扫描以下三点： （1）形式标志：若题干和选项均存在较多形式结构词，则优先判定为形式逻辑，反之则优先判定为论证逻辑。 （2）题型特征：题干及提问表述结合，可大致断定试题题型，具体下文阐述。 （3）选项共性：①相似选项中，往往有答案；②由选项共性，可大致断定试题考点，如，五个选项均为直言命题，则重点关注题干直言命题条件，且可思考直言命题相关考点。
步骤3 具体解题	扫描试题后，考生可根据题型，选用对应锦囊的解题动作，具体下文阐述。

锦囊（二）先虚后实不进细节

本锦囊对于每道形式逻辑试题均通用，后续不再赘述。具体如下表所示：

核心思路	"虚"指的是结构词，例如，所有、有的、如果…那么…、只有…才…；"实"指的是实意词，例如，男人、女人、学生、老师。 结构词含义固定且种类较少，因此相比于实意词，结构词更加简单，从而在阅读题干时，应优先关注结构词，而非直接进入细节，关注实意词。
具体应用	1.带有形式结构词的条件优先看，其余条件靠边站。 2.若条件均为无法联立的直言命题，则带有"所有、都、有的、有些"的条件，优先于带有"大多数、少部分、均"的条件。

锦囊（三）验证选项迎难则绕

本锦囊对于每道形式逻辑试题均通用，后续不再赘述。具体如下表所示：

核心思路	在验证选项时，遇到难以判断的选项，应先跳过。实在不行，等五个选项都看完，还无法确定答案时，再回头验证跳过的选项。 因为，我们的目的是选出答案，而非把题推完，所以，考生切勿把每个选项选与不选的原因分析得明明白白。毕竟管综与经综试卷题量巨大还要书写作文，而这样做会耽误大量时间和精力，从而会造成整场考试的失败。
具体应用	1.遇到需公式推导的选项可先跳过，例如，并非所有选项都要验证。 2.遇到与题干推导结果无关的选项可先跳过。

锦囊（四）题干繁琐迎难则绕

本锦囊对于每道形式逻辑试题均通用，后续不再赘述。具体如下表所示：

核心思路	当题干条件很繁琐，难以正面突破时，应从选项入手，回文定位题干条件。
具体应用	1.选项共性：若有三个及以上选项涉及同一话题，则该话题所对应题干条件优先看。 2.胡乱搭桥：若某选项将题干无法联立的条件联立，则排除该选项。例如题干条件为 $A \rightarrow B$、$C \rightarrow D$，若某选项为 $A \rightarrow D$，则直接排除该选项。 3.验证思路：若非要验证某选项，可优先验证假言命题的选项，将假言命题选项的前件代入题干，进行推理，观察是否能推出题干后件，若能则该项可由题干推出，反之则无法由题干推出。

锦囊（五）已知答案其余不看

本锦囊对于每道形式逻辑试题均通用，后续不再赘述。具体如下表所示：

核心思路	在验证选项时，哪怕还有选项尚未阅读或判定，只要能确定某项为答案，则剩余选项无需验证。
具体应用	1. 知真不验假：确定某项为推导结果时，不用验证剩余选项为何不选。 2. 知假不验真：确定四个选项不可选时，不用验证剩余选项为何入选。

锦囊（六）逆否式的定性排除

本锦囊仅适用题干条件为假言命题，且为"问真"的试题。具体如下表所示：

解题动作	说明
排除不能刻画为"→"的选项	若题干条件为假言命题，则答案基本只能是"→"。因此，凡是不能刻画为"→"的选项均可排除。 虽然等价公式还有恒真式，但目前真题中，仅在2016年经综卷中，考过一次由"→"变"∨"，而2020年及以前的经综真题并无参考性，故可直接忽略此点。
排除与题干话题词不符的选项	若题干条件为A→B，则答案不可能涉及别的话题词，或没有话题词"A""B"。因此，凡是与题干话题词不符的选项均可排除。
排除肯定/否定不在正确位置的选项	若题干条件为A→B，则答案要么与原命题相符，要么与其逆否命题(¬B→¬A)相符。因此，诸如"¬A→……""……→A""B→……""……→¬B"的选项均可排除。 这里以"¬A→……"为说明示范，若A在箭头前面，则只能是肯定形式，但此为否定形式，所以不论箭头后面是什么，均不可能与题干相符，故可定性排除。这里要从简单入手，即题干A和B谁简单优先看谁。

锦囊（七）逆否式的优先验证

本锦囊仅适用题干条件为假言命题，且为"问真"的试题。具体如下表所示：

解题动作	说明
若题干条件均为"只有A才B"，则优先验证"如果不A那么不B"的选项	"只有A才B"可刻画为，B→A，其逆否命题为¬A→¬B，故，其与"如果不A那么不B"确实为等价关系。 此优先验证属于近年高频命题规律。因此，我们可优先验证该结构的选项。若当真找不到答案，此时再考虑锦囊（五）的思路。
若题干条件存在"如果不A那么不B"，则优先验证"只有A才B"的选项	

三、典型例题

例1 2009年年底，我国卫生部的调查结果显示，整体具备健康素质的群众只占6.48%，其中具备慢性疾病预防素养的人只占4.66%。这说明国民对疾病的认识还非常匮乏。只有国民素质得到根本性的提高，李一、张悟本们的谬论才不会有那么多人盲从。

由以上陈述可以得出以下哪项结论？

A. 对疾病缺乏认识是国民素质有待根本提高的表现之一。

B. 如果国民素质不能得到根本性的提高，李一等人的谬论还会有许多人盲从。

C. 国民缺乏基本的医学知识是江湖医生屡屡得逞的根本原因。

D. 只有国民提高对疾病的认识，国民的健康才能得到保障。

E. 国民医学知识的缺乏是由某些部门的功能缺位造成的。

题源：2011-10-50

【解析】

➤ 处理题干

根据形式逻辑结构词"只有…才…"，可定位题干最后一句话，其可刻画为：¬盲→提。

➤ 验证选项

A 项，并非假言命题，无法与题干相符，排除。

B 项，可刻画为：¬提→盲，其与题干逆否命题相符。

故选 B 项。

本题也可根据题干为"只有 A 才 B"的结构，从而优先验证"如果不 A 那么不 B"的选项，进而定位 B 项。

例 2　如果赵川参加宴会，那么钱华、孙旭和李元将一起参加宴会。

如果上述断定是真的，那么以下哪项也是真的？

A. 如果赵川没参加宴会，那么钱、孙、李三人中至少有一人没参加宴会。

B. 如果赵川没参加宴会，那么钱、孙、李三人都没参加宴会。

C. 如果钱、孙、李都参加了宴会，那么赵川参加宴会。

D. 如果李元没参加宴会，那么钱华和孙旭不会都参加宴会。

E. 如果孙旭没参加宴会，那么赵川和李元不会都参加宴会。

题源：1998-1-38、1999-10-38

【解析】

➤ 处理题干

题干条件前件较为简单，从而可刻画为：赵→……。

➤ 验证选项

A 和 B 项，均可刻画为：¬赵→……，无法与题干相符，排除。

C 项，可刻画为：……→赵，无法与题干相符，排除。

D 项，其没有话题词"赵"，无法与题干相符，排除。

故选 E 项。

例 3　张教授：利益并非只是物质利益，应该把信用、声誉、情感甚至某种喜好等都归入利益的范畴。根据这种对"利益"的广义理解，如果每一个个体在不损害他人利益的前提下，尽可能满足其自身的利益需求，那么由这些个体组成的社会就是一个良善的社会。

根据张教授的观点，可以得出以下哪项？

A. 只有尽可能满足每一个个体的利益需求，社会才可能是良善的。

B. 尽可能满足每一个个体的利益需求，就会损害社会的整体利益。

C. 如果某些个体的利益需求没有尽可能得到满足，那么社会就不是良善的。

D. 如果有些个体通过损害他人利益来满足自身的利益需求，那么社会就不是良善的。

E. 如果一个社会不是良善的，那么其中肯定存在个体损害他人利益或自身利益需求没有尽可能得到满足的情况。

题源：2018-1-37

【解析】

➤ 处理题干

根据形式逻辑结构词"如果…那么…"，可定位题干最后一句话。

其后件较为简单，从而可刻画为：……→良。

➤ 验证选项

A 项，可刻画为：良→……，无法与题干相符，排除。

B 项，其没有话题词"良"，无法与题干相符，排除。

C 和 D 项，均可刻画为：……→¬良，无法与题干相符，排除。

故选 E 项。

例 4 有关数据显示，2011 年全球新增 870 万结核病患者，同时有 140 万患者死亡。因为结核病对抗生素有耐药性，所以对结核病的治疗一直都进展缓慢。如果不能在近几年消除结核病，那么还会有数百万人死于结核病。如果要控制这种流行病，就要有安全、廉价的疫苗。目前有 12 种新疫苗正在测试之中。

根据以上信息，可以得出以下哪项？

A.2011 年结核病患者死亡率已达 16.1%。

B.有了安全、廉价的疫苗，我们就能控制结核病。

C.如果解决了抗生素的耐药性问题，结核病治疗将会获得突破性进展。

D.只有在近几年消除结核病，才能避免数百万人死于这种疾病。

E.新疫苗一旦应用于临床，将有效控制结核病的传播。

题源：2015-1-50

【解析】

➤ 处理题干

根据形式逻辑结构词"如果…那么…""如果…就…"，可定位题干中间两句话。

➤ 验证选项

其中，前一句话类似为"如果不 A 那么不 B"的结构，从而可优先验证"只有 A 才 B"的选项，进而定位到 D 项。

➤ 细致验证

题干为"如果不消，那么不活"，而 D 项为"只有消，才活"，两者确实相符。

故选 D 项。

例 5 "理念是实践的先导"，理念科学，发展才能蹄疾步稳；"思想是行动的指南"，思想破冰，行动才能突破重围；"战略是发展的规划"，战略得当，未来才能行稳致远。执政环境不会一成不变，治国理政需要与时俱进。

根据以上陈述，可以得出以下哪项？

A.只有以正确思想为指导，才能进行科学的战略规划。

B.只要思想破冰，行动就可以突破重围。

C.治国理政只有与时俱进，才能不断改善执政环境。

D.若战略不得当，未来就不能行稳致远。

E.要正确处理好理念、思想、战略和发展的辩证关系。

题源：396-2021-36

【解析】

➤ 处理题干

根据形式逻辑结构词"…才…"，可定位题干前三句话。

➤ 验证选项

三句话均为"只有 A 才 B"的结构，从而可优先验证"如果不 A 那么不 B"的选项，进而定位到 D 项。

➤ 细致验证

D 项为"如果不战，那么不行"，回文定位到题干第三个条件，其为"只有战，才行"，两者确实相符。

故选 D 项。

例6 张云、李华、王涛都收到了明年二月初赴北京开会的通知，他们可以选择乘坐飞机、高铁与大巴等交通工具进京，他们对这次进京方式有如下考虑：

（1）张云不喜欢坐飞机，如果有李华同行，他就选择乘坐大巴；

（2）李华不计较方式，如果高铁票价比飞机便宜，他就选择乘坐高铁；

（3）王涛不在乎价格，除非预报二月初北京有雨雪天气，否则他就选择乘坐飞机；

（4）李华和王涛家住得较近，如果航班时间合适，他们将一同乘飞机出行。

如果上述3人的考虑都得到满足，则可以得出以下哪项？

A.如果李华没有选择乘坐高铁或飞机，则他肯定和张云一起乘坐大巴进京。

B.如果张云和王涛乘高铁进京，则二月初北京有雨雪天气。

C.如果三人都乘飞机进京，则飞机票价比高铁便宜。

D.如果王涛和李华乘坐飞机进京，则二月初北京没有雨雪天气。

E.如果三人都乘坐大巴进京，则预报二月初北京有雨雪天气。

题源：2015-1-34

【解析】

➢ 题干分析

题干条件多而复杂，难以正面突破，从而选择从选项入手。

➢ 选项代入

B、D和E项均涉及"雨雪"，从而可回文定位到题干条件（3），其可刻画为：王（¬飞）→预报雨雪。

B和D项，均缺少"预报"，无法与条件（3）相符，因此先跳过。

➢ 细致验证

E项，其后件为"预报雨雪"，此时验证A和C项的回文定位难度较大，从而可选择细致验证E项是否成立。

E项可刻画为：张∧李∧王（¬飞）→预报雨雪天气。为验证本项，可将其前件代入题干，验证其后面能否得出。

由"张∧李∧王（¬飞）"，可得"王（¬飞）"，进而经条件（3），可得"预报雨雪"，与E项后件相符。

故选E项。

例7 张经理在公司大会结束后宣布："此次提出的方案得到一致赞同，全体通过。"会后，小陈就此事进行了调查，发现张经理所言并非事实。

如果小陈的发现为真，以下哪项也必然为真？

A.有少数人未发表意见。

B.有些人赞同，有些人反对。

C.至少有人不赞同。

D.至少有人赞同。

E.大家都不赞同。

题源：2005-10-42

【解析】

小陈的发现为：并非一致赞同，从而可知，有的人不赞同。C项与此相符。

故选C项。

例8 爱书成痴注定会藏书，大多数藏书家也会读一些自己收藏的书；但有些藏书家却因喜爱书的价值和精致装帧而购书收藏，至于阅读则放到了自己以后闲暇的时间，而一旦他们这样想，这些新购的书就很可能不被阅读了。但是，这些受到"冷遇"的书只要被友人借去一本，藏书家就会失魂落魄，整日心神不安。

根据上述信息，可以得出以下哪项？

A. 有些藏书家从不读自己收藏的书。

B. 有些藏书家会读遍自己收藏的书。

C. 有些藏书家喜欢闲暇时读自己的藏书。

D. 有些藏书家不会立即读自己新购的书。

E. 有些藏书家将自己的藏书当作友人。

题源：2017-1-44

【解析】

➢ 处理题干

五个选项均为直言命题，因此优先关注题干前两句直言命题。

而上述直言命题无法联立，从而"有些"优先于"大多数"，即先看"有些"的条件。

➢ 验证选项

A项，所涉"从不读"，在题干第二个条件中尚无，从而可先跳过。

B项，所涉"会读遍"，在题干第二个条件中尚无，从而可先跳过。

C项，所涉"喜欢读"，在题干第二个条件中尚无，从而可先跳过。

D项，所涉"不会立即读"，与题干第二个条件中的"以后闲暇读"相符。

故选D项。

■第二节 寻找矛盾

一、题型特征

提问中特征	所问为"问假"，即要求考生考虑矛盾。例如， 根据以上陈述，可以得出以下哪项一定为假？ 以下哪项如果为真，最能反驳张某的观点？ 下列各选项除哪项外，均可能为真？ 注意，上述第三条是要求入选"非可能为真"的选项，即"必然为假"的选项。从而答题思路为，考虑矛盾，直接入选。
题干中特征	题干条件之间，均无法联立。 值得一提的是，若各条件间无相同项，则可直接认为条件间无法联立。

二、解题动作

锦囊（八）若问假则选取矛盾

本锦囊仅适用题干条件为假言命题，且为"问假"的试题。具体如下页表所示：

核心思路	在"问假"试题中，考查重点为矛盾命题，故可优先选取题干矛盾并验证。
具体应用	1.题干若为假言命题，则考虑矛盾式。 2.题干若为直言或模态命题，则考虑否定等值规则。 3.题干若为联言或选言命题，则考虑德·摩根定律。

 ### 锦囊（九）矛盾式的定性排除

本锦囊仅适用题干条件为假言命题，且为"问假"的试题。具体如下表所示：

解题动作	说明
排除不能刻画为"∧"的选项	若题干条件为假言命题，则与其不相符的只能是"∧"。因此，凡是不能刻画为"∧"的选项均可排除。
排除与题干话题词不符的选项	若题干条件为A→B，则答案不可能涉及别的话题词，或没有话题词"A""B"。因此，凡是与题干话题词不符的选项均可排除。
排除否定前件/肯定后件的选项	若题干条件为A→B，则答案必须符合A∧¬B，因此，诸如"¬A""B"的选项均可排除。 这里以"¬A"为说明示范，当A以否定形式出现时，其必然与题干矛盾命题不符，所以不论另一支是什么，均不可能与题干违背。 这里要从简单入手，即题干A和B谁简单优先看谁。

三、典型例题

例9 在中国，只有富士山连锁经营日式快餐。

如果上述断定为真，以下哪项不可能为真？

Ⅰ.苏州的富士山连锁不经营日式快餐。

Ⅱ.杭州的樱花连锁店经营日式快餐。

Ⅲ.温州的富士山连锁经营韩式快餐。

A.只有Ⅰ。   B.只有Ⅱ。

C.只有Ⅲ。   D.只有Ⅰ、Ⅱ。

E.Ⅰ、Ⅱ和Ⅲ。

题源：2003-10-37

【解析】

➢ 处理题干

题干为"只有…才…"的变形形式，其相当于，只有富士山连锁才经营日式快餐。

从而可刻画为：日→富。

➢ 验证复项

复选项Ⅰ，所涉为"¬日"，否定题干前件，无法与题干违背，从而排除A、D和E项。

复选项Ⅱ，所涉为"日∧樱（¬富）"，与题干违背，从而排除C项。

故选B项。

"只有 A，才 B"存在省略形式，共有如下三种：

第一种，省略"只有"，即"A，才 B"，例如，巴猪，才懂烹饪。

第二种，省略"才"，即"只有 A，B"，例如，只有巴猪懂烹饪。

第三种，省略"才"且倒装，即"B 只有 A"，例如，懂烹饪的，只有巴猪。

例 10 某家长认为，有想象力才能进行创造性劳动，但想象力和知识是天敌。人在获得知识的过程中，想象力会消失。因为知识符合逻辑，而想象力无章可循。换句话说，知识的本质是科学，想象力的特征是荒诞。人的大脑一山不容二虎：学龄前，想象力独占鳌头，脑子被想象力占据；上学后，大多数人的想象力被知识驱逐出境，他们成为知识渊博但丧失了想象力、终身只能重复前人发现的人。

以下哪项与该家长的上述观点矛盾？

A.如果希望孩子能够进行创造性劳动，就不要送他们上学。

B.如果获得了足够知识，就不能进行创造性劳动。

C.发现知识的人是有一定想象力的。

D.有些人没有想象力，但能进行创造性劳动。

E.想象力被知识驱逐出境是一个逐渐的过程。

题源：2011-1-50

【解析】

➤ 处理题干

根据形式逻辑结构词"…才…"，可定位题干第一句话，其可刻画为：创→力。

➤ 验证选项

A、B 和 C 项，均并非联言命题，无法与题干违背，排除。

D 项，为联言命题，可能与题干违背。此时仅剩 E 项，可先不细看 D 项。

E 项，并非假言命题，无法与题干违背，排除。

故选 D 项。

例 11 在某届洲际杯足球大赛中，第一阶段某小组单循环赛共有 4 支队伍参加，每支队伍需要在这一阶段比赛三场。甲国足球队在该小组的前两轮比赛中一平一负。在第三轮比赛之前，甲国足球队教练在新闻发布会上表示："只有我们在下一场比赛中获得胜利并且本组的另外一场比赛打成平局，我们才有可能从这个小组出线。"

如果甲国队主教练的陈述为真，以下哪项是不可能的？

A.甲国队第三场比赛取得了胜利，但他们未能从小组出线。

B.第三轮比赛该小组另外一场比赛打成平局，甲国队从小组出线。

C.第三轮比赛该小组两场比赛都分出了胜负，甲国队从小组出线。

D.第三轮比赛甲国队取得了胜利，该小组另一场比赛打成平局，甲国队未能从小组出线。

E.第三轮比赛该小组两场比赛都打成了平局，甲国队未能从小组出线。

题源：2016-1-31

【解析】

➤ 处理题干

根据形式逻辑结构词"只有…才…"，可定位主教练的话。

其前件较为简单，从而可刻画为：出→……。

➤ 验证选项

A项，所涉为"¬出"，否定题干前件，无法与题干违背，排除。

B和C项，所涉均为"出"，可能与题干违背。此时D和E项尚未验证，可先不细看B和C项。

D和E项，所涉均为"¬出"，否定题干前件，无法与题干违背，排除。

➤ 回看题干

此时只能观察题干剩余内容，进而题干条件可刻画为：出→胜∧平。

➤ 再次验证

B项，可刻画为：出∧平，无法与题干违背，排除。

C项所涉为"两场均分出胜负"，从而必然没有平局。

故选C项。

◆♪ **例12**　已知某班共有25位同学，女生中身高最高者与最矮者相差10厘米，男生中身高最高者与最矮者相差15厘米。小明认为，根据已知信息，只要再知道男生、女生最高者的具体身高，或者再知道男生、女生的平均身高均可确定全班同学中身高最高者与最低者之间的差距。

以下哪项如果为真，最能构成对小明观点的反驳？

A. 根据已知信息，如果不能确定全班同学中身高最高者与最低者之间的差距，则也不能确定男生、女生身高最高者的具体身高。

B. 根据已知信息，即使确定了全班同学中身高最高者与最低者之间的差距，也不能确定男生、女生的平均身高。

C. 根据已知信息，如果不能确定全班同学中身高最高者与最低者之间的差距，则既不能确定男生、女生身高最高者的具体身高，也不能确定男生、女生的平均身高。

D. 根据已知信息，尽管再知道男生女生的平均身高，也不能确定全班同学中身高最高者与最低者之间的差距。

E. 根据已知信息，仅仅再知道男生、女生最高者的具体身高，就能确定全班同学中身高最高者与最低者之间的差距。

题源：2014-1-32

【解析】

➤ 处理题干

根据形式逻辑结构词"只要…均可…"，可定位小明观点。

其后件较为简单，从而可刻画为：……→差距。

➤ 验证选项

A项，并非联言命题，无法与题干违背，排除。

B项，所涉为"差距"，肯定题干后件，无法与题干违背，排除。

C项，并非联言命题，无法与题干违背，排除。

D项，为联言命题且所涉为"¬差距"，可能与题干违背。此时仅剩E项，可先不细看D项。

E项，并非联言命题，无法与题干违背，排除。

故选D项。

◆♪ **例13**　有球迷喜欢所有参赛球队。

如果上述断定为真，则以下哪项不可能为真？

A. 所有参赛球队都有球迷喜欢。

B. 有球迷不喜欢所有参赛球队。

C. 所有球迷都不喜欢某个参赛球队。

D. 有球迷不喜欢某个参赛球队。

E. 每个参赛球队都有球迷不喜欢。

题源：2007-1-46

【解析】

➤ 处理题干

取题干矛盾，从而可得，所有球迷不喜欢有的参赛球队。

➤ 验证选项

A 和 B 项，均与上述矛盾命题不符，排除。

C 项所涉为，所有球迷不喜欢某个参赛球队，而"某个"可以推出"有的"，从而 C 项可以推出题干矛盾，即 C 项与题干矛盾，又因为题干矛盾必假，进而 C 项必假。

故选 C 项。

辅技 01

在判断命题真假的试题中，可将"某个"当成"有的"。从而本题 C 项与题干矛盾命题完全一致，进而可省去上述繁琐步骤，直接入选。

例 14 某校图书馆新购一批文科图书。为方便读者查阅，管理人员对这批图书在文科新书阅览室中的摆放位置作出如下提示：

（1）前 3 排书橱均放有哲学类新书；

（2）法学类新书都放在第 5 排书橱，这排书橱的左侧也放有经济类新书；

（3）管理类新书放在最后一排书橱。

事实上，所有的图书都按照上述提示放置。根据提示，徐莉顺利找到了她想查阅的新书。

根据上述信息，以下哪项是不可能的？

A. 徐莉在第 2 排书橱中找到哲学类新书。

B. 徐莉在第 3 排书橱中找到经济类新书。

C. 徐莉在第 4 排书橱中找到哲学类新书。

D. 徐莉在第 6 排书橱中找到法学类新书。

E. 徐莉在第 7 排书橱中找到管理类新书。

题源：2018-1-45

【解析】

➤ 处理题干

根据形式逻辑结构词"均""都""有"，可优先关注条件（1）和（2）。

而上述直言命题无法联立，从而"都""有"优先于"均"，即先看条件（2）。

取条件（2）矛盾可得，有法→¬5，5 左→¬经。

➤ 验证选项

A 项，所涉"哲学类"，在条件（2）中尚无，从而可先跳过。

B 项，可刻画为，有经→3，与条件（2）无关，从而可先跳过。

C 项，所涉"哲学类"，在条件（2）中尚无，从而可先跳过。

D 项，可刻画为，有法→6（¬5），与条件（2）违背。

故选 D 项。

第三节 连逻辑链

一、题型特征

题干中特征	题干条件之间，可以联立。 题干条件之中，无确定条件，即"某个"命题，或联言命题。

二、解题动作

 锦囊（十）有的开头落单不管

本锦囊仅适用题干条件可联立，且无确定条件的试题。具体如下表所示：

解题动作	说明［本处动作，在第二章考点（四）和（十七）中有详细分析］
有的开头	若题干存在"有的"，则"有的"放开头，再往后找相同，其间考虑逆否或互换。
	若题干没有"有的"，则首个条件放开头，再往后找相同，其间考虑逆否。
落单不管	在连逻辑链的过程中，若有条件无法联立，则该条件可先不用看。

 锦囊（十一）首尾截取优先验证

本锦囊仅适用题干条件可联立，且无确定条件的试题。具体如下表所示：

提问情况	解题动作
上真推下真	连完题干逻辑链后，先首尾截取，即可验证选项。
上真推下假	连完题干逻辑链后，先首尾截取，再选取矛盾，然后验证选项。
上真推除了	连完题干逻辑链后，选项逐一上代，与逻辑链匹配。

三、典型例题

例15 语言在人类的交流中起重要的作用。如果一种语言是完全有效的，那么，其基本语音的每一种可能的组合都能够表达有独立意义和可以理解的词。但是，如果人类的听觉系统接收声音信号的功能有问题，那么，并非基本语音每一种可能的组合都能够成为有独立意义和可以理解的词。

如果上述断定为真，则以下哪项一定为真？

A. 如果人类的听觉系统接收声音信号的功能正常，那么一种语言的基本语音的每一种可能的组合都能够成为有独立意义和可以理解的词。

B. 如果人类的听觉系统接收声音信号的功能有问题，那么语言就不可能完全有效。

C. 语言的有效性导致了人类交流的实用性。

D. 人体的听觉系统是人类交流最重要的部分。

E.如果基本语音每一种可能的组合都能够成为有独立意义和可以理解的词，则该语言完全有效。

题源：2004-10-41

【解析】

➤ 连逻辑链

由题干条件，可得逻辑链为：效→表→￢问。

将该链条首尾截取可得：效→￢问。

➤ 验证选项

A项，其前件较为简单，从而可刻画为：￢问→……，无法与截取内容相符，跳过。

B项，可刻画为：问→￢效，为截取内容的逆否命题。

故选B项。

例16 倪教授认为，我国工程技术领域可以考虑与国外先进技术合作，但任何涉及核心技术的项目决不能受制于人；我国许多网络安全建设项目涉及信息核心技术，如果全盘引进国外先进技术而不努力自主创新，我国的网络安全将会受到严重威胁。

根据倪教授的陈述，可以得出以下哪项？

A.我国许多网络安全建设项目不能与国外先进技术合作。

B.我国工程技术领域的所有项目都不能受制于人。

C.如果能做到自主创新，我国的网络安全就不会受到严重威胁。

D.我国有些网络安全建设项目不能受制于人。

E.只要不是全盘引进国外先进技术，我国的网络安全就不会受到严重威胁。

题源：2017-1-26

【解析】

➤ 处理题干

根据形式逻辑结构词"任何""许多""如果…将…"，可优先关注题干最后三句话。

此三句话中，仅前两句可联立，因此，题干最后一句话可先不看。

➤ 连逻辑链

根据"有的"开头，可得逻辑链为：有安→核→￢制。

将该链条首尾截取可得：有安→￢制。

➤ 验证选项

A项，所涉"合作"，无法与截取内容相符，跳过。

B项，可刻画为：安→￢制，无法由截取内容推出，跳过。

C项，所涉"威胁"，无法与截取内容相符，跳过。

D项，可刻画为：有安→￢制，与截取内容一致。

故选D项。

辅技 02

在可连逻辑链的试题中，可将"许多""大多数""少部分"当成"有的"。从而本题"许多网络安全建设项目涉及信息核心技术"，可刻画为：有安→核。

例17 任何结果都不能凭空出现，它们的背后都是有原因的，任何背后的原因的事物均可以被人认识，而可以被人认识的事物都必然不是毫无规律的。

根据以上陈述，以下哪项一定为假？

A.那些可以被人认识的事物，必然有规律。

B. 任何结果出现的背后都是有原因的。

C. 任何结果都可以被人认识。

D. 人有可能认识所有事物。

E. 有些结果的出现可能毫无规律。

题源：2017-1-27

【解析】

➤ 连逻辑链

由题干条件，可得逻辑链为：结→原→认→规。

将该链条首尾截取可得：结→规。

所问属于"上真推下假"，需选取首尾截取的矛盾，从而得：有结→￢规。

➤ 验证选项

A、B、C和D项，所涉"认识""原因"，均无法与截取的矛盾相符，跳过。

E项，可刻画为：有结→￢规，与截取的矛盾一致。

故选E项。

例18　所有安徽来京打工人员，都办理了暂住证；所有办理了暂住证的人员，都获得了就业许可证；有些安徽来京打工人员当上了门卫；有些业余武术学校的学员也当上了门卫；所有的业余武术学校的学员都未获得就业许可证。

如果上述断定都是真的，则除了以下哪项，其余的断定也必定是真的？

A. 所有安徽来京打工人员都获得了就业许可证。

B. 没有一个业余武术学校的学员办理了暂住证。

C. 有些安徽来京打工人员是业余武术学校的学员。

D. 有些门卫没有就业许可证。

E. 有些门卫有就业许可证。

题源：2000-1-65

【解析】

注意本题相反陷阱，寻找的是"除了哪项必定真的"，即"可能为假"的选项。

➤ 连逻辑链

根据"有的"开头，可得两条逻辑链，分别为：

有门→安→暂→就→业；有门→业→￢就→￢暂→￢安。

➤ 选项代入

提问属于"上真推除了"，需选项逐一代入，与逻辑链匹配。

A项，可刻画为：安→就，由题干逻辑链可截得，排除。

B项，需要转化，其思考较为繁琐，可先跳过。

C项，可刻画为：有安→业，而题干可截内容为"安→业"，两者矛盾，C项必然为假。

故选C项。

例19　关于确定商务谈判代表的人选，甲、乙、丙三位公司老总的意见分别是：

甲：如果不选派李经理，那么不选派王经理。

乙：如果不选派王经理，那么选派李经理。

丙：要么选派李经理，要么选派王经理。

以下诸项中，同时满足甲、乙、丙三人意见的方案是：

A. 选李经理，不选王经理。　　　　B. 选王经理，不选李经理。

C. 两人都选派。　　　　　　　　　　D. 两人都不选派。

E. 不存在这样的方案。

题源：1998-1-23

【解析】

➤ 方法 1：连逻辑链

由甲和乙的意见，可得逻辑链为：¬李→¬王→李。

将该链条首尾截取可得：¬李→李。

➤ 条件分析

这表明，假设¬李后，会得到自相矛盾的情况，因此，必然不可能¬李，即必然选派李。

从而，再经丙的意见，可得必然不选派王。

故选 A 项。

➤ 方法 2：选项代入

当然，本题也可选项代入，具体思路如下：

A 项代入，不与题干违背，表明其可能为真，虽 A 项是否一定为真尚未可知，但可排除 E 项。

B 项代入，与甲的意见违背，排除。

C 和 D 项代入，均与丙的意见违背，排除。

故选 A 项。

辅技.03

对于两个假言命题而言，若前件与后件均有重复时，有时可得出确定性结论，现为考生总结如下：

	情况 1	情况 2	情况 3
题干条件	① A→B ② B→¬ A	① A→B ② A→¬ B	① A→B ② ¬ A→B
可得结论	¬ A	¬ A	B

理解思路如下：

情况 1，假设 A 却推出自相矛盾，故假设失败，一定¬ A。

情况 2，假设 A 却推出自相矛盾的两种情况，故假设失败，一定¬ A。

情况 3，不论假设 A 还是¬ A，都能推出 B，故一定有 B。

例 20 每篇优秀的论文都必须逻辑清晰且论据翔实，每篇经典的论文都必须主题鲜明且语言准确，实际上，如果论文论据翔实但主题不鲜明，或论文语言准确而逻辑不清晰，则它们都不是优秀的论文。

根据上述信息，可以得出以下哪项？

A. 语言准确的经典论文逻辑清晰。

B. 论据不翔实的论文主题不鲜明。

C. 主题不鲜明的论文不是优秀的论文。

D. 逻辑不清晰的论文不是经典的论文。

E. 语言准确的优秀论文是经典的论文。

题源：2021-1-51

【解析】

➤ 题干分析

题干条件多而复杂，难以正面突破，从而选择从选项入手。

➤ 选项代入

A、D 和 E 项均涉及"经典论文"，从而可回文定位到题干第二个条件，其可刻画为：经典→主题∧语言。

A 和 D 项，均还涉及"逻辑是否清晰"，但"逻辑清晰"仅在题干第一和三个条件中涉及，而第一和三个条件所针对的是"优秀论文"，因此无法与题干第二个条件"经典论文"联立，因此，A 和 D 项属胡乱搭桥，排除。

E 项，直接将无法联立的"优秀论文"与"经典论文"搭桥，也属胡乱搭桥，排除。

➢ 细致验证

此时剩余选项中，B 项相对简单，从而可选择细致验证 B 项是否成立。

B 项，所涉为"论文"，扩大"优秀论文""经典论文"概念，无法由题干推出，排除。

题干条件一可刻画为：优秀→逻辑∧论据。

题干条件三可刻画为：(论据∧¬主题)∨(语言∧¬逻辑)→¬优秀。

题干条件三逆否式为：优秀→(¬论据∨主题)∧(¬语言∨逻辑)。

联立条件一和三可得：优秀→主题∧(¬语言∨逻辑)，从而可知，主题不鲜明的论文必然不是优秀的论文，故 C 项确实成立。

其实，根据"已知答案，其余不看"，C 项实际无需验证，考场上真的纠结于 C 项，其实已经在时间的维度上输了。

故选 C 项。

第四节　传递推理

一、题型特征

题干中特征	题干条件之间，可以联立。 题干条件之中，有确定条件，即"某个"命题，或联言命题。

二、解题动作

锦囊（十二）从确定性条件入手

本锦囊仅适用题干条件可联立，且有确定条件的试题。具体如下表所示：

解题动作	说明
从确定性条件入手	确定性条件主要是指"某个"命题与联言命题，如，H 穿白衣服，小涵和老王都教逻辑。形式逻辑的确定性条件主要存在于题干最后位置，或补充条件当中。

锦囊（十三）顺藤摸瓜落单不管

本锦囊仅适用题干条件可联立，且有确定条件的试题。具体如下表所示：

解题动作	说明
顺藤摸瓜	以确定条件为起点，在其他条件中找相同项，并进行传递的过程。例如， 已知①A→B；②¬B∨C；③A为真。 以确定条件（A为真）为起点，顺藤摸瓜可经①摸到B为真，即¬B为假，再顺藤摸瓜可经②摸到C为真。 顺藤摸瓜可用到的公式，有以下几种（对应第二章考点（五）、（十四）和（十八））： 1. 已知所有S是P为真。在A（S√）时，可得A（P√）。 2. 已知所有S是P为真。在A（P×）时，可得A（S×）。 3. 已知A或者B为真。在A×时，则可得B√。 4. 已知A要么B为真。在A×时，则可得B√。 5. 已知A要么B为真。在A√时，则可得B×。 6. 已知如果S那么P为真。在S√时，则可得P√。 7. 已知如果S那么P为真。在P×时，则可得S×。
落单不管	若存在确定条件无法联立的条件，则这些条件不用看。 无法联立的情况，有以下几种（对应第二章考点（五）、（十四）和（十八））： 1. 已知所有S是P为真。在A（S×）时，则无法得出其他具体情况。 2. 已知所有S是P为真。在A（P√）时，则无法得出其他具体情况。 3. 已知A或者B为真。在A√时，则无法得出其他具体情况。 4. 已知如果S那么P为真。在S×时，则无法得出其他具体情况。 5. 已知如果S那么P为真。在P√时，则无法得出其他具体情况。

三、典型例题

例21 近年来，欧美等海外留学市场持续升温，越来越多的国人把自己的孩子送出去。与此同时，部分学成归国人员又陷入了求职困境之中，成为"海待"一族。有权威人士指出："作为一名拥有海外学位的求职者，如果你具有真才实学和基本的社交能力，并且能够在择业过程中准确定位的话，那么你不可能成为'海待'。"大田是在英国取得硕士学位的归国人员，他还没有找到工作。

根据上述论述能够推出以下哪项结论？

A. 大田具有真才实学和基本社交能力，但是定位不准。

B. 大田或者不具有真才实学，或者缺乏基本的社交能力，或者没有能在择业过程中准确定位。

C. 大田不具备真才实学和基本社交能力，但是定位准确。

D. 大田不具有真才实学和基本社交能力，并且没有准确定位。

E. 大田虽然不具备有真才实学，但是他的社交能力很强，而且定位很准确。

题源：2014-10-54

【解析】

➤ 确定入手

题干最后为确定条件：田（英∧¬工）⇔ 田（海待）。

➤ 顺藤摸瓜

由"田（海待）"，经"真∧社∧定→¬海待"，可得，"田（¬真∨¬社∨¬定）"。

故选B项。

例22 如果鸿图公司的亏损进一步加大，那么是胡经理不称职；如果没有丝毫撤换胡经理的意向，那么胡经理就是称职的；如果公司的领导班子不能团结一心，那么是胡经理不称职。

如果上述断定为真，并且事实上胡经理不称职，那么以下哪项一定为真？

A. 公司的亏损进一步加大了。

B. 出现了撤换胡经理的意向。

C. 公司的领导班子仍不能团结一心。

D. 公司的亏损进一步加大，并且出现撤换胡经理的意向。

E. 领导班子不能团结一心，并且出现撤换胡经理的意向。

题源：2004-10-44

【解析】

➢ 确定入手

提问补充内容为确定条件：¬称。

➢ 顺藤摸瓜

由"¬称"，经题干第二个条件（¬撤→称），可得，撤。

由于题干第一个条件和第三个条件，无法与确定条件联立，可不看。

故选 B 项。

♦♪ **例23**　只有不明智的人才在董嘉面前说东山郡人的坏话，董嘉的朋友施飞在董嘉面前说席佳的坏话，可是令人疑惑的是，董嘉的朋友都是非常明智的人。

根据以上陈述，可以得出以下哪项？

A. 施飞是不明智的。

B. 施飞不是东山郡人。

C. 席佳是董嘉的朋友。

D. 席佳不是董嘉的朋友。

E. 席佳不是东山郡人。

题源：2012-10-31

【解析】

➢ 确定入手

题干第二个条件为确定条件：飞（董朋∧董面∧说席）。

➢ 顺藤摸瓜

由"飞（董朋）"，经第三个条件（董朋→明智），可得，飞（明智）；

再经第一个条件（董面∧说山→¬明智），可得，飞（¬董面∨¬说山）；

再由"飞（董面）"，经飞（¬董面∨¬说山），可得，飞（¬说山）；

最后，结合"飞（说席）"，可得，席（¬山）。

故选 E 项。

♦♪ **例24**　粤西酒店如果既有清蒸石斑，又有白灼花螺，则一定会有盐焗花蟹；酒店在月尾从不卖盐焗花蟹；只有当粤西酒店卖白灼花螺时，老王才会与朋友到粤西酒店吃海鲜。

如果上述断定为真，以下哪项一定为真？

A. 粤西酒店在月尾不会卖清蒸石斑。

B. 老王与朋友到粤西酒店不会既吃清蒸石斑，又吃白灼花螺。

C. 粤西酒店只有在月尾才不卖白灼花螺。

D. 老王不会在月尾与朋友到粤西酒店吃海鲜，因为那里没有盐焗花蟹。

E. 如果老王在月尾与朋友到粤西酒店吃海鲜，他们肯定吃不到清蒸石斑。

题源：2007-10-52

【解析】

➢ 题干分析

题干条件多而复杂，难以正面突破，从而选择从选项入手。

➢ 选项代入

选项中仅 E 项为假言命题，故可优先验证。

E 项，可刻画为：王朋∧月尾→¬石斑。验证本项，可将其前件代入题干，验证其后面能否得出。

由"王朋",经题干第三个条件（王朋→花螺），可得，花螺。

由"月尾",经题干第二个条件（月尾→¬花蟹），可得，¬花蟹；再经题干第一个条件（石斑∧花螺→花蟹），可得，¬石斑∨¬花螺。

综上，可得，¬石斑，与 E 项后件相符。

故选 E 项。

第五节　寻找补全

一、题型特征

第一种特征	提问中表示"补充"，即要求考生补充某项到题干论证当中，例如， 以下哪项能够保证上述论断的准确？ 增加以下哪项条件，能推出小李考上了清华？
第二种特征	提问中表示"支持或削弱"，即某项可支持或削弱题干论证，例如， 以下哪项最能支持上述论证？ 以下哪项可能是上述论证的假设？ 以下哪项如果为真，最能反驳上述论证？ 同时，题干是一个完整的论证，例如， 某些理发师留胡子。因此，某些留胡子的人穿白衣服。 一般情况下，该完整论证中有"因此"等衔接前提与结论的结构词。

某形式逻辑试题，若有上述两种特征中的任何一种，则可判定为寻找补全。

二、解题动作

 锦囊（十四）构建模型定性补全

本锦囊仅适用于需要补全的试题。具体如下表所示：

	特征	题干结论是直言命题，例如， 某些理发师留胡子。因此，某些留胡子的人穿白衣服。
模型 1	套路	所问为"支持"： 排除涉及题干重复概念的选项，寻找对题干剩余概念搭桥的选项。如例 25 所示。 若此时还有两个选项无法确定，则将剩余选项逐一与题干前提联立，入选能推出结论的选项。如例 26 所示。
		所问为"反驳"： 排除涉及题干重复概念的选项，寻找对题干剩余概念断桥的选项。如例 27 所示。 若此时还有两个选项无法确定，则将剩余选项逐一与题干前提联立，入选能推出结论矛盾的选项。如例 28 所示。
模型 2	特征	题干结论是单支或联言命题，例如， 小李考上了清华，或者小孙没考上北大。因此，小李考上了清华。
	套路	将题干按照如下结构刻画后，思考缺少什么条件，再入选对应选项。如例 29 所示。 前提＋（？）⇒结论。

三、典型例题

例 25 有些高校教师具有海外博士学位，所以，有些海外博士具有很高的水平。

以下哪项能够保证上述论断的准确？

A.所有高校教师都具有很高的水平。

B.并非所有的高校教师都有很高的水平。

C.有些高校教师具有很高的水平。

D.所有水平高的教师都具有海外博士学位。

E.有些高校教师没有海外博士学位。

题源：2014-10-55

【解析】

➢ 排除重复概念

题干重复概念为"海外博士"，从而可排除 D 和 E 项。

➢ 搭桥剩余概念

题干剩余概念为"高校教师""很高水平"，所问属于"支持"，从而需联系前述概念，进而排除 B 项。剩余选项中，A 项程度较高，支持力度更强。

故选 A 项。

例 26 某些理发师留胡子。因此，某些留胡子的人穿白衣服。

下述哪项如果为真，足以佐证上述论断的正确性？

A.某些理发师不喜欢穿白衣服。

B.某些穿白衣服的理发师不留胡子。

C.所有理发师都穿白衣服。

D.某些理发师不喜欢留胡子。

E.所有穿白衣服的人都是理发师。

题源：1997-1-3

【解析】

➢ 排除重复概念

题干重复概念为"留胡子"，从而可排除 B 和 D 项。

➢ 搭桥剩余概念

题干剩余概念为"理发师""穿白衣服"，所问属于"支持"，从而需联系前述概念，进而排除 A 项。

➢ 代入联系题干

代入 C 项，题干前提与其连逻辑链得：有留→理→白，首尾截取后可得题干结论。

故选 C 项。

例 27 有关部委负责人表示，今年将在部分地区进行试点，为全面清理"小产权房"做制度和政策准备。要求各地对农村集体土地进行确权登记发证，凡是小产权房均不予确权登记，不受法律保护。因此，河西村的这片新建房屋均不受法律保护。

以下哪项如果为真，最能削弱上述论证？

A.河西村的这片新建房屋已经得到相关部门的默许。

B.河西村的这片新建房屋都是小产权房。

C.河西村的这片新建房屋均建在农村集体土地上。

D.河西村的这片新建房屋有些不是建在农村集体土地上。

E. 河西村的这片新建房屋有些不是小产权房。

题源：2012-10-41

【解析】

➤ 排除重复概念

题干重复概念为"不受法律保护"，但无法排除选项。

➤ 断桥剩余概念

题干剩余概念为"小产权房""河西村新建房屋"，所问属于"削弱"，从而需割裂前述概念，进而排除 A、B、C 和 D 项。

故选 E 项。

例 28　所有绿色经济是低碳经济，因此低碳经济都是高技术经济。

以下哪项如果为真，最能反驳上述论证？

A. 有些绿色经济不是高技术经济。

B. 有些高技术经济不是绿色经济。

C. 有些低碳经济不是绿色经济。

D. 有些绿色经济不是低碳经济。

E. 低碳经济就是绿色经济。

【解析】

➤ 排除重复概念

题干重复概念为"低碳经济"，从而可排除 C、D 和 E 项。

➤ 断桥剩余概念

题干剩余概念为"绿色经济""高技术经济"，所问属于"削弱"，从而需割裂前述概念，但无法排除选项。

➤ 代入联系题干

代入 A 项，题干前提与其连逻辑链得：有 ¬ 高→绿→低，首尾截取后可得题干结论矛盾。

故选 A 项。

例 29　小李考上了清华，或者小孙没考上北大。

增加以下哪项条件，能推出小李考上了清华？

A. 小张和小孙至少有一人未考上北大。

B. 小张和小李至少有一人未考上清华。

C. 小张和小孙都考上了北大。

D. 小张和小李都未考上清华。

E. 小张和小孙都未考上北大。

题源：2009-1-30

【解析】

➤ 刻画结构

李（清华）∨ 孙（¬ 北大）+（？）⇒ 李（清华）

➤ 缺啥补啥

经观察可发现，题干缺少"孙（北大）"，C 项可推出此点。

故选 C 项。

补充练习 1

1. 总经理：“我主张小王和小孙两人中至少提拔一人。”

董事长：“我不同意。”

以下哪项，最为准确地表达了董事长的意思？

A. 小王和小孙两人中至多提拔一人。

B. 小王、小孙都不提拔。

C. 小王、小孙都得提拔。

D. 如果提拔小王，则也得提拔小孙。

E. 小王和小孙两人，或者都提拔，或者都不提拔。

2. 小李考上了清华，或者小孙没考上北大。

增加以下哪项条件，能推出小李考上了清华？

A. 小张和小孙至少有一人未考上北大。

B. 小张和小李至少有一人未考上清华。

C. 小张和小孙都考上了北大。

D. 小张和小李都未考上清华。

E. 小张和小孙都未考上北大。

3. 王涛和周波是理科（1）班同学，他们是无话不说的好朋友，他们发现班里每一个人或者喜欢物理，或者喜欢化学。王涛喜欢物理，周波不喜欢化学。

根据以上陈述，以下哪项必定为真？

Ⅰ. 周波喜欢物理。

Ⅱ. 王涛不喜欢化学。

Ⅲ. 理科（1）班不喜欢物理的人喜欢化学。

Ⅳ. 理科（1）班一半人喜欢物理，一半人喜欢化学。

A. 仅Ⅰ。　　　　　　　　　　　　　B. 仅Ⅲ。

C. 仅Ⅰ、Ⅱ。　　　　　　　　　　　D. 仅Ⅰ、Ⅲ。

E. 仅Ⅱ、Ⅲ、Ⅳ。

4. 并非本届世界服装节既成功又节俭。

如果上述判断是真的，则以下哪项一定为真？

A. 本届世界服装节成功但不节俭。

B. 本届世界服装节节俭但不成功。

C. 本届世界服装节既不节俭也不成功。

D. 如果本届世界服装节不节俭，则一定成功。

E. 如果本届世界服装节节俭，则一定不成功。

5. 如果“鱼和熊掌不可兼得”是不可改变的事实，则以下哪项也一定是事实？

A. 鱼可得但熊掌不可得。　　　　　　B. 熊掌可得但鱼不可得。

C. 鱼和熊掌皆不可得。　　　　　　　D. 如果鱼可得，则熊掌不可得。

E. 如果熊掌不可得，则鱼可得。

6. 从赵、张、孙、李、周、吴六个工程技术人员中选出三位组成一个特别攻关小组，集中力量研制开发公司下一步准备推出的高技术拳头产品。为了使工作更有成效，了解到以下情况：

（1）赵、孙两个人中至少要选上一位；

（2）张、周两个人中至少要选上一位；

（3）孙、周两个人中的每一个都绝对不要与张共同入选。

根据以上条件，若周未被选上，则以下哪两位必同时入选？

A. 赵、吴。 B. 张、李。

C. 张、吴。 D. 赵、李。

E. 赵、张。

7. 马医生发现，在进行手术前喝高浓度加蜂蜜的热参茶可以使他手术时主刀更稳，用时更短，效果更好。因此，他认为，要么是参，要么是蜂蜜，其含有的某些化学成分能帮助他更好地进行手术。

以下哪项如果为真，能够削弱马医生的上述结论？

Ⅰ. 马医生在喝高浓度加蜂蜜的热柠檬茶后的手术效果比喝高浓度加蜂蜜的热参茶还要好。

Ⅱ. 马医生在喝热白开水之后的手术效果与喝高浓度加蜂蜜的热参茶一样好。

Ⅲ. 洪医生主刀的手术效果比马医生好，而前者没有术前喝高浓度加蜂蜜热参茶的习惯。

A. 仅仅Ⅰ。 B. 仅仅Ⅱ。

C. 仅仅Ⅲ。 D. 仅仅Ⅰ和Ⅱ。

E. Ⅰ、Ⅱ和Ⅲ。

8. 某个体户严重违反了经营条例，执法人员向他宣布："要么罚款，要么停业，二者必居其一。"他说："我不同意。"

如果他坚持自己意见的话，以下哪项断定是他在逻辑上必须同意的？

A. 罚款但不停业。 B. 停业但不罚款。

C. 既罚款又停业。 D. 既不罚款又不停业。

E. 如果做不到既不罚款又不停业的话，就必须既罚款又停业。

9. 域控制器存储了域内的账户，密码和属于这个域的计算机三项信息。当计算机接入网络时，域控制器首先要鉴别这台计算机是否属于这个域，用户使用的登录账户是否存在，密码是否正确。如果三项信息均正确，则允许登录；如果以上信息有一项不正确，那么域控制器就会拒绝这个用户从这台计算机登录。小张的登录账号是正确的，但是域控制器拒绝小张的计算机登录。

基于以上陈述能得出以下哪项结论？

A. 小张输入的密码是错误的。

B. 小张的计算机不属于这个域。

C. 如果小张的计算机属于这个域，那么他输入的密码是错误的。

D. 只有小张输入的密码是正确的，他的计算机才属于这个域。

E. 如果小张输入的密码是正确的，那么他的计算机属于这个域。

【补充练习 1 答案】

1. 答案：B。本题考查德·摩根定律。

¬（王∨孙）⇔ ¬王∧¬孙。

2. 答案：C。刻画题干：李∨¬孙；题干问题是：? →李。根据选言命题的否定肯定式，要想肯定一个选言支，必须先否定另一个选言支，在此题干中，就要否定"小孙没考上北大"，即肯定"小孙考上了北大"，只有 C 项符合这个要求。题干固然未涉及小张，但小张考上北大对于题干的选言命题没有影响。

3. 答案：D。本题考查相容选言命题的否定肯定式。对于一个相容选言命题，必须先否定一个选言支，才能肯定另外一个；肯定了一个选言支，另外一个无法确定。因此 I、III 项为真；II、IV 项无法判定真假。

4. 答案：E。刻画题干：¬（成功∧节俭）⇒ ¬成功∨¬节俭 ⇒ 节俭→¬成功。

E 项否定"¬节俭"，就可以肯定"¬成功"。其余各项无法判定真假。

5. 答案：D。由题干可知：¬（鱼∧熊掌）⇒ ¬鱼∨¬熊掌。根据选言命题否定肯定式，可得出如果鱼可得，那么熊掌不可得；如果熊掌可得，那么鱼不可得。

6. 答案：E。周未被选上，而根据条件（2），张、周两个人中至少选上一个，所以张肯定被选上了。此时根据条件（3），孙肯定未被选上。再根据条件（1），赵就肯定被选上了。

7. 答案：B。题干断定了一个不相容选言命题，即马医生主刀效果更好的原因要么是参，要么是蜂蜜。选项 II 意味着，既不是参也不是蜂蜜，但主刀效果一样好，从而反驳了题干。选项 I 存在一种可能，即蜂蜜是有效的，这时就支持了马医生的结论；选项 III 不能削弱题干，因为洪医生的情况可能和马医生不一样，题干只是断定马医生自己。

8. 答案：E。"要么 S 要么 P"是一个不相容选言命题，即 S、P 只能存在其一。对这个命题的否定，其实就是指出 S、P 同时存在或同时不存在。如果不能保证二者同时不存在，则只能二者并存，所以，本题正确答案是 E。

9. 答案：C。题干断定，允许登录的充要条件是：（1）计算机属于这个域；（2）登录账户存在；（3）密码正确。域控制器拒绝小张的计算机登录，说明：不属于这个域∨账户不存在∨密码错误。已知小张的登录账号正确，根据相容选言命题的否定肯定式，说明：不属于这个域∨密码错误。同理，如果小张的计算机属于这个域，则他输入的密码一定是错误的，C 正确。

◆✔ 补充练习 2

◆✔ **1. 法官：**原告提出的所有证据，不足以说明被告的行为已构成犯罪。

如果法官的上述断定为真，则以下哪项相关断定也一定是真的？

I. 原告提出的证据中，至少没包括这样一个证据，有了它，足以断定被告有罪。

II. 原告提出的证据中，至少没包括这样一个证据，没有它，不足以断定被告有罪。

III. 原告提出的证据中，至少有一个与事实不符。

A. 仅仅 I。   B. 仅仅 II。

C. 仅仅 III。   D. 仅仅 I 和 II。

E. I、II 和 III。

2. 李明、王兵、马云三位股民对股票 A 和股票 B 分别作了如下预测:

李明: 只有股票 A 不上涨, 股票 B 才不上涨。

王兵: 股票 A 和股票 B 至少有一只不上涨。

马云: 股票 A 上涨当且仅当股票 B 上涨。

若三个人的预测都为真, 则以下哪项符合他们的预测?

A. 股票 A 上涨, 股票 B 不上涨。

B. 股票 A 不上涨, 股票 B 上涨。

C. 股票 A 和股票 B 均上涨。

D. 股票 A 和股票 B 均不上涨。

E. 只有股票 A 上涨, 股票 B 才不上涨。

3. 只有认识错误, 才能改正错误。

以下诸项都准确表达了上述断定的含义, 除了:

A. 除非认识错误, 否则不能改正错误。

B. 如果不认识错误, 那么不能改正错误。

C. 如果改正错误, 说明已经认识了错误。

D. 认识错误, 是改正错误的必不可少的条件。

E. 只要认识错误, 就一定改正错误。

4. 国际足联一直坚称, 世界杯冠军队所获得的 "大力神" 杯是实心的纯金奖杯, 某教授经过精密测量和计算认为, 世界杯冠军奖杯实心的 "大力神" 杯不可能是纯金制成的, 否则球员根本不可能将它举过头顶并随意挥舞。

以下哪项与这位教授的意思最为接近?

A. 若球员能够将 "大力神" 杯举过头顶并自由挥舞, 则它很可能是空心的纯金杯。

B. 只有 "大力神" 杯是实心的, 它才可能是纯金的。

C. 若 "大力神" 杯是实心的纯金杯, 则球员不可能把它举过头顶并随意挥舞。

D. 只有球员能够将 "大力神" 杯举过头顶并自由挥舞, 它才由纯金制成, 并且不是实心的。

E. 若 "大力神" 杯是由纯金制成, 则它肯定是空心的。

5. 如果赵川参加宴会, 那么钱华、孙旭和李元将一起参加宴会。

如果上述断定是真的, 那么以下哪项也是真的?

A. 如果赵川没参加宴会, 那么钱华、孙旭和李元三人中至少有一人没参加宴会。

B. 如果赵川没参加宴会, 那么钱华、孙旭和李元都没参加宴会。

C. 如果钱华、孙旭和李元都参加了宴会, 那么赵川参加了宴会。

D. 如果李元没参加宴会, 那么钱华和孙旭不会都参加宴会。

E. 如果孙旭没参加宴会, 那么赵川和李元不会都参加宴会。

6. 一个社会是公正的, 必须满足以下条件: 第一, 有健全的法律; 第二, 贫富差异是允许的, 但必须同时确保消灭赤贫和每个公民都事实上有公平竞争的机会。

根据上述条件, 最能得出以下哪项结论?

A. S 社会有健全的法律, 同时又在消灭了赤贫的条件下, 允许贫富差异的存在, 并且绝大多数公民都事实上有公平竞争的机会。因此, S 社会是公正的。

B. S 社会有健全的法律, 但这是以贫富差异为代价的。因此, S 社会是不公正的。

C. S 社会允许贫富差异, 但所有人都由此获益, 并且每个公民都事实上有公平竞争的机会。因此, S 社会是公正的。

D. S 社会不存在贫富差异, 但这是以法律不健全为代价的。因此, S 社会是不公正的。

E. S 社会法律健全，虽然有贫富差异，但消灭了赤贫。因此，S 社会是公正的。

7. 东山市威达建材广场每家商店的门边都设有垃圾桶。这些垃圾桶的颜色是绿色或红色。如果上述断定为真，则以下哪项一定为真？

Ⅰ. 东山市有一些垃圾桶是绿色的。

Ⅱ. 如果东山市的一家商店门边没有垃圾桶，那么这家商店不在威达建材广场。

Ⅲ. 如果东山市的一家商店门边有个红色垃圾桶，那么这家商店是在威达建材广场。

A. 只有Ⅰ。   B. 只有Ⅱ。

C. 只有Ⅰ和Ⅱ。   D. 只有Ⅰ和Ⅲ。

E. Ⅰ和Ⅱ、Ⅲ。

8. 张立是一位单身白领，工作 5 年积累了一笔存款，由于该笔存款金额尚不足以购房，他考虑将其暂时分散投资到股票、黄金、基金、国债和外汇 5 个领域。该笔存款的投资需要满足如下条件：

（1）如果黄金投资比例高于 1/2，则剩余部分投入国债和股票；

（2）如果股票投资比例低于 1/3，则剩余部分不能投入外汇或国债；

（3）如果外汇投资比例低于 1/4，则剩余部分投入基金或黄金；

（4）国债投资比例不能低于 1/6。

根据上述信息，可以得出以下哪项？

A. 国债投资比例高于 1/2。   B. 外汇投资比例不低于 1/3。

C. 股票投资比例不低于 1/4。   D. 黄金投资比例不低于 1/5。

E. 基金投资比例低于 1/6。

9. 一本小说要畅销，必须有可读性；一本小说，只有深刻触及社会的敏感点，才能有可读性；而一个作者如果不深入生活，他的作品就不可能深刻触及社会的敏感点。

以下哪项可以从题干的断定中推出？

Ⅰ. 一个畅销小说作者，不可能不深入生活。

Ⅱ. 一本不触及社会敏感点的小说，不可能畅销。

Ⅲ. 一本不具有可读性的小说的作者，一定没有深入生活。

A. 仅仅Ⅰ。   B. 仅仅Ⅱ。

C. 仅仅Ⅲ。   D. 仅仅Ⅰ和Ⅱ。

E. Ⅰ、Ⅱ和Ⅲ。

10. 大嘴鲈鱼只在有鲦鱼出现的、长有水藻的水域里生活。漠亚河中没有大嘴鲈鱼。

从上述断定能得出以下哪项结论？

Ⅰ. 鲦鱼只在长有水藻的河中才能发现。

Ⅱ. 漠亚河中既没有水藻，又发现不了鲦鱼。

Ⅲ. 如果在漠亚河中发现了鲦鱼，则其中肯定不会有水藻。

A. 只有Ⅰ。   B. 只有Ⅱ。

C. 只有Ⅲ。   D. 只有Ⅰ和Ⅱ。

E. Ⅰ、Ⅱ和Ⅲ都不能确定。

11. 除非年龄在 50 岁以下，并且能持续游泳 3 000 米以上，否则不能参加下个月举行的花样横渡长江活动。同时，高血压和心脏病患者不能参加。老黄能持续游泳 3 000 米以上，但没被批准参加这项活动。

以上断定能推出以下哪项结论？

Ⅰ. 老黄的年龄至少 50 岁。

Ⅱ. 老黄患有高血压。

Ⅲ．老黄患有心脏病。

A．只有Ⅰ。　　　　　　　　　　B．只有Ⅱ。

C．只有Ⅲ。　　　　　　　　　　D．Ⅰ、Ⅱ和Ⅲ至少一个。

E．Ⅰ、Ⅱ、Ⅲ都不能必然推出。

12．陈经理今天将乘飞机赶回公司参加上午10点的重要会议。秘书小张告诉王经理：如果陈经理乘坐的飞机航班被取消，那么他就不能按时到达会场，但事实上该航班正点运行，因此，小张得出结论：陈经理能按时到达会场。王经理回答小张："你的前提没错，但推理有缺陷。我的结论是：陈经理最终将不能按时到达会场。"

以下哪项对上述断定的评价最为恰当？

A．王经理对小张的评论是正确的，王经理的结论也由此被强化。

B．虽然王经理的结论根据不足，但他对小张的评论是正确的。

C．王经理对小张的评论有缺陷，王经理的结论也因此被弱化。

D．王经理对小张的评论是正确的，但王经理的结论是错误的。

E．王经理对小张的评论有偏见，并且王经理的结论根据不足。

13．小张是某公司营销部的员工。公司经理对他说："如果你争取到这个项目，我就奖励你一台笔记本电脑或者给你项目提成。"

以下哪项为真，说明该经理没有兑现承诺？

A．小张没争取到这个项目，该经理没给他项目提成，但送了他一台笔记本电脑。

B．小张没争取到这个项目，该经理没奖励他笔记本电脑，也没给他项目提成。

C．小张争取到了这个项目，该经理给他项目提成，但未奖励他笔记本电脑。

D．小张争取到了这个项目，该经理奖励他一台笔记本电脑并且给他三天假期。

E．小张争取到了这个项目，该经理未给他项目提成，但奖励了他一台台式电脑。

14．当企业处于蓬勃上升时期，往往紧张而忙碌，没有时间和精力去设计和修建"琼楼玉宇"；当企业所有重要工作都已经完成，其时间和精力就开始集中在修建办公大楼上。所以，如果一个企业的办公大楼设计得越完美，装饰越豪华，则该企业离解体时间就越近。当某个企业的大楼设计和建造趋于完美之际，它的存在就逐渐失去意义，这就是所谓的"办公大楼法则"。

以下哪项为真，最质疑上述观点？

A．一个企业如果将时间和精力都耗在修建办公大楼上，则对其他重要工作就投入不足了。

B．某企业办公大楼修建得美轮美奂，入住后该企业的事业蒸蒸日上。

C．建造豪华的办公大楼，往往会加大企业的运营成本，损害其利益。

D．企业的办公大楼越破旧，该企业就越有活力和生机。

E．建造豪华办公大楼并不需要投入太多时间和精力。

15．在恐龙灭绝6 500万年后的今天，地球正面临着又一次物种大规模灭绝的危机。截至20世纪末，全球大约有20%的物种灭绝。现在，大熊猫、西伯利亚虎、北美玳瑁、巴西红木等许多珍稀物种面临着灭绝的危险。有三位学者对此作了预测。

学者一：如果大熊猫灭绝，则西伯利亚虎也将灭绝；

学者二：如果北美玳瑁灭绝，则巴西红木不会灭绝；

学者三：或者北美玳瑁灭绝，或者西伯利亚虎不会灭绝。

如果三位学者的预测都为真，则以下哪项一定为假？

A．大熊猫和北美玳瑁都将灭绝。

B．巴西红木将灭绝，西伯利亚虎不会灭绝。

C．大熊猫和巴西红木都将灭绝。

D．大熊猫将灭绝，巴西红木不会灭绝。

E.巴西红木将灭绝，大熊猫不会灭绝。

16.专业人士预测：如果粮食价格保持稳定，那么蔬菜价格也保持稳定；如果食用油价格不稳，那么蔬菜价格也将出现波动。老李由此断定：粮食价格保持稳定，但是肉类食品价格将上涨。

根据上述专业人士的预测，以下哪项为真，最能对老李的观点提出质疑？

A.如果食用油价格稳定，那么肉类食品价格会上涨。

B.如果食用油价格稳定，那么肉类食品价格不会上涨。

C.如果肉类食品价格不上涨，那么食用油价格将会上涨。

D.如果食用油价格出现波动，那么肉类食品价格不会上涨。

E.只有食用油价格稳定，肉类食品价格才不会上涨。

17.有人说："只有肯花大价钱的足球俱乐部才进得了中超足球联赛。"

如果上述命题真，可能出现的情况是：

Ⅰ.某足球俱乐部花了大价钱，没有进中超。

Ⅱ.某足球俱乐部没有花大价钱，进了中超。

Ⅲ.某足球俱乐部没有花大价钱，没有进中超。

Ⅳ.某足球俱乐部花了大价钱，进了中超。

A.仅仅Ⅳ。　　　　　　　　　　B.仅仅Ⅱ和Ⅲ。

C.仅仅Ⅲ和Ⅳ。　　　　　　　　D.仅仅Ⅱ、Ⅲ和Ⅳ。

E.仅仅Ⅰ、Ⅲ和Ⅳ。

18.逻辑学家说：如果2+2=5，则地球是方的。

以下哪项和逻辑学家所说的意思相同？

A.如果地球是方的，则2+2=5。

B.如果地球是圆的，则2+2≠5。

C.2+2≠5或者地球是方的。

D.2+2=5或者地球是方的。

E.2+2=5并且地球是方的。

19.三位股评专家正在对三家上市公司明天的股价走势进行预测。

甲说："公司一的股价会有一些上升，但不能期望过高。"

乙说："公司二的股价会下跌，除非公司一的股价上升超过5%。"

丙说："如果公司二的股价上升，公司三的股价也会上升。"

三位股评专家果然厉害，一天后的事实表明他们的预言都对，而且公司三的股价跌了。

以下哪项叙述最可能是那一天股价变动的情况？

A.公司一股价上升了9%，公司二股价上升了4%。

B.公司一股价上升了7%，公司二股价下跌了3%。

C.公司一股价上升了4%，公司二股价持平。

D.公司一股价上升了5%，公司二股价上升了2%。

E.公司一股价上升了2%，公司二股价有所上升。

20.互联网好比一个复杂多样的虚拟世界，每台联网主机上的信息又构成了一个微观虚拟世界，若在某主机上可以访问本主机的信息，则称该主机相通于自身；若主机 X 能通过互联网访问主机 Y 的信息，则称 X 相通于 Y。已知代号分别为甲、乙、丙、丁的四台联网主机有如下信息：

（1）甲主机相通于任一不相通于丙的主机；

（2）丁主机不相通于丙；

（3）丙主机相通于任一相通于甲的主机。

若丙主机不相通于任何主机，则以下哪项一定为假？

A. 乙主机相通于自身。

B. 丁主机不相通于甲。

C. 若丁主机不相通于甲，则乙主机相通于甲。

D. 甲主机相通于乙。

E. 若丁主机相通于甲，则乙主机相通于甲。

【补充练习 2 答案】

1. **答案：A。** "不足以"就是不充分的意思，选项Ⅰ正好是题干法官的意思。不充分并非就不是必要的，所以选项Ⅱ不一定真。不充分并非就是与事实不符，所以选项Ⅲ也不一定真。

2. **答案：D。** 题干条件可以刻画为：李明：¬B→¬A；王兵：¬A∨¬B；马云：A涨↔B涨（"A当且仅当B"表示A、B互为充要条件）。

马云的预测如果为真，只有A、B都涨或者A、B都不涨这两种情况。若A、B都上涨，那么王兵的预测就为假，所以A、B都不涨的情况才使三人的预测都为真。

3. **答案：E。** 题干断定了"认识错误"是"改正错误"的必要条件，选项A、B、D都是这个意思，C断定"改正错误"是"认识错误"的充分条件，和题干意思相同。只有E所断定的是"认识错误"是"改正错误"的充分条件，与题干意思不符。

4. **答案：C。** 题干推理可以刻画为：实心的"大力神"杯是纯金制成的→球员不可能将它举过头顶并随意挥舞，直接定位C项。关注"否则"引导的句子，刻画时，"否"意味着要将前半句否定，"则"表示"那么"，即肯定后半句。

5. **答案：E。** 由孙旭没参加宴会，可知钱华、孙旭和李元不会都参加宴会，即题干中充分条件假言命题的后件是假的，进而可以推出该充分条件假言命题的前件是假的，即赵川没参加宴会。既然赵川没参加宴会，则赵川和李元肯定就不会都参加宴会，因为选言命题有一个支命题为真，则整个命题为真。需要注意的是，这里是"不会都"，并不是"都不会"。

题干是一个充分条件假言命题，进行充分条件假言推理可以从肯定前件到肯定后件，也可以从否定后件到否定前件，其他情况均不成立。选项A和B都从否定前件开始，显然均不成立。选项C从肯定后件开始也是不成立的。选项D只是在后件内部进行推导，后件是一个联言命题，显然不能从一个联言支为假推出其他联言支是假的。

6. **答案：D。** 题干结构是"只有P且Q且R且S，才T"，是一个必要条件假言命题。只有选项D给出的是否定前件到否定后件的必要条件正确推理形式。其他选项的推理形式均不正确。

7. **答案：B。** 选项Ⅰ不一定为真。因为如果东山市所有垃圾桶都是红色的，并不违反题干的条件。选项Ⅱ一定为真。由东山市威达建材广场每家商店的门边都设有垃圾桶，可推出如果东山市的一家商店门边没有垃圾桶，那么这家商店不在威达建材广场。选项Ⅲ不一定为真。因为题干断定，东山市威达建材广场每家商店的门边都设有垃圾桶，由此不能推出，东山市只有威达建材广场的商店门边才设有垃圾桶。

8. **答案：C。** 根据条件（4）可知，条件（2）的后件为假，故其前件也为假，因此股票投资比例不低于1/3，故选C项。

9. **答案：D。** 题干包含如下论证：（1）畅销→可读性；（2）可读性→触及；（3）触及→深入生活。将以上推理主线连接起来可知，一本小说畅销可以推出其作者一定深入生活。Ⅰ可以推出；Ⅱ也一定能推出，由（1）和（2），畅销→深刻触及社会敏感点，Ⅱ是这一表述的逆否命题，一定成立；Ⅲ不一定能推出，否定前件不能得出必然结论。

10. **答案：E。** 鲦鱼出现而且长有水藻是存在大嘴鲈鱼的必要条件，不是充分条件；题干否定了必要条件的结论，就无法判断这些必要条件是否存在；所以Ⅰ、Ⅱ和Ⅲ都不一定正确。

11.答案：E。题干的条件可用表达式表示如下：

条件（1）：¬（50岁以下∧（游泳）3 000米以上）→¬参加；

条件（2）：高血压∨心脏病→¬参加；

条件（3）：¬横渡长江∧（游泳）3 000米以上。

条件（3）只能肯定条件（1）的后件，因此不能推出确定结论。

从语义理解上来说，参加活动有三个必要条件，但是不能参加活动的话，不说明这些必要条件没有得到满足。这就如同购买奢侈品需要有钱，但是没有购买奢侈品不代表没钱。

12.答案：B。秘书小张的推理主线是："取消→¬按时"，但是"¬取消"推不出"按时到达"，因为否定假言命题的前件，其后件真假不定。故小张的推理确实有缺陷，所以王经理对小张的评价是正确的；但王经理的结论也是推不出的，因此选择B项。但否定前件，后件只是真假不定，不能说王经理的结论就必然错误，所以，不能选D项。

13.答案：E。公司经理对小张说的话实际上是一个充分条件假言命题。充分条件假言命题只有在前件真后件假的情况下才为假，其余情况都为真，故首先排除A、B项。后件为相容选言命题，相容选言命题只有在支命题都为假的情况下才为假，即当经理既没有奖励笔记本电脑也没有给小张项目提成时，该经理没有兑现承诺。E项符合条件。

14.答案：B。根据题干"如果一个企业的办公大楼设计得越完美，装饰越豪华，则该企业离解体时间就越近"，这是一个充分条件假言命题，当前件真而后件假的时候即可质疑它，所以，选择B项。

15.答案：C。简化题干条件，得：

（1）大熊猫→西伯利亚虎；

（2）北美玳瑁→¬巴西红木；

（3）北美玳瑁∨¬西伯利亚虎⇔西伯利亚虎→北美玳瑁。

由（1）和（3）可知，如果大熊猫灭绝，则北美玳瑁灭绝。由上述推理和（2）可知，如果大熊猫灭绝，则巴西红木不会灭绝。这和C选项是矛盾的。所以，本题选C项。

在"大熊猫→西伯利亚虎→北美玳瑁→¬巴西红木"这个连锁推理中，C选项肯定了前件"大熊猫"，否定了后件"¬巴西红木"，与原命题矛盾，在假设题干为真的前提下，C项必假；而B选项，否定了"西伯利亚虎"（相对于"¬巴西红木"来说，它是前件），也否定了"¬巴西红木"（这是后件），否前又否后，真假不定。

16.答案：B。如果食用油价格不稳，那么蔬菜价格也将出现波动，根据假言判断换位推理可得：如果蔬菜价格保持稳定，那么食用油价格保持稳定。

由题干可知如果粮食价格保持稳定，那么蔬菜价格也保持稳定。根据连锁推理可知：如果粮食价格保持稳定，那么食用油价格保持稳定。

题目要求对老李的断定："粮食价格将保持稳定，但是肉类食品价格将上涨"进行质疑。则根据"如果P则Q"为假的情况为"P并且非Q"，也就是说粮食价格将保持稳定，则肉类食品价格也保持稳定。如果粮食价格保持稳定，那么食用油价格保持稳定。如果食用油价格稳定，那么肉类食品价格保持稳定。根据连锁推理可知正确选项为B。

17.答案：E。题干断定了"足球俱乐部肯花大价钱"是"进得了中超足球联赛"的必要条件。当选项Ⅱ为真时，题干断定肯定为假，而当其他选项为真时，题干都是真的，所以当题干为真时，只有选项Ⅱ不可能出现。

18.答案：C。"如果S则P"等价于"非S或P"。

19.答案：B。已知公司三的股价下跌，否定了丙说的话的后件，由此可推出丙的前件也为假，即公司二的股价没有上升。据此排除 A、D、E 三项。由甲的话为真这个条件，无法排除 B、C 中的任何一项，只能分析乙的话。乙可以刻画为：¬公司一的股价上升超过 5%→公司二的股价可能下跌。

若 B 项的断定为真，公司一股价上升了 7%，否定了上述刻画式的前件，其后件无论真假，整个推理都为真，所以，乙的预测也正确。

C 项中，公司一的股价上升没有超过 5%，但公司二股价没有下跌，不符合乙的预测，故该项不对。

20.**答案：C**。设 X 为任意主机，用 = 表示"相通于"，则题干条件可以刻画为：（1）X ≠ 丙→甲 =X ；（2）丁 ≠ 丙；（3）X= 甲→丙 =X⇔ 丙 ≠ X → X ≠ 甲。

问题中的附加条件"丙不相通于任何主机"，可以刻画为：丙 ≠ X。根据题干条件（3）的逆否命题：丙 ≠ X → X ≠ 甲，可得到：X ≠ 甲，即没有任何主机相通于甲。根据这个推论，C 项前件为真，后件为假，因此，C 项一定为假。

补充练习 3

1. 小东在玩"勇士大战"游戏，进入第二关时，界面出现四个选项。第一个是"选择任意选项都需要支付游戏币"，第二个选项是"选择本项后可以得到额外游戏奖励"，第三个选项是"选择本项后游戏不会进行下去"，第四个选项是"选择某个选项不需要支付游戏币"。

如果四个选项中的陈述只有一句为真，则以下哪项一定为真？
A. 选择任意选项都需要支付游戏币。
B. 选择任意选项都不需要支付游戏币。
C. 选择任意选项都不能得到额外游戏奖励。
D. 选择第二个选项后可以得到额外游戏奖励。
E. 选择第三个选项后游戏能继续进行下去。

2. 所有的三星级饭店都被搜查过了，没有发现犯罪嫌疑人的踪迹。
如果上述断定为真，则在下面四个断定中可确定为假的是：
Ⅰ. 没有三星级饭店被搜查过。
Ⅱ. 有的三星级饭店被搜查过。
Ⅲ. 有的三星级饭店没有被搜查过。
Ⅳ. 犯罪嫌疑人躲藏的三星级饭店已被搜查过。
A. 仅Ⅰ、Ⅱ。　　　　　　　　　　B. 仅Ⅰ、Ⅲ。
C. 仅Ⅱ、Ⅲ。　　　　　　　　　　D. 仅Ⅰ、Ⅲ和Ⅳ。
E. Ⅰ、Ⅱ和Ⅲ。

3. 北方人不都爱吃面食，但南方人都不爱吃面食。
如果已知上述第一个断定真，第二个断定假，则以下哪项据此不能确定真假？
Ⅰ. 北方人都爱吃面食，有的南方人也爱吃面食。
Ⅱ. 有的北方人爱吃面食，有的南方人不爱吃面食。
Ⅲ. 北方人都不爱吃面食，南方人都爱吃面食。
A. 只有Ⅰ。　　　　　　　　　　　B. 只有Ⅱ。
C. 只有Ⅲ。　　　　　　　　　　　D. 只有Ⅱ和Ⅲ。
E. Ⅰ、Ⅱ和Ⅲ。

4. 期终考试后，班长想从老师那里打听成绩。班长说："老师，这次考试不太难，我估计我们班同学们的成绩都在70分以上吧"。老师说："你的前半句话不错,后半句话不对。"根据老师的意思，下列哪项必为事实?

    A. 多数同学的成绩在70分以上，有少数同学的成绩在60分以下。

    B. 有些同学的成绩在70分以上，有些同学的成绩在70分以下。

    C. 如果研究生的课程75分才算及格，那么肯定有的同学成绩不及格。

    D. 这次考试太难，多数同学的考试成绩不理想。

    E. 这次考试太容易，全班同学的考试成绩都在80分以上。

5. 已知，甲班有100人，关于该班有多少人会游泳，有三句陈述:

    Ⅰ. 有的人会游泳。

    Ⅱ. 有的人不会游泳。

    Ⅲ. 班长不会游泳。

    这三句陈述中，只有一句话是真的，以下哪个选项一定为真?

    A. 甲班有99人会游泳。   B. 甲班只有1人会游泳。

    C. 甲班有100人会游泳。   D. 甲班的人都不会游泳。

    E. 条件不足，不足以推出结论。

6. 针对作弊屡禁不止的现象，某学院某班承诺，只要全班同学都在承诺书上签字，那么，如果全班有一人作弊，全班同学的考试成绩都以不及格计。校方接受并实施了该班的这一承诺。结果班上还是有人作弊，但班长的考试成绩是优秀。

    以下哪项是从上述断定逻辑中得出的结论?

    A. 班长采取不正当的手段使校方没有严格实施承诺。

    B. 作弊的就是班长本人。

    C. 全班多数人没有作弊。

    D. 全班没有人在承诺书上签字。

    E. 全班有人没在承诺书上签字。

7. 只有公司相应部门的所有员工都合格了，该部门的员工才能得到年终奖金。财务部有些员工考评合格了，综合部所有员工都得到了年终奖金，行政部的赵强考评合格了。

    如果上述论断为真，下面哪个可能为真?

    Ⅰ. 财务部员工都考评合格了。

    Ⅱ. 赵强得到了年终奖金。

    Ⅲ. 综合部有些员工未考评合格。

    Ⅳ. 财务部员工没有得到年终奖金。

    A. Ⅰ和Ⅱ。   B. Ⅱ和Ⅲ。

    C. Ⅰ、Ⅱ和Ⅳ。   D. Ⅰ、Ⅱ和Ⅲ。

    E. Ⅱ、Ⅲ和Ⅳ。

【补充练习3答案】

1. **答案: E。**第一个选项和第四个选项互为矛盾关系，必有一真一假。根据只有一句为真，可知第二个和第三个选项必为假。由第三个选项为假可知：选择第三个选项后游戏能继续进行下去，即 E 项。

2. **答案: B。**题干推理：所有都被搜查过∧¬发现。只要以上联言命题的联言支有一个为假，则整个命题为假，即得到题干问题所需的答案。

"所有的三星级饭店都被搜查过"是 SAP 命题，其矛盾命题是 SOP 命题"有的三星级饭店没有被搜查过"必为假，即Ⅲ是假的；由于 SAP、SEP 命题存在反对关系，不可能同真，故 SAP 命题为真时，SEP 命题必假，即Ⅰ是假的。Ⅱ必为真。Ⅳ可以看作一个假言命题：如果犯罪嫌疑人藏身在某三星级饭店，那么该饭店已经被搜查过。根据题干"所有的三星级饭店都被搜查过"可知，这个假言命题的后件为真，故命题必真。

3. 答案：D。 题干中"北方人不都爱吃面食"等同于"有的北方人不爱吃面食"；"南方人都不爱吃面食"为假，可推出"有的南方人爱吃面食"。

选项Ⅰ"北方人都爱吃面食，有的南方人也爱吃面食"是一个联言命题，其中"北方人都爱吃面食"假，所以，整个复合命题为假。

选项Ⅱ"有的北方人爱吃面食，有的南方人不爱吃面食"也是一个联言命题，根据题干条件"有的北方人不爱吃面食"推不出"有的北方人爱吃面食"的真假，根据"有的南方人爱吃面食"也推不出"有的南方人不爱吃面食"的真假。因为Ⅰ命题为真时，O 命题真假不定；O 命题为真时，Ⅰ命题真假不定。

选项Ⅲ还是一个联言命题，根据题干条件，Ⅰ命题为真时，A 命题真假不定；O 命题为真时，E 命题真假不定。

4. 答案：C。 解读老师说的话，"前半句话不错"，意指"这次考试不太难"；"后半句话不对"，即"并非我们班同学的成绩都在 70 分以上"，这句话等价于"我们班有的同学的成绩不是 70 分以上"。由差等关系可知，Ⅰ和 O 命题为真时，无法判断全称命题 A、E 的真假。

"我们班有的同学的成绩不是 70 分以上"是一个为真的 O 命题，此时，选项 B 的前半句话无法判断真假。而且，该选项的后半句话事实上也真假不定，试想，如果不是 70 分以上的同学，成绩恰好都是 70 分呢？这后半句话也就是错误的了。既然问题要求找"必为事实"的选项，B 就不能选。

C 选项补充了一个条件"75 分及格"，既然必然有"不是 70 分以上"的同学，则意味着必然有不及格的同学。A 项作出的"多数""少数"的判断是没有根据的。

5. 答案：C。 三句话只有一句为真，此时的思路就是找到矛盾关系或者反对关系，利用这些关系来判断真伪。

选项Ⅰ和选项Ⅱ分别是 I、O 命题，根据下反对关系的性质，二者不可同时为假，所以必有一真——谁真谁假且不忙判断，我们由此至少可以推出：选项Ⅲ如果为真，则违反了只有一句为真的条件，所以选项Ⅲ句话是假的。既然"班长不会游泳"是假的，那么说明"班长会游泳"，由此可知选项Ⅰ为真，根据题干条件只有一句为真，则选项Ⅱ必然是假的，按照对当关系图，沿对角线找到该命题的矛盾命题，就可以知道答案了：所有人都会游泳。

6. 答案：E。 题干所给出的承诺实际上是一个两重充分条件的承诺，相当于以下形式：如果 P，则（如果 Q，则 R）。现在"全班有人作弊"，但"全班考试成绩并没有全部不及格"，说明"如果 Q，则 R"为假，为保证该承诺是真实的，只能 P 为假，所以"全班同学都在承诺书上签字"假，即得结论"全班有人没在承诺书上签字"。

7. 答案：C。 Ⅱ在五个选项中都有出现，故不需要分析。重点看Ⅰ和Ⅲ。

由特称肯定命题"财务部有些员工考评合格了"为真，不能判断相应的全称肯定命题"财务部所有员工都考评合格了"的真假，所以Ⅰ可能为真；也不能判断相应的特称否定命题"财务部有些员工考评没有合格"的真假（下反对关系：可以同时为真），所以，Ⅳ可能为真。

由题干"综合部所有员工都得到了员工奖金"和"只有公司相应部门的所有员工都合格了，该部门的员工才能得到年终奖金"，得"综合部所有员工都考评合格"为真，所以，Ⅲ为假。

补充练习4

1.所有参加此次运动会的选手都是身体强壮的运动员，所有身体强壮的运动员都是很少生病的，但是有一些身体不适的选手参加了此次运动会。

以下哪项不能从上述前提中得出？

A.有些身体不适的选手是很少生病的。

B.很少生病的选手都参加了此次运动会。

C.有些很少生病的选手感到身体不适。

D.有些身体强壮的运动员感到身体不适。

E.参加此次运动会的选手都是很少生病的。

2.在某次综合性学术年会上，物理学会作学术报告的人都来自高校；化学学会作学术报告的人有些来自高校，但是大部分来自中学；其他作学术报告者均来自科学院。来自高校的学术报告者都具有副教授以上职称，来自中学的学术报告者都具有中教高级以上职称。李默、张嘉参加了这次综合性学术年会，李默并非来自中学，张嘉并非来自高校。

以上陈述如果为真，可以得出以下哪项结论？

A.张嘉不是物理学会的。

B.李默不是化学学会的。

C.张嘉不具有副教授以上职称。

D.李默如果作了学术报告，那么他不是化学学会的。

E.张嘉如果作了学术报告，那么他不是物理学会的。

3.有些导演留着大胡子，所以有些留着大胡子的人是大嗓门。

要使这一论断成立，必须补充以下哪项为前提？

A.有些导演是大嗓门。　　　　　　　　B.所有大嗓门都是导演。

C.所有导演都是大嗓门。　　　　　　　D.有些大嗓门不是导演。

E.所有导演都不是大嗓门。

4.某些经济学家是大学数学系的毕业生。因此，某些大学数学系的毕业生是对企业经营很有研究的人。

下列哪项如果为真，则能够保证上述论断的正确？

A.某些经济学家专攻经济学的某一领域，对企业经营没有太多的研究。

B.某些对企业经营很有研究的经济学家不是大学数学系毕业的。

C.所有对企业经营很有研究的人都是经济学家。

D.某些经济学家不是大学数学系的毕业生，而是学经济学的。

E.所有的经济学家都是对企业经营很有研究的人。

5.在本届运动会上，所有参加4×100米比赛的田径运动员都参加了100米比赛。

再加上以下哪项陈述，可以合乎逻辑地推出"有些参加200米比赛的田径运动员没有参加4×100米比赛"？

A.有些参加200米比赛的田径运动员也参加了100米比赛。

B.有些参加4×100米比赛的田径运动员没有参加200米比赛。

C.有些没有参加100米比赛的田径运动员参加了200米比赛。

    D. 有些没有参加 200 米比赛的田径运动员也没有参加 100 米比赛。

    E. 有些参加 100 米比赛的田径运动员也参加了 200 米比赛。

6. 第一机械厂的有些管理人员取得了 MBA 学位。因此，有些有工科背景的大学毕业生取得了 MBA 学位。

    以下哪项如果为真，则最能保证上述论证的成立？

    A. 有些管理人员是有工科背景的大学毕业生。

    B. 有些取得 MBA 学位的管理人员不是有工科背景的大学毕业生。

    C. 第一机械厂所有的管理人员都是有工科背景的大学毕业生。

    D. 第一机械厂的有些管理人员还没有取得 MBA 学位。

    E. 第一机械厂所有的有工科背景的大学毕业生都是管理人员。

7. 所有切实关心教员福利的校长，都被证明是管理得法的校长；而切实关心教员福利的校长，都首先把注意力放在解决中青年教员的住房上。因此，那些不首先把注意力放在解决中青年教员住房上的校长，都不是管理得法的校长。

    为使上述论证成立，以下哪项必须为真？

    A. 中青年教员的住房问题，是教员的福利中最为突出的问题。

    B. 所有管理得法的校长，都是关心教员福利的校长。

    C. 中青年教员的比例，近年来普遍有了大的增长。

    D. 所有首先把注意力放在解决中青年教员住房上的校长，都是管理得法的校长。

    E. 老年教员普遍对自己的住房状况比较满意。

8. 某科研机构对市民所反映的一种奇异现象进行研究，该现象无法用已有的科学理论进行解释。助理研究员小王由此断言，该现象是错觉。

    以下哪项如果为真，最可能使小王的断言不成立？

    A. 错觉都可以用已有的科学理论进行解释。

    B. 所有错觉都不能用已有的科学理论进行解释。

    C. 已有的科学理论尚不能完全解释错觉是如何形成的。

    D. 有些错觉不能用已有的科学理论进行解释。

    E. 有些错觉可以用已有的科学理论进行解释。

9. 有些低碳经济是绿色经济，因此，低碳经济都是高技术经济。

    以下哪项如果为真，最能反驳上述论证？

    A. 绿色经济有些是高技术经济。

    B. 绿色经济都不是高技术经济。

    C. 有些低碳经济不是绿色经济。

    D. 有些绿色经济不是低碳经济。

    E. 低碳经济就是绿色经济。

10. 维护个人利益是个人行为的唯一动机。因此，维护个人利益是影响个人行为的主要因素。

    以下哪项如果为真，最能削弱题干的论证？

    A. 维护个人利益是否是个人行为的唯一动机，值得讨论。

    B. 有时动机不能成为影响个人行为的主要因素。

    C. 个人利益之间既有冲突，也有一致。

    D. 维护个人利益的行为也能有利于公共利益。

    E. 个人行为不能完全脱离群体行为。

11. 哈尔滨人都是北方人，有些哈尔滨人不是工人。

　　如果以上命题为真，则以下哪项肯定为真？

　　A. 有些北方人是工人。　　　　　　B. 有些北方人不是工人。

　　C. 有些工人是北方人。　　　　　　D. 有些工人不是北方人。

　　E. 所有北方人都不是工人。

12. 大多数独生子女都有以自我为中心的倾向，有些非独生子女同样有以自我为中心的倾向。以自我为中心倾向的产生有各种原因，但一个共同原因是缺乏父母的正确引导。

　　如果上述断定为真，则以下哪项一定为真？

　　A. 每个缺乏父母正确引导的家庭都有独生子女。

　　B. 有些缺乏父母正确引导的家庭有不止一个子女。

　　C. 有些家庭虽然缺乏父母正确引导，但子女并不以自我为中心。

　　D. 大多数缺乏父母正确引导的家庭都有独生子女。

　　E. 缺乏父母正确引导的多子女家庭，少于缺乏父母正确引导的独生子女家庭。

13. 捐助希望工程的动机，大都是社会责任，也有的是个人功利。当然，出于社会责任的行为，并不一定都不考虑个人功利。对希望工程的每一项捐助，都是利国利民的善举。

　　如果上述断定为真，以下哪项不可能为真？

　　A. 有的行为出于社会责任，但不是利国利民的善举。

　　B. 所有考虑个人功利的行为，都不是利国利民的善举。

　　C. 有的出于社会责任的行为是善举。

　　D. 有的行为虽然不是出于社会责任，但却是善举。

　　E. 对希望工程的有些捐助，既不是出于社会责任，也不是出于个人功利，有其他原因，例如某种摊派。

14. 所有纺织工都是工会成员。部分梳毛工是女工，部分纺织工是女工。所有工会成员都投了健康保险。没有一个梳毛工投了健康保险。

　　下面哪个结论从上述假设中推不出来？

　　A. 所有女工都投了健康保险。

　　B. 有些女工投了健康保险。

　　C. 所有纺织工都投了健康保险。

　　D. 并非所有女工都是工会成员。

　　E. 有些女工没有投健康保险。

【补充练习4答案】

　　1. 答案：B。 根据题干条件"所有参加此次运动会的选手都是身体强壮的运动员""身体强壮的运动员都是很少生病的"，可以推出"所以，所有参加此次运动会的选手都是很少生病的"。按直言命题换位推理规则，由以上结论只能得到"有的很少生病的运动员参加了运动会"。根据直言命题对当关系可知，B项是不能必然推出的。

　　2. 答案：E。 已知"物理学会作学术报告的都来自高校"，"张嘉不是来自高校"，两者结合推知"张嘉不是物理学会的或者不作学术报告"，无法推断哪个选言支必然为真，A项不正确。如果张嘉做了学术报告，根据相容选言命题的否定肯定式，他不是物理学会的，E项正确。B、D两项推不出，"化学学会作学术报告的大部分来自中学"是特称命题，无法得到李默和化学学会的确定关系。C项推不出，已知"来自高校的学术报告者都具有副教授以上职称"，张嘉不是来自高校，否定了命题前件，所以张嘉和副教授之间的关系不确定。

3. **答案：C。**已知前提：有的导演→大胡子；已知结论：有的大胡子→大嗓门；将其拆分，得到：有的大胡子→（　　）→大嗓门。将已知前提换位，得到：有的大胡子→导演，把"导演"补充进逻辑链，得到：有的大胡子→导演→大嗓门。故，需要补充的前提是：导演→大嗓门。

4. **答案：E。**已知前提：有的经济学家→数学系毕业生；已知结论：有的数学系毕业生→对企业经营有研究，将其拆分，得到：有的数学系毕业生→（　　）→对企业经营有研究。将已知前提换位，得到：有的数学系毕业生→经济学家，把"经济学家"补充进逻辑链，得到：有的数学系毕业生→经济学家→对企业经营有研究。故，需要补充的前提是：经济学家→对企业经营有研究。

5. **答案：C。**已知前提：4×100→100；需要证明的结论：有的200→¬4×100。为了得到"4×100"，将已知前提进行逆否，得到：¬100→¬4×100。

将结论拆分，得到：有的200→（　　）→¬4×100。将"¬100"补充进逻辑链，得到：有的200→¬100→¬4×100。故，需要补充前提：有的200→¬100，找不到对应选项，故将其换位，得到：有的¬100→200。

6. **答案：C。**刻画题干前提：有些管理人员→MBA；刻画题干结论：有些有工科背景的大学毕业生→MBA。这两个命题无法直接连成逻辑链，需要把二者分别换位，得到前提：有的MBA→管理人员；结论：有的MBA→工科背景。再根据三段论构建逻辑链的规则拆分结论，将"有的MBA"放在第一项，把"工科背景"放在最后一项，中间插入"管理人员"，即：有的MBA→管理人员→工科背景。故，需要补充的前提就是：管理人员→工科背景。

7. **答案：B。**题干给出的前提有：（1）关心福利→管理得法；（2）关心福利→解决住房；结论是：¬解决住房→¬管理得法，逆否可得：管理得法→解决住房。按照三段论推理补充前提的方法，将结论作拆分，得：管理得法→（　　）→解决住房。括号里面中项位置需要补充"关心福利"。由于"关心福利→解决住房"在（2）中已经出现，所以需要补充的前提就是"管理得法→关心福利"，即B项。

8. **答案：A。**本题的直接解法：题干根据某个无法解释的现象就得出是"错觉"的结论，其依据的假设是：所有"无法解释的"都是"错觉"。将这句话进行换位推理，得到：有的错觉是无法解释的。这样，我们就得到了与诸选项结构类似的、"错觉"作为主语的命题。那么题干的问题就转化为削弱这个新的命题。只要找它的矛盾命题即可，由此得到：所有错觉都不是无法解释的。这句话的意思与A项一致。

9. **答案：B。**要想反驳论证，就要证明结论的矛盾命题：有的低碳经济不是高技术经济。

已知前提：有的低碳经济→绿色经济；需要证明的结论：有的低碳经济→¬高技术经济。将这个结论拆分，得到：有的低碳经济→（　　）→¬高技术经济。将已知前提中的"绿色经济"补充进逻辑链，得到：有的低碳经济→绿色经济→¬高技术经济。故，需要补充前提：绿色经济→¬高技术经济，方能证明原题干结论的矛盾命题。

10. **答案：B。**要想反驳结论"利益→因素"，就要找到：利益→¬因素。为了证明它，将其拆分，得到：利益→（　　）→¬因素。已知前提：利益→动机。将"动机"补充进括号中，得到的"动机→¬因素"即为要补充的前提。诸选项中，只有B项最为接近。

11. **答案：B。**已知前提（1）：哈尔滨人→北方人；前提（2）：有的哈尔滨人→¬工人。先换位第二个前提，得到：有的¬工人→哈尔滨人，再与前提（1）连成逻辑链，把特称命题放到逻辑链最前面，得到：有的¬工人→哈尔滨人→北方人。故结论是：¬工人→北方人。没有这个选项，故将其换位，得到：有的北方人→¬工人。选B。

12. **答案：B。**既然题干断定"有些非独生子女同样有以自我为中心的倾向"，以自我为中心"共同原因是缺乏父母的正确引导"，那就可以推出"有些非独生子女是缺乏父母正确引导的"，将这个特称肯定命题进行换位推理，即可得到：有些缺乏父母正确引导的家庭是非独生子女家庭，故选 B 项。

13. 答案：B。注意问题的相反陷阱。由题干可知，有的捐助希望工程的动机，是个人功利；又知对希望工程的捐助都是利国利民的善举。由此可推得，有的出于个人功利的行为也是善举。B 项与之矛盾，不可能为真。

由题干第一句和最后一句可以推知：有些出于社会责任的行为是利国利民的善举，即 C 项为真；这是一个特称肯定命题，当它为真的时候，根据下反对关系，无法推知同素材的特称否定命题的真假，故 A 项无法确定真假；D 项断定"不出于社会责任的行为"，在题干中找不到对应，所以 D 项真假不定；类似的，E 项断定超出题干范围，真假不定。

14. 答案：A。本题要求找推不出的选项。

由"有的梳毛工→女工"和"梳毛工→¬健康保险"构建逻辑链，需要将特称命题先换位，得到：有的女工→梳毛工。故逻辑链是：有的女工→梳毛工→¬健康保险。结论就是：有的女工→¬健康保险。这与 A 项矛盾。

由"所有纺织工都投了健康保险"，而"部分纺织工是女工"可以推论出"有些女工投了健康保险"，即 B；由"所有工会成员都投了健康保险"而"所有纺织工都是工会成员"可推出"所有纺织工都投了健康保险"，即 C；由"没有一个梳毛工投了健康保险"，及"所有工会成员都投了健康保险"，可以推出"梳毛工都不是工会成员"，再结合"部分梳毛工是女工"，可知"并非所有女工都是工会成员"，即 D；由"没有一个梳毛工投了健康保险"，而由"部分梳毛工是女工"可以推出"有些女工没有投健康保险"，即 E。

补充练习5

1. 任何经济发展不必然都导致生态恶化，但不可能有不阻碍经济发展的生态恶化。

以下哪项最为准确地表达了题干的含义？

A. 任何经济发展都不必然导致生态恶化，但任何生态恶化都必然阻碍经济发展。

B. 有的经济发展可能导致生态恶化，而任何生态恶化都可能阻碍经济发展。

C. 有的经济发展可能不导致生态恶化，但任何生态恶化都可能阻碍经济发展。

D. 有的经济发展可能不导致生态恶化，但任何生态恶化都必然阻碍经济发展。

E. 任何经济发展都可能不导致生态恶化，但有的生态恶化必然阻碍经济发展。

2. 一方面确定法律面前人人平等，同时又允许有人触犯法律而不受制裁，这是不可能的。

以下哪项最符合题干的断定？

A. 或者允许有人凌驾法律之上，或者任何人触犯法律都要受到制裁，这是必然的。

B. 任何人触犯法律要受到制裁，这是必然的。

C. 如有人凌驾于法律之上，触犯法律而不受制裁，这是可能的。

D. 如果不允许有人触犯法律而可以不受制裁，那么法律面前人人平等是可能的。

E. 一方面允许有人凌驾法律之上，同时又声称任何人触犯法律要受到制裁，这是可能的。

3. 人都不可能不犯错误，不一定所有人都会犯严重错误。

如果上述断定为真，则以下哪项一定为真？

A. 人都可能会犯错误，但有的人可能不犯严重错误。

B. 人都可能会犯错误，但所有的人都可能不犯严重错误。

C. 人都一定会犯错误，但有的人可能不犯严重错误。

D. 人都一定会犯错误，但所有的人都可能不犯严重错误。

E. 人都可能会犯错误，但有的人一定不犯严重错误。

4. 所有错误决策都不可能不付出代价，但有的错误决策可能不造成严重后果。

如果上述断定为真，则以下哪项一定为真？

A. 有的正确决策也可能付出代价，但所有的正确决策都不可能造成严重后果。

B. 有的错误决策必然要付出代价，但所有的错误决策都不一定造成严重后果。

C. 所有的正确决策都不付出代价，但有的正确决策也可能造成严重后果。

D. 有的错误决策必然要付出代价，但所有的错误决策都可能不造成严重后果。

E. 所有的错误决策都必然要付出代价，但有的错误决策不一定造成严重后果。

5. 课间休息的时候，大家都在热烈讨论今年MBA考试录取问题。一个叫金燕西的同学说：我们班不会有人考不上MBA。另一个叫冷清秋的同学说：未必。

冷清秋的真正意思是什么？

A. 所有人都必然考上MBA。

B. 所有人都可能考不上MBA。

C. 有人考不上MBA。

D. 所有人都可能考上MBA。

E. 有人可能考不上MBA。

6. 有球迷喜欢所有参赛球队。如果上述断定为真，则以下哪项不可能为真？

A. 所有参赛球队都有球迷喜欢。

B. 有球迷不喜欢所有参赛球队。

C. 所有球迷都不喜欢某个参赛球队。

D. 有球迷不喜欢某个参赛球队。

E. 每个参赛球队都有球迷不喜欢。

【补充练习5答案】

1. **答案：D。** 看题干，变换句式如下：

表示"质"的否定词"不"去掉，变成肯定；

模态词"必然"变换成"可能"——此时在五个选项中只看前半句的模态词，将含有"必然"的选项A排除。

表示"量"的"任何"（等价于"所有"）变换成"有的"——此时仍在五个选项中只看前半句是否含有"有的"，把E选项排除，正确答案在B、C、D中。

接下来，将表示"质"的"导致"变换成"不导致"——注意，此处并不是变换谓项，而是变换其"质"，增加了一个否定词。为什么呢？因为句首的否定词去除了，要得到等价的命题，就要相应变换。此时可以进一步排除B选项，因为其前半句中还是说"导致"。

来看题干后半句。将"不可能"中的"不"去掉变成肯定，将"可能"变成"必然"，然后立即去看刚才剩下的C、D两个选项的后半句，就可以排除C，选择D。这样做题，就避免了题干设置的语义理解的陷阱，可以快速找到答案。

2. **答案：A。** 题干最后一个分句是对全句的否定，因此题干可以理解为："不可能一方面……另一方面……"。这样经过句式变换，就可以进入我们预设的解题轨道。

首先，"不可能"需要变换成"必然"，我们立即在选项中找带有"必然"的句子，只有A、B两个选项。

然后，连接题干前两个分句的是"同时又"，意思是"并且"，应该变成"或者"，排除B选项。

有一个细节需要关注。在第1题中，连接题干两个分句的是"但"，这个连词除了表示转折，在逻辑题目中一般理解为"并且"（用∧表示）。

这样问题就来了，为何第1题中的"但"在等值变换后没有表示成"或者"，而本题中的"同时又"却变换了呢？这是因为本题中的最后一个分句"这是不可能的"实际上表示的是对全句的否定，而第1题中的"但"没有被否定，仅起到连接前后两个以否定词开头的句子的作用，所以不需要变换。

3. 答案：C。 题干前半句的否定词并没有放在句首，我们可以发现，此句是一个双重否定表示肯定的句子，直接得到：人都必然会犯错误。

题干的后半句话，否定词在句首，可以进行否定等值的变换："不"去掉变成肯定，"一定"变成"可能"，"所有"变成"有的"，"犯严重错误"变成"不犯严重错误"，我们可以得到：可能有的人不犯严重错误。

4. 答案：E。 理解题干前半句的"不可能不 = 必然"，直接定位 E 项。题干后半句的"可能不 = 不一定"。

5. 答案：E。 本题需要先将金燕西的话进行等值变换，"我们班不会有人考不上 MBA"是一个双重否定表示肯定的句型，等价于"我们班所有人都能考上 MBA"。要理解冷清秋的意思，就要把他所说的"未必"加在整个句子的前面，即：未必我们班所有人都能考上 MBA。即可能我们班有的人考不上 MBA。对照选项，本题应该选 E。

注意，在进行等值变换时，所有的模态词、质和量都要变换，例如本题将句首的否定变成了肯定，也将句中的肯定变成了否定（"能考上"变成"考不上"），不可遗漏。

6. 答案：C。 问题要求找"不可能为真"的选项，而题干给出的句子是一个肯定句。可以将题干否定后，找其等值的命题。否定题干后，就变成了如下句子：不可能有球迷喜欢所有参赛球队。

现在要找到该句子的等价命题：将"不可能"变换成"必然"，将"有球迷"（可以看作"有的球迷"）变换成"所有球迷"，将"喜欢"变换成"不喜欢"，"所有球队"作为谓项不可变换，整理句子，得到：必然所有球迷都不喜欢所有球队。此时，这些球迷不喜欢"有的球队"也必然为真。对照选项，C项与之最为接近。

补充练习6

1. 小明、小红、小丽、小强、小梅五人去听音乐会，他们五人在同一排且座位相连，其中只有一个座位最靠近走廊，如果小强想坐在最靠近走廊的座位上，小丽想跟小明紧挨着，小红不想跟小丽紧挨，小梅想跟小丽紧挨着，但不想跟小强或小明紧挨着。

以下哪项排序符合上述五人的意愿？

A. 小明、小梅、小丽、小红、小强。

B. 小强、小红、小明、小丽、小梅。

C. 小强、小梅、小红、小丽、小明。

D. 小明、小红、小梅、小丽、小强。

E. 小强、小丽、小梅、小明、小红。

2. 有四个外表看起来没有分别的小球，它们的重量可能有所不同。取一个天平，将甲、乙归为一组，丙、丁归为另一组，分别放在天平的两边，天平是基本平衡的。将乙和丁对调一下，甲、丁一边明显地要比乙、丙一边重得多。奇怪的是，在天平一边放上甲、丙，而另一边刚放上乙，还没有来得及放上丁时，天平就压向了乙一边。

请你判断，这四个球中由重到轻的顺序是什么？

A. 丁、乙、甲、丙。　　　　　　　　　　B. 丁、乙、丙、甲。

C. 乙、丙、丁、甲。　　　　　　　　D. 乙、甲、丁、丙。

E. 丁、甲、丙、乙。

3. 翠竹的大学同学都在某德资企业工作，溪兰是翠竹的大学同学，洞松是该德资企业的部门经理。该德资企业的员工有些来自淮安。该德资企业的员工都曾到德国研修，他们都会说德语。

以下哪项可以从以上陈述中得出？

A. 洞松与溪兰是大学同学。

B. 翠竹的大学同学有些是部门经理。

C. 翠竹与洞松是大学同学。

D. 溪兰会说德语。

E. 洞松来自淮安。

4. 某登山旅游小组成员互相帮助，建立了深厚的友谊。后加入的李佳已经获得了其他人 3 次救助，但是她尚未救助过任何人；救助过李佳的人均曾被王玥救助过；赵欣救助过小组的所有成员；王玥救助过的人也曾被陈蕾救助过。

根据以上陈述，可以得出以下哪项结论？

A. 陈蕾救助过赵欣。　　　　　　　　B. 王玥救助过李佳。

C. 王玥救助过陈蕾。　　　　　　　　D. 陈蕾救助过李佳。

E. 王玥没有救助过李佳。

5. 赵元的同事都是球迷，赵元在软件园工作的同学都不是球迷，李雅既是赵元的同学又是他的同事，王伟是赵元的同学但不在软件园工作，张明是赵元的同学但不是球迷。

根据以上陈述，可以得出以下哪项？

A. 王伟是球迷。　　　　　　　　　　B. 赵元不是球迷。

C. 李雅不在软件园工作。　　　　　　D. 张明在软件园工作。

E. 赵元在软件园工作。

6. 甘蓝比菠菜更有营养。但是，因为绿芥蓝比莴苣更有营养，所以甘蓝比莴苣更有营养。

以下除了哪项外，都可以作为题干成立的一个必要前提？

A. 甘蓝与绿芥蓝同样有营养。

B. 菠菜比莴苣更有营养。

C. 菠菜比绿芥蓝更有营养。

D. 菠菜与绿芥蓝同样有营养。

E. 绿芥蓝比甘蓝更有营养。

7. 世界田径锦标赛 3 000 米决赛中，始终跑在最前面的甲、乙、丙三人中，一个是美国选手，一个是德国选手，一个是肯尼亚选手。比赛结束后得知：

（1）甲的成绩比德国选手的成绩好；

（2）肯尼亚选手的成绩比乙的成绩差；

（3）丙称赞肯尼亚选手发挥出色。

以下哪项肯定为真？

A. 甲、乙、丙依次为肯尼亚选手、德国选手和美国选手。

B. 肯尼亚选手是冠军，美国选手是亚军，德国选手是第三名。

C. 甲、乙、丙依次为肯尼亚选手、美国选手和德国选手。

D. 美国选手是冠军，德国选手是亚军，肯尼亚选手是第三名。

E. 甲、乙、丙的排名依次是第二名、第三名和第一名。

【补充练习6答案】

1. 答案: B。本题不涉及推理,而是直指逻辑思维方式。解类似题目,应该从题干条件入手,运用排除法找到答案,切不可将题干和选项通读一遍之后再思考,那样就浪费时间了。题干要求找符合五人意愿的选项,给出的第一个条件是"小强想靠近走廊",据此无法排除任何选项。根据第二个条件"丽、明相邻",排除 A、D、E 项;根据第三个条件"红、丽不相邻",从剩下的选项中排除 C 项。

2. 答案: A。根据题意可知:(1)甲+乙=丙+丁,据此排除 B、D、E 三个选项。(2)甲+丁>乙+丙,据此排除 C 项。

3. 答案: D。翠竹的大学同学都在某德资企业工作,溪兰是翠竹的大学同学,则溪兰在此德资企业工作,又知该德资企业的员工都会说德语,则可推出溪兰会说德语。其余各项推不出。

4. 答案: A。题干条件可转化为:(1)救助李佳→被王玥救助过→被陈蕃救助过;(2)赵欣救助过小组的所有成员。由(2)可知赵欣救助过李佳,所以结合(1)可知赵欣被陈蕃救助过。因此 A 正确。

5. 答案: C。李雅是赵元的同事,所以李雅是球迷;又知道赵元的在软件园工作的同学都不是球迷,李雅是赵元的同学,所以李雅不在软件园工作,C 项正确。王伟和张明的情况由题干中推不出。

6. 答案: E。令 X、Y、Z、W 分别表示"甘蓝""菠菜""绿介蓝""莴苣"。题干中推理过程可以表示为:X>Y 并且 Z>W,所以 X>W。选项 A、B、C、D、E 可分别表示为:X=Z、Y>W、Y>Z、Y=Z、Z>X。显然,只有 Z>X 不能保证题干推理的成立。

7. 答案: C。根据题干给出的已知条件,可以列表如下:

	美国选手	德国选手	肯尼亚选手
甲		×条件(1)	√
乙			×条件(2)
丙			×条件(3)

根据上表,可知:甲是肯尼亚选手。再考虑肯尼亚选手(甲)的成绩比乙差,而甲的成绩又比德国选手的成绩好,即德国选手<肯尼亚选手(甲)<乙,可知:乙是美国选手。

第 四 章

论证逻辑基础

—■ **第一节　概　念** □—

概念是思维及语言表达中一种具有确定意义的基本单位，是组成命题和推理的基本要素。

一、概念的内涵和外延

概念有两个基本的逻辑特征：内涵和外延。要明确一个概念就是从这个概念的内涵和外延两个方面加以明确。

概念的内涵是指概念所反映的事物的特性或本质（是什么）；概念的外延是指反映在概念中的一个个、一类类的事物（有哪些）。例如，"商品"这个概念的内涵是为交换而生产的产品；外延是指古今中外的、各种性质的、各种用途的、在人们之间进行交换的产品。

从理论上说，概念的内涵和外延都是确定和清楚的，但在生活实践方面，在人们日常语言的运用中，并非每一个概念的内涵与外延都是确定的，往往存在着歧义、含混等现象。

当谈到一个概念时，要对这个概念进行限定；当提出一个原则时，要对何以必须这样有一番刨根问底的追问。与孔丘同时代的苏格拉底就是这样做的，常把对方追问得服服帖帖。但孔丘没有。据《论语》记载，子贡问孔子："有一言而可以终身行之者乎？"《论语》没记载孔丘当时的反应，只记下了回答："其恕乎！己所不欲，勿施于人。"在回答子贡这个问题时，孔丘没有划定界限，追问根源。"己"为什么会有能力"不欲"呢？为什么"己不欲"的便不能"施于人"呢？"人"又是谁呢？

这两个问题不解决，我们难免也会像樊迟一样，一而再再而三地听不懂。这说明，要把一个概念说明白，就得划定界限，追问根源，即定义清楚概念的内涵。

二、明确概念的逻辑方法：定义

定义是明确概念内涵的逻辑方法，通过定义明确这个概念所反映的对象的特点和本质。

为了使定义下得正确，必须遵守以下规则：

定义概念的外延和被定义概念的外延必须完全相等，否则会犯"定义过宽""定义过窄"的逻辑错误。

定义概念中不得直接或间接地包含被定义的概念，否则会犯"同语反复""循环定义"的逻辑错误。

定义不应包括含混的概念，不能用隐喻，否则会犯"定义含混""比喻定义"的逻辑错误。

定义不应当是否定的，否则会犯"否定定义"的逻辑错误。

三、概念外延的划分

逻辑不研究概念的具体内容，而把概念作为思维形式，从外延方面研究概念。把握概念，必须把握概念间的关系。

概念间的关系分为相容关系和不相容关系两大类，共六种。

相容关系是指概念间的外延有相重合关系的概念间的关系。相容关系包括以下四种关系：

全同关系，也叫同一关系，是指两个概念的外延完全重合。例如，"珠穆朗玛峰"与"世界上的最高峰"这两个概念之间就具有全同关系。

被包含关系，也叫种属关系，是指一个概念的全部外延与另一个概念的部分外延相重合。例如，"学生"与"人"这两个概念之间就具有被包含关系。

真包含关系，也叫属种关系，是指一个概念的部分外延与另一个概念的全部外延重合。例如，"学生"与"大学生"这两个概念之间就具有真包含关系。

交叉关系，是指一个概念的部分外延与另一个概念的部分外延重合。例如，"大学生"与"运动员"这两个概念之间就具有交叉关系。

不相容关系是指两个概念之间在外延上没有任何重合部分的概念间的关系。

不相容关系根据 S 和 P 是否有中间项又可分为矛盾关系和反对关系。

矛盾关系，是指两个概念的外延是互相排斥的，而这两个概念的外延之和穷尽了它们属概念的全部外延。例如，"唯物主义"与"唯心主义"这两个概念之间就具有矛盾关系。

反对关系，是指两个概念的外延是互相排斥的，但这两个概念的外延之和没有穷尽它们属概念的全部外延。例如，"电视机"与"电冰箱"这两个概念之间就具有反对关系，二者没有穷尽属概念"电器"的全部外延。

明人冯梦龙的《笑府》中有这样一个笑话：有个人很喜欢下棋，棋艺不高，但却总不服输，自以为挺不错。有一天去朋友家对弈，连下三局，全输了。回来时有人问他："今天可下棋了？""下了三局。"他说。"胜败如何？"那人刨根问底。"第一局，我没有赢；第二局，他没有输；第三局，我说'和了吧'，可他说什么也不肯。"

这里此人利用下棋中"输"和"赢"之间是反对关系来为他失败作掩饰。

区别矛盾关系和反对关系的关键，是看有无另外的概念（中间项）存在。如在"比赛的结局"这个属概念下面，有"输"和"赢"两种结局的，也有"输""赢""和"三种结局的，前一种情况，"输"和"赢"为矛盾关系，后一种情况，"输"和"赢"为反对关系。这就是说，有第三种情况存在的两个概念之间是反对关系，而无第三种情况存在的两个概念之间是矛盾关系。

四、"集合"与"类"

概念有两种不同的存在方式,一种是单个个体(这些个体未必具有相同属性)构成的"集合",另一种是具有相同属性的个体组成的"类"。

集合概念是反映整体的。在不同场合,同一语词可以表达集合概念,也可以不表达集合概念。如"人",在"人是由猿转化而来的"这一命题中,"人"是集合概念,因为不是每一个人都具有由猿转化的性质;在"张三是人"这一命题中,"人"是非集合概念,特指张三。

在不同场合,同一语词可以表达集合概念,也可以不表达集合概念。准确区分集合与非集合,有助于避免犯"混淆概念"或者"集合体误用"的逻辑错误。

"集合体误用"包含两种情况:合成谬误和分解谬误。

"合成谬误"是根据每个个体都具有某种属性,得出由这些个体组成的集合体也一定具有此种属性。

"分解谬误"是根据一个整体(集合体)具有某种属性,推出组成集合体的个体也一定具有此种属性。

由"分解谬误"我们可以区分集合概念与类概念。"集合概念"所具有的性质,构成集合体的个体不必然具有;而"类概念"所具有的性质,组成类的每个个体必然具有。

区分集合概念和类概念,有一个方法:在句子之中加"所有……都",如果句意没有变化,说明每个个体都具备谓项所说的属性,句子的主语就是类概念;反之,如果句意发生了改变,说明并非每个个体都具备谓项所说的属性,句子的主语就是集合概念。

━■【思考1】以下三个推理正确吗?

(1)鲁迅的著作不是一天能读完的,《狂人日记》是鲁迅的著作,所以,《狂人日记》不是一天能读完的。

(2)人是世界上第一宝贵的,我是人,所以,我是世界上第一宝贵的。

(3)人是会死的,苏格拉底是人,所以,苏格拉底是会死的。

配套练习

1.过去,我们在道德宣传上有很多不切实际的高调,以至于不少人口头说一套,背后做一套,发生人格分裂现象。通过对此种现象的思考,有的学者提出,我们只应该要求普通人遵守"底线伦理"。

根据你的理解,以下哪一选项作为"底线伦理"的定义最合适?

A.底线伦理就是不偷盗,不杀人。

B.底线伦理是作为一个社会普通人所应遵守的一些最起码、最基本的行为规范和准则。

C.底线伦理不是要求人无私奉献的伦理。

D.如果把人的道德比作一座大厦,底线伦理就是该大厦的基础部分。

E.底线伦理就是伦理的底线。

2. 某大学顾老师在回答有关招生问题时强调："我们学校招收一部分免费师范生，也招收一部分一般师范生。一般师范生不同于免费师范生。没有免费师范生毕业时可以留在大城市工作，而一般师范生毕业时都可以选择留在大城市工作，任何非免费师范生毕业时都需要自谋职业，没有免费师范生毕业时需要自谋职业。"

根据顾老师的陈述，可以得出以下哪项？

A. 该校需要自谋职业的大学生都可以选择留在大城市工作。

B. 不是一般师范生的该校大学生都是免费师范生。

C. 该校需要自谋职业的大学生都是一般师范生。

D. 该校所有一般师范生都需要自谋职业。

E. 该校可以选择留在大城市工作的唯一一类毕业生是一般师范生。

3. 出席学术讨论会的有 3 个是足球爱好者，4 个是亚洲人，2 个是日本人，5 个是商人。以上叙述涉及了所有晚会参加者，其中日本人不经商。那么，参加晚会的人数是：

A. 最多 14 人，最少 5 人。　　　　B. 最多 14 人，最少 7 人。

C. 最多 12 人，最少 7 人。　　　　D. 最多 12 人，最少 5 人。

E. 最多 12 人，最少 8 人。

4. 某次讨论会共有 18 名参与者。已知：

（1）至少有 5 名青年教师是女性；

（2）至少有 6 名女教师已过中年；

（3）至少有 7 名女青年是教师。

如果上述三句话有两真一假，那么关于参会人员可以得出以下哪项？

A. 女青年都是教师。　　　　　　　B. 青年教师都是女性。

C. 青年教师至少有 5 名。　　　　　D. 男教师至多有 10 名。

E. 女青年至少有 7 名。

5. 除了何东辉，4 班所有的奖学金获得者都是来自西部地区。

上述结论可从以下哪项中推出？

A. 除了何东辉，如果有人是来自西部地区的奖学金获得者，他一定是 4 班的学生。

B. 何东辉是唯一来自西部地区的奖学金获得者。

C. 如果一个 4 班的学生是来自西部地区，只要他不是何东辉，他就是奖学金获得者。

D. 何东辉不是 4 班来自西部地区的奖学金获得者。

E. 除了获得奖学金的何东辉，如果有人是 4 班的学生，他一定来自西部地区。

6. 小李将自家护栏边的绿地毁坏，种上了黄瓜。小区物业管理人员发现后，提醒小李：护栏边的绿地是公共绿地，属于小区的所有人。物业为此下发了整改通知书，要求小李限期恢复绿地。小李对此辩称："我难道不是小区的人吗？护栏边的绿地既然属于小区的所有人，当然也属于我。因此，我有权在自己的土地上种黄瓜。"

以下哪项论证，和小李的错误最为相似？

A. 所有人都要对他的错误行为负责，小梁没有对他的这次行为负责，所以，小梁的这次行为没有错误。

B. 所有参展的兰花在这次博览会上被订购一空，李阳花大价钱买了一盆花，由此可见，李阳买的必定是兰花。

C. 没有人能够一天读完大仲马的所有作品，没有人能够一天读完《三个火枪手》，因此，《三个火枪手》是大仲马的作品之一。

D. 所有莫尔碧骑士组成的军队在当时的欧洲是不可战胜的，翼雅王是莫尔碧骑士之一，所以，翼雅王在当时的欧洲是不可战胜的。

E. 任何一个人都不可能掌握当今世界的所有知识，地心说不是当今世界的知识。因此，有些人可以掌握地心说。

7. 数学系的学生学了不少文科课程，王颖是数学系的学生，所以，她学了不少文科课程。

以下哪项论证展示的推理错误与上述论证中的最相似？

A. 数学系的学生都学《哲学原理》这门课程，小马是数学系的一名学生。所以，她也学习《哲学原理》这门课程。

B. 哲学系的教师写了许多哲学方面的论文，老张是哲学系的一名教师，所以，他也写过许多哲学方面的论文。

C. 所有的旧房子需要经常维修，这套房子是新的，所以，不需要经常维修。

D. 这个学习小组的成员多是女学生，王颖是这个学习小组的成员，所以，她也是女学生。

E. 哲学系的教师写了许多哲学方面的论文，老张不是哲学系的一名教师，所以，他没有写过哲学方面的论文。

【思考 1 答案】

（1）"无法一天读完"不是鲁迅的著作的本质属性，所以题（1）大前提里的"鲁迅的著作"是集合概念；而《狂人日记》是鲁迅的著作中的一本，它具有"鲁迅所著"这个本质属性，所以题干小前提里的"鲁迅的著作"是非集合概念（类概念）。由于"集合体的性质不必然属于组成集合体的每个个体"，所以"无法一天读完"这个属性，《狂人日记》未必具备，该推理是无效的。

（2）因为"世界上第一宝贵的"不属于"人"的本质属性，所以可判定题干中的"人"是在集合意义上使用的，属于集合概念。由于"集合体的性质不必然属于组成集合体的每个个体"，所以题干推理是无效的。

（3）因为"死"是"人"的本质属性，所以可判定题干中的"人"是一个非集合概念，即类概念。由于"类的性质必然地属于组成类的每个个体（分子）"，所以题干的推理是有效的。

【配套练习答案】

1. **答案：B**。A项定义过窄；C项使用否定句下定义；D项以比喻代定义；E项定义过宽，因而都不合适。

2. **答案：D**。"非免费师范生"是"免费师范生"的矛盾概念，故"非免费师范生"包含"一般师范生"，但无法确认全同关系；所以B项推不出。同理，C项也将"非免费师范生"与"一般师范生"混为一谈。根据"一般师范生不同于免费师范生"和"任何非免费师范生毕业时都需要自谋职业"，可以判断D项为真。

A项说的是"该校大学生"，题干并未告知该校所有大学生都是师范生，而题干判断都是针对师范生做出的，故无法判断A项真假。即使该校大学生都是师范生，A项也无法推出。那么，如果A项改为"该校需要自谋职业的师范生都可以选择留在大城市工作"，可以推断其真假吗？题干条件是"任何非免费师范生毕业时都需要自谋职业""一般师范生毕业时都可以选择留在大城市工作"，由于"非免费师范生"包含了"一般师范生"，但无法确认全同关系，故仅可推断"有些需要自谋职业的师范生可以选择留在大城市工作"。由特称命题为真，推不出同素材全称命题的真假。

根据题干"一般师范生毕业时都可以选择留在大城市工作"，运用换位推理法则，可以推出"有些留在大城市工作的是一般师范生"，推不出"所有留在大城市工作的都是一般师范生"。故E项无法推出。

3. **答案：C**。由于日本人就是亚洲人，身份必然重合，而其余身份都可以不重合，所以最多有 3+4+5=12 人；如果三个足球爱好者都是亚洲人，而亚洲人中除日本人外又都是经商的，那么再加上两个不经商的日本人，最少也有 5+2=7 人。

4.答案：C。 如果条件（1）为假，则条件（3）必假，不符合本题条件"上述三句话有两真一假"，故条件（1）必真；如果条件（2）为假，则条件（1）（3）只能都为真，此时可得出 C、E 两项都为真；如果条件（3）为假，则条件（1）（2）只能都为真，此时可得出 C 项为真。综上，无论哪种情况，C 项必真。本题可以采用画图法表达概念外延之间的关系。

5.答案：E。 注意问题所要求的推理方向是自下而上，是支持题。E 项实际表示的意思是"除了何东辉，所有 4 班的学生都来自西部地区"，而题干"除了何东辉，4 班所有的奖学金获得者"是 4 班学生的一部分，所以 E 项如果为真，题干必然为真。

A 项推不出题干，因为题干相当于肯定了 A 项的后件"4 班的学生"，无法确认前件真假。B 项显然不符合题干。C 项推不出题干，题干相当于肯定了 C 项的后件"奖学金获得者"，推不出前件真假，即不知道是否来自西部地区。D 项推不出题干，根据该项阐述，何东辉可能不是 4 班的学生，或者不来自西部地区，或者没有获得奖学金，其重点在于判断何东辉的情况，题干重点显然不是这样。

6.答案：D。 小李将集合概念偷换成个体概念。整体具备的性质，未必每个个体也具备。D 项也犯了相似的错误，将莫尔碧骑士这一集合概念偷换成翼雅王，莫尔碧骑士组成的军队在当时的欧洲是不可战胜的，不代表翼雅王在当时的欧洲是不可战胜的。

7.答案：B。 该项和题干都违反了同一律，犯了"混淆概念"的错误。根据"集合概念具有的性质，其分子未必具有"可以判断，题干前提中出现两次的"数学系的学生"所表达的概念不同，第一次是集合概念，第二次是非集合概念。选项 B 与之类似。

注意，选项 A 是一个正确推理。因为前提中第一次出现的"数学系的学生"应理解成"每一个都学"，即类概念，所以 A 选项不存在偷换概念的错误。

D 项的推理也不能成立，但其错误并不是偷换概念，而是把可能性当成了必然性。

第二节　逻辑三大定律

逻辑基本规律是存在于一切思维形式中，并且对于一切思维形式都有效的规律，是正确思维的根本假定，也是理性的交谈能够进行下去的必要条件。主要的逻辑基本规律有三条：同一律、矛盾律、排中律。

一、同一律

同一律在思维或论证过程中的主要作用在于保证思维的确定性。而只有具有确定性的思维才可能是正确的思维，才能正确地反映客观世界，人们也才能进行思想交流。同一律的基本内容是：在同一思维过程中，每一思想的自身必须是同一的。

同一律的公式是：A 是 A。

公式中的 A 可以表示任何思想，即可以表示任何一个概念或任何一个命题。也就是说，同一律要求在同一思维过程（同一思考、同一表述、同一交谈、同一论辩）中，在什么意义上使用某个概念，就自始至终在这个唯一确定的意义上使用这个概念；讨论什么论题，就讨论什么论题，不能偏题、跑题，不能在讨论某个论题的名义下实际讨论别的论题。因此，遵守同一律的逻辑要求乃是正确思维的必要条件。

违反同一律要求会犯两种逻辑错误：

1. 偷换概念或混淆概念

同一律要求，在同一思维过程中，概念和命题都必须保持同一性，即具有确定性，不能随意改变。如果概念没有保持同一性，通常会犯"混淆概念"或"偷换概念"的逻辑错误，即把不同的概念当做同样一个概念来使用。例如：

（1）我班学生来自全国各地。

（2）我班学生按时报到注册。

（1）中的"我班学生"提及的是该班全体学生，"来自全国各地"，适用于该班学生的"总体"，而不适用于其中的某一个学生，一个学生不可能"来自全国各地"。（2）中的"我班学生"提及的也是该班全体学生，"按时报到注册"适用于其中的每一个学生。（1）中的"我班学生"的用法是集合用法；（2）中的"我班学生"是非集合用法。

在论证中，如果对同一表达式的语词的这两种用法不予区分，就会偷换概念。例如：

（1）偶然事故是经常发生的。

（2）从法国到上海的航班行李舱中掉下两个人是偶然事故。

（3）所以，从法国到上海的航班行李舱中掉下两个人是经常发生的。

"偶然事故"在（1）中是集合用法，指各种各样的偶然事故经常发生，并不适用于任一偶然事故。在（2）中，"偶然事故"并不是集合用法，即它并不是指"偶然事故"全部。概念的歧义使论证貌似有理。

2. 转移论题

同一律还要求，在同一思维过程中所使用的命题必须保持同一，否则就会出现"转移论题"或"偷换论题"的逻辑错误。

论证是由论题来确定的。一个论题对应一个论证。在同一论证过程中，论题只能是一个，而且，在此论证过程结束之前，论题不能变更。论证者的错误也许是在论证的开始阶段就没有真正理解论题；也许开始是清楚的，但随着论证的推进，有意或无意地变成了另一个论题，这是"转移论题"的谬误。例如：

母亲问："儿子，你的作业做完了吗？"儿子回答说："妈妈，你的衣服洗完了吗？"

儿子的回答中出现了转移论题的逻辑错误，因为针对母亲的问题，儿子必须首先作出回答然后才能提问，否则就违反了同一律；而作为母亲，此时应当强调儿子必须首先回答问题。

二、矛盾律

矛盾律的主要作用在于保证思维的无矛盾性即首尾一贯性，它实际上是禁止矛盾律，或不矛盾律，其基本内容是：一个思想及其否定不能同时是真的。

矛盾律的公式是：并非（A 而且非 A）。

公式中的"A"表示任一命题，"非 A"表示与"A"具有矛盾关系或上反对关系的命题。因此，"并非（A 而且非 A）"是说：A 和非 A 这两个命题不能同真，亦即其中必有一个命题是假的。

矛盾律仅对于一个思维过程（即同一个时间、地点的同一对关系）起作用；矛盾律对于下反对关系没有制约作用。

常见互相矛盾的命题有：

"所有 S 是 P"　　　　与　　　　"有些 S 不是 P"

"所有 S 不是 P"　　　与　　　　"有些 S 是 P"

"a 是 P"　　　　　　与　　　　"a 不是 P"

"S 并且 P"　　　　　与　　　　"非 S 或者非 P"

"S 或者 P"　　　　　与　　　　"非 S 并且非 P"

"如果 S 则 P"　　　　与　　　　"S 并且非 P"

"必然 P"　　　　　　与　　　　"可能非 P"

"必然非 P"　　　　　与　　　　"可能 P"

违反矛盾律要求的逻辑错误有：

1. 自相矛盾

矛盾律要求在同一思维过程中，对于两个具有矛盾关系或具有上反对关系的命题必须否定一个，不能两个都加以肯定，否则就会出现"自相矛盾"的逻辑错误。例如：

这个山洞从来没有人进去过，进去了的人也从来没有出来过。

这句话既肯定了"所有的人都没有进去过"，又肯定了"有的人曾经进去过"，自相矛盾。

2. 悖论

通过一个命题的真，可以推假，而通过它的假，又可推真，这就是悖论。例如：

所有的话都是假的。

这句话如果为真，则它本身不是假的，与其句意自相矛盾，构成了悖论。再如：

在萨维尔村，理发师挂出一块招牌："我只给村里所有那些不给自己理发的人理发。"有人问他："你给不给自己理发？"理发师顿时无言以对。

这是一个矛盾推理：如果理发师不给自己理发，他就属于招牌上的那一类人。有言在先，他应该给自己理发。反之，如果这个理发师给他自己理发，根据招牌所言，他只给村中不给自己理发的人理发，他不能给自己理发。

因此，无论这个理发师怎么回答，都不能排除内在的矛盾。这个悖论是罗素在 1902 年提出来的，所以又叫"罗素悖论"。

三、排中律

排中律的主要作用在于保证思想的明确性，其基本内容是：在同一思维过程中，两个互相矛盾或具有下反对关系的命题不能同假，必有一真，不能对两者都加以否定。

排中律的公式是：A 或者非 A。

与矛盾律类似，排中律是应对于一个思维过程的，即同一个时间、地点的同一对关系；排中律陈述不可同假，矛盾律陈述不可同真。

排中律要求在同一思维过程中，对于两个具有矛盾关系和下反对关系的命题必须肯定一个，不能都加以否定，否则就会出现"模棱两可"或者"两不可"的逻辑错误。

所谓模棱两可，就是在两个互相矛盾的命题之间，回避做出明确的选择，不做明确肯定的回答，既不肯定，也不否定。例如：

要说如果天打雷就下雨这不对，但是要说天打雷却不下雨恐怕也不正确。

由于"如果天打雷就下雨"与"天打雷却不下雨"这两个命题之间具有矛盾关系，对此不能都加以否定，否则就会出现"模棱两可"的逻辑错误。

▶【思考2】谁的说法成立？

甲：我准中奖！

乙：不见得。

甲：那你认为我不可能中奖？

乙：我不这么认为。

甲：你"两不可"，违反排中律。

乙：你错误地理解了排中律。

四、同一律、矛盾律、排中律的相互关系

同一律、矛盾律、排中律是保证思维确定性、不矛盾性和一贯性的规律。

在三条基本规律中，同一律是基础，它从正面提出 A 必须是 A，即为保证思维的确定性，使用概念、命题要保持同一。矛盾律可以看成同一律的引申和发展。矛盾律是从反面提出 A 不能是非 A，如果 A 变成非 A，思维就会自相矛盾。出现了自相矛盾的错误，思维就不可能保持确定性。排中律是在矛盾律的基础上又考虑到如果 A 既不是 A 又不是非 A，那么思维仍不能保持确定性，所以又从第三个方面提出或者是 A，或者是非 A。如果二者都加以否定就会出现两不可的错误，出现这种错误，思维仍不能保持确定性。可见三条基本规律是从三个不同的侧面保证思维的确定性，它们是紧紧联系在一起的。

在三条基本规律中最容易混淆的是矛盾律和排中律，为了便于掌握这两条规律的不同特点，我们把它们的区别从三个方面列表加以对照。

不同方面	矛盾律	排中律
基本要求	对于互相矛盾、反对的概念或命题，不能都加以肯定	对于互相矛盾、下反对的概念或命题，不能都加以否定
逻辑错误	自相矛盾	模棱两可
适用范围	适用于矛盾、反对的概念或命题，不适用于下反对的概念或命题	适用于矛盾、下反对的概念或命题，不适用于反对的概念或命题

考生在运用矛盾律和排中律时，应该区分哪些命题是相互反对的，即不能同真，但可以同假；哪些命题是相互矛盾的，即不能同真，也不能同假。

对互相矛盾的命题，不能同时肯定，也不能同时否定。同时肯定违反矛盾律；同时否定违反排中律。对互相反对的命题，不能同时肯定，但可以同时否定。

真话假话类型考题可以根据矛盾律、排中律来找到简洁的解法。解决这类问题的突破口往往是运用对当关系及复合命题推理等逻辑知识，在所有叙述中找出互相矛盾的命题，根据矛盾律和排中律，这两个互相矛盾的命题不同真且不同假，即必为一真一假。

有时两个命题虽然不是矛盾的，但互相反对（或下反对），即不能同真（或不能同假），那就可以推出两个命题中至少有一个是假的（或者至少有一个是真的）。

一【思考3】试分析甲、乙两人犯了什么逻辑错误。

有一块空地可以种庄稼，甲、乙两人讨论这块地种什么庄稼好。甲一会儿说应该种小麦，一会儿又说不应该种小麦。针对甲的说法，乙说："你的两种意见，我都不同意。"

◆♪1.某对外营业游泳池更衣室的入口处贴着一张启事，称"凡穿拖鞋进入泳池者，罚款5~10元"。某顾客问："根据有关法规，罚款规定的制定和实施，必须由专门机构进行，你们怎么可以随便罚款呢？"工作人员回答："罚款本身不是目的，目的是通过罚款，来教育那些缺乏公德意识的人，保证泳池的卫生。"

上述对话中工作人员所犯的逻辑错误，与以下哪项中出现的最为类似？

A.管理员："每个进入泳池的同志必须戴上泳帽，没有泳帽的到售票处购买。"

某顾客："泳池中那两位同志怎么没戴泳帽？"

管理员："那是本池的工作人员。"

B.市民："专家同志，你们制定的市民文明公约共15条60款，内容太多，不易记忆，可否精简，以便直接起到警示的作用。"

专家："这次市民文明公约，是在市政府的直接领导下，组织专家组，在广泛听取市民意见的基础上制定的，是领导、专家、群众三者结合的产物。"

C.甲：什么是战争？乙：战争是两次和平之间的间歇。

甲：什么是和平？乙：和平是两次战争之间的间歇。

D.甲：为了使我国早日步入发达国家之列，应该加速发展私人汽车工业。

乙：为什么？

甲：因为发达国家私人都有汽车。

E.甲：一样东西，如果你没有失去，就意味着你仍然拥有。是这样吗？

乙：是的。

甲：你并没有失去尾巴。是这样吗？

乙：是的。

甲：因此，你必须承认，你仍然有尾巴。

◆♪2.人们通常认为，幸福能够增进健康、有利于长寿，而不幸福则是健康状况不佳的直接原因。但最近有研究人员对300多人的生活状况进行调查后发现，幸福或不幸福并不意味着死亡的风险会相应地变得更低或更高。他们由此指出，疾病可能会导致不幸福，但不幸福本身并不会对健康状况造成损害。

以下哪项如果为真，最能质疑上述研究人员的论证？

A.有些高寿老人的人生经历较为坎坷，他们有时过得并不幸福。

B.有些患有重大疾病的人乐观向上，积极与疾病抗争，他们的幸福感比较高。

C.人的死亡风险低并不意味着健康状况好，死亡风险高也不意味着健康状况差。

D.幸福是个体的一种心理体验，要求被调查对象准确断定其幸福程度有一定的难度。

E.少数个体死亡风险的高低难以进行准确评估。

3. 我国正常婴儿在 3 个月时的平均体重在 5~6 公斤。因此，如果一名 3 个月的婴儿体重只有 4 公斤，则说明其间他的体重增长低于平均水平。

以下哪项如果为真，最有助于说明上述论证存在的漏洞？

A. 婴儿体重增长低于平均水平并不意味着发育不正常。

B. 上述婴儿在 6 个月时的体重高于平均水平。

C. 上述婴儿出生时的体重低于平均水平。

D. 母乳喂养的婴儿体重增长较快。

E. 我国婴儿的平均体重较 20 年前有了显著的增加。

4. 主持人：有网友称你为国学巫师，也有网友称你为国学大师。你认为哪个名称更适合你？

上述提问中的不当也存在于以下各项中，除了：

A. 你要社会主义的低速度，还是资本主义的高速度？

B. 你主张为了发展可以牺牲环境，还是主张宁可不发展也不能破坏环境？

C. 你认为人都自私，还是认为人都不自私？

D. 你认为"9·11"恐怖袭击必然发生，还是认为有可能避免？

E. 你认为中国队必然夺冠，还是认为不可能夺冠？

5. 这次新机种试飞只是一次例行试验，既不能算成功，也不能算不成功。

以下哪项对于题干的评价最为恰当？

A. 题干的陈述没有漏洞。

B. 题干的陈述有漏洞，这一漏洞也出现在后面的陈述中：这次关于物价问题的社会调查结果，既不能说完全反映了民意，也不能说一点也没有反映民意。

C. 题干的陈述有漏洞，这一漏洞也出现在后面的陈述中：这次考前辅导，既不能说完全成功，也不能说彻底失败。

D. 题干的陈述有漏洞，这一漏洞也出现在后面的陈述中：人有特异功能，既不是被事实证明的科学结论，也不是纯属欺诈的伪科学结论。

E. 题干的陈述有漏洞，这一漏洞也出现在后面的陈述中：在即将举行的大学生辩论赛中，我不认为我校代表队一定能进入前四名，我也不认为我校代表队可能进不了前四名。

6. 按我国城市当前水消费量来计算，如果每吨水增收 5 分钱的水费，则每年可增加 25 亿元收入。这显然是解决自来水公司年年亏损问题的好办法。这样做还可以减少消费者对水的需求，养成节约用水的良好习惯，从而保护我国非常短缺的水资源。

以下哪项最清楚地指出了上述论证中的错误？

A. 作者引用了无关的数据和材料。

B. 作者所依据的我国城市当前水消费量的数据不准确。

C. 作者做出了相互矛盾的假定。

D. 作者错把结果当成了原因。

E. 作者把缺少证据证明某种情况存在，当做有充分证据证明某种情况不存在。

━■【思考 2 答案】

对两个互相反对的命题同时都否定，不违反排中律。甲说的"准中奖"（等价于"一定中奖"）和"不可能中奖"（等价于"一定不中奖"），二者是反对关系，并不矛盾。

━■【思考 3 答案】

甲的说法违反了矛盾律的要求，犯了"自相矛盾"的错误，因为他同时断定了这块空地"应该种小麦"和"不应该种小麦"这两个相互矛盾的命题。针对甲的说法，乙的说法违反了排中律的要求，因为排中律认为两个互相矛盾的命题不能同假，而乙断定上述两个判断都是假的。

【配套练习答案】

1.答案:B。 题干中出现的逻辑错误是"转移论题"。其余各选项中出现的逻辑错误:A项是"自相矛盾";C项是"循环定义";D项是"倒果为因";E项是"虚假预设"。

2.答案:C。 研究人员的论证，其论据是对死亡风险高低的调查，结论是有关疾病与幸福的因果关系。C项指出论据与结论偷换了话题，这就使得论证受到了削弱。D项不选，因为有难度不等于做不到，就算做不到准确断定,相对准确的断定对于调查结果也是有意义的。E项不选,理由类似。

3.答案:C。 如果C项为真，则说明这个婴儿的体重低于同龄其他婴儿的体重的原因是他出生时体重较轻，不一定是他的体重增长速度较慢。注意题干前提中的关键词是"平均体重"，结论中被偷换成了"体重增长率"。

题干结论中的"其间"指的是从出生到3个月期间，而B项说的是从出生到6个月期间，话题范围扩大了，故不选。

4.答案:D。 题干中的不当在于"国学巫师"与"国学大师"并不是二者必居其一的选择。A项中"社会主义的低速度"和"资本主义的高速度"，B项中"发展且牺牲环境"和"不发展和不破坏环境"，C项中"人都自私"和"人都不自私"，E项中"必然夺冠"和"不可能夺冠"均属于这种错误。D项中"必然发生"和"有可能避免"是一组矛盾，两者必有一真。

5.答案:E。 题干陈述的漏洞在于，成功和不成功两者是矛盾的，必有一真，而题干否认了这两种可能，违反了排中律，犯了两不可的错误。同样的漏洞出现在E项，"一定能进入"与"可能进不了"是矛盾关系。其余项均不存在矛盾。

6.答案:C。 题干断定增收水费会增加收入，是假定水消费量不变作为前提的;题干又断定增加水费可以减少消费者对水的需求,是假定水消费量因此会减少作为前提的。这两个假定自相矛盾。

第 五 章

论证推理方法

我们通过第二章和第三章学习了形式逻辑的基本推理规则，又通过第四章为论证逻辑的学习奠定了基础，从本章开始，我们学习论证逻辑的推理规则。

形式逻辑属于演绎推理，这是必然性推理，即当前提为真时结论不可能假。演绎推理（必然性推理）的前提对于结论来说提供了 100% 的证据支持。

但不是所有的推理都是这样的，现实中，前提对于结论的支持度往往小于 100%，这就是或然性的推理。形象地讲，如果说演绎推理研究的是"从一般到个别"的推理规则，那么本章中，第一节归纳推理研究的就是"从个别到一般"的推理规则，而第三节类比推理研究的就是"从个别到个别"的推理规则。

研究或然性推理对于现实生活是非常重要的，一方面，世界充满着各种可能性，人们对事物的认知不应该"非黑即白"，所以，它是进行科学认知和科学决策的重要基础；另一方面，演绎推理（必然性推理）也离不开或然性推理。例如，演绎推理大前提的真实性需要通过归纳推理来确定。

本章介绍几种常见的或然性推理。了解或然性推理的规则，是理解逻辑考试中论证推理各种题型（按提问方法可以分为削弱、支持、假设、推论、解释、描述等题型）的关键。

━━ ▪ 第一节 归纳推理

归纳推理的前提是一些关于个别事物或现象的命题，而结论则是关于该类事物或现象的普遍性命题。归纳推理的结论所断定的范围超出了前提所断定的范围，因此，归纳推理的前提与结论之间的联系不是必然性的，而是或然性的。也就是说，其前提真而结论假是可能的，所以，归纳推理是一种或然性推理。

归纳推理与演绎推理的区别在于：演绎推理是从一般性的前提推出一个特殊性的结论，即从一般过渡到特殊；而归纳推理则是从一些特殊性的前提推出一个一般性的结论，即从特殊过渡到一般。

一般地，归纳推理可分为完全归纳推理和不完全归纳推理。完全归纳推理是根据对某类事物的全部个别对象的考察，发现它们每一个都具有某种性质，从而得出结论：该类事物都具有某种性质。不完全归纳推理的特点是：结论所断定的知识范围超出了前提所断定的范围，前提与结论之间的联系是或然的，是或然性推理。根据前提中是否考察了事物对象与其属性间的内在联系，不完全归纳推理分为简单枚举归纳推理和科学归纳推理。

一、简单枚举归纳

简单枚举归纳推理也称简单枚举法。它是以经验认识为主要根据，通过考察一类事物中部分对象具有某种属性，并且没有遇到反例，从而推出该类事物对象都具有某种属性的推理。例如：

水稻可以进行光合作用，松树可以进行光合作用，小草可以进行光合作用……水稻、松树、小草等都是绿色植物，所以，绿色植物都可以进行光合作用。

简单枚举归纳推理的特点是：其结论的推出是依赖于没有遇到反例，但是没有遇到反例并不等于反例不存在，一旦发现反例，结论立刻被推翻。要想提高简单枚举归纳推理的结论的可靠性，应当注意两点：

一是，一类事物中被考察的对象数量越多，结论的可靠性就越大；

二是，一类事物中被考察的对象范围越广，结论的可靠性就越大。

在进行简单枚举归纳推理时，如果只是根据少量粗略的事实，就推出一般性结论，就会犯"轻率概括"或者"以偏概全"的逻辑错误。有时，即使我们所考察的事物对象在数量上已经很多，但由于所考察的对象范围太窄，即样本分布空间太小，结论还是不可靠的，我们称这种错误为"偏向样本"。

二、科学归纳

对于因果关系问题，如"吸烟是不是患肺癌的原因"等，单纯运用简单枚举归纳推理是不能从根本上解决问题的。归纳问题最终需要依靠考察一类事物对象与其属性之间的因果必然联系，即通过科学归纳推理来解决。

建立在这种对事物进行科学分析基础上的不完全归纳推理，叫作科学归纳推理。具体来说，就是按照事物本身的性质和研究的需要，选择一类事物中较为典型的个别对象加以考察。通过对部分对象的考察而得出某种一般性的结论时，不只是根据没有碰到反例的情况，而是分析所考察过的某类事物的部分对象具有某种性质的客观原因和内在必然性。

科学归纳推理的特点是：由于前提中考察了事物对象与其属性之间的内在联系，所以，结论的可靠性比较大。对于科学归纳推理而言，前提数量的多少不起主要作用。

三、简单枚举归纳与科学归纳的区别

两种不完全归纳推理的根据是完全不同的，因而它们所得出结论的性质也是不同的。简单枚举归纳推理所依据的仅仅是没有发现相反的情况，而这一点对于作出一般性的结论来说，是必要的，但并不是充分的。因为，没有碰到相反的情况，并不能排除这个相反情况存在的可能性。而只要有相反情况的存在，无论暂时碰到与否，其一般性结论就必然是错的。科学归纳推理则不同，它是建立在对事物存在某种性质的必然原因进行科学分析的基础上的，因而它的结论是比较可靠的。

四、避免"合成谬误"和"分解谬误"

第一，在做归纳的时候，要注意避免合成谬误。合成谬误是根据个体都具有某种属性的前提，得出由个体组成的整体也一定具有此种属性的结论。

但是由于每个个体的组合往往附带其他条件，例如相互配合、协同等，因而集合体就可能出现"1+1大于2"或者"1+1小于2"的效果。如果认为整体也一定具备每个个体的属性，就未必准确。

还可以进一步推导：由抽样调查得出的样本特征，由于是不完全归纳推理，所以并不总能准确反映整体特征。

为了避免合成谬误，我们可以简单记忆成：个体未必推得出整体，样本也未必推得出整体。

第二，与合成谬误相对应的，是分解谬误。分解谬误是根据一个整体（集合）具有某种属性的前提，推出组成集合的个体也具有此种属性的结论。

为了避免分解谬误，我们可以简单记忆成：整体未必推得出个体。

第三，需要指出的是，当整体具备了某个特征的时候，一个有效的样本，也会具备这种特征。我们可以简单记忆成：整体可以推样本。利用这个规则，我们可以识别由统计相关得出的因果关系是否能够成立。例如：

假设老师宣称发现了历届高分学员的一些共性特征S，只要你学会了这些特征，那么你也可以考高分。这实际上就是假设了S是学员考高分的原因。接下来老师列举这些特征S：他们一般都吃早饭，每天晚上睡觉5个小时以上，他们都留着头发、戴着眼镜……对此，你肯定会嗤之以鼻地说，这算什么，几乎每个考生都是这样的。这就是利用了上述规则：整体具备的属性，（考高分的）样本也会具备，但是这不能被当成考高分的原因。这就实现了对结论的削弱。

反之，如果老师宣称历届高分学员都是剃光头的，此时你可以考虑一下整体情况：是否大多数学员都是剃光头的呢？显然并非如此。那么你就可以考虑接受这个因果关系：因为剃了光头所以考了高分。

总结上述例子，规律在于：

当我们在题干中发现了由"统计相关"得到的"因果关系"时，可以考虑整体是否具备这种特征。当整体的统计相关度X1大于等于样本的统计相关度X2时，就使得结论的"因果关系"成立的可能性降低了，这就是削弱；反之，当整体的统计相关度X1明显小于样本的统计相关度X2时，就使得结论的"因果关系"成立的可能性提高了，这就是支持。

需要注意的是，由于调查统计中会存在一定的误差，这是不可避免的，因而X1和X2的差值在正负3%以内时，我们都可以善意理解为"相等"。

配套练习

1.陈华图便宜花50元买了双旅游鞋，不到一个月鞋底就断了。不久，他几乎按市价的一半买了件皮夹克，结果发现原来是仿羊皮的。于是他得出结论：便宜无好货。

陈华得出结论的思维方法，与下列哪项最为类似？

A.李京是语文教师，他仔细地批改了每一篇作文，得出结论：全班同学的文字表达能力普遍有提高。

B. 王江检验一批产品，第一件合格，第二件是次品，于是得出结论：这批产品不全合格。

C. 王强邻居家的小男孩，头发有两个旋，脾气很犟；王强的小侄子，头发也有两个旋，脾气也很犟。王强因此得出结论：头发有两个旋的孩子，脾气很犟。

D. 李文认为头发有两个旋的孩子很犟，因此得出结论：自己的孩子脾气不犟是因为头发只有一个旋。

E. 李文是白云高中的学生，王强是黑土高中的学生。李文成绩比王强成绩好。所以白云高中学生的成绩比黑土高中学生的成绩好。

2. 舞蹈学院的张教授批评本市芭蕾舞团最近的演出没能充分表现古典芭蕾舞的特色。他的同事林教授认为这一批评是个人偏见。作为芭蕾舞技巧专家，林教授考查过芭蕾舞团的表演者，结论是每一位表演者都拥有足够的技巧和才能来表现古典芭蕾舞的特色。

以下哪项最为恰当地概括了林教授反驳中的漏洞？

A. 他对张教授的评论风格进行攻击而不是对其观点加以批驳。

B. 他无视张教授的批评意见是与实际情况相符的。

C. 他仅从维护自己的权威地位的角度加以反驳。

D. 他依据一个特殊的事例轻率概括出一个普遍结论。

E. 他不当地假设，如果一个团体每个成员具有某种特征，那么这个团体总能体现这种特征。

3. 公达律师事务所以为刑事案件的被告进行有效辩护而著称，成功率达90%以上。老余是一位以专门为离婚案件的当事人成功辩护而著称的律师。因此，老余不可能是公达律师事务所的成员。

以下哪项最为确切地指出了上述论证的漏洞？

A. 公达律师事务所具有的特征，其成员不一定具有。

B. 没有确切指出老余为离婚案件的当事人辩护的成功率。

C. 没有确切指出老余为刑事案件的当事人辩护的成功率。

D. 没有提供公达律师事务所统计数据的来源。

E. 老余具有的特征，其所在工作单位不一定具有。

4. 某大学的哲学学院和管理学院今年招聘新教师，招聘结束后受到了女权主义代表的批评，因为他们在12名女性应聘者中录用了6名，但在12名男性应聘者中却录用了7名。该大学对此解释说，今年招聘新教师的两个学院中，女性应聘者的录用率都高于男性的录用率。具体的情况是：哲学学院在8名女性应聘者中录用了3名，而在3名男性应聘者中录用了1名；管理学院在4名女性应聘者中录用了3名，而在9名男性应聘者中录用了6名。

以下哪项最有助于解释女权主义代表和大学之间的分歧？

A. 整体并不是局部的简单相加。

B. 有些数学规则不能解释社会现象。

C. 人们往往从整体角度考虑问题，不管局部。

D. 现代社会提倡男女平等，但实际执行中还是有一定难度。

E. 各个局部都具有的性质在整体上未必具有。

5. 某校的一项抽样调查显示：该校经常泡网吧的学生中家庭经济条件优越的占80%。因此，家庭条件优越是学生泡网吧的重要原因。

以下哪项如果为真，最能削弱上述论证？

A. 该校位于高档住宅区且学生9成以上家庭条件优越。

B. 经过清理整顿，该校周围网吧符合规范。

C. 有的家庭条件优越的学生并不泡网吧。

D. 家庭条件优越的家长并不赞成学生泡网吧。

E. 被抽样调查的学生占全校学生的30%。

6. 近年来，在对某大都市青少年犯罪情况的调查中，发现失足青少年中24%都是离异家庭的子女。因此，离婚率的上升是造成青少年犯罪的重要原因。

假设每个家庭都有子女，则以下哪项如果是真的，最能对上述结论提出质疑？

A. 十多年前该大都市的离婚率已接近四分之一，且连年居高不下。

B. 该大都市近年的离婚率较前有所下降。

C. 离异家庭的子女中走上犯罪道路的毕竟是少数。

D. 正常的离异比不正常地维系已经破裂的家庭要有利于社会的稳定。

E. 青少年的犯罪中性犯罪占很大的比例。

7. 国际卫生与保健组织1999年年会"通讯与健康"公布的调查报告显示，68%的脑癌患者都有经常使用移动电话的历史。这充分说明，经常使用移动电话将会极大地增加一个人患脑癌的可能性。

以下哪项如果为真，将最严重地削弱上述结论？

A. 进入20世纪80年代以来，使用移动电话者的比例有惊人的增长。

B. 有经常使用移动电话历史的人在1990年到1999年超过世界总人口的65%。

C. 在1999年全世界经常使用移动电话的人数比1998年增加了68%。

D. 使用普通电话与移动电话通话者同样有导致脑癌的危险。

E. 没有使用过移动电话的人数在20世纪90年代超过世界总人口的50%。

8. 世界卫生组织1995年的调查报告显示，70%的肺癌患者有吸烟史，其中有80%的人吸烟的历史多于10年。这说明吸烟会增加人们患肺癌的危险。

以下哪项最能支持上述论断？

A. 1950年至1970年期间男性吸烟者人数增加较快，女性吸烟者人数也有增加。

B. 虽然各国对吸烟有害进行大力宣传，但自20世纪50年代以来，吸烟者所占的比例还是呈明显逐年上升的趋势。到20世纪90年代，成人吸烟者达到成人总数的50%。

C. 没有吸烟史或戒烟时间超过五年的人数在1995年超过了人口总数的40%。

D. 1995年未成年吸烟者的人数也在增加，成为一个令人挠头的社会问题。

E. 医学科研工作者已经用动物实验发现了尼古丁的致癌作用，并从事开发预防药物的研究。

9. 近年来，S市的外来人口已增至全市总人口的1/4。有人认为，这是造成S市治安状况恶化的重要原因。这一看法是不能成立的。因为据统计，S市记录在案的刑事犯罪人员中，外来人口所占的比例明显低于1/4。

以下哪项如果为真，最能加强题干的论证？

A. S市刑事案件，绝大部分为中青年犯罪分子所为，而外来人口中95%以上的都是中青年。

B. S市外来人口的平均文化水平，不低于S市人口的平均文化水平。

C. S市的外来人口主要是农村人口。

D. S市近年来的刑事犯罪案件中，贪污受贿的比例有所上升。

E. S市的外来人口都办理了暂住证。

【配套练习答案】

1. **答案：**C。C项与题干一样，都采用了不完全归纳法进行推理。

2. **答案：**E。类的性质必然地属于组成类的每个分子，而集合体的性质不必然属于组成集合体的每个个体。题干中林教授未能认识到个体和集合体的性质与特征可以是不同的，选项E恰当地指出了这一点。

3. **答案：**A。公达律师事务所擅长办刑事案件，但并不一定每个成员也都擅长办刑事案件。这样一来，擅长办离婚案件的老余也就有可能是公达律师事务所的成员。

4. 答案：E。总的录取比例，女性低于男性。但是，每个学院的录取比例，都是女性高于男性。这说明，"总体性质"和"部分性质"存在区别，反映这种区别的选项只能是 E。A 项与题干话题无关，因为题干讨论的是性质上的差别，而不是局部相加是否能够得到整体的问题。

5. 答案：A。题干的结论是：家庭条件优越是学生泡网吧的重要原因。这一结论的根据是：该校经常泡网吧的学生中，家庭经济条件优越的占 80%。如果 A 项为真，则这一比例并不高于、事实上还低于家庭条件优越的学生占全部学生的比例。这就有力地削弱了题干的上述结论，说明家庭条件优越与泡网吧之间很可能只是统计相关，而非因果相关。B 和 D 项为无关项。C 项指"有的"学生，削弱程度较弱。E 项无法削弱，即使抽样学生为 30%，该调查也完全可能符合抽样调查的样本要求。

6. 答案：A。题干从失足青少年中离异家庭的子女占 24%，就推出"离婚率的提高是造成青少年犯罪的重要原因"，得出该结论需要看一般青少年中离异家庭子女所占的比例如何。如果也占差不多 24% 的比例则削弱了题干。选项 A 就是这个意思。

7. 答案：B。题干论证主线是：由于脑癌患者中有 68% 的人都经常使用移动电话，所以，使用移动电话是导致脑癌的原因。要削弱题干，关键是要看一般人的情况。如果一般人中也有差不多 68% 甚至更多的人使用移动电话，这就削弱了题干。如果一般人中远远没有 68% 的人使用移动电话，那就加强了题干。选项 E 意味着，使用移动电话的人数在 20 世纪 90 年代不到 50%，加强了题干。其他选项均也都不能削弱题干。

8. 答案：B。20 世纪 90 年代，成人吸烟者达到成人总数的 50%，说明肺癌患者中吸烟者的比例明显高于所有成年人中的吸烟者比例，这就间接支持了吸烟与患肺癌之间的因果关系。

A 项的断定不妥。它只说吸烟者人数增加快，没有说明占成人总数的比例，难以成为有力的论据。C 项说明成年人中吸烟人数少于 60%，由题干可知，自 1995 年以来有 10 年吸烟史的人员占所有肺癌患者的 56%（70%×80%），两者是接近的，无法得出吸烟与患肺癌有明显因果关系的结论。应该注意到成年人中吸烟比例越高，越不能支持题干的论点。D 和 E 项与题干的结论无关。

9. 答案：A。题干要求加强其论证，其结论是"这一看法是不能成立的"。实质上就是要削弱"外来人口"与"治安状况恶化"之间的因果关系。

如果二者之间有因果关系，则外来人口在所有犯罪人员中所占比例①不应低于外来人口在全市人口中的比例②。但是题干已经告诉我们并非如此（题干最后一句），即二者之间可能没有因果关系。

A 选项如果为真，则可以推断：外来中青年人口在全市所有中青年人中的比例③，必定高于外来人口在全市人口中的比例②。

既然题干说①小于②，A 选项又补充了③大于②，故①远远小于③，这就进一步说明外来人口与刑事犯罪之间没有因果关系。

本题预设了"刑事犯罪导致治安状况恶化"，所以本题也可以变成一道假设题，当然难度也就大大降低了。

第二节　统计推理与数字陷阱

统计归纳是由样本具有某种属性的单位频率（百分比）推出总体具有某种属性的概率（可能性）的推理。统计归纳是从样本过渡到总体的推理，属于不完全归纳推理，其结论所断定的范围超出了前提所断定的范围，因而，它的结论是或然的。

统计归纳的要求包括两大方面：

一、抽样要科学

抽样调查应当做到：（1）样本数量多；（2）样本分层抽取；（3）随机抽样。以上三点即抽样的广泛性、典型性和随机性。如果做不到以上三点，就会使得样本缺乏代表性。

统计结论的可靠性主要取决于样本的代表性。只有从能够代表总体的样本出发，才能得到关于总体的可靠结论。否则就会导致"以偏概全"的错误：未充分考虑一般性的情形，只凭少数的实例或样本就推论出一般性的结论。

二、统计谬误的识别

1. 平均数陷阱

平均数陷阱是指以平均数的假象为根据引申出一般结论的错误论证。平均数在日常生活中经常用到。作为一个统计指标，平均数反映的只是数据的集中趋势，它无法描述数据的变化范围和离散程度。例如，如果少数家庭拥有全部资产中的大多数，这使得城市家庭资产的平均数被严重拉高，而中位数却比较低。因此，使用平均数的时候要注意适用范围，如果关注重点是数据的离散程度或变化范围，那么使用平均数指标是不合理的，这种不合理使用被称作"平均数陷阱"。如，一条河流平均水深为 1 m，一个人徒步过河会不会出现风险呢？假设这条河流大部分地方水深小于1 m，但中间一段水深为 3 m，那么基于平均 1 m 水深的过河决定将会带来很大的风险。

2. 百分比陷阱

百分比陷阱，指仅提供两种事物的某种比例就得出比较两种事物的结论，其陷阱就在于该百分比所赖以计算出来的基数是不同的。如果仅仅考虑相对值数据，而忽略其基数，就很有可能做出错误判断。

另外也要注意对概率的理解。概率只能用来判断事件发生的可能性有多大，但不能用来判断事件的结果。例如，一个人最近 10 天去看电影的可能性是 10%，不等于他 10 天中肯定有一天去看电影。

配套练习

1. 一家石油公司进行了一项石油溢出对环境影响的调查，并得出结论：接触过石油溢出的水鸟有 95% 的存活率。这项调查基于以下事实：被送到石油溢出地附近兽医诊所看病的水鸟，20 只受石油溢出影响的水鸟中只有一只死亡。

以下哪项最能质疑题干的结论？

A. 许多受影响但是存活的水鸟受到了严重的伤害。

B. 那些受影响而死亡的水鸟比一般的同类鸟要大。

C. 大部分受影响的水鸟都接触过水面上漂浮的石油。

D. 在重新接触石油后，很少量受影响的水鸟被重新送到诊所。

E. 只有那些看起来有很大存活率的水鸟才能被带到兽医站。

2. 受多元文化和价值观的冲击，甲国居民的离婚率明显上升。最近一项调查表明，甲国的平均婚姻存续时间为 8 年。张先生为此感慨，现在像"钻石婚、金婚、白头偕老"这样的美丽故事已经很难得，人们淳朴的爱情婚姻观一去不复返了。

以下哪项如果为真，最可能表明张先生的理解不确切？

A. 现在有不少闪婚一族，他们经常在很短的时间里结婚又离婚。

B. 婚姻存续时间长并不意味着婚姻的质量高。

C. 过去的婚姻主要由父母包办，现在主要是自由恋爱。

D. 尽管婚姻存续时间短，但年轻人谈恋爱的时间比以前增加很多。

E. 婚姻是爱情的坟墓，美丽感人的故事更多体现在恋爱中。

3. 如果一个用电单位的日均耗电量超过所在地区 80% 用电单位的水平，则称其为该地区的用电超标单位。近三年来，湖州地区的用电超标单位的数量逐年明显增加。

如果以上断定为真，并且湖州地区的非单位用电忽略不计，则以下哪项断定也必定为真？

Ⅰ. 近三年来，湖州地区不超标的用电单位的数量逐年明显增加。

Ⅱ. 近三年来，湖州地区日均耗电量逐年明显增加。

Ⅲ. 今年湖州地区任一用电超标单位的日均耗电量都高于全地区的日均耗电量。

A. 只有Ⅰ。　　　　　　　　　　B. 只有Ⅱ。

C. 只有Ⅲ。　　　　　　　　　　D. 只有Ⅱ和Ⅲ。

E. Ⅰ、Ⅱ和Ⅲ。

4. 一种检测假币的仪器在检测到假币时会亮起红灯，制造商称该仪器将真币误认为假币的可能性只有 0.1%。因此，该仪器在一千次亮起红灯时有九百九十九次会发现假币。

上述论证的推理是错误的，因为：

A. 忽略了在假币出现时红灯不亮的可能性。

B. 基于一个可能有偏差的事例概括出一个普遍的结论。

C. 忽略了仪器在检测假币时操作人员可能发生的人为错误。

D. 在讨论百分比时偷换了数据概念。

E. 没有说明该仪器是否对所有的假币都同样敏感。

5. 正常情况下，在医院出生的男婴和女婴的数量趋近相同。在城市大医院，每周有许多婴儿出生，而在乡镇小医院，每周只有少量婴儿出生。如果一个医院一周出生的婴儿中有 45%~55% 是女婴，则属于正常周；如果一周出生的婴儿中超过 55% 是女婴或者超过 55% 是男婴，则属于非正常周。

如果以上陈述为真，以下哪个选项最有可能为真？

A. 非正常周出现的次数在乡镇小医院比在城市大医院更多。

B. 非正常周出现的次数在城市大医院比在乡镇小医院更多。

C. 从长远看，在城市大医院和乡镇小医院，非正常周出现的次数趋近相同。

D. 从短期看，非正常周出现的次数在不同的城市大医院一定相同。

E. 不存在一个时段，非正常周在城市大医院出现的次数和乡镇小医院相同。

6. H 地区 95% 的海洛因成瘾者在尝试海洛因前曾吸过大麻。因此，该地区吸大麻的人数如果能减少一半，新的海洛因成瘾者将显著减少。

以下哪项如果为真，最能削弱上述论证？

A. 长期吸食大麻可能导致海洛因成瘾。

B. 吸毒者可以通过积极的治疗而戒毒。

C. H 地区吸大麻的人成为海洛因成瘾者的比例很小。

D. 大麻和海洛因都是通过相同的非法渠道获得。

E. 大麻吸食者的戒毒方法与海洛因成瘾者的戒毒方法是不同的。

7. 在我国的戏剧工作者中，只有很小的比例在全国 30 多个艺术家协会中任职。这说明，在我国的艺术家协会中，戏剧艺术方面缺少应有的代表性。

以下哪项是对上述论证最为恰当的评价？

A.上述论证是成立的。

B.上述论证不能成立，因为它没有提供准确的比例数字。

C.上述论证缺乏说服力，因为一个戏剧工作者在艺术家协会中任职，并不意味着他就一定在其中有效地体现戏剧艺术的代表性。

D.上述论证有漏洞，因为我国的戏剧工作者中，只有很小的比例在全国艺术家协会中任职，并不意味着其他艺术种类的工作者中有较高的比例在我国艺术家协会中任职。

E.上述论证有漏洞，因为我国的戏剧工作者中，只有很小的比例在全国 30 多个艺术家协会中任职，并不意味着在我国艺术家协会中戏剧工作者只占很小的比例。

8. 一份犯罪调研报告揭示，某市近三年来的严重刑事犯罪案件 60% 皆为已记录在案的 350 名惯犯所为。报告同时揭示，严重刑事犯罪案件的作案者半数以上同时是吸毒者。

从以上断定推出以下哪项结论最为合理？

A.350 名惯犯中可能没有吸毒者。

B.350 名惯犯中一定有吸毒者。

C.350 名惯犯中大多数是吸毒者。

D.吸毒者大多数在 350 名惯犯中。

E.吸毒是造成严重刑事犯罪的主要原因。

9. 研究表明，严重失眠者中 90% 爱喝浓茶。老张爱喝浓茶，因此，他很可能严重失眠。

以下哪项最为恰当地指出了上述论证的漏洞？

A.它忽视了这种可能性：老张属于喝浓茶者中 10% 不严重失眠的那部分人。

B.它忽视了引起严重失眠的其他原因。

C.它忽视了喝浓茶还可能引起其他不良后果。

D.它依赖的论据并不涉及爱喝浓茶者中严重失眠者的比例。

E.它低估了严重失眠对健康的危害。

10. 研究表明，在大学教师中，有 90% 的重度失眠者经常工作到凌晨 2 点。张宏是一名大学教师，而且经常工作到凌晨 2 点，所以，张宏很可能是一位重度失眠者。

以下哪项陈述最准确地指明了上述推理中的错误？

A.它没有考虑到这种情况：张宏有可能属于那些 10% 经常工作到凌晨 2 点而没有患重度失眠症的人。

B.它依赖一个未确证的假设：经常工作到凌晨 2 点的大学教师有 90% 是重度失眠者。

C.它没有考虑到这种情况：除了经常工作到凌晨 2 点以外，还有其他导致大学教师重度失眠症的原因。

D.它依赖一个未确证的假设：经常工作到凌晨 2 点是人们患重度失眠症的唯一原因。

E.它没有考虑到这种情况：即使不工作到凌晨 2 点，张宏也有可能是重度失眠者。

11. 在"非典"期间，某地区共有 7 名参与治疗"非典"的医务人员死亡，同时也有 10 名未参与"非典"治疗工作的医务人员死亡。这说明参与"非典"治疗并不比日常医务工作危险。

以下哪项相关断定如果为真，最能削弱上述结论？

A.因参与"非典"治疗死亡的医务人员的平均年龄，略低于未参与"非典"治疗而死亡的医务人员。

B.参与"非典"治疗的医务人员的体质，一般高于其他医务人员。

C.个别参与治疗"非典"死亡的医务人员的死因，并非是感染"非典"病毒。

D. 医务人员中只有一小部分参与了"非典"治疗工作。

E. 经过治疗的"非典"患者死亡人数，远低于未经治疗的"非典"患者死亡人数。

12. 通常认为左撇子比右撇子更容易出操作事故。这是一种误解。事实上，大多数家务事故，大到火灾、烫伤，小到切破手指，都出自右撇子。

以下哪项最为恰当地概括了上述论证中的漏洞？

A. 对两类没有实质性区别的对象作实质性的区分。

B. 在两类不具有可比性的对象之间进行类比。

C. 未考虑家务事故在整个操作事故中所占的比例。

D. 未考虑左撇子在所有人中所占的比例。

E. 忽视了这种可能性：一些家务事故是由多个人造成的。

【配套练习答案】

1. **答案：E。** E项如果为真，则说明得出结论的样本选择存在偏差，因而得出的结论也就不可靠。

2. **答案：A。** 本题考查对平均数的理解。平均数未必能反映样本的真实情况，尤其当样本分布呈两极分化态势的时候。如果A项为真，说明离婚率的上升和平均婚姻存续时间较短的原因是大量闪婚族的存在，大多数人不一定不具有淳朴的爱情婚姻观。

3. **答案：A。** 由题干可知，湖州地区用电单位中，超标单位占20%，不超标单位占80%。又知近三年来，湖州地区的用电超标单位的数量逐年明显增加，因此显然可以得出结论：近三年来，湖州地区不超标的用电单位的数量逐年明显增加。否则，超标单位的比例就会超过20%，有悖于题干中关于超标单位的定义。所以Ⅰ一定为真。

Ⅱ不一定为真。因为由题干可知，一个单位是否为用电超标单位，不取决于自己的绝对用电量，而取决于和其他单位比较的相对用电量。因此，用电超标单位的数量的增加，并不一定导致实际用电量的增加。

Ⅲ不一定为真。例如，假设该地区共有10个用电单位，其中8个不超标单位分别日均耗电1，其余两个超标单位中，一个日均耗电2，另一个日均耗电30。这个假设完全符合题干的条件，但日均耗电2的超标单位，其日均耗电量并不高于全地区的日均耗电量。

4. **答案：D。** "制造商称该仪器将真币误认为是假币的可能性只有0.1%"，是"真币误认为是假币"的概率，其计算概率的分母是"真币"数量。而其结论中，"亮起红灯"意味着检测到了假币，故题干错误在于讨论百分比时偷换了基数概念。

除此以外，制造商称该仪器将真币误认为是假币的可能性只有0.1%，并不意味着这一可能性必然发生。抛一次硬币出现正面的可能性为50%，不等于抛两次硬币就会出现一次正面。这是把概率这种可能性当成了必然性。因此，即便结论没有偷换概念，也是不能成立的。

5. **答案：A。** 因为大样本更不容易偏离平均数。然而多数人却判断两类医院发生这种情况的概率相当，这实际上忽视了样本的大小。城市大医院出生的婴儿数量多，就意味着一周内更有可能出现男婴和女婴数量趋近的情形，即正常周；而乡镇小医院出生的婴儿数量少——设想一周只出生三个婴儿，那么该周必定是非正常周。这就说明小医院更有可能出现非正常周。

6. **答案：C。** 题干得出结论所依赖的论据并不涉及吸大麻的人中海洛因成瘾者的比例。95%的海洛因成瘾者曾吸过大麻，不代表吸大麻的人就会成为海洛因成瘾者。题干没有给出这个比例，就判断吸大麻的人减少会导致海洛因成瘾者显著减少，这是不准确的推理。因此，C项指出吸大麻的人成为海洛因成瘾者的比例很小，就严重削弱了题干。

7. **答案：E。** 很可能我国的戏剧工作者数量很多，而艺术家协会的会员很少，这样在我国的艺术家协会中，戏剧艺术方面就并不缺少应有的代表性。比如，戏剧工作者有10万人，而艺术家协会只有 2 000 人。如果戏剧工作者中的 1% 即 1 000 人在艺术家协会中任职，就已经不能说缺乏代表性了。

8. 答案：A。 题干所说的"半数以上"，指的是"严重刑事犯罪案件作案者"，而不是"严重刑事犯罪案件"。 因此以下情况是可能的：上述 350 名惯犯虽然作案的数量占了严重刑事犯罪案件的 60%，但人数只占严重刑事犯罪案件作案者的很小比例（例如 5%）。这样，虽然严重刑事犯罪案件的作案者半数以上同时是吸毒者，但 350 名惯犯中完全可能没有吸毒者。

9. 答案：D。 题干断定严重失眠者中 90% 爱喝浓茶，但并未断定爱喝浓茶的人中有多大的比例会严重失眠；所以，根据老张爱喝浓茶，推不出老张严重失眠的结论。要想得出此结论，必须假设：爱喝浓茶的人大部分都严重失眠。所以此题还可以改成假设题。

10. 答案：B。 题干的推理漏洞在于：把题干的条件"大学教师中 90% 的重度失眠者经常工作到凌晨 2 点"，误理解为"经常工作到凌晨 2 点的大学教师有 90% 是重度失眠者"。只有依赖这个误读的未确证的假设才能得出题干的结论。B 选项正确地指明了这一点。

某个事物具有某种特征，并不意味着具备这个特征的一定是此事物。

11. 答案：D。 题干断定，7 名参与"非典"治疗的医务人员死亡，10 名未参与"非典"治疗工作的医务人员死亡。如果参与"非典"治疗工作的人数极少，7 名医务人员死亡，其死亡率还是很有可能比未参与"非典"治疗工作的高，这反而证明参与"非典"治疗比日常医务工作更危险，这样就削弱了题干的结论。

12. 答案：D。 本题的论证过程，是用数量的多少来判断是否"更容易"出操作事故。但如果左撇子和右撇子的数量差别很大，这样的衡量标准就未必有效，更有效的是比较出现操作事故的比例。如果左撇子在所有人中占的比例很低，那么即使操作事故数量少，左撇子中操作事故的比例却未必低。D 项指出了题干论证中忽视的这个新的衡量标准。

■ 第三节　类比推理

类比推理是根据两个或两类对象在某些属性上相同，推断出它们在另外的属性上（这一属性已为类比的一个对象所具有，但在另一个类比的对象那里尚未发现）也相同的一种推理。

类比推理的结构可表示如下：

A 有属性（a）（b）（c）d。

B 有属性（a）（b）（c）。

所以，B 有属性 d。

一、类比推理的特点

类比推理具有以下特点：

（1）类比推理是从个别到个别或一般到一般的推理。

（2）类比推理结论所断定的范围超出了前提所断定的范围，是一种或然性推理。

类比推理的客观根据是什么呢？在客观现实里，事物的各个属性并不是孤立的，而是相互联系和相互制约的。因此，如果两个事物在一系列属性上相同或相似，那么，它们在另一些属性上也可能相同或相似。

类比推理的结论是否可靠呢？类比推理尽管其前提是真实的，也不能保证结论的真实性。这是因为，A 和 B 毕竟是两个对象，它们尽管在一系列属性上是相同的，但仍存在着差异性，这种差异性有时就表现为 A 对象具有某属性，而 B 对象不具有某属性。由此可见，类比推理的结论只具有或然性，即可能真，也可能假。

为了提高类比推理结论的可靠性，应该做到：

（1）前提中进行类比的事物对象之间的相同或相似属性要尽量多。

（2）前提中所提供的相同属性与所推出属性之间的联系应尽可能密切。

要强化类比推理，就要指出两种现象的可比性，或者指出不存在与类推属性相关的反例。

要削弱类比推理，就要指出两种现象不可比，或者在可比的情况下指出反例的存在。

二、类比谬误的识别

在评估类比推理的可靠性时，需要考虑以下三个问题：

（1）A 和 B 是否存在比较的根据或基础？如果二者没有可比性，就会犯"不当比较"的错误。

（2）A 和 B 在前提中所涉及的几个方面确实相似吗？如果前提中涉及的 A 和 B 相似的几个方面事实上并不相似，那么，相应的类比推理就会犯"机械类比"的错误。

（3）类比推理不能在某类与该类所属的个别对象之间进行，而只能在两个不同对象或不同领域中进行过渡。

有人以为存在着这样一种类比推理：

S 类的某一个体具有属性 a、b、c、d。

S 类具有属性 a、b、c。

所以，S 类具有属性 d。

这种观点是错误的，因为这是凭主观想象用类比推理的模式去描述了一个实际上是归纳概括的逻辑过程。诚然，无论是归纳推理还是类比推理都是已有知识的外推和扩展，但是不能因此而混淆了两种推理方法之间的根本区别：归纳推理是从个别（特殊）概括到一般，而类比推理是从某一特定的对象或领域推到不同的特定对象或不同的领域。

 配套练习

1. 一般人总是这样认为：既然人工智能这门新兴学科以模拟人的思维为目标，那么，就应该深入地研究人的思维的生理机制。其实，这种看法很可能误导这门新兴学科。如果说飞机发明的最早灵感可能是来自鸟的飞行原理的话，那么，现代飞机从发明、设计、制造到不断改进，没有哪项是基于对鸟的研究之上的。

题干是用类比的方法来论证自己的观点，以下哪项是题干中所作的类比？

Ⅰ.把对人思维的模拟，比作对鸟的飞行的模拟。

Ⅱ.把对人工智能的研究，比作飞机的设计制造。

Ⅲ.把飞机的飞行，比作鸟的飞行。

A.仅Ⅰ。　　　　　　　　　　B.仅Ⅱ。

C.仅Ⅲ。　　　　　　　　　　D.仅Ⅰ和Ⅱ。

E.Ⅰ、Ⅱ和Ⅲ。

2.某中学发现有学生课余时间用扑克牌玩带有赌博性质的游戏，因此，规定学生不得带扑克牌进入学校。不过即使是硬币，也可以用作赌具，但禁止学生带硬币进入学校是不可思议的。因此，禁止学生带扑克进学校是荒谬的。

以下哪项如果为真，最能削弱上述论证？

A.禁止带扑克牌进学校不能阻止学生在校外赌博。

B.硬币作为赌具远不如扑克牌方便。

C.很难查明学生是否带扑克牌进学校。

D.赌博不但败坏校风，而且影响学生学习成绩。

E.有的学生玩扑克牌不涉及赌博。

3.地球和月球相比，有许多共同属性，如它们都属太阳系星体，都是球形的，都有自转和公转等。既然地球上有生物存在，因此，月球上也很可能有生物存在。

以下哪项如果为真，则最能削弱上述推论的可靠性？

A.地球和月球大小不同。

B.月球上同一地点温度变化极大，白天可以上升到100℃，晚上又降至零下160℃。

C.月球距地球很远，不可能有生物存在。

D.地球和月球生成时间不同。

E.地球上有水，而水是维持生命必不可少的要素。

4.某市繁星商厦服装部在前一阵疲软的服务市场中打了一个反季节销售的胜仗。据统计，繁星商厦皮服的销售数量在6、7、8三个月连续呈倍数增长，6月527件，7月1 269件，8月3 218件。市有关主管部门希望在今年冬天向全市各大商场推广这种反季节销售的策略，力争今年11、12月和明年1月全市的夏衣销售能有一个大突破。

以下哪项如果为真，能够最好地说明该市有关主管部门的这种希望可能会落空？

A.皮衣的价格可以在夏天一降再降，是因为厂家可以在皮衣淡季的时候购买原材料，其价格可以降低30%。

B.皮衣的生产企业为了使生产销售可以正常循环，宁愿自己保本或者微利，把利润压缩了55%。

C.在盛夏里开展皮衣反季节销售的不只是繁星商厦一家，但只有繁星商厦同时推出了售后服务由消协规定的三个月延长到七个月，打消了很多消费者的顾虑，所以在诸商家中独领风骚。

D.今年夏天繁星商厦的冬衣反季节销售并没有使该商厦夏衣的销售获益，反而略有下降。

E.根据最近进行的消费心理调查的结果，买夏衣重流行、买冬衣重实惠是消费者极为普遍的心理。

5.毫无疑问，未成年人吸烟应该加以禁止。但是，我们不能为了防止给未成年人吸烟以可乘之机，就明令禁止自动售烟机的使用。马路上不是到处有避孕套自动销售机吗？为什么不担心有人从中买了避孕套去嫖娼呢？

以下哪项如果为真，最能削弱题干的论证？

A.嫖娼是触犯法律的，但未成年人吸烟并不触犯法律。

B.公众场所是否适合放置避孕套自动销售机，一直是个有争议的问题。

C.人工售烟点被明令禁止向未成年人出售香烟。

D.据统计，近年来未成年人吸烟者的比例有所上升。

E.在司法部门的严厉打击下，卖淫嫖娼等社会丑恶现象逐年减少。

6.前年引进美国大片《廊桥遗梦》，仅仅在滨州市放映了一周时间，各影剧院的总票房收入就达到800万元。这一次滨州市又引进了《泰坦尼克号》，准备连续放映10天，票房收入应该能够突破1 000万元。

上述推断最可能隐含了以下哪项假设？

A.滨州市很多人因为映期时间短都没有看上《廊桥遗梦》，这一次可以得到补偿。

B.这一次各影剧院普遍更新了设备，音响效果比以前有很大改善。

C.这两部片子都是艺术精品，预计每天的上座率、票价等非常类似。

D.连续放映 10 天是以往比较少见的映期安排，可以吸引更多的观众。

E.作为灾难片加上爱情片，《泰坦尼克号》的影响力和票房号召力是巨大的。

7.认为大学的附属医院比社区医院或私立医院要好，是一种误解。事实上，大学的附属医院抢救病人的成功率比其他医院要小。这说明大学的附属医院的医疗护理水平比其他医院要低。

以下哪项如果为真，最能驳斥上述论证？

A.很多医生既在大学工作又在私立医院工作。

B.大学，特别是医科大学的附属医院拥有其他医院所缺少的精密设备。

C.大学附属医院的主要任务是科学研究，而不是治疗和护理病人。

D.去大学附属医院就诊的病人的病情，通常比去私立医院或社区医院的病人的病情重。

E.大学附属医院与私立医院都接受着国家的资金补助。

8.在美国与西班牙作战期间，美国海军曾经散发海报招募兵员。当时最有名的一个海军广告是这样说的：美国海军的死亡率比纽约市民还要低。海军的官员就这个广告解释："据统计，现在纽约市民的死亡率是每千人有 16 人，而尽管是战时，美国海军士兵的死亡率也不过每千人有 9 人。"

如果以上资料为真，则以下哪项最能反驳上述这种看起来很让人怀疑的结论？

A.在战争期间，海军士兵的死亡率要低于陆军士兵。

B.在纽约市民中包括生存能力较差的婴儿和老人。

C.敌军打击美国海军的手段和途径没有打击普通市民的手段和途径来得多。

D.美国海军的这种宣传主要是为了鼓动入伍，所以，要考虑其中夸张的成分。

E.尽管是战时，纽约的犯罪仍然很猖獗，报纸的头条不时有暴力和色情的报道。

【配套练习答案】

1.**答案：**D。题干的类比是，现代飞机设计、制造并非基于对鸟的研究，因此，人工智能的研究也不应基于对人思维的生理机制的研究。将类比双方的前件和后件一一对应，即可确定答案。飞机的飞行灵感来自鸟的飞行，二者之间不是类比关系，所以Ⅲ不选。

2.**答案：**B。本题进行削弱的方式，就是指出"不当类比"。选项 B 指出，扑克牌和硬币在"用作赌具"这个属性上存在非常显著的差异——潜台词就是，此二者放在一起进行类比推理是缺乏有效性的——因此，不能因为"禁止带硬币进校以杜绝赌博"这种方式行不通，就得出结论："禁止学生带扑克牌进校以杜绝赌博"这种方式也不合理，这就有力地削弱了题干论证。

3.**答案：**B。题干将地球和月球进行类比，得出结论：月球也可能有生物存在。但是题干列举的这些属性与生物存在关联度不大，因而这样的类比不可靠，A、D 两项属性也不一定影响生物存在。B 项指出了与生物存在密切相关的一个属性不同，因而最能削弱题干类比。E 项是强干扰项，即使地球上有水，但没有证据表明月球上没有水。注意，B 项虽然没有说明地球的情况，但根据常识可以知道地球温差变化没有月球那么大；而月球是否有水，则超出了常识认知的范畴。

4.**答案：**E。市有关主管部门的建议依据就是类比推理：夏季反季节销售冬季服装获得成功，因此，若在冬季反季节销售夏季服装也将获得成功。显然这个类比结论可能是错的，题目所要求的就是找出使这个类比不成立的理由。

选项 A、B、C 都只是部分地说明了反季节销售冬装成功的原因，与"反季节销售夏装是否会成功"并不相干；选项 D 只是陈述了一个事实，即上述类比的结论是假的，并没有说明类比不成功的原因。而选项 E 非常准确地概括了买夏衣和买冬衣时人们的不同消费心理，这就使题干中所设想的反季节的一般规律不成立了。

5. 答案：C。如果 C 选项为真，说明题干进行类比的两类现象中，存在一个实质性的区别：由于人工售烟点被明令禁止向未成年人出售香烟，因此自动售烟机就成了未成年人购买香烟的几乎唯一渠道，而避孕套自动销售机对于嫖娼者来说，是可有可无的。这样指出二者不应该加以类比，就有力地削弱了题干。

题干进行的类比，关注的是应不应该禁止自动售烟机的使用，要想削弱这个类比，就要指出禁止自动售烟机和禁止避孕套自动销售机导致的结果不同，所以类比无效；A 项讨论的是吸烟与嫖娼的属性不同，并未涉及本题的类比点——"禁止自动售卖机的效果"，所以不能削弱题干的类比。

6. 答案：C。题干中依据放映《廊桥遗梦》的收入推断《泰坦尼克号》的票房收入，必须假设两部影片在关键方面是类似的，类比才是有效的，因此 C 项就是必须假设的。

7. 答案：D。题干根据大学的附属医院抢救病人的成功率比其他医院要小，试图得出大学的附属医院的医疗护理水平比其他医院要低的结论。如果 D 项为真，说明造成大学的附属医院抢救病人的成功率较低的原因是病人病情更严重，而非医疗护理水平低。B、C 项也有一定削弱作用，但力度不如 D 项，因为相对于设备、任务来说，抢救成功率与病情轻重的关联更紧密。E 项即便为真，也没有削弱作用。

8. 答案：B。可以设想美国海军士兵均是青壮年，他们的生存能力当然要比婴儿和老人高得多，两个死亡率所针对的基数和对象不一样，所以，B 削弱了题干中的结论。

题干中海军广告谈论的是美国海军和普通市民在战时的死亡率，并没有比较海军士兵和陆军士兵的死亡率，因此 A 项不能解释这一广告所说的结论。C 项实际支持了题干广告的说法。D 项质疑题干规定的条件，说美国海军有夸张，这就违反了题干中规定的条件，即"以上资料为真"，所以不应选 D。E 项所谈的是题外话，不能解释广告中的结论。

第四节　因果推理

客观世界是一个有内在联系的统一整体，其中各个对象或各个现象是互相密切联系着、依赖着、制约着的。因果联系是指原因和结果之间的联系。如果一个现象的出现必然引起另一个现象的出现，那么，这两个现象之间就有着因果联系。引起另一现象出现的现象叫原因，被引起的现象叫结果。

一、探求因果联系的逻辑方法

探求现象因果联系的方法，一般是指求因果五法，也叫"穆勒五法"。其基本思路是：考察被研究现象出现的一些场合，在它的先行现象或恒常伴随的现象中去寻找它的可能原因，然后有选择地安排某些事例或实验，根据因果关系的上述特点，排除一些不相干的现象或假设，最后得到比较可靠的结论。以下具体介绍这五种方法。

1. 求同法

求同法也称契合法，是指：发现某一现象出现在几种不同的场合，而在这些场合里，只有一个条件是相同的（其他条件均不相同），此时可以推断：这个相同条件就是各个场合出现的那个共同现象的原因。

应用求同法所得到的认识（即找出的原因）并不都是正确的。因为在各种不同场合里存在的共同条件可能不止一个，而作为真正原因的某一共同条件可能正好被忽视了。因此，通过求同法所得到的认识，应当通过实践或用其他方法去进一步检验。例如：

　　某人晚上看了两个小时书，喝了几杯浓茶，结果失眠了；第二天他同样看两个小时书，抽了许多烟，也失眠了；第三天他也看了两个小时书，喝了大量咖啡，也失眠了。看来晚上看书容易引起失眠。

　　按求同法，连着三个晚上的失眠的原因似乎应该是"看了两个小时的书"。这个结论显然是不对的。

　　运用求同法需要注意的是，各场合是否还有其他的共同情况。人们运用求同法时，往往在发现了一个共同情况后，就把它当做被研究现象的原因（或结果），而忽略了隐藏的其他共同情况，而这些比较隐藏的共同情况又恰好可能是被研究现象的真正原因（或结果）。

　　强化求同法的方法：指出在被讨论的现象出现的不同场合中某个相同的因素是唯一的，或者指出在所比较的两种现象之间不存在其他相同的因素（即没有他因）。

　　削弱求同法的方法：指出在被讨论的现象出现的不同场合中某个相同的因素不是唯一的，或者指出在所比较的两种现象之间存在其他相同的因素（即存在他因）。

2. 求异法

　　求异法也称差异法，是指：如果某一现象在一种场合中出现，而在另一场合中不出现，但在这两种场合里，其他条件都相同，只有一个条件不同（在某现象出现的场合里有这个条件，而在某现象不出现的那一场合里则没有这个条件），那么可以推断，这唯一不同的条件就是某现象产生的原因。

　　在应用求异法时需要注意，两个场合是否还有其他差异情况，尤其是在表面的差异背后是否还有真正的差异情况被掩盖着。如果还有真正的差异情况存在，就不能说我们所看到的差异情况就是被研究现象的原因。

　　强化求异法的方法：指出在被讨论的现象出现的不同场合中差异因素是唯一的，或者指出在所比较的两种现象之间不存在其他差异因素（即没有他因）。

　　削弱求异法的方法：指出在被讨论的现象出现的不同场合中差异因素不是唯一的，或者指出在所比较的两种现象之间存在其他差异因素（即存在他因）。

3. 求同求异并用法

　　求同求异并用法是指，考察两组事例：一组是由被研究现象出现的若干场合组成的，称之为正事例组；一组是由被研究现象不出现的若干场合组成的，称之为负事例组。如果在正事例组的各场合中只有一个共同的情况并且它在负事例组的各场合中又都不存在，那么，这个情况就是被研究现象的原因。下面是求同求异并用法的一个例子：

　　很久以来，人们发现有些鸟能飞行万里而不迷失方向。原因是什么呢？人们对此曾做过不少的猜测，但都没有得到证实。近年来，科学工作者发现每当天晴能见到太阳时，这些鸟都能确定其飞行的正确方向；反之，每当天阴见不到太阳时，它们就迷失方向。由此，科学工作者作出结论说，有些鸟能飞行万里而不迷失方向是因为它们利用了太阳来定向。

4. 共变法

　　共变法是指：在其他条件不变的情况下，如果一个现象发生变化，另一个现象就随之发生变化，那么，前一现象就是后一现象的原因或部分原因。

　　在日常生活和生产实践中，共变法被人们广泛地使用着。许多仪表如体温表、气压表、水表以及电表等，都是根据共变法的道理制成的。

应用共变法时要注意两个问题：第一，只有在其他因素保持不变时，才能确定两种现象的因果联系；第二，两种现象的共变是有一定限度的，超过这个限度，就不再有共变关系。

强化共变法的方法：指出两个共变现象之间的实质性相关。

削弱共变法的方法：指出两个看似共变的现象之间没有实质性相关。

5. 剩余法

所谓剩余法指的是：如果某一复合现象是由另一复合原因所引起的，那么，把其中确认有因果联系的部分减去，则剩下的部分也必然有因果联系。

自然科学史上有这样一个例子：

在 1846 年之前，一些天文学家在观察天王星的运行轨道时，发现它的运行轨道和按照已知行星的引力计算出来的它应运行的轨道不同发生了几个方面的偏离。经过观察分析，知道其他几方面的偏离是由已知的其他几颗行星的引力所引起的，而另一方面的偏离则原因不明。这时天文学家就考虑到：既然天王星运行轨道的各种偏离是由相关行星的引力所引起的，现在又知其中的几方面偏离是由另几颗行星的引力所引起的，那么，剩下的一处偏离必然是由另一个未知的行星的引力所引起的。后来有的天文学家和数学家据此推算出了这个未知行星的位置。1846 年，按照这个推算的位置进行观察，果然发现了一颗新的行星——海王星。

在这个过程中就有剩余法的明显运用。就这个例子来说，复合现象指天王星运行轨道的各处偏离（设为甲、乙、丙、丁四处偏离），复合原因指各行星对天王星的引力（设为 A、B、C、D 四颗行星），通过观察，已经知道偏离甲由行星 A 所引起，偏离乙由行星 B 所引起，偏离丙由行星 C 所引起。那么剩下的部分，即偏离丁必为未知行星 D 所引起。

二、溯因推理

溯因推理，就是从结果出发，根据一般的规律性知识，推测出事件发生的原因的推理方法。也可以说，溯因推理是根据已知事实结果和有关规律性知识，推断出产生这一结果的原因的推理。

其公式可以表示为：

如果 A，那么 B。

B 为真。

所以，A 可能真。

上面公式中的"B"表示已知的结果，"如果 A，那么 B"表示一般的规律性知识，"A"表示根据已知的结果和一般的规律性知识推测出的有关事件发生的原因。

溯因推理的逻辑结构实际上就是以充分条件假言命题为前提的肯定后件肯定前件式，它不符合充分条件假言推理的规则：肯定后件不能因此而肯定前件。所以，溯因推理的前提与结论之间的联系是或然的，前提真，结论可能真，但结论不是充分可靠的。

溯因推理的客观根据就是客观现实中一果多因现象的存在。既然某一个结果可以是多方面原因所产生或引起的，那么当已确知一个结果时，它的原因就可以有很多个。至于哪一个，在未进一步证实之前，只能进行分析、猜测、试错和选择等思维操作。

必然性推理是从原因推出结果；溯因推理的方向同必然性推理的方向正好相反。此外，必然性推理前提真则结论必真，而溯因推理前提真，结论只是或然真，因此，它属于或然性推理。

溯因推理在一定条件下也可以转化为必然性推理，这个条件就是穷尽引起某种结果的一切原因。在引起某种结果的各种原因中，如果能将可能引起某种结果的其他原因一一排除掉，留下一个唯一的原因，这个唯一的原因就是真正的原因。于是，溯因推理就由或然性推理转化为必然性推理。

溯因推理虽然结论是或然的，但运用却十分广泛。无论在日常生活和工作中还是科学研究中，都有着重要的作用。例如，电工运用溯因推理寻找日光灯不亮的原因，医生运用溯因推理给病人找出病因等。在科学研究中，溯因推理的作用主要体现在提出假说的过程中。

三、因果谬误的识别

在评估因果推理的可靠性时，以下三个问题需要考虑。

问题1：前提是否能支持结论？如果推理中所反映的因果联系事实上并不存在，那么，该推理就会犯"强拉因果"或者"相关误为因果"的错误。

问题2：造成一定结果的原因是否唯一？多因一果的情况是存在的，在推理过程中如果忽视这种情况，那么，相应的推理就有可能犯"忽略他因"的错误。

问题3：是否存在一定的证据，它们可以表明A是B的原因，而不是B是A的原因？如果存在这样的证据，相应的推理就可能犯"因果倒置"的错误，即误将原因视为结果，将结果视为原因。

配套练习

1. 化学课上，张老师演示了两个同时进行的教学实验：一个实验是 $KClO_3$ 加热后，有 O_2 缓慢产生，另一个实验是 $KClO_3$ 加热后迅速撒入少量 MnO_2，这时立即有大量的 O_2 产生。张老师由此指出：MnO_2 是 O_2 快速产生的原因。

以下哪项与张老师得出结论的方法类似？

A. 同一品牌的化妆品价格越高卖得越火。由此可见，消费者喜欢价格高的化妆品。

B. 居里夫人在沥青矿物中提取放射性元素时发现，从一定量的沥青矿物中提取的全部纯铀的放射性强度比同等数量的沥青矿物中放射性强度低数倍。她据此推断，沥青矿物中还存在其他放射性更强的元素。

C. 统计分析发现，30岁至60岁之间，年纪越大胆子越小，有理由相信：岁月是勇敢的腐蚀剂。

D. 将闹钟放在玻璃罩里，使它打铃，可以听到铃声；然后把玻璃罩里的空气抽空，再使闹钟打铃，就听不到铃声了。由此可见，空气是声音传播的介质。

E. 人们通过对绿藻、蓝藻、红藻的大量观察，发现结构简单、无根叶是藻类植物的主要特征。

2. 一艘远洋帆船载着5位中国人和几位外国人由中国开往欧洲。途中，除5位中国人外，外国人全患上了败血症。同乘一艘船，同样是风餐露宿，漂洋过海，为什么中国人和外国人如此不同呢？原来这5位中国人都有喝茶的习惯，而外国人却没有。于是得出结论：喝茶是这5位中国人未得败血症的原因。

以下哪项和题干中得出结论的方法最为相似？

A. 警察锁定了犯罪嫌疑人，但是从目前掌握的事实看，都不足以证明他犯罪。专案组由此得出结论：必有一种未知的因素潜藏在犯罪嫌疑人身后。

B. 在两块土壤情况基本相同的麦地上，对其中一块施氮肥和钾肥，另一块只施钾肥。结果施氮肥和钾肥的那块麦地的产量远高于另一块。可见，施氮肥是麦地产量较高的原因。

C.孙悟空："如果打白骨精，师父会念紧箍咒；如果不打，师父就会被妖精吃掉。"孙悟空无奈得出结论："我还是回花果山算了。"

D.天文学家观测到天王星的运行轨道有特征A、B、C，已知特征A、B分别是由两颗行星甲、乙的吸引造成的，于是猜想还有一颗未知行星造成天王星的轨道特征C。

E.一定压力下的一定量气体，温度升高，体积增大；温度降低，体积缩小。气体体积与温度之间存在一定的相关性，说明气体温度的改变是其体积改变的原因。

3.在一项实验中，实验对象的一半作为实验组，食用了大量的味精。而作为对照组的另一半没有吃这种味精。结果，实验组的认知能力比对照组差得多。这一不利的结果是由味精的一种主要成分谷氨酸造成的。

以下哪项如果为真，最有助于说明这一实验结论正确？

A.大多数味精消费者不像实验中的人那样食用大量的味精。

B.上述结论中所提到的谷氨酸在所有蛋白质中都有，为了保证营养必须摄入一定量。

C.实验组中人们所食用的味精数量是在政府食品条例规定的安全用量之内的。

D.第二次实验时，只给一组食用大量味精作为实验组，而不设不食用味精的对照组。

E.两组实验对象是在实验前按其认知能力均等划分的。

4.在一项实验中，第一组被试摄取了大量的人造糖，第二组则没有吃糖。结果发现，吃糖的人比没有吃糖的人认知能力低。这一实验说明，人造糖中所含的某种成分会影响人的认知能力。

以下哪项如果为真，最能支持上述结论？

A.在上述实验中，第一组被试吃的糖大大超出日常生活中糖的摄入量。

B.上述人造糖中所含的该种成分也存在于大多数日常食物中。

C.第一组被试摄取的糖的数量没有超出卫生部门规定的安全范围。

D.两组被试的认知能力在试验前是相当的。

E.两组被试的人数相等。

5.硕鼠通常不患血癌。在一项实验中发现，给300只硕鼠同等量的辐射后，将它们平均分为两组，第一组可以不受限制地吃食物，第二组限量吃食物。结果第一组75只硕鼠患血癌，第二组5只硕鼠患血癌。因此，通过限制硕鼠的进食量，可以控制由实验辐射导致的硕鼠血癌的发生。

以下哪项如果为真，最能削弱上述实验结论？

A.硕鼠与其他动物一样，有时原因不明就患有血癌。

B.第一组硕鼠的食物易于使其患血癌，而第二组的食物不易使其患血癌。

C.第一组硕鼠体质较弱，第二组硕鼠体质较强。

D.其他种类的实验动物，实验辐射很少导致其患血癌。

E.不管是否控制进食量，暴露于实验辐射的硕鼠都可能患血癌。

6.新挤出的牛奶中含有溶菌酶等抗菌活性成分。将一杯原料奶置于微波炉加热至50℃，其溶菌酶活性降低至加热前的50%。但是，如果用传统热源加热原料奶至50℃，其内的溶菌酶活性几乎与加热前一样。因此，对酶产生失活作用的不是加热，而是产生热量的微波。

以下哪项如果属实，最能削弱上述论述？

A.将原料奶加热至100℃，其中的溶菌酶活性会完全失活。

B.加热对原料奶酶的破坏可通过添加其他酶予以补偿，而微波对酶的破坏却不能补偿。

C.用传统热源加热液体奶到50℃的时间比微波炉加热至50℃的时间长。

D.经微波炉加热的牛奶口感并不比用传统热源加热的牛奶口感差。

E.微波炉加热液体会使内部的温度高于液体表面达到的温度。

7. 某个实验把一批吸烟者作为对象。实验对象分为两组：第一组是实验组，第二组是对照组。实验组的成员被强制戒烟，对照组的成员不戒烟。三个月后，实验组成员的平均体重增加了 10%，而对照组成员的平均体重基本不变。实验结果说明，戒烟会导致吸烟者的体重增加。

以下哪项如果为真，最能加强上述实验结论的说服力？

A. 实验组和对照组成员的平均体重基本相同。

B. 实验组与对照组的人数相等。

C. 除戒烟外，对每个实验对象来说，可能影响体重变化的生存条件基本相同。

D. 除戒烟外，对每个实验对象来说，可能影响体重变化的生存条件基本保持不变。

E. 上述实验的设计者是著名的保健专家。

8. 某研究人员分别用新鲜的蜂王浆和已经存放了 30 天的蜂王浆喂养蜜蜂幼虫，结果只有食用新鲜蜂王浆的幼虫成长为蜂王。进一步研究发现，新鲜蜂王浆中有一种叫做 "Royalactin" 的蛋白质能促进生长激素的分泌，使幼虫出现体格变大、卵巢发达等蜂王的特征。研究人员用这种蛋白质喂养果蝇，果蝇也同样出现体长、产卵数和寿命等方面的增长。这说明这一蛋白质对生物特征的影响是跨物种的。

以下哪项如果为真，最能支持上述研究人员的发现？

A. 蜂群中的工蜂、蜂王都是雌性且基因相同，其幼虫没有区别。

B. 蜜蜂和果蝇的基因差别不大，它们有许多相同的生物学特性。

C. "Royalactin" 只能短期存放，时间一长就会分解为别的物质。

D. 能成长为蜂王的蜜蜂幼虫的食物是蜂王浆，而其他幼虫的食物只是花粉和蜂蜜。

E. 名为 "Royalactin" 的蛋白质具有雌性激素的功能。

9. 有 90 个病人，都患难治疾病 T，服用过同样的常规药物。这些病人被分为人数相等的两组，第一组服用一种用于治疗 T 的试验药物 W 素，第二组服用不含有 W 素的安慰剂。10 年后的统计显示，两组都有 44 人死亡。因此，这种试验药物是无效的。

以下哪项如果为真，最能削弱上述论证？

A. 在上述死亡的病人中，第二组的平均死亡年份比第一组早两年。

B. 在上述死亡的病人中，第二组的平均寿命比第一组小两岁。

C. 在上述活着的病人中，第二组的比第一组的病情更严重。

D. 在上述活着的病人中，第二组的比第一组的更年长。

E. 在上述活着的病人中，第二组的比第一组的更年轻。

10. 近年来，全球的青蛙数量有所下降，而同时地球接受的紫外线辐射有所增加。因为青蛙的遗传物质在受到紫外线辐射时会受到影响，且青蛙的卵通常为凝胶状而没有外壳或皮毛的保护。所以，可以认为，青蛙数量的下降至少部分是由紫外线辐射上升导致的。

下列哪项如果正确，最能支持以上论述？

A. 即使在紫外线没有显著上升的地方，青蛙的产卵数量仍然显著下降。

B. 在青蛙数量下降最少的地方，作为青蛙猎物的昆虫的数量显著下降。

C. 数量显著下降的青蛙种群中杀虫剂的浓度要高于数量没有下降的青蛙种群。

D. 在很多地方，海龟会和青蛙共享栖息地，虽然海龟的卵有外壳保护，海龟的数量仍然有所下降。

E. 有些青蛙种群会选择将它们的卵藏在石头或沙子下，而这些种群的数量下降要明显少于不这样做的青蛙种群。

11. 美国黑人患高血压的比美国白人高两倍。把西方化的非洲黑人和非洲白人相比，情况也是如此。研究者假设，西方化的黑人之所以会患高血压，是两个原因相互作用的结果：一个原因是西方食品含盐量高，另一个原因是黑人遗传基因中对于缺盐环境的适应机制。

以下哪项如果是真的，最能支持研究者的假设？

A.当代西方化非洲黑人塞内加尔人和冈比亚人后裔的血压通常不高，塞内加尔和冈比亚历史上一直不缺盐。

B.非洲某些地区不同寻常的高盐摄入是危害居民健康的严重问题。

C.考虑到保健，大多数非洲白人也注意控制盐的摄入量。

D.西非约鲁巴人的血压通常不高，约鲁巴人有史以来一直居住在远离海盐的内陆，并远离非洲撒哈拉盐矿。

E.缺盐和不缺盐对于人的新陈代谢过程没发现有什么实质的不同影响。

12.自然界中的基因有千万种，哪类基因最为常见和最为丰富？某研究机构在对大量基因组进行成功解码后找到了答案，那就是有"自私DNA"之称的转座子。转座子基因的丰度和广度表明，它们在进化和生物多样性的保持中发挥了至关重要的作用。生物学教科书一般认为在光合作用中能固定二氧化碳的酶是地球上最为丰富的酶，有学者曾据此推测能对这种酶进行编码的基因也应当是最丰富的。不过研究却发现，被称为"垃圾DNA"的转座子反倒统治着已知基因世界。

以下哪项如果为真，最能支持该学者的推测？

A.转座子的基本功能就是到处传播自己。

B.同样一种酶有时是用不同的基因进行编码的。

C.不同的酶可能由同样的基因进行编码。

D.基因的丰富性是由生物的多样性决定的。

E.不同的酶需要不同的基因进行编码。

13.近年来，立氏化妆品的销量有了明显的增长，同时，该品牌用于广告的费用也有同样明显的增长。业内人士认为，立氏化妆品销量的增长，得益于其广告的促销作用。

以下哪项如果为真，最能削弱上述结论？

A.立氏化妆品的广告费用，并不多于其他化妆品。

B.立氏化妆品的购买者中，很少有人注意到该品牌的广告。

C.注意到立氏化妆品广告的人中，很少有人购买该产品。

D.消协收到的对立氏化妆品的质量投诉，多于其他化妆品。

E.近年来，化妆品的销售总量有明显增长。

14.在我国北方严寒冬季的夜晚，车辆前挡风玻璃会因低温而结冰霜。第二天当车辆发动预热后，玻璃上的冰霜会很快融化。何宁对此不解，李军解释道：因为车辆仅有的除霜孔位于前挡风玻璃，而车辆预热后除霜孔完全开启，因此，是开启除霜孔使车辆玻璃冰霜融化。

以下哪项如果为真，最能质疑李军对车辆玻璃冰霜迅速融化的解释？

A.车辆一侧玻璃窗没有出现冰霜现象。

B.尽管车尾玻璃窗没有除霜孔，其玻璃上的冰霜融化速度与前挡风玻璃没有差别。

C.当吹在车辆玻璃上的空气气温上升，其冰霜的融化速度也会加快。

D.车辆前挡风玻璃除霜孔排出的暖气流排出后可能很快冷却。

E.即使启用车内空调暖风功能，除霜孔的功用也不能被取代。

15.光线的照射，有助于缓解冬季抑郁症。研究人员曾对9名患者进行研究，他们均因冬季白天变短而患上了冬季抑郁症。研究人员让患者在清早和傍晚各受3小时伴有花香的强光照射，一周之内，7名患者完全摆脱了抑郁，另外两人也表现了显著的好转。由于光照会诱使身体误以为夏季已经来临，这样便治好了冬季抑郁症。

以下哪项如果为真，最能削弱上述论证的结论？

A.研究人员在强光照射时有意使用花香伴随，对于改善冬季抑郁症的患者的适应性有不小的作用。

B.9名患者中最先痊愈的3位均为女性，而对男性的治疗效果较为迟缓。

C.该实验均在北半球的温带气候中，无法区分南北半球的实验差异，但也无法预先排除。

D.强光照射对于皮肤的损害已经得到专门研究的证实，其中夏季比起冬季的危害性更大。

E.每天6小时的非工作状态，改变了患者原来的生活环境，改善了他们的心态，这是对抑郁症患者的一种主要影响。

16. H国赤道雨林的面积每年以惊人的比例减少，引起了全球的关注。但是，卫星照片的数据显示，去年H国雨林面积的缩小比例明显低于往年。去年，H国政府支出数百万美元用以制止乱砍滥伐和防止森林火灾。H国政府宣称，上述卫星照片的数据说明，本国政府保护赤道雨林的努力取得了显著成效。

以下哪项如果为真，最能削弱H国政府的上述结论？

A.去年H国用以保护赤道雨林的财政投入明显低于往年。

B.与H国毗邻的G国的赤道雨林的面积并未缩小。

C.去年H国的旱季出现了异乎寻常的大面积持续降雨。

D.H国用于雨林保护的费用只占年度财政支出的很小比例。

E.森林面积的萎缩是全球性的环保问题。

17. 对常兴市23家老人院的一项评估显示，爱慈老人院在疾病治疗水平方面受到的评价相当低，而在其他不少方面评价不错，虽然各老人院的规模大致相当，但爱慈老人院医生与住院老人的比率在常兴市的老人院中几乎是最少的。因此，医生数量不足是造成爱慈老人院在疾病治疗水平方面评价偏低的原因。

以下哪项如果为真，最能加强上述论证？

A.和祥老人院也在常兴市，对其疾病治疗水平的评价比爱慈老人院还要低。

B.爱慈老人院的医务护理人员比常兴市其他老人院都要多。

C.爱慈老人院的医生发表的相关学术文章很少。

D.爱慈老人院位于常兴市的市郊。

E.爱慈老人院某些医生的医术一般。

18. 一种流行的说法是，多吃巧克力会引起皮肤特别是脸上长粉刺。确实，许多长粉刺的人都证实，他们皮肤上的粉刺都是在吃了大量巧克力以后出现的。但是，这种说法很可能是把结果当成了原因。最近一些科学研究指出，荷尔蒙的改变加上精神压力会引起粉刺。有证据表明，喜欢吃巧克力的人，在遇到精神压力时会吃更多的巧克力。

以下哪项最为恰当地概括了题干所要表达的意思？

A.发生在前的现象和发生在后的现象之间不一定有因果关系。

B.精神压力引起多吃巧克力，多吃巧克力引发粉刺。对于长粉刺来说，多吃巧克力是表面原因，精神压力是内在原因。

C.多吃巧克力是内在原因。

D.多吃巧克力不大可能引发粉刺，多吃巧克力和长粉刺二者很可能都是精神压力造成的结果。

E.一个人巧克力吃得越多，越可能造成荷尔蒙的改变和精神压力的加重。

19. 最近举行的一项调查表明，师大附中的学生对滚轴溜冰的着迷程度远远超过其他任何游戏；同时调查发现，经常玩滚轴溜冰的学生的平均学习成绩相对其他学生更好一些。看来，玩滚轴溜冰可以提高学生的学习成绩。

以下哪项如果为真，最能削弱上面的推论？

A.师大附中与学生家长定了协议，如果孩子的学习成绩的名次没有排在前二十名，双方共同禁止学生玩滚轴溜冰。

B.玩滚轴溜冰能够锻炼身体，保证学习效率的提高。

C.玩滚轴溜冰的同学受到了学校有效的指导，其中一部分同学才不致因此荒废学业。

D. 玩滚轴溜冰有利于智力开发，从而提高学习成绩。

E. 玩滚轴溜冰很难，能够锻炼学生克服困难做好一件事情的毅力，这对学习是有帮助的。

20. 一项关于婚姻状况的调查显示，那些起居时间明显不同的夫妻之间，虽然每天相处的时间相对较少，但每月爆发激烈争吵的次数，比起那些起居时间基本相同的夫妻明显要多。因此，为了维护良好的夫妻关系，夫妻之间应当注意尽量保持基本相同的起居规律。

以下哪项如果为真，最能削弱上述论证？

A. 夫妻间不发生激烈争吵，不一定关系就好。

B. 夫妻闹矛盾时，一方往往用不同时起居的方式以示不满。

C. 个人的起居时间一般随季节变化。

D. 起居时间的明显变化会影响人的情绪和健康。

E. 起居时间的不同很少是夫妻间争吵的直接原因。

21. 世界卫生组织在全球范围内进行了一项有关献血对健康影响的跟踪调查。调查对象分为3组。第一组对象中均有2次以上的献血记录，其中最多的达数十次；第二组中的对象均仅有一次献血记录；第三组对象都从未献过血。调查结果显示，被调查对象中癌症和心脏病的发病率，第一组分别为0.3%和0.5%，第二组分别为0.7%和0.9%，第三组分别为1.2%和2.7%。一些专家依此得出结论，献血有利于减少患癌症和心脏病的风险。这两种病不仅在发达国家而且也在发展中国家已经成为威胁中老年人生命的主要杀手。因此，献血利己利人，一举两得。

以下哪项如果为真，将削弱以上结论？

Ⅰ. 60岁以上的调查对象，在第一组中占60%，在第二组中占70%，在第三组中占80%。

Ⅱ. 献血者在献血前要经过严格的体检，一般具有较好的体质。

Ⅲ. 调查对象的人数，第一组为1 700人，第二组为3 000人，第三组为7 000人。

A. 只有Ⅰ。　　　　　　　　　　　　B. 只有Ⅱ。

C. 只有Ⅲ。　　　　　　　　　　　　D. 只有Ⅰ和Ⅱ。

E. Ⅰ、Ⅱ和Ⅲ。

【配套练习答案】

1. **答案：D**。题干和D选项都是求异法。A选项和C选项是共变法。B选项是剩余法。E选项不直接涉及因果关系，类似求同法。

2. **答案：B**。题干论证的方法是求异法。船上的中国人和外国人的唯一不同点就是中国人喝茶而外国人不喝茶，于是得出了喝茶是中国人不得败血症的原因。5个选项中，选项B的论证方法也是求异。即两块地的唯一的不同点就是一块施了氮肥而另一块没有，所以得出施氮肥是产量高的原因的结论。可见选项B的论证与题干的论证最相似。

3. **答案：E**。题干中所述实验为差异法（求异法）实验，其特点是同中求异，也就是其他先行条件相同，只有一点不同，即实验组食用大量味精，对照组不食用。所以，本题答案是E。因为有了E，这实验才可靠。

4. **答案：D**。题干实验结论的得出，依赖求异法；要想让求异法运用合理，必须保证除了吃糖这个差异要素外，其余可能干扰实验结果的要素一致或保持不变，所以D项是一个能保证实验成功的必要条件。A项是削弱项，证明该实验结论不可靠，因为题干结论是有关"人造糖"的，影响认知能力的也许是生活中吃的糖；C项也有支持作用，但不是从实验设计入手进行支持的，所以支持力度不如D项。其余都是无关项。

5. **答案：B**。题干实验运用了求异法，求异法的有效运用，其必要条件是控制实验组和对照组只有一个差异因素。B项如果为真，则差异因素除了进食量不同之外，食物也不同，这就无法判断得血癌的影响因素到底是哪个，从而削弱了题干结论中的因果关系。

6.答案：E。题干运用求异法得出结论。A项无法解释两种加热方式的不同结果，因此也无法削弱论证；B项"其他酶予以补偿"、C项"加热时间的长短"、D项"口感"都与题干论证无关。E项说明用微波炉加热时，牛奶内部温度早已超过了50℃，则论证前提中的差异因素除了微波之外，还有温度，这使得题干的求异法运用失效，削弱了题干论证。

7.答案：D。题干实验采用了求异法，要求除了一个变量外，其他变量相同。D项实际上是实验结果成立的一个必须假设，否则，如果还有其他原因可能造成体重变化，那就不一定是戒烟造成的实验结果。每个实验者体重情况不同，同样的生存条件不一定对每个人影响相同，所以C项不符合求异法的要求。

8.答案：C。"分别用新鲜的蜂王浆和已经存放了30天的蜂王浆喂养蜜蜂幼虫"，结果是不同的，题干是在运用求异法论证因果关系，其中的"果"就是幼虫能否成长为蜂王，"因"就是蜂王浆的存放时间差异。C项说明存放30天的蜂王浆之中不再含有"Royalactin"物质，这就解释了求异过程中的关键差异因素。

如果A项为真，排除了幼虫自身的其他原因，有助于证明确实是这种蛋白质使食用新鲜蜂王浆的幼虫出现蜂王的特征，也能对研究人员的结论进行支持，但该支持与题干第一句提出的差异因素并不匹配，所以不选。

E项不能选，因为题干并未给出雌性激素和生长激素的关联，该项提出了新概念，是个无关项。

9.答案：A。根据题意，每组只有1人活着，因此比较活着的人就没有什么意义了，所以C、D、E项均不予考虑。对两组病人的考察，只能从进行治疗开始，与平均寿命无关。A项如果为真，说明服用药物的病人的平均生存期比未服用药物的病人要长，这有利于说明该药物有效，从而最能削弱题干的论证。

10.答案：E。E项如果为真，与题干构建了求异法，即青蛙卵不受紫外线辐射影响时，该种群数量下降幅度小，反之下降幅度大。这就支持了题干结论中的因果关系。

11.答案：A。从题干知，研究者的假设是：西方化黑人高血压的原因，一是内因，基因中对于缺盐的适应机制；二是外因，西方食品含盐高。这个假设等价于其逆否命题，即如果西方化黑人血压不高，则其基因中不存在对于缺盐的适应机制或西方食品含盐不高。

A选项所述两个事实：一是塞内加尔、冈比亚两国历史上不缺盐，说明塞内加尔、冈比亚人基因中不存在缺盐的适应机制；二是西方化的塞内加尔、冈比亚人的后裔也血压不高。作为一个论据，A选项与题干构建了无因无果的求异支持。

D选项是错误的，因为其所述两个事实：一是约鲁巴人历史上缺盐，说明约鲁巴人存在缺盐的适应机制；二是约鲁巴人血压不高。这两个事实与上述逆否命题不一致，因此，D选项对研究者的假设起到了削弱作用。

12.答案：E。学者根据生物学教科书一般认为在光合作用中能固定二氧化碳的酶是地球上的最为丰富的酶，推测能对这种酶进行编码的基因也是最丰富的，这实际运用的是共变求因果关系。E项指明了酶丰富和基因丰富之间具有实质性相关关系。题干其余陈述仅起到干扰作用。

13.答案：C。题干断定，由于广告促销所以销量增长，这个因果关系可以写成：促销→增长。最能削弱这个论证的，自然是其矛盾命题，所以我们只需要在选项中找到"促销∧¬增长"的选项就可以了。诸选项中，C的前半句暗示的确有促销，后半句暗示很少有增长，最贴近其矛盾命题的意思，这实际是有因无果的削弱。

14.答案：B。题干中李军认为，除霜孔使车辆玻璃冰霜融化。B项是无因有果的削弱。

15.答案：E。研究人员得出结论的方法就是求同法。选项A谈到的是"适应性"问题，题干话题未涉及；选项 B、C、D 与该结论不相干，均不能削弱题干。E 项对题干的实验进行了另一种解释，如果这种解释成立，也就是说，如果事实上使患者痊愈或好转的原因，是每天 6 小时的非工作状态，改善了他们的心态（这种心态是导致忧郁的主因）。那么，就可得出结论，光线照射的增加和冬季抑郁症缓解之间的联系只是一种表面的非实质性的联系，这就有力地削弱了题干的结论。

16. **答案：C**。C 项如果为真，则说明去年 H 国雨林面积的缩小比例明显低于往年很可能是该年 H 国的降雨情况造成的，而不是由于该国政府保护措施得力。这是一个另找他因的削弱项。其余各项要么是无关项，例如 B、E 两项，要么不能否定政府的努力，例如 A、D 两项，所以不选。

17. **答案：B**。题干的论证是"医生数量不足是造成爱慈老人院在疾病治疗水平方面评价偏低的原因"，而 B 项断定其护理人员比其他老人院更多，因此说明不是护理人员不足而造成治疗水平的评价偏低，这是一个排除他因的支持项。A 项无法加强题干，如果和祥老人院的医生数量很多，反而有削弱作用。C 项无法加强题干，因为发表学术论文不是判定医生数量的唯一标准。D 项也无法加强题干，位于市郊并不一定说明医生数量少。E 项是一个另找他因的削弱项。

18. **答案：D**。题干表达的意思是：精神压力是原因，长粉刺和多吃巧克力是这一原因产生的共同结果。因此 D 项最为恰当地概括了题干的意思。题干中，"这种说法很可能是把结果当成了原因"，不能理解成因果倒置，即"长粉刺引起多吃巧克力"，这句话是指：把"遇到精神压力时会吃更多的巧克力"这个结果当成了"（荷尔蒙的改变加上精神压力会引起）长粉刺"的原因。

题干并未说明吃巧克力与长粉刺之间的先后顺序，故 A 项不选；B 项仍然承认吃巧克力是长粉刺的原因，与题干意思不符；E 项的判断是题干没有涉及的。

19. **答案：A**。A 项说明经常玩滚轴溜冰的学生是因为成绩好才能玩（成绩好是玩滚轴溜冰的必要条件），而不是因为玩滚轴溜冰所以成绩好。选项 B、D、E 都是支持题干推论的，排除；选项 C 虽然有一定的削弱作用，但"不致因此荒废学业"的判断与题干"平均成绩相对更好"比较，程度太弱。

20. **答案：B**。题干可以概括成：因为起居时间不同导致了夫妻不和，所以为了夫妻和睦应该尽量保持基本相同的起居规律。B 选项则可以概括成"其实是夫妻不和导致了起居时间不同"，所以就算夫妻保持相同起居规律，对于夫妻关系和睦，很可能没什么用，即题干的结论是难以成立的。

21. **答案：D**。这个调查实际上也是一个对比实验，所依据的是求异法。这个调查的结论要成立，则要求被调查对象除了献血和不献血的差异外，在其他方面没有重要的差别。如果能发现情况不是如此，则对其结论构成了削弱。

Ⅰ能削弱题干的结论。因为在 3 组调查对象中，60 岁以上的被调查对象，呈 10% 递增，题干断定，癌症和心脏病是威胁中老年人生命的主要杀手，因此，有理由认为，3 组的癌症和心脏病发病率的递增，与其中中老年人比例的递增有关，而未必因为献血有利于减少患癌症和心脏病的风险。

Ⅱ能削弱题干的结论。因为如果献血者一般有较好的体质，则献血记录较高的调查对象，一般患癌症和心脏病的可能性就较小，因此，并非是献血减少了他们患癌症和心脏病的风险，而是没有这些风险才去献血。这里运用了因果倒置的削弱方法。

Ⅲ不能削弱题干。因为题干中进行比较的数据是百分比，被比较各组的绝对人数的差别，不影响这种比较的说服力。

第 六 章

论证推理常见题型

■ 第一节　审题方法：结构先行，结论优先

论证逻辑中，支持、假设和削弱题的题干，往往较长，但其中并非处处关键，这里笔者整理出考场会出现的五种题干情况，以期帮助读者节约答题时间和精力。

首先，读者应阅读试题提问中的针对处——形如"××的观点／××的结论"，并由此回文定位题干中对应的针对处。

其次，根据以下情况，分别针对性查找题干论证主线。

情况 1 若针对处前为句号，且针对处中无指示词（如，由于），则只阅读针对处之后内容。如题 1 所示：

✒️ 题 1：国外某教授最近指出，长着一张娃娃脸的人意味着他将享有更长的寿命，因为人们的生活状况很容易反映在脸上。从 1990 年春季开始，该教授领导的研究小组对 1 826 对 70 岁以上的双胞胎进行了体能和认知测试，并拍了他们的面部照片。在不知道他们确切年龄的情况下，三名研究助手先对不同年龄组的双胞胎进行年龄评估，结果发现，即使是双胞胎，被猜出的年龄也相差很大。然后，研究小组用若干年时间对这些双胞胎的晚年生活进行了跟踪调查，直至他们去世。调查表明：双胞胎中，外表年龄差异越大，看起来老的那个就越可能先去世。

以下哪项如果为真，最能形成对该教授调查结论的反驳？[1]

若提问中无针对处，或针对处前为逗号，或针对处中有指示词，则优先阅读针对处之后内容，尤其是，引导结论的结构词之后内容（如，因此，这说明）。

情况 2 若该部分完整的措施目标，则其前提大概率为"当下出了某问题"或"当下研究出了某措施"，这部分内容不是试题要分析的关键，因此不用阅读。如题 2 和题 3 所示：

✒️ 题 2：最近一项科学观测显示，太阳产生的带电粒子流即太阳风，含有数以千计的"滔天巨浪"，其时速会突然暴增，可能导致太阳磁场自行反转，甚至会对地球产生有害影响。但目前我们对太阳风的变化及其如何影响地球知之甚少。据此有专家指出，为了更好保护地球免受太阳风的影响，必须更新现有的研究模式，另辟蹊径研究太阳风。

---

[1]　加色底内容为提问与题干中的针对处，"直线"下划线为论证主线的前提／措施，"波浪"下划线为论证主线的结论／目标。

以下哪项如果为真，最能支持上述专家的观点？

题 3：阔叶树的降尘优势明显，吸附 PM2.5 的效果最好，一棵阔叶树一年的平均滞尘量达 3.16 公斤。针叶树叶面积小，吸附 PM2.5 的功效较弱。全年平均下来，阔叶林的吸尘效果要比针叶林强不少。阔叶树也比灌木和草的吸尘效果好得多。以北京常见的阔叶树国槐为例，成片的国槐林吸尘效果比同等面积的普通草地约高 30%。有些人据此认为，为了降尘北京应大力推广阔叶树，并尽量减少针叶林面积。

以下哪项如果为真，最能削弱上述有关人员的观点？

情况 3 若该部分有完整的因果关系，则其前提大概率为"研究实验"或"当下背景"，这部分内容不是试题要分析的关键，因此不用阅读。如题 4 和题 5 所示：

题 4：译制片配音，作为一种特有的艺术形式，曾在我国广受欢迎，然而时过境迁，现在许多人已不喜欢看配过音的外国影视剧，他们觉得还是听原汁原味的声音才感觉到位，有专家由此断言，配音已失去观众，必将退出历史舞台。

以下各项如果为真，则除哪项外都能支持上述专家的观点？

题 5：某教授组织了 120 名年轻的参试者，先让他们熟悉电脑上的一个虚拟城市。然后让他们以最快速度寻找由指定地点到达关键地标的最短路线，最后再让他们识别茴香、花椒等 40 种芳香植物的气味。结果发现，寻路任务中得分较高者其嗅觉也比较灵敏。该教授由此推测，一个人空间记忆力好、方向感强，就会使其嗅觉更为灵敏。

以下哪项如果为真，最能质疑该教授的上述推测？

情况 4 若该部分不完整，则优先阅读结论之前的临近部分，其大概率为主要前提。如题 6、题 7 和题 8 所示：

题 6：某研究机构以约 2 万名 65 岁以上的老人为对象，调查了笑的频率与健康状态的关系。结果显示，在不苟言笑的老人中，认为自身现在的健康状态"不怎么好"和"不好"的比例分别是几乎每天都笑的老人的 1.5 倍和 1.8 倍。爱笑的老人对自我健康状态的评价往往较高。他们由此认为，爱笑的老人更健康。

以下哪项如果为真，最能质疑上述调查者的观点？

题 7：长期以来，人们认为地球是已知唯一能支持生命存在的星球，不过这一情况开始出现改观。科学家近期指出，在其他恒星周围，可能还存在着更加宜居的行星，他们尝试用崭新的方法开展地外生命搜索，即搜寻放射性元素钍和铀。行星内部含有这些元素越多，其内部温度就会越高，这在一定程度上有助于行星的板块运动，而板块运动有助于维系行星表面的水体，因此板块运动可被视为行星存在宜居环境的标志之一。

以下哪项最可能是科学家的假设？

题 8：美国扁核仁于上世纪 70 年代出口到我国，当时被误译为"美国人杏仁"，这种误译导致我国大多数消费者根本不知道扁桃仁、杏仁是两种完全不同的产品。对此，尽管我国林果专家一再努力澄清，但学界的声音很难传达到相关企业和普通大众。因此，必须制定林果的统一行业标准，这样才能还相关产品以本来面目。

以下哪项最可能是上述论证的假设？

情况 5 选项存在指代问题。若发现选项一部分属于论证主线的前提或结论，另一部分看似和论证主线关系不大，此时需带着该部分回文定位，以防其存在指代问题。本情况考查较少。

第二节 支持题型

支持型考题的特点是在题干中给出一个推理或论证，但有时由于前提的条件不够充分，不足以推出结论；有时则由于论证的论据不够全面，不足以得出结论，所以需要用某一选项去补充前提或论据，使推理或论证成立的可能性增大。

支持题的答案不需要充分性，只要某一选项放在题干推理的论据（前提）和结论之间，对题干推理成立或结论正确有支持作用，使题干推理成立、结论正确的可能性增大，那么这个选项就是支持题型的正确答案。所以支持题的答案既可以是题干推理成立或结论正确的一个充分条件，也可以是一个必要条件（这时等同于假设，因为假设是必要的支持）；可以是非充分条件，也可以是非必要条件。

支持题型要求选择强度最高的选项，有时候命题者会设置几个选项，考查考生的支持强度识别能力。

支持题的主要解题思路如下。

一、支持基本论证关系

1. 直接支持前提或者结论

一些支持题型的正确答案，可能是补充一个前提条件，也可能是对结论进行复述。

例： 壳牌石油公司连续三年在全球 500 家最大公司净利润总额排名中位列第一，其主要原因是该公司比其他公司有更多的国际业务。

下列哪项如果为真，则最能支持上述说法？

A. 与壳牌公司规模相当但国际业务少的石油公司的利润都比壳牌石油公司低。

B. 历史上全球 500 家大公司的净利润冠军都是石油公司。

C. 近三年来全球最大的 500 家公司都在努力走向国际化。

D. 近三年来石油和成品油的价格都很稳定。

E. 壳牌石油公司是英国和荷兰两国所共同拥有的。

本题的逻辑主线是"国际业务多→利润高"，A 项举出同类石油公司的国际业务量不同，直接支持了题干中说的"主要原因是该公司比其他公司有更多的国际业务"。

B 项、D 项与国际化无关；C 项谈的是"500 家公司"都在"国际化"，而题干强调的是各公司的国际化程度的差异；E 项好像与国际业务有一定的关系，但国际业务的多少与公司是否由多国共管并无直接的关系。

2. 前提与结论之间有联系

如果支持题型的逻辑主线的前提和结论之间存在跳跃，要支持结论或论证，就必须"搭桥"，即找一个选项把前提与结论联系起来。

3. 推理可行或有意义

如果支持题型的某个备选项是题干推理成立的必要条件，也就是说该选项的存在使题干推理可行或有意义，那么该选项就是正确答案。

4. 没有别的因素影响推理

如果支持题型的题干是由一个调查、研究、数据或实验等得出一个解释性的结论时，那么"没有别的因素影响推理"就是支持其结论或论证的一种有效方式。

例：中世纪的阿拉伯人有许多古希腊原文的手稿，当需要的时候，人们就把它译成阿拉伯语。中世纪的阿拉伯哲学家对亚里士多德的《诗论》非常感兴趣，这种兴趣很明显并不被中世纪的阿拉伯诗人所分享，因为一个对《诗论》感兴趣的诗人一定会想读荷马的史诗，亚里士多德就经常引用荷马的诗句。但是荷马的诗一直到现在才被译成阿拉伯语。

下面哪项，如果成立，能最强有力地支持上述论证？

A. 有一些中世纪的阿拉伯翻译家拥有荷马诗的希腊原文手稿。

B. 中世纪的阿拉伯的系列故事，如《阿拉伯人的夜晚》，在某些方式上与荷马史诗相似。

C. 除了翻译希腊文外，中世纪的翻译家还把许多原文为印第安语和波斯语的著作译成了阿拉伯语。

D. 亚里士多德的《诗论》经常被现代的阿拉伯诗人引用和评论。

E. 亚里士多德的《诗论》的大部分内容都与戏剧有关，中世纪的阿拉伯人也写戏剧作品，并表演它们。

本题是针对题干的隐含假设进行命题的，答案是 A。如果那些翻译家连原文手稿都没有，又如何翻译呢？ A 项是一个必要的支持项，排除了其他因素的干扰。

二、其他支持的方法

（1）如果题干给出的是因果关系，那么，没有他因（求异成功）、因果没有倒置都可以作为支持。

（2）如果题干给出的是一个类比，一般通过指出类比的两个事物本质相同、有可比性来进行支持。

（3）如果题干给出的是一个调查，那么通过指出调查的样本有效、没有数据陷阱来进行支持。

（4）有的支持题可以化成形式逻辑，寻找其逆否命题来进行支持。

总之，支持题型的答案既可以是推理成立或结论正确的一个充分条件，也可以是一个必要条件；可以是非充分条件，也可以是非必要条件。选择的时候不必考虑是否完全支持，只要推理对结论有作用，使之成立的可能性加大即可。

三、支持题型的锦囊妙计

对于支持题型，当定位好题干论证主线后，找到前提与结论的话题关键词，然后，按照以下顺序，逐一思考并验证可能的答案方向。

方向 1 若题干结构为 A（B）⇒A（C）型，则直接思考构建 B 和 C 联系的选项，排除仅涉及 A、构建 A 和 B 联系、构建 A 和 C 联系的选项。如题 1、题 2 所示：

题 1：研究人员使用脑电图技术研究了母亲给婴儿唱童谣时两人的大脑活动，发现当母亲与婴儿对视时，双方的脑电波趋于同步，此时婴儿也会发出更多的声音尝试与母亲沟通。他们据此认为，母亲与婴儿对视有助于婴儿的学习与交流。

以下哪项如果为真，最能支持上述研究人员的观点？

A. 在两个成年人交流时，如果他们的脑电波同步，交流就会更顺畅。

B. 当父母与孩子互动时，双方的情绪与心率可能也会同步。

C. 当部分学生对某学科感兴趣时，他们的脑电波会渐趋同步，学习效果也随之提升。

D. 当母亲和婴儿对视时，她们都在发出信号，表明自己可以且愿意与对方交流。

E. 脑电波趋于同步可优化双方对话状态，使交流更加默契，增进彼此了解。

题干论证主线可刻画为：母婴对视（脑电波趋同）⇒ 母婴对视（有助于婴儿学习与交流）。

本题明显属于 A（B）⇒A（C）型结构，故直接入选构建"脑电波趋同"和"有助于婴儿学习与交流"的 E 项。

A、B、C 项均主题无关，所涉分别为"成年人""父母与孩子""学生"。

D 项作用不足，其构建的是"母婴对视"与"脑电波趋同"的联系，故其仅为支持前提，作用不如 E 项。

题 2： 披毛犀化石多分布在欧亚大陆北部，我国东北平原、华北平原、西藏等地也偶有发现。披毛犀有一个独特的构造——鼻中隔。简单地说就是鼻子中间的骨头。研究发现，西藏披毛犀化石的鼻中隔只是一块不完全的硬骨，早先在亚洲北部，西伯利亚等地发现的披毛犀化石的鼻中隔要比西藏披毛犀的"完全"，这说明西藏披毛犀具有更原始的形态。

以下哪项如果为真，最能支持以上论述？

A. 一个物种不可能有两个起源地。

B. 西藏披毛犀化石是目前已知最早的披毛犀化石。

C. 为了在冰雪环境中生存，披毛犀的鼻中隔经历了由软到硬的进化过程，并最终形成一块完整的骨头。

D. 冬季的青藏高原犹如冰期动物的"训练基地"，披毛犀在这里受到耐寒训练。

E. 随着冰期的到来，有了适应寒冷能力的西藏披毛犀走出西藏，往北迁徙。

题干论证主线可刻画为：$\dfrac{\text{西藏（不完全）}}{\text{伯利亚（完全）}} \Rightarrow \dfrac{\text{西藏（更原始）}}{\text{伯利亚（现代）}}$。

本题属于 A（B）⇒A（C）型结构的变形，但本质思路不变，还是分别构建"不完全"与"更原始"，"完全"与"现代"的联系，C 项表明此理，故选 C 项。

A、D、E 项均与论证无关，所涉分别为"起源地""耐寒训练""迁徙"。

B 项也与论证无关，其所涉为"化石"，但化石最早，不等于对应物种最早。

挑灯提示

A（B）⇒A（C）型结构，存在如本题所示的变形，但其本质不变，即，若题干项数较多，

如 $\dfrac{A(B_1)}{A(B_2)} \Rightarrow \dfrac{A(C_1)}{A(C_2)}$，则其本质思路不变，还是构建 B_1 与 C_1，B_2 与 C_2 的联系，只不过选项在表

达上会将上述两句合并，如，B_1 比 B_2 更 C，本题即是如此。

方向 2　若题干结构为（A⇒B）⇒C 型，则直接思考构建 A 和 B 联系的选项。如下例所示（真题示范如题 3 所示）：

例：熬夜有伤身体健康，所以，应养成良好作息习惯。

以下哪项最能支持题干论证？

A.长期熬夜会导致心脏病、高血压等疾病，严重时可能致人死亡。

B.熬夜会让人变成秃头小宝贝。

上述事例，应直接选择 A 项。因为，题干结构可刻画为（熬夜 ⇒ 伤身体）⇒ 良好作息，明显属于（A⇒B）⇒C 型结构，必然应构建熬夜与伤身体的联系，而 B 项的"变成秃头小宝贝"没有 A 项的"导致心脏病、高血压、致人死亡"，更贴合题干的"有伤身体健康"。

题 3：近年来，手机、电脑的使用导致工作与生活界限日益模糊，人们的平均睡眠时间一直在减少，熬夜已成为现代人生活的常态。科学研究表明，熬夜有损身体健康，睡眠不足不仅仅是多打几个哈欠那么简单。有科学家据此建议，人们应该遵守作息规律。

以下哪项如果为真，最能支持上述科学家所作的建议？

A.长期睡眠不足会导致高血压、糖尿病、肥胖症、抑郁症等多种疾病，严重时还会造成意外伤害或死亡。

B.缺乏睡眠会降低体内脂肪调解瘦素激素的水平，同时增加饥饿激素，容易导致暴饮暴食、体重增加。

C.熬夜会让人的反应变慢、认知退步、思维能力下降，还会引发情绪失控，影响与他人的交流。

D.所有的生命形式都需要休息与睡眠，在人类进化过程中，睡眠这个让人短暂失去自我意识、变得极其脆弱的过程并未被大自然淘汰。

E.睡眠是身体的自然美容师，与那些睡眠充足的人相比，睡眠不足的人看上去面容憔悴，缺乏魅力。

题干论证主线可刻画为：（熬夜 ⇒ 有损健康）⇒ 应该遵守作息规律。

本题明显属于（A⇒B）⇒C 型结构，A 项表明长期睡眠不足（注意，题干前提中涉及了睡眠不足，故本处长期睡眠不足等同于熬夜），会导致"诸多疾病甚至死亡"，这有利于推出"有损健康"，所以 A 项相当于间接构建了"熬夜"与"有损健康"的联系，故选 A 项。

B、C 和 E 项均与论证无关，所涉"体重增加""影响交流""面容憔悴"均无法推出"有损健康"。

D 和 E 项均与论证无关，所涉为"睡眠"直接淘汰。

方向 3 若题干并非上述两种结构，则优先思考并验证，构建前提与结论话题关键词联系（俗称搭桥）的选项。该方向有两种具体情况：

直接构建，形如，前提与结论有联系，或者前提意味着结论，等等。如题 4 所示。

间接构建，形如，前提会导致 C 从而导致结论，如题 5、题 6 和题 7 所示。

间接构建还存在变形，其可能只给出"前提会导致 C"，但 C 本身可以推出结论。同时，命题人也会命制一些干扰选项，如前提会导致 D，但 D 本身没有 C 更能推出结论。这就需要读者比较两个选项，谁更能贴合题干论证主线，或者谁支持程度更强。如下例所示（真题示范如题 4、题 5、题 6、题 7 所示）：

例：努力会导致考上南大。

以下哪项最能支持题干论证？

A.努力会导致通过南大的各项录取要求。

B.努力可能会导致拿到南大录取通知书。

C.努力会导致考到高分。

上述事例，从结构上看，都是间接构建的变形形式，但应当选择 A 项。因为，B 项"可能"拉低了其支持力度，C 项"考到高分"，但高分不意味着能过南大分数线，因此，没有 A 项的"通过南大的各项录取要求"，更贴合题干结论"考上南大"。

题 4： 实验发现，孕妇适当补充维生素 D 可降低新生儿感染呼吸道合胞病毒的风险。科研人员检测了 156 名新生儿脐带血中维生素 D 的含量，其中 54% 的新生儿被诊断为维生素 D 缺乏，这当中有 12% 的孩子在出生后一年内感染了呼吸道合胞病毒，这一比例远高于维生素 D 正常的孩子。

以下哪项如果为真，最能对科研人员的上述发现提供支持？

A. 维生素 D 具有多种防病健体功能，其中包括提高免疫系统功能、促进新生儿呼吸系统发育、预防新生儿呼吸道病毒感染等。

B. 科研人员实验时所选的新生儿在其他方面跟一般新生儿的相似性没有得到明确验证。

C. 孕妇适当补充维生素 D 可降低新生儿感染流感病毒的风险，特别是在妊娠后期补充维生素 D，预防效果会更好。

D. 上述实验中，46% 补充维生素 D 的孕妇所生的新生儿有一些在出生一年内感染呼吸道合胞病毒。

E. 上述实验中，54% 的新生儿维生素 D 缺乏是由于他们的母亲在妊娠期间没有补充足够的维生素 D 造成的。

题干论证主线可刻画为：孕妇补（维生素 D）⇒ 新生儿（呼吸道合胞病毒感染风险降低）。

A 项直接构建了"维生素 D"与"呼吸道合胞病毒感染风险降低"的联系。

E 项主题无关，其表明孕妇没有补充维生素 D，会使得新生儿缺乏维生素 D，但这无法推出，孕妇补充维生素 D，会使得新生儿不缺乏维生素 D。

B 和 D 项均作用相反，B 项表明题干实验对象不具有代表性，D 项则是有因无果的攻击。

C 项与论证无关，所涉为"流感病毒"。

故选 A 项。

挑灯提示

本题 E 项存在考生常见的过度推理，请读者务必注意。

¬A → ¬B 是无法推出 A → B 的，这属于混淆了充分与必要条件。

题 5： 分心驾驶是指驾驶人为满足自己的身体舒适、心情愉悦等需求而没有将注意力全部集中于驾驶过程的驾驶行为，常见的分心行为有抽烟、饮水、进食、聊天、刮胡子、使用手机、照顾小孩等。某专家指出，分心驾驶已成为我国道路交通事故的罪魁祸首。

以下哪项如果为真，最能支持上述专家的观点？

A. 近来使用手机已成为我国驾驶人分心驾驶的主要表现形式，59% 的人开车过程中看微信，31% 的人玩自拍，36% 的人刷微博、微信朋友圈。

B. 一项研究显示，在美国超过 1/4 的车祸是由驾驶人使用手机引起的。

C. 开车使用手机会导致驾驶人注意力下降 20%；如果驾驶人边开车边发短信，则发生车祸的概率是其正常驾驶时的 23 倍。

D. 一项统计研究表明，相对于酒驾、药驾、超速驾驶、疲劳驾驶等情形，我国由分心驾驶导致的交通事故占比最高。

E. 驾驶人正常驾驶时反应时间为 0.3 ~ 1.0 秒，使用手机时反应时间则延迟 3 倍左右。

题干论证主线可刻画为：分心驾驶 ⇒ 我国交通事故罪魁祸首。

D 项表明"分心驾驶"导致的"交通事故占比最高"，这有利于推出"罪魁祸首"，所以 D 项相当于间接构建了"分心驾驶"与"罪魁祸首"的联系。

C 和 E 项与论证无关，C 项表明使用手机导致车祸的概率是正常驾驶的 23 倍，但这不意味着使用手机就是导致车祸的"罪魁祸首"，完全有可能存在是正常驾驶上千倍的其他原因。E 项与其同理。

A 和 B 项均与论证无关，所涉分别为"表现形式""美国"。

故选 D 项。

> **挑灯提示**
>
> 本题 C 和 E 项存在考生常见的过度推理，请读者务必注意。
> 某项事物很好或很坏，没法推出其比别人好或比别人坏，更无法推出其最好或最坏。

题 6：针对癌症患者，医生常采用化疗手段将药物直接注入人体杀伤癌细胞，但这也可能将正常细胞和免疫细胞一同杀灭，产生较强的副作用。近来，有科学家发现，黄金纳米粒很容易被人体癌细胞吸收，如果将其包上一层化疗药物，就可作为"运输工具"，将化疗药物准确地投放到癌细胞中。他们由此断言，微小的黄金纳米粒子能提升癌症化疗的效果，并降低化疗的副作用。

以下哪项如果为真，最能支持上述科学家所作出的论断？

A. 现代医学手段已能实现黄金纳米粒子的精准投送，让其所携带的化疗药物只作用于癌细胞，并不伤及其他细胞。

B. 因为黄金所具有的特殊化学性质，黄金纳米粒子不会与人体细胞发生反应。

C. 利用常规计算机断层扫描，医生容易判定黄金纳米粒子是否已投放到癌细胞中。

D. 在体外用红外线加热已进入癌细胞的黄金纳米粒子，可从内部杀灭癌细胞。

E. 黄金纳米粒子用于癌症化疗的疗效有待大量临床检验。

题干论证主线可刻画为：黄金纳米粒子 ⇒ 提升癌症化疗效果，并降低化疗副作用。

A 项表明"黄金纳米粒子"可以"只作用于癌细胞并不伤及其他细胞"，这有利于推出"提升癌症化疗效果并降低化疗副作用"，所以 A 项相当于间接构建了题干前提结论的联系。

B 和 D 项均作用不足，B 项表明"黄金纳米粒子"可以"不与人体细胞发生反应"，这有利于推出"降低化疗副作用"，所以 B 项相当于间接构建了"黄金纳米粒子"与"降低化疗副作用"的联系，但不涉及"癌症化疗效果"，因此，不如 A 项更贴合题干。D 项与其同理。

C 和 E 项均不起作用，均未具体说明黄金纳米粒子"能投放癌细胞""检验成功"。

故选 A 项。

> **挑灯提示**
>
> 本题 B 和 D 项存在相对最好的比较，请读者务必注意。
> 对于均能支持题干的选项，若越贴合题干，则其支持力度越强。

题 7：今天的教育质量将决定明天的经济实力。PISA 是经济合作与发展组织每隔三年对 15 岁学生的阅读、数学和科学能力进行的一项测试。根据 2019 年最新测试结果，中国学生的总体表现远超其他国家学生。有专家认为，该结果意味着中国有一支优秀的后备力量以保障未来经济的发展。

以下哪项如果为真，最能支持上述专家的论证？

A. 这次 PISA 测试的评估重点是阅读能力，能很好地反映学生的受教育质量。

B. 在其他国际智力测试中，亚洲学生总体成绩最好，而中国学生又是亚洲最好的。

C. 未来经济发展的核心驱动力是创新，中国教育非常重视学生创新能力的培养。

D. 中国学生在 15 岁时各项能力尚处于上升期，他们未来会有更出色的表现。

E. 中国学生在阅读、数学和科学三项排名中均位列第一。

题干论证主线可刻画为：PISA 测试结果 ⇒ 中国后备力量可保障未来经济发展。

A 项表明，"PISA 测试"可以"反映教育质量"，此时回文定位题干第一句话，发现"教育质量"可以"决定经济实力"，这说明 A 项间接构建了"PISA 测试"与"经济实力"的联系。

C、D 和 E 项均主题无关，所涉"重视创新能力培养""未来会出色""三项均第一"均无法直接推出"经济发展"。

B 项主题无关，所涉为"其他智力测试"。

故选 A 项。

挑灯提示

本题 A 项存在回文定位的指代，请读者务必注意。这类试题就是第一节中所提的情况 5，其明显表明需要仔细阅读其他部分信息。

但读者切勿因此而后续每道试题均通盘阅读题干，因为此类试题是难题也是少数，不要因某一两棵树木而放弃整片森林。这也体现了是综合能力考试，考生要具备把控大局的能力。

方向 4 若题干并非前述两种结构，则在验证构建前提与结论联系的选项时，顺带观察是否存在"因果不倒""无因无果"的选项，若存在，则其大概率为答案。此类方向相对简单，读者可参考"第六章第二节支持题型"中的对应讲解内容。

方向 5 若前述情况在试题中均无对应，则答案很可能是支持前提、支持结论或排除他因，但此类方向考查数量较少，读者可参考"第六章第二节支持题型"中的对应讲解内容。

配套练习

1. 英国约克大学和曼彻斯特大学考古人员在北约克郡的斯塔卡发现一处有一万多年历史的人类房屋遗迹。测试结果显示，它为一个高约 3.5 米的木质圆形小屋，存在于公元前 8500 年，比之前发现的英国最古老房屋至少早 500 年。考古人员还在附近发现一个木头平台和一个保存完好的大树树干。此外，他们还发现了经过加工的鹿角饰品，这说明当时的人已经有了一些仪式性的活动。

以下哪项如果为真，最能支持上述观点？

A. 木头平台是人类建造小木屋的工作场所。

B. 当时的英国人已经有了相对稳定的住所，而不是之前认为的居无定所的游猎者。

C. 人类是群居动物，附近还有更多的木屋等待发掘。

D. 人类在一万多年前就已经在约克郡附近进行农耕活动。

E. 只有举行仪式性的活动，才会出现经过加工的鹿角饰品。

2. 最近，国内考古学家在北方某偏远地区发现了春秋时代古遗址。当地旅游部门认为：古遗址体现了春秋古文明的特征，应立即投资修复，并在周围修建公共交通设施，以便吸引国内外游客。张教授对此提出反对意见：古遗址有许多未解之谜待破译，应先保护起来，暂不宜修复和进行旅游开发。

如果下述哪项为真，最能加强上述张教授的观点？

A. 只有懂得古遗址历史，并且懂得保护古遗址的人才能参与修复古遗址。

B. 现代人还难以理解和判断古代文明的重大意义。

C. 修复任何一个古遗址都应该展现此地区最古老的风貌。

D. 对古遗址的保护和利用不应该被商业利益所支配。

E. 在缺乏研究的情况下匆忙修复古遗址，可能对文物造成不可弥补的破坏。

3. 经 A 省的防疫部门检测，在该省境内接受检疫的长尾猴中，有 1% 感染上了狂犬病，但是只有与人及其宠物有接触的长尾猴才接受检疫。防疫部门的专家因此推测，该省长尾猴中感染有狂犬病的比例，将大大小于 1%。

以下哪项如果为真，将最有力地支持专家的推测？

A. 在 A 省境内，与人及其宠物有接触的长尾猴，不到长尾猴总数的 10%。

B. 在 A 省，感染有狂犬病的宠物，约占宠物总数的 0.1%。

C. 在与 A 省毗邻的 B 省境内，至今没有关于长尾猴感染狂犬病的疫情报告。

D. 与和人的接触相比，健康的长尾猴更愿意与人的宠物接触。

E. 与健康的长尾猴相比，感染有狂犬病的长尾猴更愿意与人及其宠物接触。

4. 如今，电子学习机已全面进入儿童的生活。电子学习机将文字与图像、声音结合起来，既生动形象，又富有趣味性，使儿童的独立阅读成为可能。但是，一些儿童教育专家却对此发出警告：电子学习机可能不利于儿童成长。他们认为，父母应该抽时间陪孩子一起阅读纸质图书。陪孩子一起阅读纸质图书，并不是简单地让孩子读书识字，而是在交流中促进其心灵的成长。

以下哪项如果为真，最能支持上述专家的观点？

A. 纸质图书有利于保护儿童视力，有利于父母引导儿童形成良好的阅读习惯。

B. 在使用电子学习机时，孩子往往更多关注其使用功能而非学习内容。

C. 接触电子产品越早，就越容易上瘾，长期使用电子学习机会形成"电子瘾"。

D. 现代生活中年轻父母工作压力较大，很少有时间能与孩子一起共同阅读。

E. 电子学习机最大的问题是让父母从孩子的阅读行为中走开，减少了父母与孩子的日常交流。

5. 研究发现，昆虫是通过它们身体上的气孔系统来"呼吸"的。气孔连着气管，而且由上往下又附着更多层的越来越小的气孔，由此把氧气送到全身。在目前大气的氧气含量水平下，气孔系统的总长度已经达到极限；若总长度超过这个极限，供氧的能力就会不足。因此，可以判断，氧气含量的多少可以决定昆虫的形体大小。

以下哪项如果为真，最能支持上述论证？

A. 对海洋中的无脊椎动物的研究也发现，在更冷和氧气含量更高的水中，那里的生物的体积也更大。

B. 石炭纪时期地球大气层中氧气的浓度高达 35%，比现在的 21% 要高很多，那时地球上生活着许多巨型昆虫，蜻蜓翼展接近一米。

C. 小蝗虫在低含氧量环境中尤其是氧气浓度低于 15% 的环境中就无法生存，而成年蝗虫则可以在 2% 的氧气含量环境下生存下来。

D. 在氧气含量高、气压也高的环境下，接受试验的果蝇生活到第五代，身体尺寸增长了 20%。

E. 在同一座山上，生活在山脚下的动物总体上比生活在山顶的同种动物要大。

♠♪6. 研究人员利用欧洲同步辐射加速器的 X 光技术，对一块藏身于距今 9500 万年的古岩石中的真足蛇化石进行了扫描。结果发现，这种蛇与现代的陆生蜥蜴十分类似，这一成果有助于揭开蛇的起源之谜。研究报告指出，这种蛇身长 50 厘米，从表面上看只有一只脚，长约 2 厘米，X 光扫描发现了这只真足蛇的另一只脚。这只脚之所以不易被察觉，是因为它在岩石中发生了异化，其脚踝部分仅有 4 块骨头，而没有脚趾，这说明真足蛇的足部在当时已呈现出退化的趋势。

以下哪项如果为真，最能支持上述学者的观点？

A. 这只真足蛇所处的年代正好是蛇类从无足动物向有足蜥蜴进化的时期。

B. 这只真足蛇所处的年代正好是蛇类从有足动物向无足动物进化的时期。

C. 这只真足蛇所处的年代正好是蛇类从无足动物向有足蜥蜴退化的时期。

D. 这只真足蛇所处的年代正好是蛇类从有足动物向无足动物退化的时期。

E. 这只真足蛇所处的年代正好是蛇类从有足蛇向无足蛇退化的时期。

♠♪7. 一些志愿者参与的评估饮料甜度的试验结果显示，那些经常喝含糖饮料且体形较胖的人，对同一种饮料甜度的评估等级要低于体型正常者的评估等级，这说明他们的味蕾对甜味的敏感度已经下降。实验结果还显示，那些体形较胖者在潜意识中就倾向于选择更甜的食物。这说明吃太多糖可能形成了一种恶性循环，即经常吃糖会导致味蕾对甜味的敏感度下降，吃同样多的糖带来的满足感下降，潜意识里就会要求吃更多的糖，其结果就是摄入糖分太多导致肥胖。

以下除了哪项，均可以支持上述论证？

A. 饮料甜度的评估等级是有标准的。

B. 志愿者能够比较准确地对饮料甜度做出评估。

C. 喜欢吃甜食的人往往不能抵挡甜味的诱惑。

D. 满足感是受潜意识支配的。

E. 人们往往不能控制自己的满足感。

♠♪8. 一项调查显示，某班参加挑战杯比赛的同学，与那些未参加此项比赛的同学相比，学习成绩一直保持较高的水平。此项调查得出结论：挑战杯比赛通过开拓学生的视野，增加学生的学习兴趣，激发学生的创造潜力，有效地提高了学生的学习成绩。

以下哪项如果为真，最能加强上述调查结论的说服力？

A. 没有参加挑战杯比赛的同学如果通过其他活动开阔视野，也能获得好成绩。

B. 整天在课室内读书而不参加课外科技活动的学生，他们的视野、学习兴趣和创造力都会受到影响。

C. 没有参加挑战杯比赛的同学大都学习很努力。

D. 参加挑战杯比赛并不以学习成绩好为条件。

E. 参加挑战杯比赛的同学约占全班的半数。

【配套练习答案】

♠♪1. **答案：E。** 题干根据发现了经过加工的鹿角饰品，推出当时的人已经有了一些仪式性的活动，属于溯因推理。E 项通过一个必要条件表达了举行仪式活动和鹿角之间的因果关系。

♠♪2. **答案：E。** 旅游部门主张立即修复古遗址，而张教授认为古遗址有许多未解之谜待破译，应先保护起来，反对立即修复。必须在"立即修复"和"破解未解之谜"之间建立矛盾，才能有效证明为了破解未解之谜，不宜立即修复。E 项说明立即修复有恶果，是张教授论证成立的隐含假设，这就加强了张教授的观点。

♠♪3. **答案：E。** 题干的逻辑主线是"受检猴都与人及其宠物有接触，其患病率为 1%→猴患病率大大小于 1%"，E 项的存在能使这个推理成立。如果 E 项的断定为真，又根据题干，只有与人及其宠物有接触的长尾猴才接受检疫，则说明在接受检疫的长尾猴中感染狂犬病的比例要高于未接受检疫的长尾猴。这就有力地支持了专家的推测。

✦ 4. **答案：E**。专家的观点是让父母陪伴孩子一起阅读纸质图书，目的是"在交流中"促进孩子心灵的成长。要想支持这个观点，就必须指出电子学习机不利于交流，否则专家的观点就没有意义了。故只有 E 项符合要求。其余各项都不涉及"交流"，最多说明了纸质图书的重要性（A 项），或者电子学习机的危害性（B、C 两项），而不能说明父母陪伴阅读的必要性。D 项是削弱项。

✦ 5. **答案：B**。B 项有助于说明氧气含量和昆虫形体之间的关系，虽然不是充分的支持，但有助于题干结论成立。A、E 项讲的不是题干强调的昆虫，属于无关项，况且 E 项的"海拔不同"也会有气压等相关条件的变化；C 项涉及成虫和幼虫在低氧条件下的生存能力，不相干。D 项附加了一个条件"气压也高"，可能存在他因影响。

✦ 6. **答案：B**。足部退化不等于物种退化，D 项的"退化"与题干中的退化显然不是一回事；E 项与 D 项类似，就物种来讲，个别器官的退化与物种的进化并不矛盾。A 项过于绝对，未必所有无足动物都会进化成有足蜥蜴。

✦ 7. **答案：D**。注意问题中的相反陷阱。题目中有两个推理：①经常喝含糖饮料且体形较胖的人的味蕾对甜味的敏感度已经下降，因为他们对同一种饮料甜度的评估等级要低于体型正常者的评估等级。选项 A 和 B 可以支持这一推理。②经常吃糖会导致味蕾对甜味的敏感度下降，吃同样多的糖带来的满足感下降，潜意识里就会要求吃更多的糖，其结果就是摄入糖分太多导致肥胖。C、E 项保证了满足感下降必然会造成吃更多的糖的结果。只有 D 项无法支持题干论证：题干说"吃同样多的糖带来的满足感下降，潜意识里就会要求吃更多的糖"，显然，潜意识受到了满足感的支配。

✦ 8. **答案：D**。D 项如果为真，说明并非因为学习好所以能参赛，而是因为参赛提高了学习成绩，这就指出了题干的因果关系没有因果倒置，从而加强了题干论证。B 项也有支持作用，但是不能直接说明挑战杯比赛的促进作用，故力度不强。

▎第三节　假设题型

假设题型，是题干推理中的前提不足以推出结论，要求在选项中确定合适的前提，去补充原前提或论据，从而能合乎逻辑地推出结论，或有利于提高推理的证据支持度和结论的可靠性。假设题型的本质是寻找使推理成立的一个必要条件。

在大多数语境中，论证基于它所涉及的双方具有共同的知识背景，而在陈述中省略了对某些信息的表达。当然，不能排除某些论证者为了掩盖他所使用的论据的可疑性而有意不明确陈述该论据。

当我们发现了理由与论点之间的差距，即从已表达出的论据向结论的有效过渡还缺乏某些环节时，就应分析论证的隐含论据。例如：

（1）小张是个赶时髦的人，所以，小李不喜欢他。

（2）统计数字显示，某国某城镇居民死于呼吸系统疾病的比例比全国其他地方的都大。因而我们可以推测，该城镇的气候环境较易使人罹患呼吸系统疾病。

（1）的结论要成立，需补充隐含假设，如"小李不喜欢赶时髦的人"。（2）的结论依赖"气候环境是导致呼吸系统疾病的因素"或"气候环境与呼吸系统疾病正相关"等。

一、题型特征

1. 假设一定是支持，但支持不一定是假设

假设是一种支持，但假设是"没它不行"，支持是"有它更好"。假设选项必然是支持选项，但是反过来说，支持选项不一定是假设，因为它不一定是题干成立的必要条件。例如：

苏格拉底有罪，因为他不信神，况且他还教唆青年。

这个推理中，任何一个原因都不是结论（有罪）的必要条件，因为缺少了任何一个，只要保留另一个，结论仍然可以成立。所以，上述列举的两个原因只是结论的"支持项"，而不是"假设项"。

2. 可以用"否定代入法"验证疑似选项

由于假设是使推理成立的一个必要条件，根据必要条件的性质若 P 是 S 的必要条件，那么 ¬ P → ¬ S 可知，如果一个推理在没有某一条件时，这个推理必然不成立，那么这个条件就是题干推理的一个假设。我们用这个性质来验证假设题的答案，叫"否定代入法"。如果某疑似选项被否定以后，对题干推理不起任何作用，即推理仍然可以成立，那么该项必然不是假设。

3. 假设题的正确答案一般无须满足充分性，取决于问题的问法

假设有两种：

一种是满足必要性，即如果此假设不成立，则论证不成立。通常的提问方式是：为使上述论证成立，以下哪项是必须假设的？这种题目答案不需要充分性。

另一种是满足充分性，即如果此假设成立，论证一定成立。通常的提问方式是：假设以下哪项，能使上述论证成立？这种提问方式要求确定的答案，除了具有必要性，还需具有充分性。这类题目一般比较简单，既可以作为假设题来出，也可以作为支持题来出。

有时候问题的问法是"以下哪项最能支持题干结论"，这类题要求找到假设项作为正确答案，而假设项的支持力度较大。

二、假设题的典型解题思路

1. 前提与结论之间有本质联系

做假设题的基本思路是紧扣结论，简化推理过程。一个推理，从前提到结论，若题干的前提与结论之间有明显的跳跃，那么，这个题干推理成立所隐含的假设是：前提的讨论对象与结论的讨论对象是有本质联系的。寻找因为"显然"而省略掉的论述，也就是要"搭桥"。很多时候凭语感就可以找到隐含的前提。

2. 推理可行或有意义

若能使一个推理可行或有意义，那么这样的假定就是题干推理成立的必要条件。因为若推理根本就不可行或没有实际意义，那么论证必然不成立。

请体会这个例子：

某企业为减人增效，决定把最无价值的员工精简掉。

本题推理为"为达到一个目的而提出一个方法"，这个方法若想成立，那么依赖的假设是"该企业能够辨别员工是否有价值"，即"手段计划可行"。若这个企业不能辨别员工是否有价值，那么就不可能达到"减人增效"的目的。

3. 没有其他因素影响推理

当题干推理给出因果关系的时候，推理成立所做的隐含假设多为"没有其他因素影响推理"。

4. 论证结构的假设

有的假设题目，涉及类比推理中的可比性问题、调查中的样本代表性问题、数据统计中的数字陷阱、求因果的方法、因果的方向问题……这些问题，按照本书上一章的知识点即可解决。

例：有医学研究显示，行为痴呆症患者大脑组织中往往含有过量的铝。同时有化学研究表明，一种硅化合物可以吸收铝。陈医生据此认为，可以用这种硅化合物治疗行为痴呆症。

以下哪项是陈医生最可能依赖的假设？

A. 行为痴呆症患者大脑组织的含铝量通常过高，但具体数量不会变化。

B. 该硅化合物在吸收铝的过程中不会产生副作用。

C. 用来吸收铝的硅化合物的具体数量与行为痴呆症患者的年龄有关。

D. 过量的铝是导致行为痴呆症的原因，患者脑组织中的铝不是痴呆症引起的结果。

E. 行为痴呆症患者脑组织中的铝含量与病情的严重程度有关。

陈医生"用这种硅化合物治疗行为痴呆症"的观点必须建立在两个假设上：第一，"过量的铝是导致行为痴呆症的原因"，否则"用硅化合物吸收铝"就没有针对性；第二，过量的铝是患者从外界摄入的、"不是痴呆症引起的"，因为如果过量的铝是由于痴呆症不断产生的，则"用硅化合物吸收铝"只能解决一时的问题，无法从根源上治疗行为痴呆症。答案选 D。本题实质是假设因果没有倒置。

5. 形式逻辑的假设

有的假设题型实质是考查考生对形式逻辑知识点的掌握情况，例如要求补充三段论的某个前提，或者要找出一个令假言命题为真的假设（正确答案是其逆否命题）等。这类题目运用形式逻辑的相关公式即可解决。

三、做假设题的注意事项

1. 避免假设过强

面对假设题，需要选择一个程度和话题范围最恰当的条件，能正好满足题干假设的需要。

如果选项假设的程度过强，例如把"有的"说成了"绝大多数"，即使可以使得题干论证成立，但由于不是"必须的"程度，所以并不能作为假设题的答案。

2. 优先考虑带有必要条件假言命题的选项

3. 抓住题干推理主线，寻找话题关键词与题干重合度高的选项

四、假设题型的锦囊妙计

对于假设题型，可先直接将其当支持题型去做，因此，当定位好题干论证主线后，后续验证选项的方向与支持题型一致。但其中有以下两点不同：

第一，单独支持前提，单独支持结论的选项，必然不是假设题答案。

第二，假设题要看完每个选项，若出现两个或以上的选项可以支持题干，则需肯定代入比较谁的支持力度弱，否定代入比较谁的削弱力度强。

题1：有学校提出，将模仿免费师范生制度，提供减免学费等优惠条件以吸引成绩优秀的调剂生，提高医学人才培养质量。有专家对此提出反对意见：医生是既崇高又辛苦的职业，要有足够的爱心和兴趣才能做好，因此，宁可招不满，也不要招收调剂生。

以下哪项最可能是上述专家论断的假设？

A. 没有奉献精神，就无法学好医学。

B. 如果缺乏爱心，就不能从事医生这一崇高的职业。

C. 调剂生往往对医学缺乏兴趣。

D. 因优惠条件而报考医学的学生往往缺乏奉献精神。

E. 有爱心并对医学有兴趣的学生不会在意是否收费。

题干论证主线可刻画为：医生（爱心与兴趣）⇒ 医生（不要调剂生）。

本题明显属于 A（B）⇒A（C）型结构，故直接入选构建"兴趣"和"不要调剂生"的 C 项。

B 项作用不足，其构建的是"医生"与"爱心"的联系，故其仅为支持前提，作用不如 C 项。

A、D、E 项均主题无关，所涉分别为"奉献精神""收费"。

题2：有专家指出，人们可以通过健身长跑增进健康。因为健身长跑过程中，有节奏的深长呼吸能使人体吸入大量氧气，这可以改善心肌供氧状态，加快心肌代谢，提高心脏的工作能力。

以下哪项最可能是上述专家论断的假设？

A. 健身长跑可以使心肌纤维变粗，心脏收缩力增强。

B. 健身长跑不仅可以改善心肌供氧状态，还可以抑制人体癌细胞的生长和繁殖。

C. 心脏是循环系统的中心，而健身长跑在提高人的呼吸系统机能的同时，可以改善心脏循环系统的机能。

D. 人体的健康与呼吸系统机能提高和心脏循环系统机能的改善密切相关。

E. 体育以身体活动为基本手段，不仅能强身健体，还能培养人的各种心理品质。

题干论证主线可刻画为：健身长跑（健康）⇒ 健身长跑（改善心肌供氧状态，加快心肌代谢，提高心脏的工作能力）。

本题明显属于 A（B）⇒A（C）型结构，故直接入选构建"健康"和"改善心肌供氧状态，加快心肌代谢，提高心脏的工作能力"的 D 项。

A、B、C 项均仅为支持，其构建的是"健身长跑"与"改善心肌供氧状态，加快心肌代谢，提高心脏的工作能力"的联系，故其仅为支持结论。

E 项主题无关，所涉为"心理品质"。

题3：新近一项研究发现，海水颜色能够让飓风改变方向。也就是说：如果海水变色，飓风的移动路径也会变向。这也就意味着科学家可以根据海水的"脸色"判断哪些地区将被飓风袭击，哪些地区会幸免于难，值得关注的是，全球气候变暖可能已经让海水变色。

以下哪项最可能是科学家作出判断所依赖的前提？

A. 海水温度升高可导致生成的飓风数量增加。

B. 海水温度变化会导致海水改变颜色。

C. 海水颜色与飓风移动路径之间存在某种相对程度的联系。

D. 全球气候变暖是最近几年飓风频发的重要原因之一。

E. 海水温度变化与海水颜色变化之间的联系尚不明确。

题干论证主线可刻画为：海水的"脸色"⇒哪些地区将被飓风袭击。

C 项直接构建了"海水颜色"与"飓风移动路径"的联系。

A 和 D 项均主题无关，A 和 D 项所涉分别"飓风数量""飓风频发原因"，均与题干飓风移动路径无关。

B 和 E 项均主题无关，所涉均为"海水温度"，均与题干论证主线无关。

故选 C 项。

挑灯提示

本题题干最后还有一句话，这是用来干扰考生的信息，其实，题干完整结构可刻画如下：

全球气候变暖 ⇒| 海水的"脸色"⇒ 哪些地区将被飓风袭击 |，竖杠中间的内容才是科学家判断的内容，前面不属于论证主线的关键，而 B 项构建的是前一个箭头前后内容的联系，因此与题干论证主线无关。

目前真题中，出现部分试题，会在结论之后用"值得关注的是""另外"等词，再描述一句话，这段话往往与题干论证无关，考生可不用摄入。

题 4：张教授指出，生物燃料是指利用生物资源生产的燃料乙醇或生物柴油，它们可以替代由石油制取的汽油和柴油，是可再生能源开发利用的重要方向。受世界石油资源短缺、环保和全球气候变化的影响，20 世纪 70 年代以来，许多国家日益重视生物燃料的发展，并取得显著成效。所以，应该大力开发和利用生物燃料。

以下哪项最可能是张教授论证的预设？

A. 发展生物燃料会减少粮食供应，而当今世界有数以百万计的人食不果腹。

B. 生物燃料在生产与运输的过程中需要消耗大量的水、电和石油等。

C. 生物柴油和燃料乙醇是现代社会能源供给体系的适当补充。

D. 目前我国生物燃料的开发和利用已经取得很大成绩。

E. 发展生物燃料可有效降低人类对石油等化石燃料的消耗。

题干论证主线可刻画为：受石油资源短缺、环保和气候变化影响 ⇒ 应该开发生物燃料。

E 项直接构建了"生物燃料"与"石油资源"的联系。

C 项仅为支持，构建了"生物燃料"与"现代能源供给体系"的联系，虽然其能推出"石油资源"，但范围太大，让题干论证成立，只需要"生物燃料"与"石油资源"有联系即可，无需整个"现代能源供给体系"。

D 项主题无关，所涉为生物燃料"取得很大成绩"，这不意味着，其已经可以开发，完全有可能是开发可能性从 0% 到 50%，但无法推出该手段具有可行性。

A 和 B 项均主题无关，所涉为生物燃料的"副作用"和"成本"，均与其是否有意义无关。故选 E 项。

本题属于有两项可以支持的假设题，此时就需要比较两者到底谁是最好的假设。

配套练习

1.最近几年，外科医生数量的增长超过了外科手术数量的增长，而许多原来必须施行的外科手术现在又可以代之以内科治疗，这样，最近几年，每个外科医生每年所做的手术的数量平均下降了 1/4。如果这种趋势得不到扭转，那么，外科手术的普遍质量和水平不可避免地会降低。

上述论证基于以下哪项假设？

A.一个外科医生不可能保持他的手术水平，除非他每年所做手术的数量不低于一个起码的标准。

B.新上任的外科医生的手术水平普遍低于已在任的外科医生。

C.最近几年，外科手术的数量逐年减少。

D.最近几年，外科手术的平均质量和水平下降了。

E.一些有经验的外科医生最近几年每年所做的外科手术比以前要多。

2.长期以来，人们认为地球是已知唯一能支持生命存在的星球，不过这一情况开始出现改变。科学家近期指出，在其他恒星周围，可能还存在着更加宜居的行星。他们尝试用崭新的方法开展地外生命搜索，即搜寻放射性元素钍和铀。行星内部含有这些元素越多，其内部温度就会越高，这在一定程度上有助于行星的板块运动，而板块运动有助于维系行星表面的水体，因此板块运动可被视为行星存在宜居环境的标志之一。

以下哪项最可能是科学家的假设？

A.行星如能维系水体，就可能存在生命。

B.行星板块运动都是由放射性元素钍和铀驱动的。

C.行星内部温度越高，越有助于它的板块运动。

D.没有水的行星也可能存在生命。

E.虽然尚未证实，但地外生命一定存在。

3.在 H 国前年出版的 50 000 部书中，有 5 000 部是小说。H 国去年发行的电影中，恰有 25 部是由这些小说改编的。因为去年 H 国共发行了 100 部电影，因此，由前年该国出版的书改编的电影，在这 100 部电影中所占的比例不会超过 1/4。

基于以下哪项假设能使上述推理成立？

A.H 国去年发行电影的剧本，都不是由专业小说作家编写的。

B.由小说改编的电影的制作周期不短于一年。

C.H 国去年发行的电影中，至少 25 部是国产片。

D.H 国前年出版的小说中，适合于改编成电影的不超过 0.5%。

E.H 国去年发行的电影，没有一部是基于小说以外的书改编的。

4.英国科学家在 2010 年 11 月 11 日出版的《自然》杂志上撰文指出，他们在苏格兰的岩石中发现了一种可能生活在约 12 亿年前的细菌化石，这表明，地球上的氧气浓度增加到人类进化所需的程度这一重大事件发生在 12 亿年前，比科学家以前认为的要早 4 亿年。新研究有望让科学家重新理解地球大气以及依靠其为生的生命演化的时间表。

以下哪项是科学家上述发现所假设的？

A.先前认为，人类进化发生在大约 8 亿年前。

B.这种细菌在大约 12 亿年前就开始在化学反应中使用氧气，以便获取能量维持生存。

C.氧气浓度的增加标志着统治地球的生物已经由简单有机物转变为复杂的多细胞有机物。

D.只有大气中的氧气浓度增加到一个关键点，某些细菌才能生存。

E.如果没有细菌，也就不可能存在人类这样的高级生命。

5.超市中销售的苹果常常留有一定的油脂痕迹，表面显得油光滑亮。牛师傅认为，这是残留在苹果上的农药所致，水果在收摘之前都喷洒了农药，因此，消费者在超市购买水果后，一定要清洗干净方能食用。

以下哪项最可能是牛师傅看法所依赖的假设？

A.除了苹果，其他许多水果运至超市时也留有一定的油脂痕迹。

B.超市里销售的水果并未得到彻底清洗。

C.只有那些在水果上能留下油脂痕迹的农药才可能被清洗掉。

D.许多消费者并不在意超市销售的水果是否清洗过。

E.在水果收摘之前喷洒的农药大多数会在水果上留下油脂痕迹。

6.如今的音像制品市场上，正版的激光唱盘和影视盘销售不佳，而盗版的激光唱盘和影视盘却屡禁不绝，销售非常火爆。有的分析人员认为，这主要是因为价格上盗版盘更有优势，所以在市场上更有活力。

以下哪项是这位分析人员在分析中隐含的假定？

A.正版的激光唱盘和影视盘往往内容呆板，不适应市场的需要。

B.与价格的差别相比，正版盗版质量差别不大。

C.盗版的激光唱盘和影视盘比正版的盘进货渠道畅通。

D.正版的激光唱盘和影视盘不如盗版的盘销售网络完善。

E.知识产权保护对盗版盘的打击使得盗版盘的价格上涨。

7.胼胝体是将大脑两个半球联系起来的神经纤维集束。平均而言，音乐家的胼胝体比非音乐家的胼胝体大。与成年的非音乐家相比，7 岁左右开始接受训练的成年音乐家，胼胝体在体积上的差别特别明显。因此，音乐训练，特别是从幼年开始的音乐训练，会导致大脑结构上的某种变化。

以下哪项是上面论证所依赖的假设？

A.在音乐家开始训练之前，他们的胼胝体并不比同年龄的非音乐家的胼胝体大。

B.在生命晚期进行的音乐训练不会引起大脑结构上的变化。

C.对任何两个从 7 岁左右开始训练的音乐家而言，他们的胼胝体有差不多相同的体积。

D.成年的非音乐家在其童年时代没有参与过任何能够促进胼胝体发育的活动。

E.胼胝体的大小必然与音乐素养存在联系。

8.无论是工业用电还是民用电，现行的电费价格一直偏低。某地区推出一项举措，对超出月额定数的用电量，无论是工业用电还是民用电，一律按上调高价收费。这一举措将对该地区的节约用电产生重大的促进作用。

上述举措要达到预期的目的，以下哪项必须是真的？

Ⅰ.有相当数量的浪费用电是电费价格偏低而造成的。

Ⅱ.有相当数量的用户是因为电费价格偏低而浪费用电的。

Ⅲ.超额用电价格的上调幅度一般地足以对浪费用电的用户产生经济压力。

A.仅Ⅰ。 B.Ⅰ和Ⅱ。

C.Ⅰ和Ⅲ。 D.Ⅱ和Ⅲ。

E.Ⅰ、Ⅱ和Ⅲ。

9.制作和销售假文凭、假证件,已经成为社会的一大公害。公安和司法部门对此进行了多次突击整治,破获了一批窝点,惩治和宣判了一批罪犯。但是社会上制作和销售假文凭、假证件的势头并不见有多大扭转。

如果上述断定是真的,则以下哪项断定也必须是真的?

Ⅰ.假文凭假证件的买方市场依然存在。

Ⅱ.所破获的制假销假窝点只占这些窝点很小的比例。

Ⅲ.对假文凭和证件缺乏有效的辨伪措施。

A.只有Ⅰ。 B.Ⅱ和Ⅲ。

C.Ⅰ和Ⅱ。 D.Ⅰ和Ⅲ。

E.Ⅰ、Ⅱ和Ⅲ。

10.W公司制作的正版音乐光盘每张售价25元,赢利10元。而这样的光盘的盗版制品每张仅售价5元。因此,这样的盗版光盘如果销售10万张,会给W公司造成100万元的利润损失。

为使上述论证成立,以下哪项是必须假设的?

A.每个已购买各种盗版制品的人,若没有盗版制品可买,都仍会购买相应的正版制品。

B.如果没有盗版光盘,W公司的上述正版音乐光盘的销售量不会少于10万张。

C.上述盗版光盘的单价不可能低于5元。

D.与上述正版光盘相比,盗版光盘的质量无实质性的缺陷。

E.W公司制作的上述正版光盘价格偏高是造成盗版光盘充斥市场的原因。

11.张华是甲班学生,对围棋感兴趣,该班学生或者对国际象棋感兴趣,或者对军棋感兴趣;如果对围棋感兴趣,则对军棋不感兴趣,因此,张华对中国象棋感兴趣。

以下哪项可能是上述论证的假设?

A.如果对国际象棋感兴趣,则对中国象棋感兴趣。

B.甲班对国际象棋感兴趣的学生都对中国象棋感兴趣。

C.围棋和中国象棋比军棋更具挑战性。

D.甲班学生感兴趣的棋类只限于围棋、国际象棋、军棋和中国象棋。

E.甲班所有学生都对中国象棋感兴趣。

12.心脏的搏动引起血液循环。对同一个人,心率越快,单位时间进入循环的血液量越多。血液中的红细胞运输氧气。一般地说,一个人单位时间通过血液循环获得的氧气越多,他的体能及其发挥就越佳。因此,为了提高运动员在体育比赛中的竞技水平,应该加强他们在高海拔地区的训练,因为在高海拔地区,人体内每单位体积血液中含有的红细胞数量,要高于在低海拔地区。

以下哪项是题干的论证必须假设的?

A.海拔的高低对运动员的心率不发生影响。

B.不同运动员的心率基本相同。

C.运动员的心率比普通人慢。

D.在高海拔地区训练能使运动员的心率加快。

E.运动员在高海拔地区的心率不低于在低海拔地区。

13. 欧几里得几何系统的第五条公理断定：在同一平面上，过直线外一点可以并且只可以作一条直线与该直线平行。在数学发展史上，有许多数学家对这条公理是否具有无可争议的真理性表示怀疑和担心。

为使数学家的上述怀疑成立，以下哪项必须成立？

Ⅰ．在同一平面上，过直线外一点可能无法作一条直线与该直线平行。

Ⅱ．在同一平面上，过直线外一点作多条直线与该直线平行是可能的。

Ⅲ．在同一平面上，如果过直线外一点不可能作多条直线与该直线平行，那么，也可能无法作一条直线与该直线平行。

A. 只有Ⅰ。 　　　　　　　　　　　B. 只有Ⅱ。

C. 只有Ⅲ。 　　　　　　　　　　　D. 只有Ⅰ和Ⅱ。

E. Ⅰ、Ⅱ和Ⅲ。

14. 某地区过去三年日常生活必需品平均价格增长了30%。在同一时期，购买日常生活必需品的开支占家庭平均月收入的比例并未发生变化。因此，过去三年中家庭平均收入一定也增长了30%。

以下哪项最可能是上述论证所假设的？

A. 在过去三年中，平均每个家庭购买的日常生活必需品数量和质量没有变化。

B. 在过去三年中，除生活必需品外，其他商品平均价格的增长低于30%。

C. 在过去三年中，该地区家庭的数量增加了30%。

D. 在过去三年中，家庭用于购买高档消费品的平均开支明显减少。

E. 在过去三年中，家庭平均生活水平下降了。

【配套练习答案】

1. 答案：A。 A项的推理形式是：低于起码标准→不可能保持水平；该项必须假设，否则，即使外科医生做的手术数量很少，也仍能保持外科手术的普遍质量和水平的话，题干结论就不能成立。

2. 答案：A。 科学家的结论可以概括成其他恒星周围的行星可能存在生命，理由是这些行星表面可能有水体，A项将前提和结论连接到了一起。

题干断定，放射性元素钍和铀有利于促进行星板块运动，这一断定不必假设，行星板块运动都是由放射性元素钍和铀驱动的；题干断定，行星内部温度的越高，在一定程度上有助于行星板块运动，这一断定不必假设。因此B和C项作为答案都不恰当。

3. 答案：E。 题干先说"H国去年发行的电影中，恰有25部是由这些小说改编的"，重点是"小说"；后文又说"由前年该国出版的书改编的电影，在这100部电影中所占的比例不会超过1/4"，重点是"出版的书"。出版的书和小说显然不是同一概念，因此，为了保证论证成立，需要假设：H国去年发行的电影中，由出版的书改编的电影正是这25部小说改编的电影。

4. 答案：D。 题干由岩石中存在的细菌化石推出地球上的氧气浓度增加到人类进化所需的程度的时间比以前认为的早，属于结果到原因的推理。D选项通过一个必要条件来表达了氧气浓度和细菌生存之间的因果关系。

A是支持项，并不是题干的推理关系成立所必须假设的。

B也是支持项，没有指出氧气浓度问题，这也正是D选项与它的区别。如果B选项为真，那么完全有可能这些细菌只需要很少的氧气就可以生存，但无法证明当时的氧气浓度已经达到了人类进化的程度。

5. 答案：B。 如果B项为假，即超市里销售的水果已经得到彻底清洗了，但表面还是留有油脂痕迹，那么牛师傅所建议的"清洗干净再食用"的方法就没有意义了，所以B项是题干论证成立的必要假设。

6. 答案：B。 盗版盘只要在价格上有优势，就畅销，这中间暗含着一个假设，就是盗版盘与正版盘的质量差别不大，至少质量的差别要远小于价格的差别。

7. 答案：A。 A选项假设了因果没有倒置，反之，如果因果倒置了则是削弱。

8. 答案：C。 Ⅰ是必须假设的，否则，如果相当数量的浪费用电不是电费价格偏低而造成的，那么提高价格也无助于节电。同理，容易验证Ⅲ。

"有相当数量的用户是因为电费价格偏低而浪费用电的"这个选项具有很大的迷惑性。比如尽管相当数量的用户因为电价低而浪费用电，但浪费的总量很有限，那么即使提高电价也无法达到促使该地区节电的目的，所以Ⅱ是不必假设的。

9. 答案：D。 制作和销售假文凭假证件要能成为一大社会公害，并保持这种势头，必须同时具备两个条件：其一是有足够多的买主，其二是有足够多的假文凭假证件被制作出来用以销售。这两个条件可以概括成：需求旺盛、供应充足。

Ⅰ断定了第一个条件，因此一定是真的。

Ⅱ不等于断定了第二个条件。因为所破获的制假销假窝点所占的比例，不等于这些窝点的产品在所有产品中所占的比例。事实上可能破获了90%以上的窝点，但这些窝点生产的产品却只占同类产品的不到10%。这显然不足以扭转制造和销售这些假文凭假证件的势头。因此Ⅱ不一定是真的。

Ⅲ一定为真。否则，如果事实上对各种文凭和证件有有效的辨伪措施，那么Ⅰ断定的条件就很难成立，因而题干断定的现象也就不可能出现。

10. 答案：B。 B项是必须假设的，否则在没有盗版光盘的情况下，W公司的上述正版音乐光盘的销售量少于10万张，那么W公司不会有100万元的利润损失。100万元 =10元赢利×10万张。A项假设过强，题干仅涉及盗版音乐光盘，而A项说的是所有盗版制品。

11. 答案：B。 题干中的"该班学生或者对国际象棋感兴趣，或者对军棋感兴趣"为相容选言命题，其公式为：S∨P，其有效推理式是：¬S→P，或者：¬P→S。

根据题干"如果对围棋感兴趣，则对军棋不感兴趣"且"张华是甲班学生，对围棋感兴趣"可得出：张华对军棋不感兴趣。再由相容选言命题规则，则有：对军棋不感兴趣→对国际象棋感兴趣。这样，题干就浓缩为：甲班的张华对国际象棋感兴趣，因此，他对中国象棋感兴趣。

假设是必要的支持。C、D两个选项都与题干的推理无关，代入题干无法对结论成立起到支持作用，可以直接排除。A选项存在假设过强的问题。因为题干所涉及的范围都在"甲班"，而A选项可能泛指全社会，相比E选项，这个假设范围更广。根本没必要这样假设。E选项同样假设过强，即使该班只有部分学生对中国象棋感兴趣，题干结论仍然有可能成立，所以不必假设"全部"。相应地，B选项的假设范围是恰如其分的。

12. 答案：E。 题干的逻辑主线是：前提：心率快→循环血量多→红细胞多→获得氧气多→体能及其发挥较佳。

结论：运动员去高海拔地区训练（→红细胞多→）可提高竞技水平。

E选项是题干的论证必须假设的，否则如果事实上运动员在高海拔地区的心率低于低海拔地区，那么即使在高海拔地区，人体内每单位体积血液中含有的红细胞数量是高于在低海拔地区的，但由于心率较慢，单位时间进入循环的血液量较少，因而单位时间里血液中运输氧气的红细胞并不见得就多，那么通过血液循环获得的氧气并不见得多，在高海拔地区训练的运动员的体能及其发挥就并不必然更好。本题选E。

A、D、E三个选项都是谈心率问题的，E说的是"大于等于"，而A说的是"等于"，D说的是"大于"，由E可以推出A和D，但反之则不可，所以这两个选项的假设过强，不是题干的论证必须假设的。用否定代入法验证选项 A，假如事实上海拔越高，运动员的心率越快，即 A 的断定不成立，但此时题干的论证仍可成立。同理，D 选项能加强题干的论证，但不是结论成立的必要条件，同样不是题干的论证必须假设的。

13. 答案：C。 题干中的第五公理要满足的是"可以并且只可以……"，即包含两个条件：

① 过直线外一点可以作一条直线与该直线平行；

② 过直线外一点只可以作一条直线与该直线平行。

这样，所谓第五公理就概括为①并且②，要使对第五公理的怀疑成立，"①并且②"必须是假命题。根据题干，要使数学家们的怀疑成立，即要得到"并非（①且②）"的结果，等价于得到"非①或非②"。

根据相容选言命题否定肯定式，非①∨非②等价于①→非②，也等价于②→非①。

选项Ⅲ的前半句，"如果……不可能作多条直线……"的意思就是"如果只能作一条直线……"即②。选项Ⅲ断定：如果②真，则①假，即②→非①，这等价于非①或非②。故要使对第五公理的怀疑成立，Ⅲ项必须成立，否则得不到非①或非②。

复选项Ⅰ、Ⅱ都不必假设。这两项分别否定了结论①和②。"①并且②"为假，当且仅当①②之中至少有一个为假，但①自身不必须为假，②自身也不必须为假。单独否定一个条件，对于结论固然是一种支持，但是，即使不否定它，另一个也完全有可能是受到否定的，此时数学家们的怀疑还是可以成立。

14. 答案：A。 影响生活必需品开支的，除了价格以外，主要是数量和质量，因此 A 选项是必须假设的，必需品平均价格增长 30%，而数量和质量不变，则必需品的开支也必然增长 30%。如果要保证必需品的开支占家庭平均月收入的比例不变，则过去三年中家庭平均收入一定也增长 30%。A 项排除了"必需品数量和质量"的变化这样的干扰因素，有助于题干论证的成立。

▪ 第四节　削弱题型

削弱题型的解题方向是，将某选项放入前提与结论之间，使题干推理成立的可能性降低，削弱题型的答案既可以是题干推理不成立的必要条件，也可以是充分条件，还可以是既非充分又非必要条件。

学习了削弱题型的解题套路，再面对其他题型，例如假设、支持等，就会发现大部分的题型，其考查的思维要点和解题思路都是类似的，只是问法不同而已。

以下分四个方面介绍削弱题型的命题方法和解题思路：

一、割裂基本论证关系

解答削弱型考题，首先应明确题干的基本论证关系，即什么是前提，什么是结论。在此基础上，寻找削弱的对象，可以针对前提，也可以针对结论，还可以针对论证本身。

针对前提，则直接反对原因，即直接说明原文推理的前提由于逻辑上的缺陷（而不是事实如何）可能无法成立，达到削弱结论的目的；针对结论，则指出由于该前提存在其他可能解释，则结论不一定成立；针对论证本身，则要指出论证上的漏洞，说明推理存在逻辑缺陷。

直接削弱结论比削弱前提更能有力地削弱论证。

1. 直接否定前提（或隐含假设）

前提是用来支持论点的，如果否定或弱化了前提，则说明论点没有得到论证，对论点的否定就有可能成立。

例：北方航空公司实行教师机票六五折优惠的策略，这实际上是吸引乘客的一种经营策略，该航空公司并没有实际让利，因为当某天航班的上座率超过90%时，就停售当天优惠价机票，而即使在高峰期，航班的上座率也很少超过90%。有座位空着，何不以优惠价促销它呢？

以下哪项如果为真，将最有力地削弱上述论证？

A.绝大多数教师乘客并不是因为票价优惠才选择北方航空公司的航班。

B.该航空公司实施优惠价的7月份的营业额比未实施优惠价的2月份增加了30%。

C.实施教师优惠票价表示对教师职业的一种尊重，不应从功利角度对此进行评价。

D.该航空公司在实施教师优惠价的同时，实施季节性调价。

E.该航空公司各航班全年的平均上座率是50%。

题干的论点是：该航空公司并没有实际让利。要削弱题干中的论证，就需要指出该航空公司实际上还是让了利。选项A意味着，对于绝大多数教师来说，即使不实行票价优惠，他们也会选择北方航空公司的航班，所以，该航空公司实行教师机票六五折优惠的策略，实际上还是让了利。该项实际否定了前提中的隐含假设"教师会因为打折而更加积极地购买机票"。

2. 割裂论证关系

通常我们进行推理时，前提和结论之间总是存在着某种共同意义的内容或者联系，这使得我们可以由前提推出结论。即便前提正确，我们对结论也认同，一个论证未必就是合理的，因为前提与结论之间未必有关联。这种割裂前提和结论之间的关系的削弱思路，与论证有效性分析的思维方式相同。如：

因为他很能吃（这是前提），所以他很聪明（这是结论）。

要质疑这句话，就要指出前提不能合理地推导出结论。"他很能吃"与"他很聪明"之间没有联系，即便有联系，这种关联也是非常弱的，除非补充更多背景。

例：过去，大多数航空公司都尽量减轻飞机的重量，从而达到节省燃油的目的。那时最安全的飞机座椅是非常重的，因此只安装很少的这类座椅。今年，最安全的座椅卖得最好。这非常明显地证明，现在的航空公司在安全和省油这两方面更倾向重视安全了。

以下哪项，如果为真，能够最有力地削弱上述结论？

A.去年销售量最大的飞机座椅并不是最安全的座椅。

B.所有航空公司总是宣称他们比其他公司更加重视安全。

C.与安全座椅销售不好的那些年比，今年的油价有所提高。

D.由于原材料成本提高，今年的座椅价格比以往都贵。

E.由于技术创新，今年最安全的座椅反而比一般的座椅重量轻。

题干的逻辑结构是：前提1，航空公司要减轻飞机重量以便节油；前提2，最安全的座椅非常重；前提3，今年最安全的座椅卖得最好。

题干结论是：航空公司现在更重视安全了。

看上去这个推理很合理，但是既然题干要求我们削弱，那只能想办法批驳它。题干的论证必须基于一个假设，即今年最安全的座椅，仍然如同过去的那样重而导致较高耗油量。否则，就没有理由因为今年最安全的座椅卖得最好而得出结论。E选项断定这一假设不能成立，就有力地削弱了题干的结论。其余各项均没有削弱，并且事实上支持了题干的论证。

在阅读这道题目的过程中，并不能先入为主地确定用割裂前提和结论之间联系的方式来削弱事实上，逻辑题目的解题思路，都不是答题者预先能想好的，只有读完全部选项之后，才会发现E选项的"轻"，似乎与题干说的"重"不符合，但又没有与题干相矛盾。此时着重考虑E选项，就会发现割裂前提与结论的思路了。

3. 计划不可行、不可取或无意义

实践论证中各种推理最常导致的谬误就是手段陷阱，它指的是为了达成某一目标而建议采取某一措施，但是这些措施可能不可行、不可取或无意义。

所谓不可行，是指某种措施没有可操作性。

所谓不可取，是指采用某种措施解决问题，带来的弊大于利。

所谓无意义，是指无论是否采用某种措施，对于目标都是没有影响的，很可能达不到预期效果。

二、削弱因果关系

对于因果关系的削弱，读者可以结合第五章第四节第三条"因果谬误的识别"来学习。

1. 另找他因

如果题干是以一个研究、发现或一系列数据为前提推出一个结论，要削弱这个结论，就可以通过指出存在其他可能来解释原文事实，而未必是题干所述的证据。这种削弱的方法，叫作"另找他因"。

例： 北大西洋海域的鳕鱼锐减，但几乎同时海豹的数量却明显增加。有人说是海豹导致了鳕鱼的减少。这种说法难以成立，因为海豹很少以鳕鱼为食。

以下哪项如果为真，能削弱上述论证？

A. 海水污染对鳕鱼造成的伤害比对海豹造成的伤害严重。

B. 尽管鳕鱼数量锐减，海豹数量增加，但在北大西洋海域海豹的数量仍少于鳕鱼。

C. 在海豹的数量增加以前，北大西洋海域的鳕鱼数量就减少了。

D. 海豹生活在鳕鱼无法生存的冰冷海域。

E. 鳕鱼只吃毛鳞鱼，而毛鳞鱼也是海豹的主要食物。

A选项是无关项。因为这一项解释不了题干中所说的"海豹数量明显增加"（可以指出题干给定的条件导致了推理的不合逻辑，却不能指责其不符合事实），而且就算是对鳕鱼伤害更大，也没有针对"鳕鱼锐减"和"海豹增加"这两个现象之间的关联进行削弱。

B选项属于无关项。

C选项暗示此二事件之间彼此没有关联，是支持项。

D选项印证了题干最后一句：海豹很少以鳕鱼为食，实际是一个支持项。

E选项引入了一个中间变量毛鳞鱼。该选项如果成立，那么可以这样理解：海豹由于大量繁殖，将鳕鱼的食物消耗掉很多，于是鳕鱼数量锐减。此时，"有人说是海豹导致了鳕鱼的减少"就是可以成立的了。所以，E选项也是运用了"另找他因"的方法进行削弱。

2. 指出"因果倒置"

如果某两类因素 A 和 B 紧密相关,原因和结果发生的时间界限又比较模糊,题干已经指出 A 是造成 B 的原因,那么要削弱它,就可以说明 B 才是造成 A 的原因,使得原来的因果关系不再成立。这种削弱方法叫因果倒置削弱。

◆◦◦ 例:一项调查统计显示,肥胖者参加体育锻炼的月平均量,只占正常体重者的一半不到。而肥胖者食物摄入的月平均量,基本和正常体重者持平。专家由此得出结论:导致肥胖的主要原因是缺乏锻炼,而不是摄入过多的热量。

以下哪项如果为真,将严重削弱上述论证?

A. 肥胖者的食物摄入平均量总体上和正常体重者基本持平,但肥胖者中有人是在节食。

B. 肥胖者由于体重的负担,比正常体重者较为不乐意参加体育锻炼。

C. 某些肥胖者体育锻炼的平均量,要大于正常体重者。

D. 体育锻炼通常会刺激食欲,从而增加食物摄入量。

E. 通过节食减肥有损健康。

题干认为缺乏锻炼导致了肥胖。B 项指出,缺乏锻炼是肥胖的结果,这是一个因果倒置的削弱项。A、C 两项说的都是某些人的情况,无法确认其对于整体的影响如何,故无法有效削弱题干因果关系。D 项是强干扰项,即使锻炼增加了食物摄入量,但无法得出这会导致肥胖。E 项与题干论证无关。

3. 指出"相关未必因果"

所谓从相关到因果的推理就是根据两个事件之间存在一定的相关性,进而推断出它们之间存在着因果关系。但是,两个现象的相关也可能是第三个因素的产物。此外,两组数据的相关性很强(存在正比或反比关系),但有可能仅此而已,相互间并没有任何因果关系。

三、削弱其他论证关系

除了割裂题干的基本论证关系、削弱因果关系之外,根据第五章的内容,我们知道削弱题还可以针对归纳推理和类比推理来命题。请参见本书第五章第一节至第三节的相关内容。

四、谬误识别

1. 偷换概念

这个考点请参见"逻辑三大定律同一律"的相关内容。

2. 诉诸无知、诉诸权威、诉诸公众

"诉诸无知"的表现是:由于没有证据证明某种东西存在或者不存在,所以,它不存在或者存在。

"诉诸权威"的谬误通常是指诉诸不相关领域的权威或将权威说的错误观点当成必然正确的。假设专家甲是领域乙的权威,因此他对领域乙的发言是可靠的,但如果将专家甲在领域丙的言论也视为可靠,就属于诉诸不相关领域的权威。另一种诉诸权威的谬误是将权威说的错误观点当成正确的,虽然专家甲是领域乙的权威,但其观点正确与否应该是基于论据是否充分或结果是否真实,尤其是对于专家彼此争辩中的、尚未取得共识的议题。

"诉诸公众"的谬误是指在论证一个观点时，不是阐述支持论点的论据以及它们之间的因果关系，而是以该论点得到了多数人的赞同作为论点正确的理由。事实上，一个观点的正确与否，与它本身有多少人赞同没有关系：既有可能"群众的眼睛是雪亮的"，也有可能"真理掌握在少数人手中"。一个非常典型的例子是，在哥白尼提出"日心说"之前，欧洲的几乎所有知识分子都相信托勒密的"地心说"，认为地球是宇宙的中心，然而这无法改变"地球围绕太阳转"的事实。

3.过度推理

过度推理，就是根据论据推出的结论超过了应有的界限。这种谬误与"推不出"的区别在于："推不出"往往是结论与前提没有关联，而过度推理的结论并不是与前提没有关联，有时候可能还符合常识认知，但似是而非，与前提关联度不紧密。

过度推理的逻辑错误是一个大类，根据情况不同又可以分成几种表现。一个正确的论证要求所使用的语言必须是清楚明确的，违反语言明确性的要求，通常容易出现"非黑即白"或"稻草人"等逻辑错误。

非黑即白是指忽视事物的中间情况而作出非此即彼的回答。例如：

公司秘书说："老总，关于这项计划，有20%的人表示反对。"公司老总接着说："既然有20%的人表示反对，那就是说有80%的人赞成，就这样执行吧！"

有20%的人表示反对，并不一定就意味着有80%的人赞成此项计划，因为很有可能很多人不表态。

稻草人谬误是指在论证过程中，通过歪曲对方来反驳对方，或者通过把某种极端的观点强加给对方来丑化对方，就像树立了一个稻草人做靶子，并自欺欺人地认为：打倒了稻草人就打倒了对方。例如：

公司职员说："老总，您有些事做得不对。"公司老总："什么？！你竟然认为我什么事都做得不对？"

职员只是说老总"有些"事做得不对，老总却歪曲为"所有"事都做得不对。老总在回答中犯了"稻草人"的错误。

五、削弱题型的锦囊妙计

对于削弱题型，当定位好题干论证主线后，找到前提与结论的话题关键词，然后按照以下顺序，逐一思考并验证可能的答案方向。

方向1 若题干结构为A（B）⇒A（C）型，则直接思考割裂B和C联系的选项，排除仅涉及A、割裂A和B联系、割裂A和C联系的选项。如题1所示：

题1：某研究机构以约2万名65岁以上的老人为对象，调查了笑的频率与健康状态的关系。结果显示，在不苟言笑的老人中，认为自身现在的健康状态"不怎么好"和"不好"的比例分别是几乎每天都笑的老人的1.5倍和1.8倍。爱笑的老人对自我健康状态的评价往往较高。他们由此认为，爱笑的老人更健康。

以下哪项如果为真，最能质疑上述调查者的观点？

A.乐观的老年人比悲观的老年人更长寿。

B.病痛的折磨使得部分老人对自我健康状态的评价不高。

C.身体健康的老年人中，女性爱笑的比例比男性高10个百分点。

D.良好的家庭氛围使得老年人生活更乐观，身体更健康。

E.老年人的自我健康评价往往和他们实际的健康状况之间存在一定的差距。

题干论证主线可刻画为：爱笑的老人（更健康）⇒ 爱笑的老人（自我健康状态评价较高）。

本题明显属于 A（B）⇒A（C）型结构，故直接入选割裂"健康"和"自我健康状态评价"的 E 项。

D 项作用不足，其表明可能是家庭氛围导致"老人更健康"，从而未必是"爱笑"所致，但其仅为攻击结论，作用不如 E 项。

A、B、C 项均主题无关，所涉分别为"长寿""自我评价不高的原因""性别比例情况"。

方向 2 若题干并非上述结构，则优先思考并验证，"另有他因使得题干结论不发生"的选项。该方向有以下两种具体情况：

第一，选项直接出现题干结论反面。

第二，选项可以推出题干结论反面。

同时，命题人也会命制一些干扰选项，这就需要读者比较两个选项，谁更能贴合题干论证主线，或者谁削弱程度更强。如题 2 和题 3 所示：

题 2：移动支付如今正在北京、上海等大中城市迅速普及。但是，并非所有中国人都熟悉这种新的支付方式，很多老年人仍然习惯传统的现金交易。有专家因此断言，移动支付的迅速普及会将老年人阻挡在消费经济之外，从而影响他们晚年的生活质量。

以下哪项如果为真，最能质疑上述专家的论断？

A. 到 2030 年，中国 60 岁以上人口将增至 3.2 亿，老年人的生活质量将进一步引起社会关注。

B. 有许多老年人因年事已高，基本不直接进行购物消费，所需物品一般由儿女或社会提供，他们的晚年生活很幸福。

C. 国家有关部门几年来出台多项政策指出，消费者在使用现金支付被拒时可以投诉，但仍有不少商家我行我素。

D. 许多老年人已在家中或社区活动中心学会移动支付的方法以及防范网络诈骗的技巧。

E. 有些老年人视力不好，看不清手机屏幕；有些老年人记忆力不好，记不住手机支付密码。

题干论证主线可刻画为：移动支付阻挡老年人消费 ⇒ 影响老年人晚年生活质量。

B 项表明"儿女"的代劳，从而老年人"晚年生活质量很幸福"，直接否定题干结论。

D 项作用不足，表明许多老年人学会了与"移动支付"相关的问题，但"学会"不等于"熟练"，哪怕"熟练"也不意味着"无影响"，因此不如直接贴合题干结论的 B 项。

E 项作用相反，表明老年人消费确实会被"移动支付"所阻挡，支持了上述论证的前提。

A 和 C 项均主题无关，所涉分别为"社会关注老年人生活""现金支付政策落实情况"。

故选 B 项。

挑灯提示

对于均能削弱题干的选项，越贴合题干结论，尤其直接提及题干结论反面，则其削弱力度越强。

题 3：近年来，越来越多的机器人被用于在战场上执行侦查、运输、拆弹等任务，甚至将来冲锋陷阵的都不再是人，而是形形色色的机器人。人类战争正在经历自核武器诞生以来最深刻的革命。有专家据此分析指出，机器人战争技术的出现可以使人类远离危险，更安全、更有效率地实现战争目标。

以下哪项如果为真，最能质疑上述专家的观点？

A. 现代人类掌控机器人，但未来机器人可能会掌控人类。

B. 机器人战争技术有助于摆脱以往大规模杀戮的血腥模式，从而让现代战争变得更为人道。

C. 掌握机器人战争技术的国家为数不多，将来战争的发生更为频繁也更为血腥。

D. 因不同国家之间军事科技实力的差距，机器人战争技术只会让部分国家远离危险。

E. 全球化时代的机器人战争技术要消耗更多资源，破坏生态环境。

题干论证主线可刻画为：机器人战争技术 ⇒ 使人类远离危险。

C 项表明机器人战争技术会使得"战争更为血腥"，这有利于推出"使人类远离危险"的反面。

D 项作用不足，"只会让部分国家远离危险"也是远离危险，完全有可能其他国家虽然没有远离，但也没有更接近，那么整体上还是"远离危险"，因此其不如 C 项更能推出"使人类远离危险"的反面。

B 项作用相反，表明机器人战争技术，可以"使人类远离危险"。

A 和 E 项均主题无关，所涉分别为，"机器人掌控人类""消耗资源"。

故选 C 项。

挑灯提示

本题存在相对最好的选项，请考生务必注意。

对于均能削弱题干的选项，若程度词力度越高，则其削弱力度越强。本题 C 项说明的是整体血腥，D 项是有的其他国家不远离。

方向 3 若题干并非上述结构，则在验证另有他因时，顺带验证，割裂前提与结论话题关键词联系（俗称拆桥）的选项。该方向有两种具体情况：

直接割裂，形如前提与结论无联系，或者前提与结论差距较大，等等。如题 4 所示。

间接割裂，形如前提/结论仅仅与 C 相关，如题 5 所示。

题 4：国外某教授最近指出，长着一张娃娃脸的人意味着他将享有更长的寿命，因为人们的生活状况很容易反映在脸上。从 1990 年春季开始，该教授领导的研究小组对 1 826 对 70 岁以上的双胞胎进行了体能和认知测试，并拍了他们的面部照片。在不知道他们确切年龄的情况下，三名研究助手先对不同年龄组的双胞胎进行年龄评估，结果发现，即使是双胞胎，被猜出的年龄也相差很大。然后，研究小组用若干年时间对这些双胞胎的晚年生活进行了跟踪调查，直至他们去世。调查表明：双胞胎中，外表年龄差异越大，看起来老的那个就越可能先去世。

以下哪项如果为真，最能形成对该教授调查结论的反驳？

A. 如果把调查对象扩大到 40 岁以上的双胞胎，结果可能有所不同。

B. 三名研究助手比较年轻，从事该项研究的时间不长。

C. 外表年龄是每个人生活环境、生活状况和心态的集中体现，与生命老化关系不大。

D. 生命老化的原因在于细胞分裂导致染色体末端不断损耗。

E. 看起来越老的人，在心理上一般较为成熟，对于生命有更深刻的理解。

题干论证主线可刻画为：外表年龄差异越大 ⇒ 看起来越老越可能先去世。

C 项，直接割裂"外表年龄"与"去世顺序"关系。

A 项不起作用，"有所不同"，完全可能是外表年龄与生命老化联系更大。

D 项主题无关，所涉为"生命老化"的原因，而题干只是在探讨"外表年龄"能否体现"生命老化"，并未说明"外表年龄"是"生命老化"的原因。

B 和 E 项均主题无关，所涉分别为"研究助手"的情况，"心理成熟"。

故选 C 项。

♦♪ **题5**：随着光纤网络带来的网速大幅度提高，高速下载电影、在线看大片等都不再是困扰我们的问题。即使在社会生产力发展水平较低的国家，人们也可以通过网络随时随地获得最快的信息、最贴心的服务和最佳体验。有专家据此认为：光纤网络将大幅提高人们的生活质量。

以下哪项如果为真，最能质疑该专家的观点？

A. 网络上所获的贴心服务和美妙体验有时是虚幻的。

B. 即使没有光纤网络，同样可以创造高品质的生活。

C. 随着高速网络的普及，相关上网费用也随之增加。

D. 人们生活质量的提高仅决定于社会生产力的发展水平。

E. 快捷的网络服务可能使人们将大量时间消耗在娱乐上。

题干论证主线可刻画为：光纤网络 ⇒ 提高生活质量。

D 项，表明"生活质量"与"光纤网络"没有关系，间接割裂"光纤网络"与"提高生活质量"的联系。

B 项作用不足，表明没有"光纤网络"一样可以"提高生活质量"，无因有果削弱，但 D 项的"仅决定于"程度较高，因此不如 D 项。

A、C 和 E 项均与论证无关，所涉分别为"服务虚幻""网络成本""网络恶果"，均与"光纤网络"能否实现"生活质量"无关。

故选 D 项。

方向 4　若题干并非上述结构，则在验证另有他因时，顺带观察是否存在"因果倒置""有因无果""无因有果"的选项，若存在，则其大概率为答案。此类方向相对简单，读者可参考"第六章第四节削弱题型"中的对应讲解内容。

方向 5　若前述情况在试题中均无对应，则答案很可能是攻击前提或攻击结论，但此类方向考查数量较少，读者可参考"第六章第四节削弱题型"中的对应讲解内容。

♦♪ 1. 因为照片的影像是通过光线与胶片的接触形成的，所以每张照片都具有一定的真实性。但是，从不同角度拍摄的照片总是反映了物体某个侧面的真实而不是全部的真实，在这个意义上，照片又是不真实的。因此，在目前的技术条件下，以照片作为证据是不恰当的，特别是在法庭上。

以下哪项如果为真，最能削弱上述论证？

A. 摄影技术是不断发展的，理论上说，全景照片可以从外观上反映物体的全部真实。

B. 任何证据只需要反映事实的某个侧面。

C. 在法庭审理中，有些照片虽然不能成为证据，但有重要的参考价值。

D. 有些照片是通过技术手段合成或伪造的。

E. 就反映真实性而言，照片的质量有很大的差别。

♦♪ 2. 不仅人上了年纪会难以集中注意力，就连蜘蛛也有类似的情况。年轻蜘蛛结的网整齐均匀，角度完美；年老蜘蛛结的网可能出现缺口，形状怪异。蜘蛛越老，结的网就越没有章法。科学家由此认为，随着时间的流逝，这种动物的大脑也会像人脑一样退化。

以下哪项如果为真，最能质疑科学家的上述论证？

A. 优美的蛛网更容易受到异性蜘蛛的青睐。

B. 年老蜘蛛的大脑较之年轻蜘蛛，其脑容量明显偏小。

C. 运动器官的老化会导致年老蜘蛛结网能力下降。

D. 蜘蛛结网只是一种本能的行为，并不受大脑控制。

E. 形状怪异的蛛网较之整齐均匀的蛛网，其功能没有大的差别。

3. 宏达山钢铁公司由 5 个子公司组成。去年，其子公司火龙公司试行与利润挂钩的工资制度。其他子公司则维持原有的工资制度。结果，火龙公司的劳动生产率比其他子公司的平均劳动生产率高出 13%，因此，在宏达山钢铁公司实行与利润挂钩的工资制度有利于提高该公司的劳动生产率。

以下哪项如果为真，最能削弱上述论证？

A. 实行了与利润挂钩的分配制度后，火龙公司从其他子公司挖走了不少人才。

B. 宏达山钢铁公司去年从国外购进的先进技术装备，主要用于火龙公司。

C. 火龙公司是 3 年前组建的，而其他子公司都有 10 年以上的历史。

D. 红塔钢铁公司去年实行了与利润挂钩的工资制度，但劳动生产率没有明显提高。

E. 宏达山公司的子公司金龙公司去年没有实行与利润挂钩的工资制度，但它的劳动生产率比火龙公司略高。

4. 某学校最近进行的一项关于奖学金对学习效率促进作用的调查表明：获得奖学金的学生比那些没有获得奖学金的学生的学习效率平均要高出 25%。调查的内容包括自习的出勤率、完成作业所需要的时间、日阅读量等许多指标。这充分说明，奖学金对帮助学生提高学习效率的作用是很明显的。

以下哪项如果为真，最能削弱以上的论证？

A. 获得奖学金通常是因为那些同学有好的学习习惯和高的学习效率。

B. 获得奖学金的同学可以更容易改善学习环境来提高学习效率。

C. 学习效率低的同学通常学习时间长而缺少正常的休息。

D. 学习效率的高低与奖学金的多少的研究应当采用定量方法进行。

E. 没有获得奖学金的同学的学习压力重，很难提高学习效率。

5. 研究人员发现，人类存在 3 种核苷酸基因类型：AA 型、AG 型以及 GG 型，一个人有 36% 的概率是 AA 型，有 48% 的概率是 AG 型，有 16% 的概率是 GG 型。在 1 200 名参与实验的老年人中，拥有 AA 型和 AG 型基因类型的人都在上午 11 时之前去世，而拥有 GG 型基因类型的人几乎都在下午 6 时左右去世，研究人员据此认为：GG 型基因类型的人会比其他人平均晚死 7 个小时。

以下哪项如果为真，最能质疑上述研究人员的观点？

A. 平均寿命的计算依据应是实验对象的生命存续长度，而不是实验对象的死亡时间。

B. 当死亡临近的时候，人体会还原到一种更加自然的生理节律感应阶段。

C. 有些人是因为疾病或者意外事故等其他因素而死亡的。

D. 对人死亡时间的比较，比一天中的哪一时刻更重要的是哪一年、哪一天。

E. 拥有 GG 型基因类型的实验对象容易患上心血管疾病。

6. 研究人员的报告提到，一项超过 1 万名 70 岁以上老人参与的调查显示，每天睡眠时间超过 9 小时或少于 5 小时的人，他们的平均认知水平低于每天睡眠时间为 7 小时左右的人。研究人员据此认为，要改善老年人的认知能力，必须使用相关工具检测他们的睡眠时间，并对睡眠进行干预，使其保持适当的睡眠时间。

以下哪项如果为真，最能质疑上述研究人员的观点？

A. 尚没有专业的医疗器具可以检测人的睡眠时间。

B. 每天睡眠时间为 7 小时左右的都是 70 岁以上的老人。

C. 每天睡眠时间超过 9 小时或少于 5 小时的都是 80 岁以上的老人。

D. 70 岁以上的老人一旦醒来就很难再睡着。

E. 70 岁以上的老人中，有一半以上失去了配偶。

7. 市政府计划对全市的地铁进行全面改造，通过较大幅度地提高客运量，缓解沿线包括高速公路上机动车的拥堵，市政府同时又计划增收沿线两条主要高速公路的机动车过路费，用以贴补上述改造的费用。这样做的理由是，机动车主是上述改造的直接受益者，应当承担部分开支。

以下哪项相关断定如果为真，最能质疑上述计划？

A. 市政府无权支配全部高速公路机动车过路费收入。

B. 地铁乘客同样是上述改造的直接受益者，但并不承担开支。

C. 机动车有不同的档次，但收取的过路费区别不大。

D. 为躲避多交过路费，机动车会绕开收费站，增加普通公路的流量。

E. 高速公路上机动车拥堵现象不如普通公路严重。

8. 1991 年 6 月 15 日，菲律宾吕宋岛上的皮纳图博火山突然大喷发，2000 万吨二氧化硫气体冲入平流层，形成的霾像毯子一样盖在地球上空，把部分要照射到地球的阳光反射回太空。几年之后，气象学家发现这层霾使得当时地球表面的温度累计下降了 0.5℃。而皮纳图博火山喷发前的一个世纪，因人类活动而造成的温室效应已经使地球表面温度升高了 1℃。某位持"人工气候改造论"的科学家据此认为，可以用火箭弹等方式将二氧化硫充入大气层，阻挡部分阳光，达到给地球表面降温的目的。

以下哪项如果为真，最能对该科学家提议的有效性构成质疑？

A. 如果利用火箭弹将二氧化硫充入大气层，会导致航空乘客呼吸不适。

B. 如果在大气层上空放置反光物，就可以避免地球表面受到强烈阳光的照射。

C. 可以把大气中的碳提取出来存储到地下，减少大气层中的碳含量。

D. 不论何种方式，"人工气候改造"都将破坏地球的大气层结构。

E. 火山喷发形成的降温效应只是暂时的，经过一段时间温度将再次回升。

9. 一般认为，一个人 80 岁和他在 30 岁相比，理解和记忆能力都显著减退。最近的一项调查显示，80 岁的老人和 30 岁的年轻人在玩麻将时所表现出的理解和记忆能力没有明显差别。因此，认为一个人到了 80 岁理解和记忆能力会显著减退的看法是站不住脚的。

以下哪项如果为真，最能削弱上述论证？

A. 玩麻将需要的主要不是理解和记忆能力。

B. 玩麻将只需要较低的理解和记忆能力。

C. 80 岁的老人比 30 岁的年轻人有更多时间玩麻将。

D. 玩麻将有利于提高一个人的理解和记忆能力。

E. 一个人到了 80 岁理解和记忆能力会显著减退的看法，是对老年人的偏见。

10. 利兹鱼生活在距今约 1.65 亿年前的侏罗纪中期，是恐龙时代一种体形巨大的鱼类，利兹鱼在出生后 20 年内可长到 9 米长。平均寿命 40 年左右的利兹鱼，最大的体长甚至可达到 16.5 米。这个体型与现代最大的鱼类鲸鲨相当，而鲸鲨的平均寿命约为 70 年，因此利兹鱼的生长速度很可能超过鲸鲨。

以下哪项如果为真，最能反驳上述论证？

A. 利兹鱼和鲸鲨都以海洋中的浮游生物、小型动物为食，生长速度不可能有大的差异。

B. 利兹鱼和鲸鲨尽管寿命相差很大，但是它们均在 20 岁左右达到成年，体型基本定型。

C. 鱼类尽管寿命长短不同，但其生长阶段基本上与其幼年、成年、中老年相应。

D. 侏罗纪时期的鱼类和现代鱼类其生长周期没有明显变化。

E. 远古时期的海洋环境和今天的海洋环境存在很大的差异。

11. 在美国，实行死刑的州，其犯罪率要比不实行死刑的州低。因此，死刑能够减少犯罪。

以下哪项如果为真，最可能质疑上述推断？

A. 犯罪的少年，较之守法的少年更多出自无父亲的家庭。因此，失去了父亲能够引发少年犯罪。

B. 美国的法律规定了在犯罪地起诉并按其法律裁决，许多罪犯因此经常流窜犯罪。

C. 在最近几年，美国民间呼吁废除死刑的力量在不断减弱，一些政治人物也已经不再像过去那样在竞选中承诺废除死刑了。

D. 经过长期的跟踪研究发现，监禁在某种程度上成为酝酿进一步犯罪的温室。

E. 调查结果表明：犯罪分子在犯罪时多数都曾经想过自己的行为可能会受到死刑或常年监禁的惩罚。

12. 统计资料显示，美国的人均寿命是 73.9 岁，而在夏威夷出生的人的平均寿命是 77 岁，在路易斯安那州出生的人的平均寿命是 71.7 岁。因此，一对来自路易斯安那州的新婚夫妇，如果选择定居夏威夷，那么，他们的孩子的寿命可以指望比在路易斯安那出生的寿命要长。

以下哪项如果为真，将最有力地削弱题干的结论？

A. 在路易斯安那州首府巴吞鲁日出生的人平均寿命是 78 岁。

B. 路易斯安那州的居民中 1/3 以上的是黑人，是美国黑人比例最高的州；美国黑人的平均寿命要低于白人 3 个至 5 个百分点。

C. 美国人寿保险公司的专家并不认为移居夏威夷会使路易斯安那州人的平均寿命明显提高。

D. 夏威夷群岛的大部分岛屿的空气污染程度要大大低于全美的平均水平。

E. 和环境相比，遗传是人的寿命长短的更为重要的决定性因素。

13. 张教授：世界范围的统计显示，20 世纪 50 年代，癌症病人的平均生存年限（即从确诊至死亡的年限）是 2 年，而到 20 世纪末这种生存年限已升至 6 年。这说明，世界范围内诊治癌症的医疗水平总体上有了显著的提高。

李研究员：您的论证缺乏说服力。因为您至少忽视了这样一个事实：20 世纪末癌症的早期确诊率较 20 世纪 50 年代有了显著的提高。

以下哪项如果为真，最能削弱李研究员的反驳？

A. 癌症的早期确诊，很大程度上依赖于患者的自我保健意识。

B. 对癌症的早期确诊，是提高癌症诊治水平的重要内容和标准。

C. 无论在 50 年代还是在 20 世纪末，诊治癌症的医疗水平在世界的不同国家和地区是不平衡的。

D. 20 世纪末癌症的发病率比 50 年代有显著提高。

E. 20 世纪末和 50 年代相比，有更多的癌症患者接受化疗。

【配套练习答案】

1. **答案：B。**题干前提说，照片只能反映某个侧面的真实；题干结论说，照片不应作为法庭证据。其实要想让前提支持结论，需要一个隐含假设：所有的证据必须反映全部真实。这个假设作为一个桥梁，连接了前提和结论。要想削弱此论证，只要指出假设不成立即可。B 选项就承担了这个任务。

A 选项有一定的削弱作用，但只是"理论上说"。选项 C、D 是干扰项，与题干的论证结构无关；选项 E 仅与前提相关，对结论没有丝毫影响，当然也不能选。

2. **答案：D。**题干的论证要成立，必须假设：蜘蛛结网的行为，是受其大脑控制的。D 项割裂了大脑与结网之间的关联，说明这一假设不成立，是最强削弱。A 项需要假设年老的蜘蛛不在乎异性蜘蛛的青睐，而这样的信息不可知；B 项在一定程度上支持了大脑退化这个结论；E 项没有削弱大脑退化问题，是无关项；C 项另找他因有削弱作用，但无法彻底否定大脑退化的影响。

3. **答案：B。**B 选项运用的是"另找他因"的削弱方法：如果 B 选项为真，那么导致火龙公司劳动生产率提高的最主要原因，原来是先进的技术装备，这就削弱了题干所描述的原因"实行与利润挂钩的工资制度"。

A选项是一个强干扰项，看上去也是另找他因削弱，但这个"吸引人才"的因素仍然可能是新工资制度。这样，该选项就对题干进行了间接的支持。

C选项与话题无关，犯了转移话题的错误；D选项中的红塔钢铁公司，题干中没有提到，所以也是无关项。

E选项比较的是"平均"生产率，一个数高于平均数不意味着它高于构成平均数的每一个数，所以削弱力度很弱。

4. 答案：A。由A项的断定可知，一般地说，学习效率较高的学生较易获得奖学金。因此，有理由认为，题干中所提及的学习效率较高的同学，很可能不是因为获得奖学金才提高了学习效率，而正是因为学习效率高才获得奖学金，题干混淆了原因与结果。这对题干的削弱是有力的。B、E项实际上是对题干论证的支持；C、D与题干无关。

5. 答案：D。要比较是否"晚死"，仅仅比较死亡时间是没有意义的，必须考虑日期。A项说的是"平均寿命"，题干没有涉及。

6. 答案：C。C项是另找他因的削弱。如果该项为真，可知"每天睡眠时间超过9小时或少于5小时的人"都是80岁以上的老人，而70到80岁之间的老人应属于"每天睡眠时间为7小时左右的人"。题干根据睡眠时间不同得到认知能力的差异，这是运用了求异法。但很可能年龄这个新的差异要素导致了求异失败，即未必是睡眠时间，而有可能是年龄导致了认知能力的差异。这就削弱了题干的论证。

7. 答案：D。题干计划的目标是：通过地铁改造，缓解地铁沿线包括高速公路上机动车的拥堵，并通过收取过路费弥补费用。如果D项为真，则实施上述计划可能在减少高速公路车流量的同时增加了普通公路的流量，因而不能从总体上真正缓解地铁沿线机动车的拥堵，从而也无法收取相应过路费。这就有力地说明题干计划是无意义的。

8. 答案：E。题干中科学家通过类比火山喷发的降温效应，提出人工降温手段。

E项指出其类比的事物没有持续性，火山喷发形成的降温效应只是暂时的，那么由此类比出的人工降温的效果很可能也是暂时的，这质疑了科学家的提议。D项质疑的是措施弊大于利，但没有按照题干问题要求质疑措施的有效性。

9. 答案：B。如果B选项为真，则题干的论证难以有说服力。例如，80岁的健康老人可以和年轻人一样轻松地提起一公斤大米，但由此不能得出结论，一个人到了80岁臂力并不显著减退，因为提起一公斤大米只需要较小的臂力。

其余各项均不能削弱题干。A选项如果表达为"玩麻将不需要理解和记忆能力"，则自然能有力地削弱题干（此时不需要考虑实际生活情况，题目或者选项说什么就假设是对的）；但A选项表达的是"玩麻将需要的主要不是理解和记忆能力"，由此可说明，玩麻将还是需要理解和记忆能力的，因此，A选项削弱力度较小。

10. 答案：B。题干结论：利兹鱼生长速度比鲸鲨快；论据：利兹鱼和鲸鲨体长相当，但前者的平均年龄比后者少30年。B项指出"均在20岁左右达到成年，体型基本定型"，这说明前20年两种鱼的生长速度很可能是一样的，起到了直接削弱结论的作用。A项只是强调两者生活的共同点，利兹鱼的生长速度超过鲸鲨生长速度，并不要求二者觅食方式有很大的差异；而且该项是主观判断，不能削弱题干结论。C项为无关项，反驳结论必须涉及两者之间的对比；D项同理；E项未直接涉及两者生长速度问题，力度不如B项。

11. 答案：E。题干通过犯罪率来推死刑的作用，要想削弱这个推理，就要指出死刑与犯罪之间没有因果关系。E项如果为真，说明无论是死刑还是监禁，这种犯罪后果已经被想到了，但犯罪分子还是犯罪了，这就说明死刑无法减少犯罪，削弱了题干的推断。

如果 B 项为真，那么很可能那些实行死刑的州的罪犯，会考虑到犯罪后果，从而跑到不实行死刑的州作案，对于他原来的州来说，死刑的确减少了犯罪，所以该项是支持项。有人认为"犯罪没有真正减少"，所以 B 项也可以削弱。这是把"死刑减少的犯罪数量"理解为绝对数量，但是只要实施死刑的州犯罪相对数量减少了，即可满足题干结论。按照这个思路，如果各州都实行死刑，那么总体上的犯罪数量也就会下降。也可以根据"因此"这个词，看出 B 项实际上说明死刑判决对于犯罪是有震慑力的，故不应算作削弱项。

A 项和 C 项与题干无关。D 项所说的"监禁酝酿犯罪"，未就实行死刑与否对犯罪率造成不同影响进行比较，所以对题干结论不能形成质疑。

12. 答案：E。 如果 E 项为真，一对来自路易斯安那州的新婚夫妇，如果选择定居夏威夷，对于他们的孩子来说，改变的只是环境，而不是遗传基因，因此没有理由认为他们的寿命可以比在路易斯安那出生要长。这就有力地削弱了题干。这是一个另找他因的削弱项。A 项指出了一个特例，是对平均数的误解。B 项是强干扰项，黑人在路易斯安那州占 1/3，就算平均寿命低于白人 5 个百分点，放到全州来看，影响也只能小于 5%；而由题干数据可知，路易斯安那州整体平均寿命低于夏威夷超过 5 个百分点，这就说明，黑人的寿命较短很可能不是导致在路易斯安那州出生的人平均寿命较低的主要原因，所以，另找他因的削弱是不成立的。C 项诉诸权威。D 项有支持环境因素影响寿命的意味。

13. 答案：B。 如果 B 项为真，那么张教授所说的诊治癌症的医疗水平的提高，也包括对癌症的早期确诊率的提高，这样，李研究员的议论就不能构成对张教授的反驳。

第五节 评价题型

评价题型主要考查判断一个推理或论证是否有效、是否正确的能力。这种题型是支持、削弱、假设等题型的综合应用，学习它有助于理解论证推理各题型之间的相互转化关系。

由于评价在很多情况下是题干推理成立的隐含假设，所以读题时要注意体会题干推理的隐含假设，然后去寻找能对题干推理起到正反两方面作用的选项。

当选项为一般疑问句时（陈述句也尽量变为一般疑问句处理），对这个问句有两方面的回答"是"和"否"。若对这个问句回答"是"对题干起到支持作用，对这个问句回答"否"对题干起到削弱作用，那么这个问题就对题干有评价作用。

反之亦然：若对这个问句回答"是"对题干起削弱作用，对这个问句回答"否"对题干起支持作用，那么这个问题也对题干有评价作用。

要特别注意的是，正确的选项一定是对这个问句的"是"与"否"的回答都起作用，如果选项仅仅对一方面回答起作用，则不是正确答案。

◆ 配套练习

1. 研究者调查了一组大学毕业即从事有规律的工作正好满 8 年的白领，发现他们的体重比刚毕业时平均增加了 8 公斤。研究者由此得出结论，有规律的工作会增加人们的体重。

关于上述结论的正确性，需要询问的关键问题是以下哪项？

A. 和该组调查对象其他情况相仿且经常进行体育锻炼的人，在同样的 8 年中体重有怎样的变化？

B. 该组调查对象的体重在 8 年后是否会继续增加？

C. 为什么调查关注的时间段是对象在毕业工作后 8 年，而不是 7 年或者 9 年？

D. 该组调查对象中男性和女性的体重增加是否有较大差异？

E. 和该组调查对象其他情况相仿但没有从事有规律工作的人，在同样的 8 年中体重有怎样的变化？

2. 一项统计显示，在婚后的 13 年中，妇女的体重平均增加了 15 公斤，男子的体重平均增加了 12 公斤。因此，结婚是人变得肥胖的重要原因。

为了对上述论证作出评价，回答以下哪个问题最为重要？

A. 为什么这项统计要选择 13 年这个时间段作为依据？为什么不选择其他时间段，例如为什么不是 12 年或 14 年？

B. 在上述统计中，婚后体重减轻的人有没有？如果有的话，占多大的比例？

C. 在被统计对象中，男女各占多少比例？

D. 这项统计的对象，是平均体重较重的北方人，还是平均体重较轻的南方人？如果二者都有的话，各占多少比例？

E. 在上述 13 年中，处于相同年龄段的单身男女的体重增减状况是怎样的？

3. 许多孕妇都出现了维生素缺乏的症状，但这通常不是由于孕妇的饮食中缺乏维生素，而是由于腹内婴儿的生长使她们比其他人对维生素有更多的需求。

为了评价上述结论的确切程度，以下哪项操作最为重要？

A. 对某个缺乏维生素的孕妇的日常饮食进行检测，确定其中维生素的含量。

B. 对某个不缺乏维生素的孕妇的日常饮食进行检测，确定其中维生素的含量。

C. 对孕妇的科学食谱进行研究，以确定有利于孕妇摄入足量维生素的最佳食谱。

D. 对日常饮食中维生素足量的一个孕妇和一个非孕妇进行检测，并分别确定她们是否缺乏维生素。

E. 对日常饮食中维生素不足量的一个孕妇和另一个非孕妇进行检测，并分别确定她们是否缺乏维生素。

4. 哈丁说，人们使用起共同拥有的（即对任何使用者开放的）牧场比使用私人的牧场更不注意。每个放牧者都有过度使用公地的冲动，因为从中获得的利益将归个人，而由过度使用土地而引起的土地质量下降的成本由所有使用者分摊。但一项研究比较了 2.17 亿英亩[1]的公用牧场和 4.33 亿英亩的私人牧场，表明公用牧场的条件更好。

与哈丁的宣称做比较，评价以上研究的意义时，以下哪一个问题的答案将最有用？

A. 有没有一些放牧者，他们的土地属于被研究之列，既使用公用土地又使用私人牧场？

B. 那些自己的土地属于被研究之列的放牧者是否倾向于使用公地而不使用私人牧场来放牧？

C. 在用来放牧之前该研究中的私人牧场是否与公地的质量相当？

D. 该研究中的公地使用者是否至少与私人牧场的使用者一样有钱？

E. 是否有任何牧群的所有者只在公地不在私人牧场上放牧？

5. 毫无疑问未成年人吸烟应该加以禁止。但是，我们不能为了防止给未成年人吸烟以可乘之机，就明令禁止自动售烟机的使用。这种禁令就如同为了禁止无证驾车而在道路上设立路障，这道路障自然禁止了无证驾车，但同时也阻挡了 99% 以上的有证驾驶者。

为了对上述论证作出评价，回答以下哪个问题最为重要？

A. 未成年吸烟者在整个吸烟者中所占的比例是否超过 1%？

B. 禁止使用自动售烟机带给成年购烟者的不便究竟有多大？

C. 无证驾车者在整个驾车者中所占的比例是否真的不超过 1%？

---

［1］　1 英亩 = 4 046.856 422 4 平方米。

D. 从自动售烟机中是否能买到任何一种品牌的香烟？

E. 未成年人吸烟的危害，是否真如公众认为的那样严重？

6. 人们对于搭乘航班的恐惧其实是毫无道理的。据统计，仅 1995 年，全世界死于地面交通事故的人数超出 80 万，而在自 1990 年至 1999 年的 10 年间，全世界平均每年死于空难的还不到 500 人，在这 10 年间，我国平均每年雇于空难的还不到 25 人。

为了评价上述论证的正确性，回答以下哪个问题最为重要？

A. 在上述 10 年间，我国平均每年有多少人死于地面交通事故？

B. 在上述 10 年间，我国平均每年有多少人加入地面交通，有多少人加入航运？

C. 在上述 10 年间，全世界平均每年有多少人加入地面交通，有多少人加入航运？

D. 在上述 10 年间，1995 年全世界死于地面交通事故的人数是否是最高的？

E. 在上述 10 年间，哪一年死于空难的人数最多？人数是多少？

【配套练习答案】

1. 答案：E。 本题是评价题型，考查求异法。如果对选项中的问题做正反两方面回答，对于结论也会有支持或削弱两种作用，这种选项就是评价题的答案。题干要考察的是"有规律的工作"与"体重增长"二者之间的因果关系。如果那些和该组调查对象其他情况相仿但没有从事有规律工作的人，在同样的 8 年中体重也有增长，即求异失败，说明二者之间因果关系难以成立，很可能是其他因素影响了体重增长；反之，如果 E 项说的那些人在同样的 8 年中体重没有增长甚至降低了，意味着求异成功，就支持了题干结论的因果关系。A 项所说的"经常进行体育锻炼"题干没有涉及，所以无法构成评价。

2. 答案：E。 E 选项提出的问题对评价题干的论证最为重要。因为如果在上述 13 年中，处于相同年龄段的单身男女的体重增减状况和题干的统计结果类似，那么题干的结论就不能成立。

3. 答案：D。 当选项为特殊疑问句或陈述句时，如果对这些选项的回答的精确信息可以使题干的推理成立或不成立，即对这个精确的信息予以"否定"之后，题干推理不再成立，那么这个选项就是评价。

如果 D 选项操作的结果是：孕妇缺乏维生素而非孕妇不缺乏维生素，则将加强题干的结论；否则，将削弱题干的结论。因此，D 选项的操作对于评价题干的结论具有重要性。

如果 A 选项操作的结果是：该缺乏维生素的孕妇的日常饮食中含有足量的维生素，则有利于加强题干的结论，但力度不如 D 选项。因为在 D 选项中，进行比较的是孕妇和非孕妇，她们日常饮食中维生素都足量，但前者缺乏维生素而后者不缺，因此，和 A 选项比较，孕妇缺乏维生素的原因，更可能与怀孕有关。其余各项对评价题干的结论都不具有重要性。A、B 两个选项合起来才是答案。

4. 答案：C。 要评价研究的意义，就要考虑"起跑线"是否相同，这决定了比较是否成立。哈丁宣称因为过度使用，公地比私人牧场条件恶化更快。研究表明，公地现在的状况更好，但如果在放牧前，私人土地与公地的质量不相当，公地的条件远远好于私人牧场，该研究中指出的现象就不会削弱哈丁的宣称。

反之，如果在放牧之前私人牧场与公地的质量确实相当，那么该研究中指出的现象就能削弱哈丁的宣称。因此，C 选项能起到评价作用。

A 和 E 两个选项不合适，因为不管某些放牧者使用两种土地还是只使用公地，该研究都可削弱哈丁的宣称；若放牧者更愿意用公地，但公地质量更好，这就削弱了哈丁的结论；若放牧者更愿意用私地，这就削弱了哈丁的前提"更愿意用公地"，所以 B 选项不合适；而 D 选项不合适是因为如果公地的使用者更加富有，或更贫穷，都不会使研究的说服力减小。

5. 答案：B。 如果自动售烟机是所有人购买香烟的主要或者唯一渠道，那么这种禁令就像题干的类比一样，会给成年购烟者带来不便，题干论证可以成立；否则，若成年购烟者还可以通过其他途径买烟，而未成年人无法通过这些途径获取香烟，那么题干的类比就不恰当，其论证就难以成立。因此，知道"禁止使用自动售烟机带给成年购烟者的不便究竟有多大"对评价题干论证有重要意义。

6.**答案：C**。看到数据，要思考百分比的问题，因为百分比可以显示数据的相对性。百分比高，其绝对值未必高；另一种情况下，就算绝对值高，但如果基数更高，其百分比未必大。

回答 C 选项提出的问题对评价题干的论证最为重要。因为在对航运和地面交通的安全性进行比较时，在事故罹难者的绝对数量之间进行比较是没有意义的，正确的方法应是在事故率和事故死亡率之间进行比较。为了进行这种比较，不仅要知道统计年限内地面交通和航运事故罹难者的绝对数字，而且要知道有多少人加入地面交通，有多少人加入航运。选项 C 提出的正是这个问题。

选项 B 提出的是类似的问题，但它仅涉及我国，不符合题干。

第六节　推论题型

推论型试题要求以题干为前提，在选项中确定合乎逻辑的结论；或者从题干出发，得出推不出什么样的结论。

推论与假设、支持、削弱题型的最大差异在于：假设、支持、削弱考题所面临的是有待评价的推理，因此，这三类考题是让我们从 5 个选项中选择一个选项放到题干中对推理起一定作用；而推论题型所面临的推理是肯定成立的，考生不应质疑，而是要快速摄取有效信息。

一、基本解题套路

1. 概括结论

这种推论题在问题中往往明确要求"概括主旨""概括题干的结论"，其题干中也会含有结论（所以不可误以为推论题都是让考生自己推结论的），而且为了增加阅读难度，题干往往采用"结论中置"结构。这类题的本质就是考阅读方法，做这类题，明确题目要求，找到结论是关键，考生需要特别注意题干中的转折连词（但是、然而、其实等）。

2. 改写信息

有些推论题，其正确选项就是对题干某一句话的改写，必须能在题干中找到依据，决不可自行推理。由于这类题目的题干信息往往比较多，也没有结论，所以考生在识别出这种特征后，可以采用代入法，拿着选项回文定位来验证，而不要盲目反复阅读题干，陷入语义理解的误区，很容易过度推理，误选干扰项。

3. 寻找隐含假设

在推论题型中，由于假设题干推理是成立的，所以推理之中的隐含假设必定成立，有时题目就是要求考生指出隐含假设。这种推论题命题本质与假设题一样，可以用否定代入法[1]验证答案。

[1] 详见本章第三节假设题型。

二、做推论题的注意事项

对于推论题来说,必然的推论当然好,可能的推论也可以,特别是利用归纳、类比法推出的推论,更多的是可能的推论。推论题的常用解法有排除法、直接代入法、否定代入法等。

做推论题还需要注意以下规则:

(1)分清层次原则。推论题题干中每句话都可能作为出题方向,阅读时要注意从逻辑结构层次上把握题干:如果题干中有转折连词、"事实上"等字眼,要密切注意这些词后面的关键概念。

(2)把握话题关键词。答案往往是题干主要结论的复述或关键词替换,要找准话题关键词,寻找与题干重合度高的选项,不要夸大,不要引申。

(3)收敛思维原则。干扰项往往符合常识,显得很有道理,但如果不与题干直接相关,再有道理也不是答案,不要用题干之外的知识进一步推理;正确答案一般不出现题干中没有的内容,所以,考生不要对选项做联想和发挥。

(4)极端词语预先排除原则。由于推论题主要测试考生是否有过度推理的习惯,因而正确答案的选择往往需要"收敛思维",这就意味着,正确答案一般不带绝对化词语或者程度副词,也一般不出现"只有……才……"这种语气比较强烈的表述。但是如果题干相关信息中本来就带有这样的表述,那么正确答案也需要与此对应。

配套练习

1.某社会学家认为:每个企业都力图降低生产成本,以便增加企业的利润,但不是所有降低生产成本的努力都对企业有利。如有的企业减少对职工社会保险的购买,暂时可以降低生产成本,但从长远看是得不偿失的,因为这会对职工的利益造成损害,减少职工的归属感,影响企业的生产效率。

以下哪项最能准确表示上述社会学家陈述的结论?

A.如果一项措施能够提高企业的利润,但不能提高职工的福利,此项措施是不值得提倡的。

B.企业采取降低生产成本的某些措施对企业的发展不一定总是有益的。

C.只有当企业职工和企业家的利益一致时,企业采取的措施才是对企业发展有益的。

D.企业降低生产成本的努力需要从企业整体利益的角度进行综合考虑。

E.减少对职工社保的购买会损害职工的切身利益,对企业也没有好处。

2.纯种赛马是昂贵的商品。一种由遗传缺陷引起的疾病威胁着纯种赛马,使它们轻则丧失赛跑能力,重则瘫痪甚至死亡。因此,赛马饲养者认为,一旦发现有此种缺陷的赛马应停止饲养。这种看法是片面的。因为一般地说,此种疾病可以通过饮食和医疗加以控制。另外,有此种遗传缺陷的赛马往往特别美,这正是马术表演特别看重的。

以下哪项最为准确地概括了题干所要论证的结论?

A.美观的外表对于赛马来说特别重要。

B.有遗传缺陷的赛马不一定丧失比赛能力。

C.不应当绝对禁止饲养有遗传缺陷的赛马。

D.一些有遗传缺陷的赛马的疾病未得到控制,是由于缺乏合理的饮食或必要的医疗。

E.遗传疾病虽然是先天的,但其病变可以通过后天的人为措施加以控制。

3. 神经化学物质的失衡可以引起人的行为失常，大到严重的精神疾病，小到常见的孤僻、抑郁甚至暴躁、嫉妒。神经化学的这些发现，使我们不但对精神疾病患者，而且对身边原本生厌的怪僻行为者，怀有同情和容忍。因为精神健康，无非是指具有平衡的神经化学物质。

以下哪项最为准确地表达了上述论证所要表达的结论？

A. 神经化学物质失衡的人在人群中只占少数。

B. 神经化学的上述发现将大大丰富精神病学的理论。

C. 理解神经化学物质与行为的关系将有助于培养对他人的同情心。

D. 神经化学物质的失衡可以引起精神疾病或其他行为失常。

E. 神经化学物质是否平衡是精神或行为是否正常的主要因素。

4. 人们已经认识到，除了人以外，一些高级生物不仅能适应环境，而且能改变环境以利于自己的生存。其实，这种特性很普遍。例如，一些低级浮游生物会产生一种气体，这种气体在大气层中转化为硫酸盐颗粒，这些颗粒使水蒸气浓缩而形成云。事实上，海洋上空云层的形成很大程度上依赖于这种颗粒。较厚的云层意味着较多的阳光被遮挡，意味着地球吸收较少的热量。因此，这些浮游生物使得地球变得凉爽，而这有利于它们的生存，当然也有利于人类。

以下哪项最为准确地概括了上述议论的主题？

A. 为了改变地球的温室效应，人类应当保护浮游生物。

B. 并非只有高级生物才能改变环境以利于自己的生存。

C. 一些浮游生物通过改变环境以利于自己的生存，同时也造福于人类。

D. 海洋上空云层形成的规模，很大程度上取决于海洋中浮游生物的数量。

E. 低等生物以对其他种类的生物无害的方式改变环境，而高等生物则往往相反。

5. 对行为的解释与对行为的辩护，是两个必须加以区别的概念。对一个行为的解释，是指准确地表达导致这一行为的原因；对一个行为的辩护，是指出行为者具有实施这一行为的正当理由。事实上，对许多行为的辩护，并不是对此种行为的解释。只有当对一个行为的辩护成为对该行为解释的实质部分时，这样的行为才是合理的。

基于上述断定能得出以下哪项结论？

A. 当一个行为得到辩护，则也得到解释。

B. 当一个行为的原因中包含该行为的正当理由，则该行为是合理的。

C. 任何行为都不可能是完全合理的。

D. 有些行为的原因是不可能被发现的。

E. 如果一个行为是合理的，则实施这一行为的正当理由必定也是导致该行为的原因。

6. 某公司一批优秀的中层干部竞选总经理职位。所有的竞选者除了李女士自身外，没有人能同时具备她的所有优点。

从以上断定能合乎逻辑地得出以下哪项结论？

A. 在所有竞选者中，李女士最具备条件当选总经理。

B. 李女士具有其他竞选者都不具备的某些优点。

C. 李女士具有其他竞选者的所有优点。

D. 李女士的任一优点都有竞选者不具备。

E. 任何其他竞选者都有不及李女士之处。

7. 常春藤通常指美国东部的八所大学。常春藤一词一直以来是美国名校的代名词，这八所大学不仅历史悠久、治学严谨，而且教学质量极高。这些学校的毕业生大多成为社会精英，他们中的大多数人年薪超过 20 万美元，有很多政界领袖来自常春藤，更有为数众多的科学家毕业于常春藤。

根据以上陈述，关于常春藤毕业生可以得出以下哪项？

A. 有些社会精英年薪超过 20 万美元。

B. 有些政界领袖年薪不足 20 万美元。

C. 有些科学家年薪超过 20 万美元。

D. 有些政界领袖是社会精英。

E. 有些科学家成为政界领袖。

8. 由某位国际问题专家的调查统计可知：有的国家希望与某些国家结盟，有 3 个以上的国家不希望与某些国家结盟；至少有两个国家希望与每个国家建交；有的国家不希望与任一国家结盟。

根据上述统计可以得出以下哪项？

A. 有些国家之间希望建交但是不希望结盟。

B. 至少有一个国家，既有国家希望与之结盟，也有国家不希望与之结盟。

C. 每个国家都有一些国家希望与之结盟。

D. 至少有一个国家，既有国家希望与之建交，也有国家不希望与之建交。

E. 每个国家都有一些国家希望与之建交。

9. 在某学校的中学生中，对那些每天喝 2 到 3 瓶啤酒、持续 60 天的学生做医学检查，发现 75% 的学生肝功能明显退化。具有很高可信度的实验已经排除了这些结果是碰巧发生的可能性。

假如题干中的信息是真的，则会证实下面哪一个结论？

A. 饮酒导致肝功能退化。

B. 喝酒与青少年的肝功能退化呈显著的相关性。

C. 研究者想证明年轻人不应该喝酒。

D. 饮酒和肝功能退化之间没有什么关系。

E. 酗酒伤肝，这是早就被证明的忠告。

10. 在青崖山区，商品通过无线广播电台进行密集的广告宣传将会迅速获得最高的知名度。

上述断定最可能推出以下哪项结论？

A. 在青崖山区，无线广播电台是商品打开市场的最重要的途径。

B. 在青崖山区，高知名度的商品将拥有众多消费者。

C. 在青崖山区，无线广播电台的广告宣传可以使商品的信息传到每户人家。

D. 在青崖山区，某一商品为了迅速获得最高的知名度，除了通过无线广播电台进行密集的广告宣传外，不需要利用其他宣传工具做广告。

E. 在青崖山区，某一商品的知名度与其性能和质量的关系很大。

11. 张珊有合法与非法的概念，但没有道德上对与错的概念。他由于自己的某个行为受到起诉。尽管他承认自己的行为是非法的，但却不知道这一行为事实上是不道德的。

上述断定能恰当地推出以下哪项结论？

A. 张珊做了某种违法的事。

B. 张珊做了某种不道德的事。

C. 张珊是法律专业的毕业生。

D. 对于法律来说，道德上的无知不能成为借口。

E. 非法的行为不可能合乎道德。

【配套练习答案】

1. **答案：B**。题干表明企业力图降低生产成本，但不是所有降低生产成本的努力都对企业有利。所以 B 项正确。A、E 项概括的是题干的论据；C 项过度推理；D 项的结论涉及企业的整体利益，而题干说的是"从长远看得不偿失"，所以以上各项都不选。

2. **答案：C**。题干结论是："一旦发现有此种缺陷的赛马应该停止饲养"这样的观点是片面的，即对此观点持反对意见，所以 C 项可作为结论。其余各项都不是题干所要论证的。

✦♪ **3. 答案：C。**题干结论是：神经化学的这些发现，使我们……怀有同情和容忍。C 项准确表达了这个意思。D 项表达的不是题干结论的意思，而是题干的背景信息，所以不选。

✦♪ **4. 答案：B。**题干中列举低级浮游生物的例子是为了说明某个主题的，全段的论证重心应在"例如"之前找，由此确定"这种特性很普遍"是全文的论点。根据前文提到的"高级生物"和后文举例中提到的"低级生物"，可以确定 B 项是答案。题干最后一句"因此……"是针对举例进行的总结，不是全文论点。所以不选 C 项。

✦♪ **5. 答案：E。**解析：根据题干关于行为解释与行为辩护的定义，可以得出结论，如果一个行为是合理的，则实施这一行为的正当理由必定也是导致该行为的原因。题干断定，只有当对一个行为的辩护成为对该行为解释的实质部分时，这样的行为才是合理的。这是一个必要条件假言命题，B 项把必要条件当作了充分条件，故不成立。

✦♪ **6. 答案：E。**本题题干断定，不存在这样的其他竞选者：该竞选者同时具备李女士的所有优点。该断定可以表述为：任何其他竞选者在某一方面或某些方面都不如李女士。因此，题干的断定能合乎逻辑地得出 E 项所示的结论。其他项都是过度推理。

✦♪ **7. 答案：A。**根据题干（1）大多数常春藤毕业生成为社会精英；（2）他们中的大多数人年薪超过 20 万美元，可以判断 A 项正确。

✦♪ **8. 答案：E。**在已知条件中，要关注带有全称量项的命题。根据题干"至少有两个国家希望与每个国家建交"，可以推知 E 项：每个国家都有一些国家希望与之建交。E 项正确。

根据"有的国家不希望与任一国家结盟"可以推知：每个国家都至少有一个国家不希望与之结盟，所以 B 项后半句为真，但前半句无法判断真假，因为题干其他两个条件的量项全都是特称，无法确认是否有交集。D 项后半句无法必然成立，因为题目中没有任何涉及不建交的已知条件。其余各项都是无关项。

✦♪ **9. 答案：B。**这道题需要避免过度推理倾向。根据题干信息，最多推出喝酒与青少年肝功能退化有统计意义上的相关性，但无法确认二者之间的因果关系。至于研究者的目的是什么，考生不应猜测，故 C 项不选。

✦♪ **10. 答案：D。**题干可分析为，只要商品通过无线广播电台进行密集的广告宣传就会迅速获得最高的知名度，由此可知，某一商品为了迅速获得最高的知名度，除了通过无线广播电台进行密集的广告宣传外，不需要利用其他宣传工具做广告，即 D 项成立。A 项偷换了概念，题干说的"获得知名度"不等于"打开市场"，所以不能选；C 项断定过于绝对，"最高的知名度"是相对而言的，未必需要"传到每户人家"；B、E 项也是过度推理。

✦♪ **11. 答案：B。**题干断定，张珊的行为事实上是不道德的，因此，B 选项可以由题干推出。其余各项均无法必然推出，例如 A 选项，虽然张珊的行为被起诉，但是这个起诉可以不成立；张珊承认自己的行为非法，不等于这一行为事实上违法。

▪ 第七节 描述题型

描述题型并不要求从题干中必然推导出什么，而是要求总结题干论证的方法、特点或者谬误。它主要考查识别论证缺陷的能力、识别论证的结构和方法的能力，以及理解题干中某句话对结论或前提是否起作用、起到什么作用的能力。

描述题型的特点是：阅读难度大，选项是用逻辑语言对题干论证进行描述。该题型有以下两种考查方向。

一、识别论证缺陷

◆᛫例：小陈经常因驾驶汽车超速收到交管局寄来的罚单。他调查发现同事中开小排量汽车超速的可能性低得多。为此，他决定将自己驾驶的大排量汽车卖掉，换购一辆小排量汽车，以此降低超速驾驶的可能性。

小陈的论证推理最容易受到以下哪项的批评？

A.仅仅依据现象间有联系就推断出有因果关系。

B.依据一个过于狭隘的范例得出一般结论。

C.将获得结论的充分条件当做必要条件。

D.将获得结论的必要条件当做充分条件。

E.进行了一个不太可信的调查研究。

本题考查识别推理缺陷的能力。小陈论证中存在的谬误是"强拉因果"，A选项指出了这一点。

二、识别论证方法

◆᛫例：小陈：目前1996D3彗星的部分轨道远离太阳，最近却可以通过太阳望远镜发现其发出闪烁光。过去人们从来没观察到远离太阳的彗星出现这样的闪烁光，所以这种闪烁必然是不寻常的现象。

小王：通常人们都不会去观察那些远离太阳的彗星，这次发现的1996D3彗星闪烁光是有人通过持续而细心的追踪观测获得的。

以下哪项最为准确地概括了小王反驳小陈的观点所使用的方法？

A.指出小陈使用的关键概念含义模糊。

B.指出小陈的论据明显缺乏说服力。

C.指出小陈的论据自相矛盾。

D.不同意小陈的结论，并且对小陈的论据提出了另一种解释。

E.同意小陈的结论，但对小陈的论据提出了另一种解释。

本题是让我们识别论证方法。小陈的论证结构是：因为以前没见过某种现象，所以该现象不寻常。小王的论证结构是：因为以前没主动去观察，所以没见过某种现象；现在持续细心观察了，就能够看到这种现象了。小王的话暗示：所以这种现象没什么不寻常的，小陈犯了"诉诸无知"的错误。解题时考生不需要懂得什么叫"诉诸无知"（虽然了解这一点有助于减少解题的不确定性），只要理解了小王的暗示，就可以定位到D选项。

配套练习

◆᛫1.张先生：常年吸烟可能有害健康。

李女士：你的结论反映了公众的一种误解。我的祖父活了96岁，但他从年轻时就一直吸烟。

以下哪项最为恰当地指出了李女士的反驳中存在的漏洞？

A.试图依靠一个反例推翻一个一般性结论。

B.试图诉诸个例在不相关的现象之间建立因果联系。

C.试图运用一个反例反驳一个可能性结论。

D. 不当地依据个人经验挑战流行见解。

E. 忽视了这种可能：她的祖父如果不长年吸烟可以更为长寿。

2. 去年经纬汽车专卖店调高了营销人员的营销业绩奖励比例，专卖店李经理打算新的一年继续执行该奖励比例，因为去年该店的汽车销售数量较前年增加了16%。陈副经理对此持怀疑态度。她指出，他们的竞争对手并没有调整营销人员的奖励比例，但在过去的一年也出现了类似的增长。

以下哪项最为恰当地概括了陈副经理的质疑方法？

A. 运用一个反例，否定李经理的一般性结论。

B. 运用一个反例，说明李经理的论据不符合事实。

C. 运用一个反例，说明李经理的论据虽然成立，但不足以推出结论。

D. 指出李经理的论证对一个关键概念的理解和运用有误。

E. 指出李经理的论证中包含自相矛盾的假设。

3. 贾女士：我支持日达公司雇员的投诉。他们受到了不公正的待遇。他们中大多数人的年薪还不到 10 000 元。

陈先生：如果说工资是主要原因的话，我很难认同你的态度。据我了解，日达公司雇员的平均年薪超过 15 000 元。

以下哪项最为恰当地指出了陈先生反驳中存在的漏洞？

A. 在一个核心概念的界定和使用上没有与论辩对方保持一致。

B. 所反驳的并不是论辩对方事实上所持的观点。

C. 在反驳过程中出现自相矛盾。

D. 在反驳过程中没有对某个核心概念的界定和使用保持一致。

E. 对关键性数据的引用有误。

4. 陈教授：中世纪初欧洲与东亚之间没有贸易往来，因为在现存的档案中找不到这方面的任何文字记录。

李研究员：您的论证与这样一个论证类似，传说中的喜马拉雅雪人是不存在的，因为从来没有人作证亲眼看到过这种雪人。这一论证的问题在于，有人看到雪人当然能证明雪人存在，但没人看到不能证明雪人不存在。

以下哪项最为准确地概括了李研究员所要表达的结论？

A. 断定中世纪初欧洲与东亚之间存在贸易往来，和断定存在喜马拉雅雪人一样，缺少科学根据。

B. 尽管缺少可靠的文字记录，但中世纪初欧洲与东亚之间非常可能存在贸易往来。

C. 不同内容的论证之间存在可比性。

D. 不能简单地根据缺乏某种证据证明中世纪初欧洲与东亚之间有贸易往来，就说这种贸易往来不存在。

E. 证明事物不存在要比证明它存在困难得多。

5. 张教授：在南美洲发现的史前木质工具存在于 13 000 年以前。有的考古学家认为，这些工具是从西伯利亚迁徙到阿拉斯加的人群使用的。这一观点难以成立。因为要到达南美，这些人群必须在 13 000 年前经历长途跋涉，而在阿拉斯加到南美洲中间，从未发现 13 000 年前的木质工具。

李研究员：您恐怕忽视了，这些木质工具是在泥煤沼泽中发现的，北美很少有泥煤沼泽。木质工具在普通的泥土中几年内就会腐烂分解。

以下哪项最为准确地概括了李研究员的应对方法？

A. 指出张教授的论据违背事实。

B. 引用与张教授的结论相左的权威性研究成果。

C. 指出张教授曲解了考古学家的观点。

D. 质疑张教授的隐含假设。

E. 指出张教授的论据实际上否定其结论。

6. 统计显示，在汽车事故中，装有安全气囊汽车的比例高于未装安全气囊的汽车。因此，在汽车中装有安全气囊，并不能使车主更安全。

以下哪项最为恰当地指出了上述论证的漏洞？

A. 不加说明就予以假设：任何装有安全气囊汽车都可能遭遇汽车事故。

B. 忽视了这种可能性：未装安全气囊的车主更注意谨慎驾驶。

C. 不当的假设：在任何汽车事故中，安全气囊都会自动打开。

D. 不当地把发生汽车事故的可能程度，等同于车主在事故中受伤害的严重程度。

E. 忽视了这种可能性：装有安全气囊的汽车所占的比例越来越大。

7. 许多人不仅不理解别人，而且也不理解自己，尽管他们可能曾经试图理解别人，但这样的努力注定会失败，因为不理解自己的人是不可能理解别人的。可见，那些缺乏自我理解的人是不会理解别人的。

以下哪项最能说明上述论证的缺陷？

A. 使用了"自我理解"概念，但并未给出定义。

B. 没有考虑"有些人不愿意理解自己"这样的可能性。

C. 没有正确把握理解别人和理解自己之间的关系。

D. 结论仅仅是对其论证前提的简单重复。

E. 间接指责人们不能换位思考，不能相互理解。

8. 脑部受到重击后人就会丧失意识。有人因此得出结论：意识是大脑的产物，肉体一旦死亡，意识就不复存在。但是，一台被摔的电视机突然损坏，它正在播出的图像当然立即消失，但这并不意味着正由电视塔发射的相应图像信号就不复存在。因此，要得出"意识不能独立于肉体而存在"的结论，恐怕还需要更多的证据。

以下哪项最为准确地概括了"被摔的电视机"这一实例在上述论证中的作用？

A. 作为一个证据，它说明意识可以独立于肉体而存在。

B. 作为一个反例，它驳斥关于意识本质的流行信念。

C. 作为一个类似意识丧失的实例，它从自身得出的结论和关于意识本质的流行信念显然不同。

D. 作为一个主要证据，它试图得出结论：意识和大脑的关系，类似于电视图像信号和接收它的电视机之间的关系。

E. 作为一个实例，它说明流行的信念都是应当质疑的。

9. 有种观点认为，到21世纪初，和发达国家相比，发展中国家将有更多的人死于艾滋病。其根据是：据统计，艾滋病毒感染者人数在发达国家趋于稳定或略有下降，在发展中国家却持续快速增长；到21世纪初，估计全球的艾滋病毒感染者将达到4 000万至1.1亿人，其中，60% 将集中在发展中国家。这一观点缺乏充分的说服力。因为，同样权威的统计数据表明，发达国家艾滋病感染者从感染到发病的平均时间要大大短于发展中国家，而从发病到死亡的平均时间只有发展中国家的1/2。

以下哪项最为恰当地概括了上述反驳所使用的方法？

A. 对"论敌"的立论动机提出质疑。

B. 指出"论敌"把两个相近的概念当做同一概念来使用。

C. 对"论敌"的论据的真实性提出质疑。

D. 提出一个反例来否定"论敌"的一般性结论。

E. 指出"论敌"在论证中没有明确具体的时间范围。

【配套练习答案】

1. 答案：C。 张先生认为"常年吸烟可能有害健康"，这是一个可能性结论，反例对于这种结论无法削弱，这就是李女士反驳中的逻辑漏洞。在归纳推理中，反例可以反驳一般性结论；但是张先生的结论不是通过归纳得出的，所以 A 项不选。

2. 答案：C。 李经理的结论是：今年继续提高奖励比例可以增加销售量。论据是去年提高奖励增加了销售量。陈副经理并没有否认李经理的论据，但提出了一个反例，用以说明，销售量的增加并不一定是提高奖励比例的结果，这就说明李经理的论据虽然成立，但不足以推出结论。

其余各项都不恰当，以 A 项为例，认为李经理论证中包含一般性结论：提高奖励可以增加销售量，那么质疑这个一般性结论的反例应当是，某家企业提高奖励但没有增加销售量。但陈副经理提出的不是这样的反例。

3. 答案：A。 两人论辩中，都采用了平均数作为论据，但是贾女士说的是众数平均数，而陈先生说的是总平均数，关键概念与贾女士不一致。陈先生并没有多次涉及平均年薪，所以，D 项不正确。

4. 答案：D。 陈教授的论证中的逻辑漏洞是，把缺乏证据证明某种情况存在，当做证明此种情况不存在的证据，这是"诉诸无知"的错误。李研究员正确地指出了这一点。D 项准确地概括了李研究员所要表达的结论。

5. 答案：D。 张教授的隐含假设是：在从×××到×××之间的路上（×××是什么，对于解题来说并不重要，这就是抗干扰审题法），如果N年前（N等于几也不重要）存在过木质工具，就应该如同在南美洲那样能被发现。李研究员对这个隐含假设进行了质疑：即便这些工具存在过，但很可能已经腐烂了，所以没发现木质工具不能作为证据。

6. 答案：D。 安全气囊的作用，不在于避免汽车事故，而在于当事故发生时减少车主受伤害的程度。题干的论证显然忽略了这一点，因而本题应选 D。如果题干中讲的不是比例，而是数量（在汽车事故中，装有安全气囊的汽车的事故数量多于未安装气囊的汽车），则 E 项是否成立呢？仍然不行，因为题干本质错误在于偷换了概念，把汽车事故不当地等同于车主（在事故中）不安全。

7. 答案：D。 题干的论证是：不理解自己的人是不可能理解别人的→那些缺乏自我理解的人是不会理解别人的，这犯了"循环论证"的逻辑错误（用来证明结论的论据，其本身的真实性要依靠结论来证明，又称"乞题谬误"），D 项指出了这一点。

题干显然将"自我理解"定义成"理解自己"，所以 A 项不选；题干论证未涉及"不愿意"理解自己，故 B 项不选；C、E 两项所述也都是题干未涉及的信息。

8. 答案：C。 本题是让我们识别在论点构建中某句话的作用。

题干所举的"被摔的电视机"的实例说明，信息可以独立于它的某种载体而存在，这和"意识不能独立于肉体而存在"流行信念相左。题干引用这一实例并非要完全否定这一流行信念，而只是说明，论证这一信念需要更多的证据，仅依据"肉体一旦死亡，大脑意识就不复存在"是不够的。A 选项说此观点是错误的，B 选项是说"驳斥"，都误解了题干的意思。

题干的结论是某个观点需要更多证明，D 选项所说的"试图得出"的结论，显然是不正确的。题干所举的"被摔的电视机"的实例，可以看作对关于意识本质的流行信念的一种质疑，但显然不能说明流行的信念都是应当质疑的，因此，E 选项不恰当。

C 选项很好地概括了"被摔的电视机"这一实例在题干论证中的作用。人的大脑具有的意识与电视机所具有的"意识"有本质的不同。电视机本身不能创造意识，而人脑是有意识的，题干的论证是在"不当类比"，所以作为一个类似意识丧失的实例，它从自身中得出的结论和关于意识本质的流行信念显然不同。

9. 答案：B。 上述反驳实际上指出"死于艾滋病的人数"与"感染艾滋病的人数"是两个不同的概念，题干前面的观点将其当做同一概念使用。实际上，到 21 世纪初，发展中国家死于艾滋病的人数不一定多于发达国家。

第八节　类似比较题型

类似比较题型，就是要指出选项与题干在推理形式或者推理谬误上的相似性。命题方式包括：推理形式类似、论证方法类似等。

一、推理形式类似

涉及推理形式类似的考点主要有：三段论的结构类似、充分或必要条件推理的结构类似、联言选言命题的结构类似、归纳类比的结构类似等。

对这类题目，要从具体的、有内容的论述中抽象出一般的推理形式，并在选项中找到对应项。解题的时候，不必考虑题干真假以及错误原因，只需要从具体的题干中抽象出一般形式结构。抓住推理或论证中的主要逻辑框架是解题关键。

例： 法制的健全或者执政者强有力的社会控制能力，是维持一个国家社会稳定的必不可少的条件。Y 国社会稳定但法制尚不健全。因此，Y 国的执政者具有强有力的社会控制能力。

以下哪项论证方式和题干的最为类似？

A. 一个影视作品，要想有高的收视率或票房，作品本身的质量和必要的包装宣传缺一不可。电影《青楼月》上映以来票房不佳但实际质量堪称上乘。因此，看来它缺少必要的广告宣传和媒介炒作。

B. 只有有超常业绩或者 30 年以上服务于本公司的工龄的雇员，才有资格获得本公司本年度的特殊津贴。黄先生获得了本年度的特殊津贴但在本公司仅供职 5 年，因此，他一定有超常业绩。

C. 如果既经营无方又铺张浪费，那么一个企业将严重亏损。Z 公司虽经营无方但并没有严重亏损，这说明它至少没有铺张浪费。

D. 一个罪犯要实施犯罪，必须既有作案动机，又有作案时间。在某案中，W 先生有作案动机但无作案时间，因此，W 先生不是该案的作案者。

E. 一个论证不能成立，当且仅当，或者它的论据虚假，或者它的推理有误。J 女士在科学年会上对她发现的科学价值的论证尽管逻辑严密，推理无误，但还是被认定为不能成立。因此，她的论证中至少有部分论据虚假。

题干的推理形式是："只有 S 或 P，才 R；R 且非 S；所以 P"。选项 B 的推理形式是："只有 S 或 P，才 R；R 且非 P；所以 S"。结构相同，都属于必要条件假言推理的肯定后件到肯定前件的推理。选项 C 的大前提是一个充分条件假言命题。选项 D 的大前提的前件是"既……又……"。选项 E 的大前提是充要条件假言命题。

在实际解题过程中，不必把各项的形式都完整地写出来。一个关键之处是：题干的第一个前提中出现的联结词是"或者"，在诸选项中，只有 B 选项相应之处的联结词是"或者"，其余各项均是"并且"。

要注意，此类考题题干往往是违反常识的表述，以此对考生造成一定的思维干扰，做这类题只考虑推理结构和形式，而不考虑其内容的对错，所以，要注意排除内容本身的影响从而尽快找出其推理结构。

二、论证方法类似

逻辑上的论证推理方法，包括演绎法、归纳法、求因果五法、类比法等。这类题目要求考生识别题干采用了哪种论证方式，并在选项中找到对应项。解题时须比较思维的过程是否相同或者相似，必要时要对题干和选项的语言表述做适当的整理。

有时，命题者会要求考生识别题干中的逻辑谬误，其实质是识别题干中的论证方法。常见的逻辑谬误包括：（1）混淆概念；（2）转移论题；（3）自相矛盾；（4）模棱两可；（5）不当类比；（6）以偏概全；（7）另有他因；（8）因果倒置；（9）不当引申；（10）非黑即白；（11）稻草人谬误；（12）诉诸无知。

配套练习

1. 科学不是宗教，宗教都主张信仰，所以主张信仰都不科学。

以下哪项能说明上述推理不成立？

A. 所有渴望成功的人都必须努力工作，我不渴望成功，所以，我不必努力工作。

B. 商品都有使用价值，空气当然有使用价值，所以，空气当然是商品。

C. 不刻苦学习的人都成不了技术骨干，小张是刻苦学习的人，所以，小张能成为技术骨干。

D. 台湾人不是北京人，北京人都说汉语，所以，说汉语的人都不是台湾人。

E. 犯罪行为都是违法行为，违法行为都应受到社会的谴责，所以，应受到社会谴责的行为都是犯罪行为。

2. 一个产品要想稳固地占领市场，产品本身的质量和产品的售后服务，二者缺一不可。空谷牌冰箱质量不错，但售后服务跟不上，因此，很难长期稳固地占领市场。

以下哪项推理结构和题干类似？

A. 德才兼备是一个领导干部尽职胜任的必要条件。李主任富于才干但疏于品德，因此，他难以尽职胜任。

B. 如果天气晴朗并且风速在三级以下，跳伞训练场地将对外开放。今天的天气晴朗但风速在三级以上，所以，跳伞训练场地不会对外开放。

C. 必须有超常业绩或者教龄在30年以上，才有资格获得特殊津贴。张教授获得了特殊津贴但教龄只有15年，因此，他一定有超常业绩。

D. 如果不深入研究广告制作的规律，则所制作的广告知名度和信任度不可兼得。空谷牌冰箱的广告既有知名度又有信任度，因此，这一广告的制作者肯定深入研究了广告制作的规律。

E. 一个罪犯要作案，必须既有作案动机，又有作案时间。李某既有作案动机又有作案时间，因此，他肯定是作案的罪犯。

3. 湖队是不可能进入决赛的。如果湖队进入决赛，那么太阳就从西边出来了。

以下哪项与上述论证方式最相似？

A. 今天天气冷。如果不冷，湖面怎么结冰了？

B. 语言是不能创造财富的。若语言能够创造财富，则夸夸其谈的人就是世界上最富有的人了。

C. 草木之生也柔脆，其死也枯槁。故坚强者也死之徒，柔弱者生之徒。

D. 天上是不会掉馅饼的。如果你不相信这一点，那上当受骗是迟早的事。

E.古典音乐不流行。如果流行，那就说明大众的音乐欣赏水平大大提高了。

4.居民苏女士在菜市场看到某摊位出售的鹌鹑蛋色泽新鲜、形态圆润，且价格便宜，于是买了一箱。回家后发现有些鹌鹑蛋打不破，甚至丢到地上也摔不坏，再细闻已经打破的鹌鹑蛋，有一股刺鼻的消毒液味道。她投诉至菜市场管理部门。结果一位工作人员声称鹌鹑蛋目前还没有国家质量标准，无法判定它有质量问题，所以他坚持这箱鹌鹑蛋没有问题。

以下哪项与该工作人员得出结论的方式最为相似？

A.不能证明宇宙是没有边际的，所以宇宙是有边际的。

B."旅游论坛"还没有论坛规范，所以管理员还没有权限删除帖子。

C.小偷在逃跑中跳入2米深的洞中，事主认为没有危险，因此不予施救。

D.并非外星人不存在，所以外星人存在。

E.慈善晚会上的假唱行为不属于商业管理范围，因此相关部门无法对其惩罚。

5.某出版社近年来出版物的错字率较前几年有明显的增加，引起了读者的不满和有关部门的批评，这主要是由于该出版社大量引进非专业编辑。当然，近年来该社出版物的大量增加也是一个重要原因。

上述议论中的漏洞，也类似地出现在以下哪项中？

Ⅰ.美国航空公司近两年来的投诉率比前几年有明显的下降。这主要是由于该航空公司在裁员整顿的基础上有效地提高了服务质量。当然，"9·11"事件后航班乘客数量的锐减也是一个重要原因。

Ⅱ.统计数字表明：近年来我国心血管病的死亡率，即由心血管病导致的死亡人数在整个死亡人数中的比例，较前有明显增加，这主要是由于：随着经济的发展，我国民众的饮食结构和生活方式发生了容易诱发心血管病的不良变化。当然，由于心血管病主要是老年病，因此，我国人口的老龄化，即人口中老年人比例的增大，也是一个重要原因。

Ⅲ.S市今年的高考录取率比去年增加了15%，这主要是由于各中学狠抓了教育质量。当然，另一个重要原因是，该市今年参加高考的人数比去年增加了20%。

A.只有Ⅰ。　　　　　　　　　　B.只有Ⅱ。

C.只有Ⅲ。　　　　　　　　　　D.只有Ⅰ和Ⅲ。

E.Ⅰ、Ⅱ和Ⅲ。

6.赵默是一位优秀的企业家，因为如果一个人既拥有在国内外知名学府和研究机构工作的经历，又有担任项目负责人的管理经验，那么他就能成为一位优秀的企业家。

以下哪项与上述论证最为相似？

A.李然是信息技术领域的杰出人才。因为如果一个人不具有前瞻性眼光、国际化视野和创新思维，就不能成为信息技术领域的杰出人才。

B.袁清是一位好作家。因为好作家都具有较强的观察能力、想象能力及表达能力。

C.青年是企业发展的未来。因此，企业只有激发青年的青春力量，才能促其早日成才。

D.人力资源是企业的核心资源。因为如果不开展各类文化活动，就不能提升员工岗位技能，也不能增强团队的凝聚力和战斗力。

E.风云企业具有凝聚力。因为如果一个企业能引导和帮助员工树立目标、提升能力，该企业就能具有凝聚力。

7.一个国家要发展，最重要的是保持稳定。一旦失去稳定，经济的发展、政治的改革就失去了可行性。

上述议论的结构和以下哪项的结构最不类似？

A.一个饭店，最重要的是让顾客感到饭菜好吃。价格的合理，服务的周到，环境的优雅，只有在顾客吃得满意的情况下才有意义。

B.一个人，最要紧的是不能穷。一旦没钱，有学问，有相貌，有品行，又能有什么用呢？

C.高等院校即使是研究型的高等院校，其首要任务是培养学生。这一任务完成得不好，校园再漂亮，设施再先进，发表的论文再多，也是没有意义的。

D.对于文艺作品来说，最重要的是它的可读性、观赏性。只要有足够多的读者，高质量的文艺作品就一定能实现它的社会效益和经济效益。

E.一个品牌要能长期占领市场，最重要的是产品质量。一个产品如果质量不过关，广告或包装再讲究，也不能使它长期占领市场。

8.研究人员将角膜感觉神经断裂的兔子分为两组：实验组和对照组。他们给实验组兔子注射了一种从土壤霉菌中提取的化合物。3周后检查发现，实验组兔子的角膜感觉神经已经复合，而对照组兔子未注射这种化合物，其角膜感觉神经都没有复合。研究人员由此得出结论：该化合物可以使兔子断裂的角膜感觉神经复合。

以下哪项与上述研究人员得出结论的方式最为类似？

A.一个整数或者是偶数，或者是奇数。0不是奇数，所以，0是偶数。

B.绿色植物在光照充足的环境下能茁壮成长，而在光照不足的环境下只能缓慢生长，所以，光照有助于绿色植物生长。

C.年逾花甲的老王戴上老花镜可以读书看报，不戴则视力模糊，所以年龄大的人都要戴老花镜。

D.科学家在北极冰川地区的黄雪中发现了细菌，而该地区的寒冷气候与木卫的冰冷环境有着惊人的相似，所以木卫可能存在生命。

E.昆虫都有三对足，蜘蛛并非三对足，所以蜘蛛不是昆虫。

9.甲：知难行易，知然后行。乙：不对，知易行难，行然后知。

以下哪项与上述对话方式最为相似？

A.甲：知人者愚，自知者明。乙：不对。知人不易，知己更难。

B.甲：不破不立，先破后立。乙：不对。不立不破，先立后破。

C.甲：想想容易做起来难，做比想更重要。乙：不对。想到就能做到，想比做更重要。

D.甲：批评他人易，批评自己难；先批评他人后批评自己。乙：不对。批评自己易，批评他人难；先批评自己后批评他人。

E.甲：做人难做事易，先做人再做事。乙：不对。做人易做事难，先做事再做人。

10.和上一个十年相比，近十年吸烟者中肺癌患者的比例下降了10%。据分析，这种结果有两个明显的原因：第一，近十年中高档品牌的香烟都带有过滤嘴，这有效地阻止了香烟中有害物质的吸入；第二，和上一个十年相比，近十年吸烟人数大约下降了10%。

以下哪项对上述分析的评价最为恰当？

A.上述分析不存在逻辑漏洞。

B.上述分析依据的数据有误，因为吸烟者中肺癌患者下降的比例，不可能正好等于吸烟者人数下降的比例。

C.上述分析缺乏说服力，因为显然存在吸过滤嘴香烟的肺癌患者。

D.上述分析存在漏洞，这种漏洞和以下分析中的类似：和去年相比，今年京都大学录取的来自西部新生的比例上升了10%。据分析，这有两个原因：第一，西部地区的中等教育水平逐年提高；第二，今年西部地区的考生比去年增加了10%。

E.上述分析存在漏洞，这种漏洞和以下分析中的类似：人们对航行的恐惧完全是一种心理障碍。统计说明，空难死亡率不到机动车事故死亡率的1%。随着机动车数量的大幅度上升，航空旅行相对地将变得更为安全。

【配套练习答案】

1. 答案: D。题干的结构可整理为:所有 P 不是 M,所有 M 是 S。所以所有 S 不是 P。

选项 A 的结构可整理为:所有 M 是 P,某 S 不是 M。所以某 S 不是 P。

选项 B 的结构可整理为:所有 P 是 M,所有 S 是 M。所以所有 S 是 P。

选项 C 的结构可整理为:所有 M 是 P,某 S 不是 M。所以某 S 不是 P。

选项 D 的结构可整理为:所有 P 不是 M,所有 M 是 S。所以所有 S 不是 P。

选项 E 的结构可整理为:所有 M 是 P,所有 P 是 S。所以有些 S 是 M。

通过以上分析,只有 D 选项的结构与题干一致。

2. 答案: A。题干论证形式为,P 和 Q 是 S 的必要条件,具有 P 但不具有 Q,所以不能得到 S;即:$S \rightarrow P \wedge Q$,$P \wedge \neg Q \rightarrow \neg S$。A 项与题干结构相同。

B 项的论证形式是:$P \wedge Q \rightarrow S$,$P \wedge \neg Q \rightarrow \neg S$。

C 项的论证形式是:$S \rightarrow P \vee Q$,$S \wedge \neg Q \rightarrow P$。

D 项的论证形式是:$\neg S \rightarrow \neg (P \wedge Q)$,$P \wedge Q \rightarrow S$。

E 项的论证形式是:$S \rightarrow P \wedge Q$,$P \wedge Q \rightarrow S$。

3. 答案: B。题干运用了归谬法:如果 A 命题为真将得出荒谬的结论,这就证明 A 命题为假;只有 B 项也运用了这种方法。A 项是举例论证,C、D 两项是类比论证,E 项也不能构成归谬。

4. 答案: A。题干根据"无法判定它有质量问题",推出"它没有质量问题",这种逻辑谬误叫"诉诸无知"——因为不知道某事,所以某事不存在。A 项也是诉诸无知,因为不知道宇宙没有边际,所以宇宙没有边际是假的。

5. 答案: D。错字率是单位数量的文字中出现错字的比例,一般地说,它和文字的总量没有确定关系。题干把近年来上述出版社出版物的大量增加,作为该社近年来出版物的错字率明显增加的重要原因,是一个漏洞。类似地,航空公司的投诉率,是单位数量航班乘客中投诉者的比例,一般地说,它和乘客的总量没有确定关系。Ⅰ把"9·11"事件后航班乘客数量的锐减,解释为美国航空公司投诉率有明显下降的重要原因,是一个类似于题干的漏洞;Ⅲ所描述的比例与总量之间的关系,与题干有着同样的漏洞;Ⅱ提出了死亡率与老龄人口比例之间的正比关系,将易患此病人群占总人口比例的增加视为此病死亡率上升的原因,是合理的。所以Ⅱ不存在题干中所说的漏洞。

6. 答案: E。题干构建了一个因果关系论证,其原因是一个充分条件假言命题,这个假言命题的前件和后件都是肯定命题,而且其前件是一个联言命题。E 项论证结构与之最为类似。A、D 两项中假言命题的前件和后件都是否定命题(而且 D 项中假言命题的后件是联言命题,与题干不符),故排除。B 项的原因不是假言命题而是全称肯定命题,与题干形式不符。C 项的原因由必要条件假言命题构成,也与题干形式不符。

7. 答案: D。注意问题的相反陷阱。题干的论证强调的是相关条件的必要性。在诸选项中,除了 D,强调的都是相关条件的必要性,只有 D 项强调的是充分性,与题干论证不同。

8. 答案: B。题干的实验运用了求异法,B 项与之类似。A 项是否定一个选言支从而肯定另外一个;C 项采用求异法,但得到的结论不对,应该得到"戴老花眼镜"与"视力"之间的关系;D 项运用了类推的方法而不是求异法;E 项是三段论推理。

9. 答案: E。题干中两人都是先说"难易",再说"先后",提出了两个标准。D、E 两项与此类似。题干中甲说的顺序,先说"难"再说"易",而且乙的反驳也是先说"知"再说"行",只有 E 项与此类似。

10. 答案: D。题干中的漏洞在于,吸烟者中肺癌患者的比例的变化,和吸烟者人数的变化之间没有关系；换句话说，即使吸烟人数在总人数中的比例下降了，但是这不会影响到吸烟者中患肺癌的比例。原题干将这两个彼此独立的数据构建了因果联系。D项与此类似，认为考生数量改变是录取率改变的原因。

E项中，机动车事故死亡率与机动车数量是无关的，但是题干的论证是溯因推理，即根据某个现象来追溯原因，而E项的推理方式显然不是溯因推理，而且还与空难死亡率做了比较，这也是题干中没有的，因而排除。

第九节　解释题型

解释题型的一般特征是，已知条件给出关于某些事实或现象的客观描述，通常是给出一个似乎矛盾实际上并不矛盾的现象，要求对这些事实、现象、结果或矛盾作出合理解释。

解释可区分为各种不同情况，有时可能需要解释的是一个事件发生的原因，也可能是某一行为的目的，但总的来说都和解释论证中存在的表面矛盾有关。

已知条件所描述的事物现象间的矛盾或差异仅仅是表面性的，这种表面上的矛盾或者是同一个事物的两个不同方面，或者是两个不同的对象。但为何又显得很矛盾呢？原因可能是某方面的细节、某个侧面或者看问题的角度没有考虑到。解释就是要把这些细节或者侧面、角度揭示出来。

解释题型的解题思路有：

（1）语义理解：分析题干的结论或论点以及关键概念。

（2）相关原则：虽然正确答案可以超出题干，但一定要与题干相关。

（3）程度比较：对于"最能解释"题型要注意，必然性解释力度要大于或然性解释。

（4）答案要明确，使原文不再矛盾；不需要充分性。

配套练习

1. 以优惠价出售日常家用小商品的零售商通常有上千雇员，其中大多数只能领取最低工资。随着国家法定的最低工资标准的提高，零售商的人力成本也随之大幅度提高。但是零售商的利润非但没有降低，反而提高了。

以下哪项如果为真，最有助于解释上述看来矛盾的现象？

A.上述零售商的基本顾客，是领最低工资的人。

B.人力成本只占零售商经营成本的一半。

C.在国家提高最低工资标准的法令实施后，除了人力成本以外，其他零售商经营成本也有所提高。

D.零售商的雇员有一部分来自农村，他们基本都拿最低工资。

E.在国家提高最低工资标准的法令实施后，零售商降低了某些高薪雇员的工资。

2. 马晓敏是眼科医院眼底手术的一把刀，也是湖城市最好的眼底手术医生，但是，令人费解的是，经马晓敏手术后患者视力获得明显提高的比例较低。

以下哪项如果为真，最有助于解释以上陈述？

A.眼底手术大多是棘手的手术，需要较长的时间才能完成。

B.除了马晓敏以外，湖城市眼科医院缺乏能干的眼底手术医生。

C. 除了眼底手术，马晓敏同时精通其他眼科手术。

D. 目前经马晓敏手术后患者视力获得明显提高的比例比过去有所提高。

E. 湖城市眼科医院难治的眼底疾病患者的手术大多数都是由马晓敏医生完成的。

3. 若成为白领的可能性无性别差异，按正常男女出生率 102：100 计算，当这批人中的白领谈婚论嫁时，女性与男性数量应当大致相等。但实际上，某市妇联近几年举办的历次大型白领相亲活动中，报名的男女比例约为 3：7，有时甚至达到 2：8。这说明，文化越高的女性越难嫁，文化低的反而好嫁；男性则正好相反。

以下除哪项外，都有助于解释上述分析与实际情况的不一致？

A. 男性因长相身高、家庭条件等被女性淘汰者多于女性因长相身高、家庭条件等被男性淘汰者。

B. 与男性白领不同，女性白领要求高，往往只找比自己更优秀的男性。

C. 大学毕业后出国的精英分子中，男性多于女性。

D. 与本地女性竞争的外地优秀女性多于与本地男性竞争的外地优秀男性。

E. 一般来说，男性参加大型相亲会的积极性不如女性。

4. 一项对东华大学企业管理系 94 届毕业生的调查结果看来有些问题，当被调查毕业生被问及其在校时学习成绩的名次时，统计资料表明：有 60% 的回答者说他们的成绩位居班级的前 20%。

如果我们已经排除了回答者说假话的可能，那么下面哪项能够对上述现象给出更合适一些的解释？

A. 未回答者中也并不是所有人的成绩名次都在班级的前 20% 以外。

B. 虽然回答者没有错报成绩，但不排除个别人对于学习成绩的排名有不同的理解。

C. 东华大学对学生学习成绩的名次排列方式与其他大多数学校不同。

D. 成绩较差的毕业生在被访问时一般没有回答这个有关学习成绩名次的问题。

E. 在校学习成绩名次是一个敏感的问题，几乎所有的毕业生都进行略微的美化。

5. 英国有家小酒馆采取客人吃饭付费"随便给"的做法，即让顾客享用葡萄酒、蟹柳及三文鱼等美食后，自己决定付账金额。大多数顾客均以公平或慷慨的态度结账，实际金额比那些酒水菜肴本来的价格高出 20%。该酒馆老板另有 4 家酒馆，而这 4 家酒馆每周的利润与付账"随便给"的酒馆相比少 5%。这位老板因此认为，"随便给"的营销策略很成功。

以下哪项如果为真，最能解释老板营销策略的成功？

A. 部分顾客希望自己看上去有教养，愿意掏足够甚至更多的钱。

B. 如果客人支付的价格低于成本价格，就会受到提醒而补足差价。

C. 另外 4 家酒馆位置不如这家"随便给"酒馆。

D. 客人常常不知道酒水菜肴的实际价格，不知道该付多少钱。

E. 对于过分吝啬的顾客，酒馆老板常常也无可奈何。

6. 一群在实验室里研究老鼠体内的新陈代谢的科学家发现去除老鼠的甲状旁腺可以导致老鼠血液中钙的水平比正常水平低得多。这个发现使科学家们假设甲状旁腺的功能是调节血液中的钙的水平，当钙的水平降到正常范围之下，它就升高钙的水平。在进一步的实验中，科学家不但去除了老鼠的甲状旁腺，而且去除了它们的肾上腺，他们出人意料地发现老鼠血液中的钙的水平的下降比单是去除甲状旁腺时慢得多。

以下哪项如果为真，能与科学家的假设相一致地解释那个出人意料的发现？

A. 肾上腺的作用是降低血液中钙的水平。

B. 肾上腺与甲状旁腺在调节血液中钙的水平时的作用是一致的。

C. 甲状旁腺的缺乏能促使肾上腺增加血液中钙的水平。

D. 如果只是把老鼠的肾上腺而没有把其他的腺移去，则这只老鼠的血液中钙的水平将会维持不变。

E.甲状旁腺仅有的功能是调节血液中钙的水平。

7.在19世纪，法国艺术学会是法国绘画及雕塑的主要赞助部门，当时个人赞助者已急剧减少。由于该艺术学会并不鼓励艺术创新，19世纪的法国雕塑缺乏新意。然而，同一时期的法国绘画却表现出很大程度的创新。

以下哪项如果为真，最有助于解释19世纪法国绘画与雕塑之间创新的差异？

A.在19世纪，法国艺术学会给予绘画的经费支持比雕塑多。

B.在19世纪，雕塑家比画家获得更多的来自艺术学会的支持经费。

C.由于颜料和画布价格比雕塑用的石料便宜，19世纪法国的非赞助绘画作品比非赞助雕塑作品多。

D.19世纪极少数的法国艺术家既进行雕塑创作，也进行绘画创作。

E.尽管艺术学会仍对雕塑家和画家给予赞助，19世纪的法国雕塑家和画家得到的经费支持明显下降。

8.通常情况下，长期在寒冷环境中生活的居民可以有更强的抗寒能力。相比于我国的南方地区，我国北方地区冬天的平均气温要低很多。然而有趣的是，现在许多北方地区的居民并不具有我们所以为的抗寒能力，相当多的北方人到南方过冬，竟然难以忍受南方的寒冷天气，怕冷程度甚至远超过当地人。

以下哪项如果为真，最能解释上述现象？

A.一些北方人认为南方温暖，他们去南方过冬时往往对保暖工作做得不够充分。

B.南方地区冬天虽然平均气温比北方高，但也存在极端低温的天气。

C.北方地区在冬天通常启用供暖设备，其室内温度往往比南方高出很多。

D.有些北方人是从南方迁过去的，他们没有完全适应北方的气候。

E.南方地区湿度较大，冬天感受到的寒冷程度超出气象意义上的温度指标。

【配套练习答案】

1.**答案：A。**如果A项为真，则说明，国家法定的最低工资标准的提高，虽然增加了零售商的工资成本，但也同时增强了零售商的基本顾客的购买力，从而增加了零售商的利润。这就合理地解释了题干的现象。B、D两项都不能解释题干矛盾，倘若人力成本上涨的话，会影响总成本，从而降低了零售商的利润。C项不能解释题干矛盾，反而加剧了题干矛盾。题干已经指出"零售商的人力成本也随之大幅度提高"，题干已经说明人力成本大幅上升，E项即使为真，也不能否定题干规定的事实，所以该项对结论没有解释作用。

2.**答案：E。**构成题干矛盾的可能性有①这个手术很难，若由别人做视力明显提高的比例更低；②难治的都由马医生负责。E项符合第二种可能。注意，正确答案不能否定前提或者结论，比如B项如果为真，等于说马医生的医术只是相对最好，而非真的很好，实际上质疑了马医生的手术能力。A、C两项与题干无关。

3.**答案：A。**注意问题中的相反陷阱，要求寻找不能解释的项。B、C两项支持了女性白领难嫁，所以女性参加相亲活动的比例更高；D、E两项解释了为何参加相亲活动的性别比例失调；A项说明男性被淘汰的多，因此男性本应该更多地参加相亲活动，这就无法解释题干中参加相亲活动的女性比例反而更高的现象。

4.**答案：D。**D项为真，说明回答者的比例60%，其基数不是全班同学，而是排名靠前的同学；而排名前20%，其基数是全班同学。由于基数不同，导致了百分比数字的矛盾，其实这两个百分比没有可比性。例如，假如全班100人，只有10个人回答了问题，其中6个是前20名，这就可以解释为什么60%的回答者都是排名前20%的。

A项加剧了题干的不合理性,不能作为解释。B项有解释作用,但力度很弱,因为强调的是"个别人"。C项不选,因为无论如何排名,只要全班都参与了回答,前20%的排名也不可能包含60%的学生,只有一种可能性,那就是并列排名,但这种排名方式并不是与众不同的。E项不选,因为该项违反了题干最后一个条件"排除了回答者说假话的可能"。

5. 答案:B。题干推理是:因为"随便给"导致了利润更高,所以"随便给"的营销策略很成功。要解释这个推理,就要说明的确是"随便给"导致了利润更高,而不是其他原因。B项说明,尽管是"随便给",但实际上给少了不行,这当然使利润至少不会低于不实行"随便给"政策的餐馆,所以是个充分的解释。A项中,仅仅是"部分顾客"愿意多给钱,无法做出充分的解释。C项指出不是营销策略,而是地理位置导致了酒馆利润更高,是一个另找他因的削弱项。D项是无关项。E项说明"随便给"可能导致利润更低,所以不能解释题干。

6. 答案:A。去除肾上腺,则钙的水平的下降就要慢得多,根据此信息逆向思考:加入肾上腺,则钙的水平就下降得快,这说明肾上腺的作用是降低钙的水平。

7. 答案:C。既然都接受艺术学会的赞助,而该学会不鼓励创新,那么雕塑和绘画都应该缺乏创新,然而雕塑缺乏新意,绘画却有很大的创新。前提相同,结果不同,这就说明有艺术学会的赞助以外的因素在影响绘画。C项指出由于颜料和画布价格比雕塑用的石料便宜,所以非赞助的绘画作品比非赞助雕塑作品多,这就可以解释创新的差异。

8. 答案:C。题干现象:理论上北方人比南方人更抗寒,但是,北方人到了南方比南方人更怕冷。

C项表明很可能北方人习惯了暖气,从而北方人已经不具备耐寒的特性。注意,虽然本选项没有涉及室外的情况,具有一定瑕疵,但考生作答时要选择的是相对最好的选项。同时,题干中对南北方人进行了比较,而C项是五项中唯一涉及比较双方的选项。

A项,本选项只能解释一部分北方人"更"怕冷,而不能解释北方人这个整体,因此解释力度较低。B项,本选项并未指明"极端天气"对于南北方而言是否有所不同,从而无法解释北方人比南方人"更"怕冷。D项指的是无法适应"北方"的气候,与题干"难以忍受南方的寒冷天气"不符,因此排除。E项,强干扰项,北方人与南方人感受是相同的,无法解释为何北方人比南方人"更"怕冷。

第十节　对话题型

对话题型,题干是两方分别陈述自己的观点,问题要求确定争论的焦点。这种题型是假设、支持、削弱、推论等题型的综合运用。

题干双方对某一问题都有自己明确的观点;而且这两种观点是对立的。所以,论战双方都表示同意的看法不是论争焦点,与论战双方所陈述的观点不相关的看法也不是。

辨析争论焦点,应该从分歧的双方都共同关注的问题入手。当然,争论未必总是对立的,争论中也可能存在共识点。有时候,认清争论双方在哪些方面是有共识的,双方的分歧也就显而易见了。

一般来说,双方对话的分歧可能存在于:

(1)双方观点是相互矛盾的;

(2)双方观点虽然不矛盾,但是并不相同;

(3)双方观点类似,但论据不同;

(4)双方观点和论据都不同;

（5）一方指出另一方的论证过程存在问题。

这种题型解题的关键是：一要理解指代目标，例如乙对甲说"我不赞同（你说的）"，就要搞清楚不赞同的到底是什么，是哪一句话还是全都不赞同；二要注意对话或论辩双方的语气。这类题型有以下两种命题思路。

一、因立论根据不同而产生的观点分歧

俗语说："公说公有理，婆说婆有理。""有理"代表着某种说法的根据和理由。争议双方对争议所涉及的基本事实、核心概念、一般原则等的理解可能有差异。

在这种情况下，表面上看是不同的观点之争，而本质上则可能是不同的理由之争。

例：张先生：由于许多对农业和医学有用的化学制品都取自稀有的濒临灭绝的植物，因此，很可能许多已经绝种了的植物本来可以提供给我们有益于人类的物质。所以，如果我们想要确保在将来也能使用从植物中提炼的化学制品，就必须更加努力地去保护自然资源。

李先生：但是，有生命的东西并非我们的"资源"，你所说的是一种出于自私的保护措施。我们应尽力保护活的物种，因为它们应当生存，而不是因为它们对我们有用。

以下哪项指明了张先生与李先生的分歧点？

A.通过开发人以外的物种以使人类获益这是否为保存自然物种提供了一个良好的理由。

B.保护植物物种所需费用是否超过了人工合成的化学制品的成本这些化学制品原本可以从那些物种中提取。

C.保护自然资源是否明智。

D.人类是否应当阻止生命物种的灭绝。

E.人以外的所有物种作为自然资源是否具有同等价值。

张先生和李先生在应该保护自然物种这个问题上的看法是一致的，这是他们的共识点；二者的分歧在于保护的根据和理由不同。李先生不同意张先生从"为人们所用"的角度出发来寻找保护自然物种的理由。故答案为A。

二、因理解方式不同而产生的分歧

正所谓"仁者见仁，智者见智"，争议双方看问题的立场或评价事物的标准可能不同，对对方的论点或论据的理解也可能不同。在这些方面的冲突，就是争议的焦点所在。

例：X先生：霍桑承认自己可以影响高层政府官员，并承认他把这种影响力出售给了环保组织。这种不道德的行为是没有正当理由的。

Y先生：我不认为他的行为是不道德的。获得霍桑服务的组织是为了防止水污染的，霍桑在为这个组织谋利的同时，也在为公众谋利。

下面哪项能揭示X与Y的分歧所在？

A.道德行为的含义是否随时间的变化而变化。

B.霍桑行为的后果是否能证明他的行为在道德上是正当的。

C.别人是否可以将道德判断的标准强加给霍桑。

D.无论从公众的角度还是从个人的角度说，道德规范是否都是一致的。

E.对道德行为的定义是否源自哲学和宗教。

论争所涉及的基本事实是"霍桑的行为"，核心概念是"道德行为"，一般原则是"评判道德行为的标准"。一般来说，评价某种行为是不是道德的，要从行为的动机和效果两方面进行判断。Y只从霍桑行为的效果上进行判断，这说明他对道德准则的理解是：某种行为只要产生利他的客观效果，就是道德的。这种理解是容易引起争议的，选项B指明了这一点。

配套练习

1. 总经理：快速而准确地处理订单是一项关键商务活动。为了增加利润，我们应当用电子方式而不是继续用人工方式处理客户订单，因为这样订单可以直接到达公司相关业务部门。

董事长：如果用电子方式处理订单，我们一定会赔钱。因为大多数客户喜欢通过与人打交道来处理订单。如果转用电子方式，我们的生意就会失去人情味，就难以吸引更多的客户。

以下哪项最为恰当地概括了上述争论的问题？

A. 转用电子方式处理订单是否不利于保持生意的人情味？

B. 用电子方式处理订单是否比人工方式更为快速和准确？

C. 转用电子方式处理订单是否有利于提高商业利润？

D. 快速而准确的运作方式是否一定能提高商业利润？

E. 客户喜欢用何种方式处理订单？

2. 厂长：采用新的工艺流程可以大大减少炼铜车间所产生的二氧化碳。这一新流程的要点是用封闭式熔炉替代原来的开放式熔炉，同时，在固态下而不是在液态下按照流程把铜从一个熔炉转入下一个熔炉。但是，不仅购置和改造新的设备是笔大的开支，而且运作新流程的成本也高于目前的流程，因为铜在冷却以后还必须重新熔化。因此，总体上说，采用新的工艺流程将大大增加生产成本而使本厂无利可图。

总工程师：我有不同意见。事实上，最新的封闭式熔炉的熔炼能力是现有的开放式熔炉无法相比的。

在以下哪个问题上，总工程师和厂长最可能有不同意见？

A. 采用新的工艺流程是否确实可以大大减少炼铜车间所产生的二氧化碳？

B. 运作新流程的成本是否一定高于目前的流程？

C. 采用新的工艺流程是否一定使本厂无利可图？

D. 最新的封闭式熔炉的熔炼能力是否确实明显优于现有的开放式熔炉？

E. 铜在冷却以后重新熔化的操作步骤，是否确实增加了生产成本？

3. 张教授：和谐的本质是多样性的统一。自然界是和谐的，例如没有两片树叶是完全相同的。因此，克隆人是破坏社会和谐的一种潜在危险。

李研究员：你设想的那种危险是不现实的，因为一个人和他的克隆复制品完全相同的仅仅是遗传基因。克隆人在成长和受教育的过程中，必然在外形、个性和人生目标等诸方面形成自己的不同特点。如果说克隆人有可能破坏社会和谐的话，我看一个现实危险是，有人可能把他的克隆复制品当做自己的活"器官银行"。

以下哪项最为恰当地概括了张教授与李研究员争论的焦点？

A. 克隆人是否会破坏社会的和谐？

B. 一个人和他的克隆复制品的遗传基因是否可能不同？

C. 一个人和他的克隆复制品是否完全相同？

D. 和谐的本质是否为多样性的统一？

E. 是否可能有人把他的克隆复制品当做自己的活"器官银行"？

4.司机：有经验的司机完全有能力并习惯以每小时120公里的速度在高速公路上安全行驶。因此，高速公路上的最高时速不应由120公里改为现在的110公里，因为这既会不必要地降低高速公路的使用效率，也会使一些有经验的司机违反交规。

交警：每个司机都可以在法律规定的速度内行驶，只要他愿意。因此，把对最高时速的修改说成是某些违规行为的原因，是不能成立的。

以下哪项最为准确地概括了上述司机和交警争论的焦点？

A.上述对高速公路最高时速的修改是否必要？

B.有经验的司机是否有能力以每小时120公里的速度在高速公路上安全行驶？

C.上述对高速公路最高时速的修改是否一定会使一些有经验的司机违反交规？

D.上述对高速公路最高时速的修改实施后，有经验的司机是否会在合法时速内行驶？

E.上述对高速公路最高时速的修改，是否会降低高速公路的使用效率？

5.赵明与王洪都是某高校辩论协会成员，在为今年华语辩论赛招募新队员问题上，两人发生了争执。

赵明：我们一定要选拔喜爱辩论的人，因为一个人只有喜爱辩论，才能投入精力和时间研究辩论并参加辩论赛。

王洪：我们招募的不是辩论爱好者，而是能打硬仗的辩手，无论是谁，只要能在辩论赛中发挥应有的作用，他就是我们理想的人选。

以下哪项最可能是两人争论的焦点？

A.招募的标准是从现实出发还是从理想出发。

B.招募的目的是研究辩论规律还是培养实战能力。

C.招募的目的是培养新人还是赢得比赛。

D.招募的标准是对辩论的爱好还是辩论的能力。

E.招募的目的是集体荣誉还是满足个人爱好。

6.陈教授：中世纪初欧洲与东亚之间没有贸易往来，因为在现存的档案中找不到这方面的任何文字记录。

李研究员：您的论证与这样一个论证类似，传说中的喜马拉雅雪人是不存在的，因为从来没有人作证亲眼看到过这种雪人。这一论证的问题在于，有人看到雪人当然能证明雪人存在，但没有看到不能证明雪人不存在。

以下哪项如果为真，最能反驳李研究员的论证？

A.中世纪初欧洲与东亚之间存在贸易往来的证据，应该主要依赖考古发现，而不是依赖文字档案。

B.虽然东亚保存的中世纪初文档中有关于贸易的记录，但这一时期的欧洲文档几乎没有关于贸易的记录。

C.有文字档案记载，中世纪欧洲与南亚和北非之间存在贸易往来。

D.中世纪初欧洲的海外贸易主要依赖海上运输。

E.欧洲与东亚现存的中世纪初文档中没有当时两个地区贸易的记录，如果有这种贸易往来，不大可能不留记录。

7.张教授：在南美洲发现的史前木质工具存在于13 000年以前。有的考古学家认为，这些工具是从西伯利亚迁徙到阿拉斯加的人群使用的。这一观点难以成立。因为要到达南美，这些人群必须在13 000年前经历长途跋涉，而在阿拉斯加到南美洲中间，从未发现13 000年前的木质工具。

李研究员：您恐怕忽视了，这些木质工具是在泥煤沼泽中发现的，北美很少有泥煤沼泽。木质工具在普通的泥土中几年内就会腐烂化解。

以下哪项最为准确地概括了张教授与李研究员所讨论的问题？

A.上述史前木质工具是否是其祖先从西伯利亚迁徙到阿拉斯加的人群使用的？

B. 张教授的论据是否能推翻上述考古学家的结论？

C. 上述人群是否可能在 13 000 年前完成从阿拉斯加到南美洲的长途跋涉？

D. 上述木质工具是否只有在泥煤沼泽中才不会腐烂化解？

E. 上述史前木质工具存在于 13 000 年以前的断定是否有足够的根据？

8. 贾女士：我支持日达公司雇员的投诉。他们受到了不公正的待遇。他们中大多数人的年薪还不到 10 000 元。

陈先生：如果说工资是主要原因的话，我很难认同你的态度。据我了解，日达公司雇员的平均年薪超过 15 000 元。

以下哪项最为恰当地概括了陈先生和贾女士意见分歧的焦点？

A. 日达公司雇员是否都参与了投诉？

B. 大多数日达公司雇员的年薪是否不到 10 000 元？

C. 日达公司雇员的工资待遇是否不公正？

D. 工资待遇是否为日达公司雇员投诉的主要原因？

E. 工资待遇不合理是否应当成为投诉的理由？

9. 张教授：有的歌星的一次出场费是诺贝尔奖奖金的数十倍甚至更高，这是不合理的。一般地说，诺贝尔奖得主对人类社会和历史的贡献，要远高于这样或那样的歌星。

李研究员：你完全错了。歌星的酬金是一种商业回报，他的一次演出，可能为他的老板带来了上千万的利润。

张教授：按照你的逻辑，诺贝尔基金就不应该设立。因为，例如，诺贝尔在生前不可能获益于杨振宁的理论发现。

以下哪项最为恰当地概括了张教授和李研究员争论的焦点？

A. 诺贝尔奖得主是否应当比歌星有更高的个人收入？

B. 商业回报是否可以成为一种正当的个人收入？

C. 是否存在判别个人收入合理性的标准？

D. 什么是判别个人收入合理性的标准？

E. 诺贝尔基金是否应当设立？

【配套练习答案】

1. **答案：C。** 本题考查对论点的识别。总经理提议的目的是"为了增加利润"，董事长则认为"一定会赔钱"，可见两人争议的焦点在于用电子方式处理订单是否有利于提高利润。D 项是强干扰项，董事长并没有反驳"快速而准确地处理订单是一项关键商务活动"，对话双方也没有涉及"一定提高商业利润"这样的话题。

2. **答案：C。** 厂长的结论是采用新工艺流程无利可图，因为采用新的工艺流程将大大增加生产成本。总工程师并不否认采用新的工艺流程会增加生产成本，但指出了这种生产成本的增加能显著地提高生产能力，因而增加利润，从而使工厂有利可图。

3. **答案：C。** 张教授认为，一个人和他的克隆复制品就是相同的，破坏了和谐。李研究员认为，那种危险是不现实的，因为克隆人在成长和受教育的过程中，会形成自己的不同特点，即一个人和其克隆人不完全相同。因此，他们争论的是，一个人和他的克隆复制品是否完全相同。A 项为干扰项，从题干可以看出，两者都认为克隆人会破坏社会的和谐，仅仅是根据不同。

4. **答案：C。** 在本题中，司机之所以认为高速公路上的最高时速不应由 120 公里改为现在的 110 公里，是基于以下两方面的理由：一是会不必要地降低高速公路的使用效率；二是会使一些有经验的司机违反交规。交警的反驳主要针对司机的第二条理由，也就是对高速公路最高时速的修改是否一定会使一些有经验的司机违反交规。因此,C 项最为准确地概括了司机和交警争论的焦点,E 项是交警没有涉及的。

◆♪ **5. 答案:D**。由题干不难看出,赵明强调选爱好辩论的人,而王洪强调选能力强的人。赵明和王洪两人对于招募新辩手的目的并没有分歧,都是要找到能参加辩论赛的人,故 B、C、E 项都不选。

◆♪ **6. 答案:E**。E 项断定,如果欧洲与东亚有贸易往来,则很可能会留记录。由此可得:如果不留记录,则很可能没有贸易往来。因此,E 项有力地反驳了李研究员的论证。

◆♪ **7. 答案:B**。张教授的论据是在从阿拉斯加到南美洲之间,从未发现 13 000 年前的木质工具。张教授认为这一论据能推翻科学家的结论,因为如果在南美洲发现的史前木质工具是从西伯利亚迁徙到阿拉斯加的人群使用的,那么,在迁徙的路上应该能发现 13 000 年前的木质工具。这就必须假设这些木质工具只要没发现就意味着没存在过。

李研究员认为这一论据不能推翻科学家的结论。因为"未发现"不等于"没存在过"。这些木质工具可能因为不具备保存条件而腐烂化解了。

因此,两人争论的问题是张教授的论据是否能推翻上述科学家的结论。

其余概括均不恰当。题干已说明,张教授认为"史前木质工具是从西伯利亚迁徙到阿拉斯加的人群使用的"这一观点不能成立,但题干不能说明李研究员认为这一观点成立。

◆♪ **8. 答案:C**。陈先生"很难认同"贾女士的"态度",贾女士的态度是"他们受到了不公正的待遇",因此 C 项是正确答案。题干中陈先生指出"如果工资是主要原因的话……",实际默认了这个原因,因此 D 项并不是二者分歧的焦点。

◆♪ **9. 答案:D**。张教授认为歌星的高额出场费是不合理的,他判定个人收入合理性的标准是其对社会的贡献。李研究员认为歌星的高额出场费有其合理性,他判定个人收入合理性的标准是商业价值。所以,判别个人收入合理性的标准是两人争论的焦点。

A 项不恰当。因为李研究员只是对歌星的高额酬金做出了一个解释,从中得不出结论:他主张诺贝尔奖得主不应当比歌星有更高的个人收入;B 项不恰当,因为李研究员只是认为明星拿得多,科学家拿得少,并未强调明星收入是否是正当收入;C 项不恰当,因为两人各自提出了自己的判别个人收入合理性的标准。两人的争论没有讨论到 E 项。

第七章

综合推理题型

■ 第一节 综合推理概述

综合推理题型的特点是：题干信息量大、条件多，所给出的条件中可能有干扰信息和冗余信息，未必全部有用。这类试题可以考查学生综合运用各种知识点的能力，也可以不涵盖知识点，考查学生在复杂信息环境下处理信息的能力和灵活性。由于对能力的考查比较全面，是近年来命题者很偏爱的一种题型，占比越来越高，有的年份甚至达到了 50% 的比重。

不少考生对综合推理试题心存恐惧，原因有四个。

一是不了解命题规律，不懂得考查方向，找不到解题的头绪（线索）。

二是训练方法错误，用穷举或者试错的方法来解题，这就导致单个题目会消耗大量时间，即便做对了，但这种做法在考场上缺少实战价值。

三是考生心理上不能接受不确定性综合推理的解题切入点往往从假设开始，假设的过程中需要按照线索顺藤摸瓜，但这个过程存在不确定性，这就给考生带来了心理压力，总担心自己做无用功。

四是缺少"目标导向"，不关注问题的要求，不关注选项的特征，盲目做推理，而不知道解题目标在哪里。

以上种种原因，既有技术层面的，也有心理层面的，但更是管理素养层面的。其实，综合推理题的解决，恰好体现了管理类、经济类联考对管理素养的要求：大局观和整体意识、发现特征的能力、从纷纭复杂的信息中提取信息和整合信息的能力。

一、条件表达

综合推理题型的条件可以分成两种，一种是约束性条件，一种是推理性条件。

约束性条件的表现形式是：

（1）某单位拟派遣 3 人……，最终确定了 6 名候选人……

（2）做好事者是甲、乙、丙、丁、戊 5 位教师中的一位……

（3）为五位小朋友准备了 7 份礼物。所有礼物都送了出去，每份礼物只能由一人获得，每人最多获得两份礼物……

（4）招聘 4 种岗位的从业者，有 4 位年轻人前来应聘，每人只选择一种岗位应聘，且每种岗位都有其中一人应聘……

（5）每桌一男一女对弈，四张桌从左到右分别记为 1、2、3、4 号……

（6）关于天山植被形态，按照由低到高排列……

（7）科幻片和武侠片没有安排在同一天……

（8）丁和庚在同一编队……

（9）陈甲、刘戊至少派遣 1 人……

（10）爱情片安排在周日……

（11）甲在第二编队……

在上述条件中，前三个例子的数字信息都是有差额的，而第四个例子的数字信息表达的是一一匹配的关系。在数字有差额的情况下，解题往往需要思考"还剩几个名额""是否足额或者超额"。

第五个和第六个例子需要关注排列顺序，比如，第五个例子中考生需要读出以下信息：四号桌在最右边，而且可以画图表达出来。

第七到第九个例子表达的是组合的约束，但都是不确定的，例如"陈甲、刘戊至少派遣 1 人"意味着三种可能性；而最后两个例子也表达组合的约束，都是确定的，例如"爱情片"和"周日"的组合，"甲"和"第二编队"的组合。

考生做题时需要先观察题干条件的特征，看看有没有数字信息和要素列举的信息，注意到这些特征，后续思考过程中可以结合逆向思考来处理问题。

用符号语言形式表述的条件远比用自然语言表达的直观、简明，能够帮助提高解题的速度。考生在解题时应有自己习惯的一套符号表达法，方式可以不拘一格，只要自己能看懂就可以。这样既可以节省时间，又可以使思路清晰。以下是常用的一些符号：

符号	意义
｜SP｜	S、P 相邻且位置确定
（SP）	S、P 相邻且位置不确定
¬（SP）	S、P 不能相邻
S<P	S 在 P 前或 P 在 S 后
S、P＜c	S、P 都在 c 前
S—P=n	S 在 P 前，且 S、P 之间有 n 个空位
（S—P）=n	S、P 的先后位置未知，S、P 之间有 n 个空位
S/P	S、P 不同组
S≠P	S、P 不共存

如果题干条件都是上述约束性条件，而且选项给出的是排序的序号或者要素的匹配组合，考生还可以尝试列表或者画图，将确定无疑的条件表达出来，当然画图或者列表的目的是简化思考，考生不要将其当成一种机械的动作，如果能够很方便地进行推断，那么画图列表反而成了一种浪费考试时间的行为。只有在思考需要形象化、直观化体现的时候，画图列表才能起到节省脑力、节省时间的作用。

推理性条件的表现形式是：

（1）若派遣陈甲，则派遣邓丁但不派遣张己……

（2）如果甲周一不值日，那么己周四值日且庚周五值日……

（3）如果乙编列在第一编队，则丁也必须编列在第一编队……

（4）如果甲或乙有违禁成分，就进口戊和己……

推理性条件往往表现为假言命题或选言命题，它们又可以被看作"不确定条件"，因为假言命题可以转化为相容选言命题的形式[1]，此时它表达三种可能性，也就是说，前件和后件的真假有三种组合都是可能成立的。

需要说明的是，对"约束性条件"和"推理性条件"的划分，只是为考生识别题干命题特征提供一定的参考依据，进而考虑解题策略和解题切入点。这种划分是大致的，考生备考时不必纠结每个条件到底属于什么类型，主要是在动手做题之前看看有没有"数字信息""要素列举""确定性条件"等内容，并且将表达排列组合的条件符号化或者图表化。

二、解题策略

在学习具体的解题方法之前，先要确定解题策略，它将作为指导思想，贯穿于考生解题的整个过程。解题过程在不同题目条件下会呈现出灵活性，而这种灵活性正是以下策略的体现。换句话说，不理解这些策略，就不可能具备解题的灵活性，进而导致"死学"，越练越不会。

1. 化繁为简：从简单入手

这是最为重要的解题策略。如果说一个好的技术工人需要做到"举轻若重"，把简单的事情做精细，那么，一个好的管理者的素质则恰好相反，他总能够做到举重若轻，把复杂的事情变简单。管理类、经济类联考大纲都要求考查"培养潜能"，因此，不少试题的命题特点就是，考生越是按部就班、规规矩矩做，越做不出来；相反，寻找"捷径"，反而可以瞬间解决问题。看以下这道题：

例： 六一节快到了，幼儿园老师为班上的小明、小雷、小刚、小芳、小花5位小朋友准备了红、橙、黄、绿、青、蓝、紫7份礼物。已知所有礼物都送了出去，每份礼物只能由一人获得，每人最多获得两份礼物。另外，礼物派送还需要满足如下要求：

（1）如果小明收到橙色礼物，则小芳会收到蓝色礼物；

（2）如果小雷没有收到红色礼物，则小芳不会收到蓝色礼物；

（3）如果小刚没有收到黄色礼物，则小花不会收到紫色礼物；

（4）没有人既能收到黄色礼物，又能收到绿色礼物；

（5）小明只收到橙色礼物，而小花只收到紫色礼物。

根据上述信息，以下哪项可能为真？

A. 小明和小芳都收到两份礼物。　　　　B. 小雷和小刚都收到两份礼物。

C. 小刚和小花都收到两份礼物。　　　　D. 小芳和小花都收到两份礼物。

E. 小明和小雷都收到两份礼物。

题干信息量极大，考生习惯了推理，会试图将题干中的推理性条件逐一推断，从而陷入命题陷阱。事实上，通过观察问题要求（寻找"可能为真"的选项）和选项特征（没有具体陈述礼物

---

[1] 参考假言命题的"恒真式"。

的颜色），可以发现，如果用题干各种条件做推理，最多推断某个小朋友收到了某种颜色的礼物，然后再点数去匹配选项，这种方法耗时耗力，效果却不一定好（未必推得出），显然不是正确的考场策略。事实上，只要采用题干中的确定性条件，即条件（5），代入选项，可以马上做排除。根据"小明只收到橙色礼物"，可以排除 A 和 E 项，根据"小花只收到紫色礼物"，可以排除 C 和 D 项，那么答案自然选 B 项。这道题的命题思路非常典型地体现了对考生在诸多信息中"化繁为简"的要求。

再看以下这道题：

✦ 例： 有一个 6×6 的方阵，它所含的每个小方格中可填入一个汉字，已有部分汉字填入。现要求该方阵中的每行每列均含有礼、乐、射、御、书、数 6 个汉字，不能重复也不能遗漏。根据上述要求，以下哪项是方阵底行 5 个空格中从左至右依次应填入的汉字？

	乐		御	书	
			乐		
射	御	书		礼	
	射			数	礼
御		数			射
					书

A. 数、礼、乐、射、御。　　　　　　　B. 乐、数、御、射、礼。

C. 数、礼、乐、御、射。　　　　　　　D. 乐、礼、射、数、御。

E. 数、御、乐、射、礼。

初看这道题，有点类似于"数独"，似乎考生需要将表格填满，方能选出正确答案。但是考虑到考场时间的要求（大约两分钟之内处理完一道题），这种方案显然不可取。考生完全可以根据题干的约束条件"每行每列的六个汉字不能重复"，运用排除法来做题。既然第一列已经填入了"射"和"御"两个字，那么最后一行的第一列就不应该填写这两个字了（这种做法体现了"目标导向"）。扫描每个选项的第一列，将带这两个字的选项排除。但是，没有一个选项的第一个汉字是"射"和"御"，所以第一次排除不成功。此时需要考生接受这种不确定性，继续排除第二列、第三列……通过这种方式，排除了 B、C、E 这三项，还剩下 A 和 D 两项。显然，此时除了填表，似乎别无他路。但是，即便填表也不能盲目填，要考虑填哪一行最简单，第三行只需要填写两个汉字，是最简单的。既然这一行已经列出了四个字，不难看出还剩下"乐"和"数"两个字要填。第三行第四列这个格子能填什么呢？由于这一列已经出现了"乐"，所以只能填"数"，这就意味着底行第四列不能填"数"，故排除 D 项。

在上述解题过程中，运用排除法、选择第三行来填写、只填写一个汉字就搜索答案，这些做法无不体现了"化繁为简"的指导思想（还包含了"目标导向"的思想）。考题还有很多，读者需要在做题时反复优化做题过程，就是要思考如何化繁为简，进而养成这种习惯，这才是正确的备考思路。

相比于中学阶段数学作业中不写"解"字，或者某个步骤不写完整就要扣分的要求，这种"化繁为简"的思想是恰好相反的，由此也可以看出学习阶段不同、考试选拔方向不同所带来的训练上的差异。考生切勿"只知道低头拉车"，而忘记了"抬头看路"。找到方向的"勤奋"比机械的"努力"更有价值。

2.目标导向：每推一步看选项

俗话说，"干活不由东，累死也无功"，如果不了解命题人想让你做什么，那么解不出题来就很正常了。命题人的意图是通过问题要求和选项设计两个方面来体现的。因而在阅读的时候，考生不要盲目进入题干细节，而要先看清楚问题的要求，使问题的细节了然于心，还要扫描选项，看清选项的特征。思考以下这个题目的片段：

🔖**例：**……记者后来得知，上述 5 位老师中只有一人说的话符合真实情况。根据以上信息，可以得出做这件好事的人是谁？

在这个问题中，考生需要注意，问题问的不是谁说真话，而是谁做好事。

再如以下这两个题目片段，请对比题干信息的共性以及选项设计的区别：

🔖**例：**……如果四人中有两人说的是真话，有两人说的是假话，则以下哪项断定成立？
A.说真话的是甲和丙。　　　　　　　B.说真话的是甲和丁。
C.说真话的是乙和丙。　　　　　　　D.说真话的是乙和丁。
E.说真话的是丙和丁。

🔖**例：**……其中两条消息为真，两条消息为假。
如果上述断定为真，则以下哪项为真？
A.公司已录用小王，未录用小陈。
B.公司未录用小王，已录用小陈。
C.公司既录用了小王，也录用了小陈。
D.公司未录用小王，也未录用小陈。
E.不能确定录用结果。

显然，两道题目给出的约束条件是接近的，然而选项设计完全不同，这就决定了考生解题目标的区别。考生不能抛开选项设计自行推理，否则将会陷入无所适从的境地。不少情况下，考生没有思路，不妨看看问题和选项，或许会有"柳暗花明"之感。请看下面这道例题：

🔖**例：**某金库发生了失窃案。公安机关侦查确定,这是一起典型的内盗案,可以断定金库管理员甲、乙、丙、丁中至少有一人是作案者。办案人员对四人进行了询问，四人的回答如下：
甲："如果乙不是窃贼，我也不是窃贼。"
乙："我不是窃贼，丙是窃贼。"
丙："甲或者乙是窃贼。"
丁："乙或者丙是窃贼。"
后来事实表明，他们四人中只有一人说了真话。
根据以上陈述，以下哪项一定为假？
A.丙说的是假话。　　　　　　　　　B.丙不是窃贼。
C.乙不是窃贼。　　　　　　　　　　D.丁说的是真话。
E.甲说的是真话。

首先要观察问题，要寻找的是"必假"的选项。我们把这种问题称之为"相反陷阱"，考生应该将其圈出来。

然后考虑，若乙是窃贼，则（1）（3）（4）都为真，不合"只有一人说了真话"，所以乙不是窃贼，每推一步看选项，需要排除 C 项，因为这个选项表述是真的。类似的，若丙是窃贼，则（2）（4）都为真，也不合题意，所以需要排除 B 项。

此时考生往往感到无法再做下去，因为已经无法判断甲和丁是不是窃贼了。这就陷入了"思维定式"的困扰。因为得到正确答案未必需要知道每个人的身份。解题目的是选出正确答案，推断身份只是解题手段的一种，而不是解题目的。不少考生会误把手段当成了目的，从而陷入纠结。其实，只需要观察剩下的选项，很容易发现都是在判断谁说真话谁说假话，而不再是判断谁是窃贼。那么，根据刚才的推理，既然乙和丙都不是窃贼，说假话的自然是丁。

推导到这一步，之前画过的圈就会起作用。由于后续解题中，考生的注意力被转移了很多次，往往忘记了相反陷阱这种要求，而在相反陷阱上画圈的方式，会让考生的余光看到它，从而起到提示作用。所以这道题的正确答案是 D。

由这道题的解题过程，读者不难体会出"目标导向"对于解题的实战意义。关注问题要求和问题中的提示性信息、发现选项特征、每推一步看选项，这些习惯是需要在备考过程中逐步建立的。

3. 逆向思考：（1）还剩什么？（2）否定代入法验证

解综合推理题型经常用到的一种思维方式是逆向思考。在"题型特征"中，我们提到过题干中的数字有差额的情况下，解题往往需要思考"还剩几个名额""是否足额或者超额"。

类似地，如果题干开头有要素的列举，例如"准备了红、橙、黄、绿、青、蓝、紫 7 份礼物"，这些要素往往是用来做排除的，解题中往往需要考虑"还剩什么要素"。

一个有用的经验是，考生在推理中遇到推不下去的情况，考虑题干开头的要素列举和数字，做逆向思考往往会破解困境。请看下面这道题：

例： 李诗、王悦、杜舒、刘默是唐诗宋词的爱好者，在唐朝诗人李白、杜甫、王维、刘禹锡中 4 人各喜爱其中一位，且每人喜爱的唐诗作者不与自己同姓。关于他们 4 人，已知：
（1）如果爱好王维的诗，那么也爱好辛弃疾的词；
（2）如果爱好刘禹锡的诗，那么也爱好岳飞的词；
（3）如果爱好杜甫的诗，那么也爱好苏轼的词。
如果李诗不爱好苏轼和辛弃疾的词，则可以得出以下哪项？
A. 杜舒爱好岳飞的词。　　　　　　B. 王悦爱好苏轼的词。
C. 李诗爱好岳飞的词。　　　　　　D. 杜舒爱好辛弃疾的词。
E. 刘默爱好苏轼的词。

首先观察题干特征，开头有两类要素列举，分别是爱好者和诗人，而且开头的数字信息告诉我们，爱好者和诗人是一一匹配的。观察选项，正是让考生推断哪种匹配为真。根据问题中的约束条件（也是确定性条件），既然李诗不爱好苏轼的词，由"苏轼"这个词回文定位到条件（3），那么他也不爱好杜甫的诗；既然他不爱好辛弃疾的词，由"辛弃疾"这个词回文定位到条件（1），那么他也不爱好王维的诗。但是，即便知道了他不爱好王维和杜甫的诗，推理也进行不下去了，因为条件中没有涉及这两位诗人的信息了。此时，就要考虑题干开头的要素列举，将其中的"杜甫""王维"排除掉。根据选项特征，每个人都是爱好某一位的诗，所以在剩下的两人"李白"和"刘禹锡"中还需要再排除一人。由此考虑另一个约束条件"每人喜爱的唐诗作者不与自己同姓"，排除"李白"。搜索剩下的"刘禹锡"这个词，可以定位到条件（2），由此推出李诗爱好岳飞的词，每推一步看选项，确定答案选 C。

这道题的解题过程，就体现了逆向思考中"还剩什么"的思考方法。

有的时候，通过做假设，得到的结论可以在选项中找到。但是由于这只是假设得出的结论，不具有必然性，所以不能直接选择该选项。此时，与其假设另外的条件，不如将这个得出的选项进行否定（设其为假），代入题干条件，如果导致了矛盾，那么该选项就不可能为假，就可以放心选择了。请看下面这道真题：

例：某单位拟派遣 3 名德才兼备的干部到西部山区进行精准扶贫。报名者踊跃，经过考察，最终确定了陈甲、傅乙、赵丙、邓丁、刘戊、张己 6 名候选人。根据工作需要，派遣还须满足以下条件：

（1）若派遣陈甲，则派遣邓丁但不派遣张己。

（2）若傅乙、赵丙至少派遣 1 人，则不派遣刘戊。

如果陈甲、刘戊至少派遣 1 人，则可以得出以下哪项？

A. 派遣陈甲。　　　　　　　　　　B. 派遣傅乙。

C. 派遣赵丙。　　　　　　　　　　D. 派遣邓丁。

E. 派遣刘戊。

根据问题中的补充条件，甲、戊至少派遣一人，就意味着三种可能性：只派甲、只派戊、甲和戊都派。先假设只派甲，根据条件（1）可以得出派丁。这个结论可以在 D 项中看到（必须遵循目标导向，随时注意观察选项）。此时不必再假设另外两种可能性，而是假设不派丁，那么根据条件（1）的逆否命题，就不派甲；既然不派甲，根据问题中的补充条件，就需要派戊；根据条件（2）的逆否命题，派戊就不能派乙和丙。此时，6 个人中有 4 个人不能派，只剩下了戊和己可以派，不能满足题干开头的约束性条件"派遣三人"，所以这就导致了矛盾。由此可知，丁是必须派的，则选择 D 项。

这道题的解题思路，既体现了否定代入法验证的思想，又体现了对题干数字的使用，还体现了对题干要素列举"还剩什么"的思考方法，是"逆向思考"的集中体现。考生当然也可以按部就班地把三种可能性一一假设出来，分别考虑每种情况下都派遣谁，再寻找共性特征，然而解题效率就不可同日而语了。请读者由此体会解题思路中"化繁为简"的策略。

三、解题起点

做综合推理题，可以根据以下顺序，依次寻找解题起点。

第一种解题起点：关注问题中的补充条件或提示性信息，以此为线索，到题干中找相应信息，顺藤摸瓜作推导。

例：晨曦公园拟在园内东、南、西、北四个区域种植四种不同的特色树木，每个区域只种植一种。选定的特色树种为：水杉、银杏、乌桕和龙柏。布局和基本要求是：

（1）如果在东区或者南区种植银杏，那么在北区不能种植龙柏或乌桕。

（2）北区或东区要种植水杉或者银杏。

根据上述种植要求，如果北区种植龙柏，以下哪项一定为真？

A. 西区种植水杉。　　　　　　　　B. 南区种植乌桕。

C. 南区种植水杉。　　　　　　　　D. 西区种植乌桕。

E. 东区种植乌桕。

根据"北区种植龙柏"，否定了条件（1）的后件，则前件条件也不出现，即银杏不种植在东区和南区，只能种在西区或北区；由于已知"北区种植龙柏"，则西区种植银杏，排除 D 项。根据条件（2）北区或东区要种植水杉或者银杏，上文已经推知银杏种在西区，条件已知"北区种植龙柏"，所以东区必须种植水杉，排除 A、C、E 三项。以上解题过程，起点是从问题的补充条件开始，每一步都不能忘记这个补充条件，并且随时在选项中寻找匹配条件或者作排除，这样就可以顺利推出答案了。

第二种解题起点：关注题干中的确定性条件，从它入手来做推导。

例： 某市已开通运营一、二、三、四号地铁线路，各条地铁线每一站运行加停靠所需时间均相同。小张、小王、小李三人是同一单位的职工，单位附近有北口地铁站。某天早晨，3人同时都在常青站乘一号线上班，但3人关于乘车路线的想法不尽相同。已知：

（1）如果一号线拥挤，小张就坐2站后转三号线，再坐3站到北口站；如果一号线不拥挤，小张就坐3站后转二号线，再坐4站到北口站。

（2）只有一号线拥挤，小王才坐2站后转三号线，再坐3站到北口站。

（3）如果一号线不拥挤，小李就坐4站后转四号线，坐3站之后再转三号线，坐1站到达北口站。

（4）该天早晨地铁一号线不拥挤。

假定三人换乘及步行总时间相同，则以下哪项最可能与上述信息不一致？

A.小王和小李同时到达单位。　　　　　B.小张和小王同时到达单位。

C.小王比小李先到达单位。　　　　　　D.小李比小张先到达单位。

E.小张比小王先到达单位。

这道题的问题中有个约束性条件，但无法作为推理起点，所以就在选项中寻找确定性条件。前三个条件都是假言命题，如前所述，不是确定性的；而条件（4）是确定性条件。根据它，在前三个条件中寻找"地铁一号线不拥挤"，可以找到条件（1）的后半句以及条件（3），由此可知小张坐了7站，小李坐了8站，所以小张不可能比小李慢。选项中只有D项在比较这两个人，显然与题干信息不一致，故选该项（不要忘记问题中的相反陷阱）。

第三种解题起点：关注题干条件中反复出现的要素，优先假设这些要素作推导。

例： 某地人才市场招聘保洁、物业、网管、销售4种岗位的从业者，有甲、乙、丙、丁4位年轻人前来应聘。事后得知，每人只选择一种岗位应聘，且每种岗位都有其中一人应聘。另外，还知道：

（1）如果丁应聘网管，那么甲应聘物业；

（2）如果乙不应聘保洁，那么甲应聘保洁且丙应聘销售；

（3）如果乙应聘保洁，那么丙应聘销售，丁也应聘保洁。

根据以上陈述，可以得出以下哪项？

A.甲应聘物业岗位。　　　　　　　　　B.乙应聘网管岗位。

C.丙应聘保洁岗位。　　　　　　　　　D.丁应聘销售岗位。

E.甲应聘网管岗位。

这道题的问题没有补充条件，而且题干条件中没有确定性条件，所以考虑在题干条件中寻找反复出现的要素。"保洁"这个词出现了四次，"乙应聘（不应聘）保洁"出现了两次，所以假设"乙应聘保洁"，根据条件（3），可以得出丁也应聘保洁。根据题干开头的约束性条件，四个人和四个岗位是一一对应的，所以不可能出现一个岗位由两个人应聘的情况，因此，假设错误，乙不能应聘保洁。这就说明条件（2）前提为真，所以，可以得到"甲应聘保洁"，据此排除A、C、E三个选项；也可以得到"丙应聘销售"，据此可以排除D项，由此只剩下了B项。从反复出现的要素入手，在目标导向的指引下，此题迎刃而解。

第四种解题起点：考虑用代入法验证，排除与题干条件相矛盾的选项。关于这种方法，前面的例题已经示范了如何用题干约束性条件来代入选项验证，下面这道题则示范如何用选项代入验证题干条件：

例：某单位拟派遣 3 名德才兼备的干部到西部山区进行精准扶贫。报名者踊跃，经过考察，最终确定了陈甲、傅乙、赵丙、邓丁、刘戊、张己 6 名候选人。根据工作需要，派遣还需满足以下条件：

（1）若派遣陈甲，则派遣邓丁但不派遣张己；

（2）若傅乙、赵丙至少派遣 1 人，则不派遣刘戊。

以下哪项的派遣人选和上述条件不矛盾？

A. 陈甲、傅乙、赵丙。　　　　　　B. 赵丙、邓丁、刘戊。

C. 陈甲、赵丙、刘戊。　　　　　　D. 傅乙、邓丁、刘戊。

E. 邓丁、刘戊、张己。

这道题无法找到前三种解题起点，所以考虑代入法。假设 A 项中的甲被派遣，根据条件（1）可以得出丁也被派遣，然而 A 项中没有列举丁（如果再加上丁就超出了 3 个人），故排除 A 项。假设 B 项中的丙被派遣，根据条件（2）可以推出不能派遣戊，但 B 项派遣名单中有戊，故排除 B 项。同理排除 C 和 D 项，只剩下 E 项可选。

一般来说，在提干条件比较多的时候，按顺序用以上四种方法寻找解题起点，有时配合画图、列表，再结合解题策略，都能够顺利解出综合推理题。如果上述四种解题起点的尝试都不成功，则可以先跳过这道题不做，没必要在考场上纠结。

四、经验总结

综合推理题的做题有一些经验法则，也需要考生记取：

（1）如前所述，题干中的要素列举和数字信息往往是用来排除和计算的，虽然不能总结某个特定的用途，但它们往往有用。当推理不下去的时候，逆向思考，从中做排除往往可以柳暗花明。

（2）借助图、表或者条件表达式，可以更直观地看出隐含条件。但未必需要把图表填满。不一定每个题目都必须借助图表才能解决，有时往往借助于一些符号反而更方便，除非是一些几何意义十分明显的题目。

（3）计算题的解题关键是分清楚题干中给出了几个维度的条件，将这些维度分别加以组合，以便得出新的信息。例如，题干中给出了"夫妻""中外"两个维度，那么就会产生四种组合：中国丈夫、中国妻子、外国丈夫、外国妻子。再看这四种组合之间的数量关系。

（4）对于题组题，也就是同一个题干命制了两道题或以上的情形，一个题目中的附加条件只适用于该题目，由此得出的结论不适用于下一道题，此时每道题要单独解答。然而，如果第一道题没有补充条件，完全是由总题干推导出的，那么该题的结论有可能对下一题的解答起到辅助作用。

（5）看清问题要求：如果要求找"可能"，则可以考虑排除必假；要求找"不可能"，则可以排除能推出的任何可能性。这也是"逆向思考"的一种应用。

问题关键词	正确答案	排除选项
一定	逻辑上为真的选项	真假不定的选项或为假的选项
可能	符合已知条件的任意可能的选项	逻辑上为假的选项
不可能	逻辑上为假的选项	一定对或可能为真的选项
可能，除了……	逻辑上为假的选项	一定对或可能为真的选项

（6）善意理解所给的条件：不要钻牛角尖，容易引起误会的地方，题目中会特别指出。遇到有疑问的地方，应按最明显的方式去理解。请看这道题：

例：本保险柜所有密码都是 4 个阿拉伯数字和 4 个英文字母的组合。已知：

Ⅰ.若 4 个英文字母不连续排列，则密码组合中的数字之和大于 15；

Ⅱ.若 4 个英文字母连续排列，则密码组合中的数字之和等于 15；

Ⅲ.密码组合中的数字之和或者等于 18，或者小于 15。

根据上述信息，以下哪项是可能的密码组合？

A. 58bcde32。   B. 18ac42de。

C. 37ab26dc。   D. 1adbe356。

E. 2acgf716。

针对Ⅱ，不少考生感到有歧义：4 个英文字母连续排列，到底是指字母顺序的连续，还是指字母之间没有间隔数字？其实这种疑惑可以先搁置，先使用Ⅲ排除 B、D、E，剩下的两个选项中，A 项不但字母顺序连续，而且字母中间没有间隔数字。这说明，考生为某句话钻牛角尖是没意义的，不妨先用其他信息作筛选。

（7）题目中有时某些条件用不上，不必太在意这是命题者想通过分散考生注意力来增加题目难度所惯用的方法。

（8）不要凭主观臆想对原文给出的条件做出无根据的结论。每做出一个结论都要以原文的逻辑关系为依据，即"收敛思维"。

（9）要严格控制时间：合理分配时间，不要在一个问题上停留太长的时间。不会做就放弃。

（10）克服急躁的心理，正确的做题方法是提速的保障。尤其是做到一套试卷最后几题的时候，有些考生会感到心力不足，没有耐性。这不是因为题目难，而是因为前面的做题过程消耗了过多的意志力和注意力。要想解决这个问题，不能头疼医头，需要优化形式逻辑和论证逻辑的做题过程。

配套练习

1.甲、乙、丙、丁、戊和己等 6 人围坐在一张正六边形的小桌前，每边各坐一人。已知：

（1）甲与乙正面相对；

（2）丙与丁不相邻，也不正面相对。

如果乙与己不相邻，则以下哪项一定为真？

A.戊与乙相邻。

B.甲与丁相邻。

C.己与乙正面相对。

D.如果甲与戊相邻，则丁与己正面相对。

E.如果丙与戊不相邻，则丙与己相邻。

2~3 题基于以下共同题干

某皇家园林依中轴线布局，从前到后依次排列着七个庭院。这七个庭院分别以汉字"日""月""金""木""水""火""土"来命名。已知：

（1）"日"字庭院不是最前面的那个庭院；

（2）"火"字庭院和"土"字庭院相邻；

（3）"金""月"两庭院间隔的庭院数与"木""水"两庭院间隔的庭院数相同。

2. 根据上述信息，下列哪个庭院可能是"日"字庭院？

A. 第一个庭院。　　　　　　　　B. 第二个庭院。

C. 第四个庭院。　　　　　　　　D. 第五个庭院。

E. 第六个庭院。

3. 如果第二个庭院是"土"字庭院，可以得出以下哪项？

A. 第七个庭院是"水"字庭院。　　B. 第五个庭院是"木"字庭院。

C. 第四个庭院是"金"字庭院。　　D. 第三个庭院是"月"字庭院。

E. 第一个庭院是"火"字庭院。

4. 在编号 1、2、3、4 的四个盒子中装有绿茶、红茶、花茶和白茶四种茶，每只盒子只装一种茶，每种茶只装一个盒子。已知：

（1）装绿茶和红茶的盒子在 1、2、3 号范围之内；

（2）装红茶和花茶的盒子在 2、3、4 号范围之内；

（3）装白茶的盒子在 1、3 号范围之内。

根据上述已知条件，可以得出以下哪项？

A. 绿茶在 3 号。　　　　　　　　B. 花茶在 4 号。

C. 白茶在 3 号。　　　　　　　　D. 红茶在 2 号。

E. 绿茶在 1 号。

5. 某省大力发展旅游产业，目前已经形成东湖、西岛、南山三个著名景点，每处景点都有二日游、三日游、四日游三种路线。李明、王刚、张波拟赴上述三地进行九日游，每个人都设计了各自的旅游计划。后来发现，每处景点他们三人都选择了不同的路线：李明赴东湖的计划天数与王刚赴西岛的计划天数相同，李明赴南山的计划是三日游，王刚赴南山的计划是四日游。

根据以上陈述，可以得出以下哪项？

A. 李明计划东湖二日游，王刚计划西岛二日游。

B. 王刚计划东湖三日游，张波计划西岛四日游。

C. 张波计划东湖四日游，王刚计划西岛三日游。

D. 张波计划东湖三日游，李明计划西岛四日游。

E. 李明计划东湖二日游，王刚计划西岛三日游。

6. 古人以干支纪年。甲乙丙丁戊己庚辛壬癸为十干，也称天干。子丑寅卯辰巳午未申酉戌亥为十二支，也称地支。顺次以天干配地支，如甲子、乙丑、丙寅……癸酉、甲戌、乙亥、丙子等，六十年重复一次，俗称六十花甲子。根据干支纪年，公元 2014 年为甲午年，公元 2015 年为乙未年。

根据以上陈述，可以得出以下哪项？

A. 现代人已不用干支纪年。

B. 21 世纪会有甲丑年。

C. 干支纪年有利于农事。

D. 根据干支纪年，公元 2024 年为甲寅年。

E. 根据干支纪年，公元 2087 年为丁未年。

7~8 基于以下共同题干：

某公司有 F、G、H、I、M 和 P 六位总经理助理，三个部门，每一个部门恰由三个总经理助理分管。每个总经理助理至少分管一个部门。以下条件必须满足：

　Ⅰ. 有且只有一位总经理助理同时分管三个部门。

　Ⅱ. F 和 G 不分管同一部门。

　Ⅲ. H 和 I 不分管同一部门。

7. 以下哪项一定为真?

A. 有的总经理助理恰分管两个部门。　　　　B. 任一部门由 F 或 G 分管。

C. M 或 P 只分管一个部门。　　　　　　　D. 没有部门由 F、M 和 P 分管。

E. P 分管的部门 M 都分管。

8. 如果 F 和 M 不分管同一部门,则以下哪项一定为真?

A. F 和 H 分管同一部门。　　　　　　　　B. F 和 I 分管同一部门。

C. I 和 P 分管同一部门。　　　　　　　　D. M 和 G 分管同一部门。

E. M 和 P 不分管同一部门。

9. 在某科室公开选拔副科长的招录考试中,共有甲、乙、丙、丁、戊、己、庚 7 人报名。根据统计,7 人的最高学历分别是本科和博士,其中博士毕业的有 3 人;女性 3 人。已知,甲、乙、丙的学历层次相同,己、庚的学历层次不同;戊、己、庚的性别相同,甲、丁的性别不同。最终录用的是一名女博士。

根据以上陈述,可以得出以下哪项?

A. 甲是男博士。　　　　　　　　　　　　B. 己是女博士。

C. 庚不是男博士。　　　　　　　　　　　D. 丙是男博士。

E. 丁是女博士。

10. 年初,为激励员工努力工作,某公司决定根据每月的工作绩效评选"月度之星",王某在当年前 10 个月恰好只在连续的 4 个月中当选"月度之星",他的另 3 位同事郑某、吴某、周某也做到了这一点。关于这 4 人当选"月度之星"的月份,已知:

(1)王某和郑某仅有 3 个月同时当选;

(2)郑某和吴某仅有 3 个月同时当选;

(3)王某和周某不曾在同一个月当选;

(4)仅有 2 人在 7 月同时当选;

(5)至少有 1 人在 1 月当选。

根据以上信息,有 3 人同时当选"月度之星"的月份是:

A. 1~3 月。　　　　　　　　　　　　　　B. 2~4 月。

C. 3~5 月。　　　　　　　　　　　　　　D. 4~6 月。

E. 5~7 月。

11. 某市优化投资环境,2010 年累计招商引资 10 亿元,其中外资 5.7 亿元,投资第三产业 4.6 亿元,投资非第三产业 5.4 亿元。

根据以上陈述,可以得出以下哪项结论?

A. 投资第三产业的外资大于投资非第三产业的内资。

B. 投资第三产业的外资小于投资非第三产业的内资。

C. 投资第三产业的外资等于投资非第三产业的内资。

D. 投资第三产业的外资和投资非第三产业的内资无法比较大小。

E. 投资第三产业的外资为 4.3 亿元。

12. 某高校数学、物理、化学、管理、文秘、法学 6 个专业毕业生要就业,现有风云、怡和、宏宇三家公司前来学校招聘。已知,每家公司只招聘该校 2~3 个专业若干毕业生,且需要满足以下条件:

(1)招聘化学专业的公司也招聘数学专业;

(2)怡和公司招聘的专业,风云公司也招聘;

(3)只有一家公司招聘文秘专业,且该公司没有招聘物理专业;

（4）如果怡和公司招聘管理专业，那么也招聘文秘专业；

（5）如果宏宇公司没有招聘文秘专业，那么怡和公司招聘文秘专业。

如果三家公司都招聘了三个专业若干毕业生，那么可以得出以下哪项？

A. 风云公司招聘化学专业。　　　　　B. 怡和公司招聘法学专业。

C. 宏宇公司招聘化学专业。　　　　　D. 风云公司招聘数学专业。

E. 怡和公司招聘物理专业。

13. 在东海大学研究生会举办的一次中国象棋比赛中，来自经济学院、管理学院、哲学学院、数学学院和化学学院的 5 名研究生（每学院 1 名）相遇在一起。有关甲、乙、丙、丁、戊 5 名研究生之间的比赛信息满足以下条件：

（1）甲仅与 2 名选手比赛过；

（2）化学学院的选手和 3 名选手比赛过；

（3）乙不是管理学院的，也没有和管理学院的选手对阵过；

（4）哲学学院的选手和丙比赛过；

（5）管理学院、哲学学院、数学学院的选手相互都交过手；

（6）丁仅与 1 名选手比赛过。

根据以上条件，请问丙来自哪个学院？

A. 经济学院。　　　　　　　　　　　B. 管理学院。

C. 哲学学院。　　　　　　　　　　　D. 化学学院。

E. 数学学院。

【配套练习答案】

1. 答案：E。 根据题干"甲与乙正面相对"和"丙与丁不相邻"，可得丙和丁不在甲的同一侧，所以丙和戊相邻或者丙和己相邻，即"如果丙与戊不相邻，则丙与己相邻"。

2. 答案：D。 根据问题，只需要在满足题干要求的前提下，构建一种可能的情况即可判断"日"字庭院排在第几个。根据条件（2），把"火"字庭院和"土"字庭院作为第一组（捆绑分组法）；根据条件（3），把该条件所涉及的四个庭院按照"金""木""月""水"的顺序排列，作为第二组。当第二组排在第一组前面时，"日"字庭院有三种位置：排在两组之前即第一个、插在两组中间即第五个、排在两组之后即第七个。根据条件（1）排除排在第一个这种可能性，选项中找不到排第七个，所以只能选 D 项。

当第一组排在第二组前面时，"日"字庭院也有三种位置：第一或第三或第七，都不能找到合适的选项。

3. 答案：E。 上题的分组假设在本题中仍可使用。如果第二个庭院是"土"字庭院，结合条件（1），"日"字庭院不能排在第一位，其他四个庭院作为一组不能排在它前面（否则会导致"土"字庭院不可能排第二），那么只有与"土"字庭院相邻的"火"字庭院排第一个了。

4. 答案：B。 根据条件（1）和（3），白茶、绿茶和红茶，这三种茶所处范围是 1、2、3 号盒子，那么花茶只能在 4 号盒子里。

5. 答案：A。（1）李明赴东湖的计划天数＝王刚赴西岛的计划天数；（2）李明赴南山的计划是三日游；（3）王刚赴南山的计划是四日游。由（2）（3）知：张波赴南山的计划是二日游；因此李明还剩下二日游或四日游，王刚还剩下二日游或三日游，交集只有二日游。又根据条件（1），所以李明赴东湖二日游、王刚赴西岛二日游。

6. 答案：E。 十天干配十二地支，本应有 120 种组合方式，但题干告诉我们只有六十种（六十年重复一次），这就意味着有些天干和地支不能匹配。（天干和地支中，位于偶数位置的为"阳"，奇数位置的为"阴"，阴阳不能混配，故只有六十花甲子。但逻辑题不考查背景知识。）题干列举的"甲子"和"甲戌"这两种匹配方式，提示"甲"只能与位于奇数位置的地支相匹配，而"丑"处于第二位，故不存在"甲丑"年，B 项不对。A、C 两项都与题干陈述无关。

2024 年比 2014 年晚十年，故天干轮回一次还是"甲"，而地支轮到"午"之后第十个（之前两个）为"辰"，故 D 项不对。

由于干支纪年六十年重复一次，所以 2087 年与它之前六十年即 2027 年的纪年是一致的。2027 年比 2015 年晚十二年，故地支与 2015 年一样，天干要比 2015 年的"乙"向后再数两个位置，为"丁"。故 E 项正确。

7. **答案：A。**由本题题干可知，由于该公司有 3 个部门，每一个部门恰由 3 个总经理助理分管，从而存在 3×3＝9 个职位，而该公司只有 6 位总经理助理，所以存在 3 个额外的职位。题干所给条件 I 规定，有且只有一位总经理助理同时分管三个部门，这样还剩下一个额外职位，该职位将赋予上述同时分管三个部门的总经理助理以外的 5 位总经理助理中的一位，也就是说，有的总经理助理恰分管两个部门。因此，本题 A 项一定为真。

8. **答案：C。**由题干条件推出，同时分管三个部门的只可能是 M 或 P。由本题条件，可推出同时分管三个部门的不是 M，而是 P。因此，P 和其余任一总经理助理同时分管某一部门，自然与 I 分管同一部门。

9. **答案：E。**根据题干条件"甲、乙、丙的学历层次相同，己、庚的学历层次不同"可以判定，甲、乙、丙是本科，不然再加上己或庚，就是 4 人，而博士只有 3 人。由此可知，甲、乙、丙不符合录取的学历条件。

同理，根据"戊、己、庚的性别相同，甲、丁的性别不同"可以判定，戊、己、庚是男性，否则女性就有 4 人。由此可知，戊、己、庚不符合录取的性别条件。

这样，七个人中只剩下丁没有被排除，所以丁是女博士。

10. **答案：D。**如果 1 月、2 月、3 月这 3 个月中任意一个月有三人同时当选，那就不可能满足条件 4，所以选项 A、B、C 排除；选项 E 直接与条件 4 冲突，排除；所以剩下的 D 为正确选项，即，1~4 月有一人当选，3~6 月有一人当选，4~7 月有一人当选，5~8 月有一人当选。这样，4、5、6 这 3 个月当中每一个月都有三个人同时当选。

11. **答案：A。**根据题干可知，外资＝5.7，内资 = 第三产业内资.+ 非第三产业内资 =10-5.7=4.3，第三产业外资 + 第三产业内资 =4.6，所以，第三产业外资 – 非第三产业内资 =4.6-4.3=0.3。因此第三产业外资大于非第三产业内资，A 项正确。

12. **答案：D。**本题应该用逆向思考来解决。问题问的是能得出以下哪项，假设选项为假，如果不与题干条件矛盾，则该选项不必然得出。设 A 项为假，风云不招聘化学，根据条件（2），怡和也不招聘。

根据条件（4）和条件（2），可知怡和公司没有招聘管理专业，否则怡和公司与风云公司都会招聘文秘专业，违背条件（3）。根据条件（3）和条件（2），可知怡和公司也不招聘文秘专业。

由于确定怡和不招聘管理和文秘，故怡和只剩下数学、化学、物理和法学四个专业可以招聘。如果怡和不招聘数学专业，根据条件（1），它必然无法招聘化学专业，这就违背了本题的附加条件"招聘三个专业"；故怡和必然招聘数学专业，再结合条件（2），故 D 项必真。

13. **答案：E。**由（2）（5）（6）知：丁不是化学学院、管理学院、哲学学院、数学学院的，因此，丁是经济学院的；由（3）（5）知：乙不是管理学院、哲学学院、数学学院的，因此，乙是化学学院的；由（4）知：丙不是哲学学院的，因此，丙是数学学院或管理学院的，答案在 B、E 两项中选。

由（2）（3）知：乙和哲学学院、数学学院、经济学院的交过手。又因为（5），所以哲学学院、数学学院都至少与 3 名选手比赛过；由（1）知：甲仅与 2 名选手比赛过，因此甲是管理学院的，即：丙不可能来自管理学院，排除 B 项。

第二节　真假话辨析

逻辑题目中，经常会给出多个条件，并且这些条件并非全部为真，要求考生判断真假并且得出结论。

做这类题目，首先要考虑从题干中寻找矛盾命题。找到矛盾命题，二者必有一真也必有一假，但孰真孰假还无法判断。此时往往需要将这对矛盾命题抛开，考虑剩下的命题的真假。如果根据题干条件剩下的命题为假，那么直接将其取非即可得到为真的状况。

很多时候，这类题干中给出的条件没有直接的矛盾命题，此时就需要考生根据题干要求做假设。如果题干中说只有一个条件为真，那么就假设某个条件为真；反之则假设某个条件为假。再根据假设的结果去匹配题干其他条件，看是否导致矛盾，如果是，则假设失败，即可确定假设的这个条件的真假。

在选择需要做假设的条件时，有以下几个方法：

1. 假设反复出现的某个要素。

2. 假设最为简单的条件。

3. 假设带否定的条件为假。

4. 如果以上方案都不可行，则假设题干条件中的假言命题的前件为真，如果得到的后件也为真，那么这个命题就是真的。

最后，不要忘记观察选项特征，如果选项是要素的列举，直接采用代入法来验证是否符合"只有一句真话"这样的条件，往往能收到很好的效果。

配套练习

1. 大小行星悬浮在太阳系边缘，极易受附近星体引力作用的影响。据研究人员计算，有时这些力量会将彗星从奥尔特星云拖出。这样，它们更有可能靠近太阳。两位研究人员据此分别作出了以下两种有所不同的规定：（1）木星的引力作用要么将它们推至更小的轨道，要么将它们逐出太阳系；（2）木星的引力作用或者将它们推至更小的轨道，或者将它们逐出太阳系。

如果上述两种断定只有一种为真，可以推出以下哪项结论？

A. 木星的引力作用将它们推至更小的轨道，并且将它们逐出太阳系。

B. 木星的引力作用没有将它们推至更小的轨道，但是将它们逐出太阳系。

C. 木星的引力作用将它们推至更小的轨道，但是没有将它们逐出太阳系。

D. 木星的引力作用既没有将它们推至更小的轨道，也没有将它们逐出太阳系。

E. 木星的引力作用如果将它们推至更小的轨道，就不会将它们逐出太阳系。

2. "博尔思"岛上的土著居民分为骑士和无赖两部分，骑士只讲真话，无赖只讲假话。A 和 B 是岛上的两个土著居民，关于他俩，A 说了以下这句话："或者我是无赖，或者 B 是骑士。"根据以上的条件可推出以下哪项结论？

A. A 和 B 都是骑士。　　　　　　　　B. A 和 B 都是无赖。

C. A 是骑士，B 是无赖。　　　　　D. A 是无赖，B 是骑士。

E. 条件尚不够充分，难以推出结论。

3. 某集团公司有四个部门，分别生产冰箱、彩电、电脑和手机。根据前三个季度的数据统计，四个部门经理对 2010 年全年的赢利情况作了如下预测：

冰箱部门经理：今年手机部门会赢利。

彩电部门经理：如果冰箱部门今年赢利，那么彩电部门就不会赢利。

电脑部门经理：如果手机部门今年没赢利，那么电脑部门也没赢利。

手机部门经理：今年冰箱和彩电部门都会赢利。

全年数据统计完成后，发现上述四个预测只有一个符合事实。

关于该公司各部门的全年赢利情况，以下除哪项外，均可能为真？

A. 彩电部门赢利，冰箱部门没赢利。

B. 冰箱部门赢利，电脑部门没赢利。

C. 电脑部门赢利，彩电部门没赢利。

D. 冰箱部门和彩电部门都没赢利。

E. 冰箱部门和电脑部门都赢利。

4. 以下关于某案件的四个断定中，只有一个是真的：

Ⅰ. 如果甲作案，那么乙是同案犯；

Ⅱ. 作案者是丙；

Ⅲ. 作案者是甲；

Ⅳ. 作案者是甲或丁。

这一真的断定是：

A. Ⅰ。　　　　　　　　　　　　B. Ⅱ。

C. Ⅲ。　　　　　　　　　　　　D. Ⅳ。

E. 无法确定。

5. 甲、乙、丙、丁四人涉嫌某案被传讯。

甲说：作案者是乙。乙说：作案者是甲。丙说：作案者不是我。丁说：作案者在我们四人中。

如果四人中有且只有一个说真话，则以下哪项断定成立？

A. 作案者是甲。

B. 作案者是乙。

C. 作案者是丙。

D. 甲、乙、丙、丁四人都不是作案者。

E. 题干中的条件不足以断定谁是作案者。

6. 近日，某集团高层领导研究了发展方向问题。王总经理认为：既要发展纳米技术，也要发展生物医药技术；赵副总经理认为：只有发展智能技术，才能发展生物医药技术；李副总经理认为：如果发展纳米技术和生物医药技术，那么也要发展智能技术。最后经过董事会研究，只有其中一位的意见被采纳。

根据以上陈述，以下哪项符合董事会的研究决定？

A. 发展纳米技术和智能技术，但是不发展生物医药技术。

B. 发展生物医药技术和纳米技术，但是不发展智能技术。

C. 发展智能技术和生物医药技术，但是不发展纳米技术。

D. 发展智能技术，但是不发展纳米技术和生物医药技术。

E. 发展生物医药技术、智能技术和纳米技术。

7. 临江市地处东部沿海，下辖临东、临西、江南、江北四个区。近年来，文化旅游产业成为该市新的经济增长点。2010年，该市一共吸引了全国数十万人次游客前来参观旅游。12月月底，关于该市四个区当年吸引游客人次多少的排名，各位旅游局长作了如下预测：

临东旅游局长：如果临西区第三，那么江北区第四；

临西旅游局长：只有临西区不是第一，江南区才第二；

江南区旅游局长：江南区不是第二；

江北区旅游局长：江北区第四。

最终的统计表明，只有一位局长的预测符合事实，则临东区当年吸引游客人次的排名是：

A. 第一。　　　　B. 第二。　　　　C. 第三。　　　　D. 第四。　　　　E. 在江北区之前。

8. 郝大爷过马路时不幸摔倒昏迷，所幸有小伙子及时将他送往医院救治。郝大爷病情稳定后，有4位陌生小伙子陈安、李康、张幸、汪福来医院看望他。郝大爷问他们究竟是谁送他来医院的，他们回答如下：

陈安：我们4人都没有送您来医院。

李康：我们4人有人送您来医院。

张幸：李康和汪福至少有一人没有送您来医院。

汪福：送你来医院的人不是我。

后来证实上述4人有两人说真话，两人说假话。

根据以上信息，可以得出哪项？

A. 说真话的是李康和张幸。

B. 说真话的是陈安和张幸。

C. 说真话的是李康和汪福。

D. 说真话的是张幸和汪福。

E. 说真话的是陈安和汪福。

9. 在某项目招标过程中，赵嘉、钱宜、孙斌、李汀、周武、吴纪6人作为各自公司代表参与投标，有且只有一人中标。关于究竟谁是中标者，招标小组中有3位成员各自谈了自己的看法：

（1）中标者不是赵嘉就是钱宜；

（2）中标者不是孙斌；

（3）周武和吴纪都没有中标。

经过深入调查，发现上述3人只有一人的看法是正确的。

根据以上信息，以下哪项中的3人都可以确定没有中标？

A. 钱宜、孙斌、周武。　　　　　　　　B. 孙斌、周武、吴纪。

C. 赵嘉、钱宜、李汀。　　　　　　　　D. 赵嘉、周武、吴纪。

E. 赵嘉、孙斌、李汀。

10. 有5支球队参加比赛，对于比赛结果，观众有如下议论：

（1）冠军队不是山南队，就是江北队；

（2）冠军队既不是山北队，也不是江南队；

（3）冠军队只能是江南队；

（4）冠军队不是山南队。

比赛结果显示，只有一条议论是正确的。那么获得冠军的队是：

A. 山南队。　　　　　　　　B. 江南队。　　　　　　　　C. 山北队。

D. 江北队。　　　　　　　　E. 江东队。

【配套练习答案】

1.答案：A。题干有两种规定，（1）要么推至更小轨道，要么逐出太阳系；（2）推至更小轨道，或者逐出太阳系。如果（1）真，则（2）真，违反题干"只有一个判定为真"的条件，因此（1）假、（2）真。由（1）假得，以下两个情况必有一个成立：a：推至更小轨道并且逐出太阳系；b：不推至更小轨道并且不逐出太阳系。由（2）真，得b不成立。因此a成立，答案是A。

2.答案：A。根据A说的话，分两种情况考虑问题：

假设A是无赖——选言命题中，"或者……或者……"的两边有任意一边为真，则该命题就为真。此时就等于A承认了自己的无赖身份，那么他的话就是真的。但是根据题干，无赖只说假话，这样就产生了矛盾，假设失败。所以A只能是骑士。

A是骑士，那么根据题干规定，他说的话就是真话。"或者……或者……"这个选言命题要想成立，则至少有一边得是真的。鉴于A说的前半句"或者我是无赖"不符合上一段最后一句的判断，为假，那么要保证命题成立A作为骑士说真话，后半句必须为真。

3.答案：B。注意问题中的相反陷阱。四个部门经理的预测可刻画为：（1）手机；（2）冰箱→¬彩电；（3）¬手机→¬电脑；（4）冰箱∧彩电。

已知（2）和（4）是矛盾的，必有一真，所以（1）（3）均为假，可得手机部门没有赢利且电脑部门赢利。B项与事实不符，不可能为真，其余选项都可能为真。

4.答案：A。根据选言题的性质，如果条件Ⅲ为真，则Ⅳ也是真的，这显然与题干陈述"只有一个真"矛盾，所以Ⅲ一定是假的。条件Ⅰ是一个充分条件命题，当Ⅲ为假，即作案者不是甲，Ⅰ这个充分条件假言命题的前件为假，这时，无论后件真假，整个命题是真的。

5.答案：E。因为只有一个人说真话，所以甲、乙不能为真，否则丁说的话为真。现在我们只考虑丙和丁说的话，真话就在此两句中间。如果丙为真，根据条件丁说的为假，则本题应该选D。E选项的存在使我们需要谨慎地继续假设：如果丙为假，那么作案者是丙，此时按照题干条件丁为真，这样的假设看来也没有问题。此时的答案选C，与上一次假设得到的结果不同。综上，本题应该选E。

6.答案：B。三位经理的意见可刻画如下：（1）纳米∧生物医药；（2）生物医药→智能；（3）纳米∧生物医药→智能。假设发展生物医药为假，则（2）（3）两个假言命题的前件都为假，命题恒真，与题干"只有一位的意见被采纳"不符，故假设失败，生物医药必真，排除A、D。假设发展智能为真，则（2）（3）两个假言命题的后件都为真，命题恒真，与题干"只有一位的意见被采纳"不符，故假设失败，智能必假，排除C、E，答案为B。

7.答案：D。题干条件可以刻画为：（1）临西第三→江北第四；（2）江南第二→¬临西第一；（3）¬江南第二；（4）江北第四。

如果（3）真，那么（2）前件为假，命题必真，违反只有一个预测为真的条件，所以（3）为假，即江南区第二；同理，如果（4）为真，那么（1）后件为真，命题必真，所以（4）为假，推出江北区不是第四。

确定条件（3）（4）为假后，再假设（1）为真，（2）为假，可知江南区第二且临西区第一（此时条件（1）的前件为假命题恒真，不违反假设）。由（4）为假可知江北区不是第四，所以江北区只剩下第三这个位置，那么临东区只能第四。

假设（2）为真，（1）为假，可知临西区第三，且江北区不是第四。由（3）假知江南区第二，所以江北区只剩下第一这个位置，此时临东区还是第四。

综上，无论（1）为真还是（2）为真，都能推出临东区第四。

8. 答案：A。陈安的话其形式是"所有 S 都不是 P"，李康的话其形式是"有的 S 是 P"，二者互为矛盾命题，必有一真也必有一假。由此可推知剩下的两句话也必有一真必有一假。假设第四句话即汪福所言为真，根据相容选言命题的性质，张幸所言也为真，故假设失败，汪福所言必假，而张幸所言必真。将汪福所言取非，可得汪福是送老人到医院的人，由此可知第二句话即李康所言必真。所以，说真话的是李康和张幸。

9. 答案：C。由于中标者只有一个，所以，如果看法（1）为真，则看法（3）必定为真，这就违反了"只有一人看法正确"这个条件，故看法（1）必定为假。看法（1）实际是一个不相容选言命题，将其取非得到赵嘉和钱宜都中标或者都不中标这两种情况，由于中标者只有一个，所以唯一可能就是此二人都没有中标。选项中只有 C 项涉及此二人，故再验证李汀是否中标即可。由于题干给出的条件不涉及李汀，故用反证法较为简单：假设李汀中标，则看法（2）和看法（3）都为真，违反题干条件，故李汀不可能中标。

注意，确认赵嘉和钱宜都不中标之后不可直接选择 C 项，因为题干共给出了 6 个人，其中 5 个没有中标，除上述二人外还有三人有可能没中标，足以构建另外一个正确选项。

10. 答案：C。题干条件可以刻画为：（1）山南队 $\vee$ 江北队；（2）¬ 山北队 $\wedge$ ¬ 江南队；（3）江南队；（4）¬ 山南队。

此题易错之处在于，条件（2）（3）彼此不是矛盾关系，当冠军是山北队的时候，二者同假。假设（4）为真，由于只有一条议论是正确的，所以（1）为假，即：¬ 山南队 $\wedge$ ¬ 江北队（不可能有两个冠军，所以忽略另一种可能）。由此可知冠军不是江北队。同时，（2）（3）都为假；由（2）假，得：冠军是山北队或江南队；由（3）假，得：冠军不是江南队。因此冠军是山北队。

还可以假设条件（1）为真，此时条件（4）为假，冠军是山南队；同时（2）（3）都为假，仍可得到冠军是山北队。这样就有两个冠军，假设不成立。

假设条件（3）为真，条件（4）为假，仍可得到两个冠军，假设不成立。

假设条件（2）为真，则根据条件（4）为假可知山南队是冠军，同时条件（1）为假，冠军既不是山南队也不是江北队，得到了自相矛盾的结论。

本题也可以优先考虑采用选项代入法。设 A 项为真，代入题干，条件（1）（2）都为真，违反"只有一条议论是正确的"，故排除。设 B 项为真，代入题干，条件（3）（4）都为真，排除。设 D 项为真，代入题干，条件（1）（2）（4）为真，排除。设 E 项为真，代入题干，条件（2）（4）都为真，排除。设 C 项为真代入题干，只有条件（4）为真，没有制造矛盾，故入选。

第八章

应试方法综述

■ 第一节　逻辑读题的原则

逻辑考的是考生的一种能力。而"对信息的理解、分析、综合、判断"的基础是对文字的阅读和理解。逻辑考题可以说是阅读理解和逻辑推理的复合体，而且阅读理解是逻辑推理的基础，只有读明白了才能进行有效的推理。

阅读是逻辑考试成功解题的基础，也是考试中决定考生心理状态的关键因素。可以说，逻辑考试是否成功至少一半的因素要归于阅读，提高阅读水平是解答逻辑考题的首要条件。因此，平时加强对阅读能力的培养显得尤为重要。

逻辑试题的设计出发点是测验考生的阅读能力，考生需要做的是掌握阅读方法，迅速准确地理解并恰当整理题干的文字信息，基于这些信息正确地进行逻辑思考。阅读逻辑题时应遵循以下原则：

一、快速阅读

1. 积极思考，纵观全局

速读不仅是对文本的表面浏览，而且是一种积极、活跃、创造性的理解和记忆过程。其核心是在快速浏览的同时大脑积极思考，迅速提炼观点，从而抓取关键信息。在训练中，特别要注意在仅读一遍题干的情况下，迅速提炼出究竟哪句话为结论，然后看出和结论相关的直接原因是什么，即迅速找出题干的逻辑主线。

读完题目后，先不要忙着做题，要在大脑里面将主要信息和关系梳理一遍，将题目的主干信息提取出来。如果感觉好，大脑中马上就会出现假设、支持、削弱的几种方式；如果没有这种感觉，就要开始看选项，用选项来进行排除。

2. 抗干扰阅读

比较陌生的语境会对考生的快速阅读理解带来障碍，比如"味精"和"谷氨酸钠味精中的主要成分"对考生的阅读和理解带来的感觉会完全不同。从这个角度来说，难度较大的阅读理解也仅仅是期望通过这种比较难理解的语境或者语句达到将逻辑结构隐藏起来的目的，因此阅读最关键的是找清题干的逻辑含义和逻辑结构。考生要有意识地加强训练，阅读中不必花太多时间去理解生涩名词。

3. 题项结合

题项结合原则就是指在具体做逻辑选择题时，要树立把选项和题干作为一个整体来破解的阅读习惯。根据所要解决的问题，把题干信息与选项结合起来读题，会避免不必要的时间浪费，并且能准确地抓住相关信息。

一般来说应先阅读问题，知道解题目标，寻找解题线索或者限制性条件。再扫描选项，找到选项中的特征，也有助于少走弯路。

4. 抓住关键信息，删除不相关信息

解读题干时，不仅要了解题干的内容、给定的条件，还要了解题干的主旨及其关键词。

每一道逻辑题都有自己的"题眼"。所谓"题眼"，就是关键的字词、语句。"题眼"往往是一个词或短语，如果"题眼"抓错了，就会出现"想歪了"的现象，导致选了无关的干扰项或次要项。对语言敏感的考生看完题干后不但能抓住"题眼"，而且能看出文字的弦外之音或者漏洞，甚至能预测到出题者会从哪些角度设置选项。做到这一点，解题就算成功了一半。

由于逻辑考题的阅读量较大，时间有限，所以考生不可能慢慢地阅读，而要在快速阅读中抓住关键信息。那么，什么样的信息是关键性信息呢？与题干中问题相关的信息就是关键性的，否则就是冗余的、起干扰作用的信息。

加快阅读的技巧是边阅读边给题眼做明显的标记，具体做法是，边读边把前提和结论找出来，边读题边在题目上画出重点（或将待处理的元素、条件都在读题过程中记在题目旁边）。如果画线的内容正好符合题目的问题要求，那答案就立马出来了；如果不是，将其和前提以及结论比较一下，也应该很容易找出答案。

对于题干过长的题目，不相关信息以及一般背景介绍文字可以略而不读。考生在阅读归纳时要做到长题短读，把晦涩读通俗，阅读时要把书面语言尽可能转换成口语，只要抽象出主干句子的逻辑主线就可以了。句子中大量的修饰成分都不是读题重点。

测试逻辑思维能力的题目，大多数可以用形式逻辑的方法解决，基本不用关心题目的材料。考生要学会透视题目，也就是简化题目，把题目的逻辑骨架抽象出来，提取逻辑主线。

下面通过一道例题来具体说明如何"快速阅读"。

例： 传统观点认为，关节尿酸炎曾于 2 500 年前在古埃及流行，其根据是在所发现的那个时代的古埃及木乃伊中，有相当高的比例可以发现患这种病的痕迹。但最近科学家们根据对上述木乃伊骨骼的化学分析推测，木乃伊显示的关节损害实际上是对尸体进行防腐处理时使用的化学物质引起的。

以下哪项如果为真，最能进一步加强对题干中所提及的传统观点的质疑？

A. 在我国西部所发现的木乃伊中，同样可以发现患有关节尿酸炎的痕迹。

B. 关节尿酸炎是一种遗传性疾病，但在古埃及人的后代中的发病率并不比一般的要高。

C. 对尸体进行成功的防腐处理，是古埃及人一项秘而不宣的技术，科学家至今很难确定他们所使用物质的化学性质。

D. 在古代中东文物艺术品的人物造型中，可以发现当时的人患有关节尿酸炎的参考证据。

E. 一些古埃及的木乃伊并没有显示患有关节尿酸炎的痕迹。

题干问的是"以下哪项最能加强对传统观点的质疑",也就是要我们质疑传统观点,那么题干中的传统观点是什么呢?我们从题干中找出传统观点是"关节尿酸炎曾于 2 500 年前在古埃及流行"。这样就抓住了题干的关键信息,其余信息就是可以删除的不相关信息。

如果 B 项的断定为真,则由于这种疾病是遗传病,所以如果题干中的传统观点成立,则这种病在古埃及人的后代中的发病率应该高于一般。但事实上在古埃及人的后代中这种病的发病率不比一般的要高,因此,传统观点不能成立。

二、提炼主线

解逻辑题的难度一方面在于快速的阅读理解,另一方面在于找出逻辑结构,确定哪个是前提,哪个是结论。读了题干以后能不能抓住这些结构是能否正确解题的关键。

一般而言,题干论点为论证的结论。论证的结构与解答逻辑考题关系密切。在整个逻辑考题中,假设、支持、反对、评价型考题多是围绕论点与论据设置问题。因此,在解答逻辑考题时,应有目的地去读题干,区分并抓住论据(或前提)和结论。而两者相比较,结论比论据(或前提)更重要。做逻辑考题,要特别注意结论的特殊性和具体性。无论如何强调对结论的重视都是不过分的,因为选项最终是作用在结论上。把握好这种阅读规律,做题的速度就能提上去了。

题干结论的位置有三种:

1. 结论前置结构

结论前置结构是指:在开头提出观点、论点或结论,后面论证该观点、论点或结论。例如:

最近的一项研究指出:"适量饮酒对妇女的心脏有益。"研究人员对 1 000 名女护士进行调查,发现那些每星期饮酒 3~15 次的人,其患心脏病的可能性较每星期饮酒少于 3 次的人低。因此,研究人员发现了饮酒量与妇女心脏病之间的联系。

2. 结论后置结构

结论后置结构是指:在最后才给出观点、论点或结论,前面是对观点、论点或结论的论证。这种结构的前面很多是不用仔细看的背景介绍,读题的重点是抓住后面的观点。例如:

有的地质学家认为,如果地球的未勘探地区中单位面积的平均石油储藏量能和已勘探地区一样的话,那么,目前关于地下未开采的能源含量的正确估计是现有估计量的一万倍。由此可得出结论:全球的石油需求,至少可以在未来五个世纪中得到满足,即便此种需求每年呈加速上升的趋势。

3. 结论中置结构

结论中置结构是指:在题干中间提出观点、论点或结论,题干前面、后面是背景介绍以及论证该观点、论点或结论的理由。例如:

面对预算困难,W 国政府不得不削减对于科研项目的资助,一大批这样的研究项目转而由私人资金资助。因此,可能产生争议结果的研究项目在整个受资助研究项目中的比例肯定会降低,因为私人基金资助者非常关心其公众形象,他们不希望自己资助的项目会导致争议。

三、阅读细节

逻辑考试有一些题考的几乎就是对语言文字的阅读理解，而不是真正的逻辑推理关系。考生阅读这样的题时一定不要首先进入细节，而是通过选项的话题关键词回到题干定位细节，否则细节未必记得住，反而会把自己脑子搞乱。更重要的是，几乎无法预测命题者会在哪个细节上设置陷阱。

例： 厄尔尼诺现象和拉尼娜现象是热带海洋和大气相互作用的产物。拉尼娜现象的到来将对全球气候产生相反的影响，由厄尔尼诺现象造成的许多反常气候就会改变。美国沿海遭受飓风袭击的可能性会上升，澳大利亚东部可能发生洪水，南美和非洲东部地区可能出现干旱，南亚将出现猛烈的季风雨，英国气温将会下降，大西洋西岸可能提前出现暴雨和大雪，并使该地区的产粮区遭受破坏性旱灾，东亚的雨带将往北移，秋冬季雨水将会增多。拉尼娜现象在将冷水从海底带到水面的同时，也把海洋深层营养丰富的物质带到水面，加快浮游植物和动物繁殖，这将使东太平洋沿岸国家渔业获得丰收。

以下除哪项外，都是上文所描述的拉尼娜现象可能带来的影响？

A. 非洲某些地区的干旱不但没有缓解，而且有加重的趋势，非洲国家的生活仍然艰难。

B. 澳大利亚西部可能发生洪水，对牧业将产生不良的影响，世界羊绒的价格可能上涨。

C. 美国东海岸地区的冬天会变冷，降雪量会有明显的增加，影响该地区的粮食生产，世界粮食价格有上涨的趋势。

D. 由于冬季雨水比较充沛，我国北方冬小麦的生长条件得到改善，小麦产量将会增加。

E. 墨西哥、智利等国的渔业将走出多年徘徊的局面，世界鱼产品的价格有可能下降。

本题就是一道比较典型的阅读理解题，要求考生在短时间内快速阅读的同时能注意细节，理解准确，从而找到正确答案。具体增加阅读量的主要方法是在题干中增加很多无用的修饰语。其实在本题题干段落中，很多形容、修饰的字词或描情摹状的语句对解题是毫无用处的。

B项说："澳大利亚西部可能发生洪水"。而题干中说的是"东部"，没说"西部"，与题干所述不符。选项A中指的"非洲某些地区"对应题干中讲的"非洲东部地区"。C项说的"美国东海岸地区"与题干中说的"大西洋西岸"相同。D项所说的"我国北方""冬季雨水比较充沛"与题干中说的"东亚的雨带将往北移"有关。E项中的"墨西哥、智利等国家"与题干中的"东太平洋沿岸国家"一致。

下面这道题提示我们，在审题时也不能忽略题干中的标点符号，尤其是分号。这些标点对于快速把握题干结构是很有意义的：

例： 通识教育重在帮助学生掌握尽可能全面的基础知识，即帮助学生了解各个学科领域的基本常识；而人文教育则重在培育学生了解生活世界的意义，并对自己及他人行为的价值和意义做出合理的判断，形成"智识"。因此有专家指出，相比较而言，人文教育对个人未来生活的影响会更大一些。

以下哪项如果为真，最能支持上述专家的断言？

A. 当今我国有些大学开设的通识教育课程要远远多于人文教育课程。

B. "知识"是事实判断，"智识"是价值判断，两者不能相互替代。

C. 没有知识就会失去应对未来生活挑战的勇气，而错误的价值观可能会误导人的生活。

D. 关于价值和意义的判断事关个人的幸福和尊严，值得探究和思考。

E. 没有知识，人依然可以活下去；但如果没有对价值和意义的追求，人只能成为没有灵魂的躯壳。

根据"题项结合"的阅读原则，扫描题干和选项特征，可以发现题干和 E 项中的分号：题干中出现了一个比较，由分号区分开来，而 E 项中也有分号，对于所述内容分了两层来表达，所以应该优先验证 E 项。另外，转折连词后面的内容是表达重点，题干和 E 项分号之后都有转折连词，这样分层有助于我们将选项与题干进行类比。要想支持专家断言，就要指出人文教育相对于通识教育更加重要，只有 E 项比较了这两种教育的成果，并且通过转折连词"但"，表达了人文教育更加重要的意思。

总之，逻辑考试中的阅读理解与我们日常生活中的语言理解是基本一致的。尽管掌握一些逻辑方法可以有助于这种理解，但逻辑考试中的语言理解要比逻辑规则的掌握复杂得多。通过有效的阅读训练，做逻辑题时，会有一种"会当凌绝顶，一览众山小"的宏观把握能力，这是成为一名逻辑高手的必要条件。

第二节 干扰项的设置方法

逻辑考题一般为单项选择题，作为答案的选项满足两个条件：正确性和唯一性。所谓正确性是指答案选项是对问题的正确回答。如果对同一道试题，考生感觉两个或两个以上的选项都满足正确性要求，那么最大的可能是遇到了干扰项，即似乎成立但实际上不成立的选项。

干扰项尽管有时与推理主题有点关联，但它们可能都忽略了论点的推理结构。这个原则在"最能支持型"和"最能削弱型"考题中体现得最充分。比如在"最能削弱型"考题中，至少有两个选项能起到削弱作用，这时需要衡量其削弱的力度才能确定正确答案。

需要注意的是，并不是每道题目一定有干扰项，但是比较好的题目一定有，所以要格外注意干扰项。设计干扰项是许多试题在编制过程中的一项重要内容，目的在于提高试题的难度和区分度。干扰项一般有如下几种：

一、范围陷阱

有些选项说得很有道理，似乎也和给定文字有一定的关联性，但其中有一部分概念或内容是题干中没有给出的，这样的选项是要排除的。

这些选项的特点是：与正确答案很相近，但范围宽了或者窄了，或者干脆就和正确选项正好相反。

例：最近一次战争里在重战区中执行任务的医疗人员，即使是那些身体未受伤害的，比在该战争不太激烈的战斗中执行任务的医疗人员收入低而离婚率高，在衡量整体幸福程度的心理状况测验中得分也较低。这一证据表明即使是那些激烈的战争环境下没有受到身体创伤的人，也会受到负面影响。

下面哪项，如果正确，最强有力地支持了以上得出的结论？

A. 重战区的医疗人员和其他战区的医疗人员相比，服役前所接受的学校教育明显比较少。

B. 重战区医疗人员的入伍年龄比其他战区医疗人员的入伍年龄小。

C. 重战区的医疗人员的父母和其他战区医疗人员的父母，在收入、离婚率和整体幸福程度方面没有什么显著差别。

D. 那些在重战区服务的医疗人员和建筑工人在收入、离婚率和整体幸福程度等方面非常相似。

E. 早期战争中在重战区服务的医疗人员在收入、离婚率和整体幸福程度等方面和其他在该战争中服役的医疗人员没有表现出太大差别。

本题的推理是由一个事实得出一个解释性的结论，其隐含的假设是除了激烈的战争环境之外没有别的因素影响推论。选项 C 指出这两类人的父母没有显著差异，实际上指出没有遗传因素影响结论。A 是无关项。B 是削弱项。

D 项为无关项，是范围陷阱，因为题干对重战区和非重战区进行比较得出结论，题干没有提及其他人的情况，只是在医疗人员之间做比较。

题干结论是根据最近一次战争的情况得出的，而 E 项说的是早期战争中的情况，所以 E 项是无关项。

二、相反陷阱

这样的选项相对比较容易排除，就是题干中说是，而选项中说非的；此外还有故意把题干某个细节理解偏了的选项，或者将题干中的论据抽取出来作为主要结论的选项，都是干扰项。另外要注意在问题中也经常设置相反陷阱，例如"以下除哪项外都是真的"这种问法。

三、相关陷阱

比如支持或削弱论证，必须针对前提和结论的推理链条进行支持或削弱，如果选项只针对结论往往就不是正确答案；有的选项"顾左右而言他"，也都是不相关的；如果题干论证包含两个核心词，则干扰项往往只包含一个核心词，而正确答案必须包含两个核心词。

四、概念陷阱

即题干与选项中出现的核心概念有似是而非的区别。命题者往往用近义词或构成上相似的词来替换原词；那些故意把一部分概念杂糅在一起或是混淆两个概念的选项也要排除。如果考生做题时不能有效分辨题干前提和结论的关键词，就很容易陷入命题者的圈套。例如：

在森海地区每一个城市，由政府主办的公立学校的教育经费主要来自各市政府的税收。但各市对公共教育的重视程度不一。比如，帕森市每年花在公立学校的教育经费通常是布鲁市的两倍，尽管两市居民人数几乎相等。所以，帕森市居民显然比布鲁市居民更加关注公立学校的教育。

在这个段落中，前提讲的是"公立学校的教育"，而结论讲的是"公共教育"，二者范畴显然是不同的。

五、程度陷阱

此时要比较支持或削弱的力度。

例：我国共有 5 万多公里的铁路，承担着 53% 的客运量和 70% 的货运量。铁路运力紧张的矛盾十分突出。改造既有铁路线路，提高列车的运行速度，成了现实的选择。

下列哪项为真，能大大削弱上述论证？

A. 国家已经计划并且正逐步兴建大量的新铁路。

B. 我国铁路线路及车辆的维修和更新刻不容缓。

C. 随着经济的发展，铁路货运量还将增加。

D. 随着航空事业和高速公路的发展，铁路客运量会下降。

E. 正在试行时速达 140~160 公里的快速列车，比一般列车快 50%。

本题的逻辑主线是"铁路运力紧张→必须改造提速"，要削弱论证就是要说明存在别的因素影响推论。A 项中讲的是正在逐步"兴建大量的新铁路"，强烈暗示铁路运力紧张的矛盾会逐步缓解，因此，题干中关于"改造既有铁路"和"提高列车的运行速度"就不显得那么必要，即削弱了题干的论证。D 项也有一定的削弱作用，但其力度不如 A 项，因为 D 项只说了铁路客运量会下降，没说到货运量的问题，因此，铁路运力可能依然紧张。

第三节　答案判别方法

考生往往觉得不少逻辑题争议很大，其实这是没弄清各类题判断对错的标准。如果明白了判断对错的标准，很多题是不用争论的。由于论证推理不是必然性的推理，答案也不需要充分性，因此，关键是要探讨清楚论证的对错本质，也就是说弄清楚判断对错的标准是什么。那么，什么样的选项才是论证推理题的正确答案？下面给出正确答案应满足的三个条件，即答案判别的三条原则。

一、内容相关原则

论证逻辑相关性说的是选项陈述与题干的内容相关联。一个前提对结论肯定性相关，仅当接受它使得结论的可接受性增强；一个前提对结论否定性相关，仅当接受它使得结论的可接受性削弱。

具体对解题来说，所谓内容相关原则，就是指在一个有效的推理和论证中，要保证前提和结论的联系，也就是前后事件要有语义关联，即日常生活中所说的"前言要搭后语"。

遵循相关性原则，需要做到以下几点：

第一，做题时，边阅读题干边找出结论，然后看结论所依赖的前提，这样在脑中形成逻辑主线（因为……所以……）。接下来，以结论作为判断有关或无关的标准去排除无关项，对剩下的选项再排除相反选项，这样就容易找到答案了。

第二，逻辑题的答案设计必然与原文有关，且往往是以事件相关（有时甚至是事件重复）的形式出现。有些看起来好像是明显错误或非常荒唐的选项，如果与原文的相关性最明显，就有可能是最佳答案。

第三，虽然有时"自下而上"的论证推理题的答案可能超出题干范围，但必须与题干内容相关，否则为无关项。（比如评价、解释题需要一点常识思维，正确答案的内容可能会超出题干范围，但一定要与题干推理相关并起到问题所要求的作用。）

二、起到作用原则

答案判别的第二个原则就是起到作用，即正确答案必须能起到问题要求的作用，当然这个作用不一定是充分的，只要是一种可能性即可。注意：要明确是针对结论起作用还是针对论证起作用；要找一个能满足问题要求所起的作用的选项，而不是找符合常识或者一般意义上"有道理"的选项。

例：据统计，被指控抢劫的定罪率要高于被指控贪污的定罪率。其重要原因是贪污案的被告能聘请收费最贵的律师，而抢劫案的被告主要由法庭指定的律师辩护。

以下哪项如果为真，最能支持题干的叙述？

A. 被指控抢劫的被告，远多于被指控贪污的被告。

B. 被告聘请的律师与法庭指定的律师一样，既忠实于法律，又努力维护委托人的合法权益。

C. 被指控抢劫的被告事实上犯罪的比例，不高于被指控贪污的被告相应的比例。

D. 被指控抢劫的被告有能力聘请收费昂贵的律师。

E. 司法腐败导致对有权势的罪犯的庇护，而贪污等职务犯罪的构成要件是当事人有职权。

题干断定：受贿罪的定罪率较低的原因是受贿罪的被告能请到好的律师。

被告不等于罪犯。要使题干的分析成立，有一个条件必须满足，即被指控抢劫的被告中罪犯的比例，不高于被指控贪污、受贿的被告相应的比例。否则，如果事实上被指控抢劫的被告中罪犯的比例，高于甚至远高于被指控贪污、受贿的被告中罪犯的比例，那么，被指控抢劫的被告的定罪率，自然要远高于被指控贪污、受贿的被告的定罪率，而没有理由认为这种结果与所聘请的律师有实质性的联系。这样，题干的论证就不成立。可见 C 项确实是题干论证的假设，而假设是很好的支持。

题干讨论的"定罪率"是个相对比值，A 项讨论绝对数量比，为明显无关选项。即使律师的某些情况相同，但是还可能有像能力、影响力等其他方面的区别造成案件的审判结果的变化，B 项支持力度不足。D 项有明显的削弱之意，直接排除。

E 项是干扰项，也能起到支持作用，但它只是支持题干的"受贿罪的定罪率较低"这个事实，不能支持"受贿罪的定罪率较低的原因是受贿罪的被告能请到好的律师"，也就是没有针对从前提到结论的推理过程，因此，没有 C 项好。

本题是支持论证，也就是支持从前提到结论的过程，假设是前提与结论的桥梁，因此，肯定假设的支持力度较大。

三、程度最大原则

除正确答案外，命题者出其他选项时总要出一到两个干扰项，但如果稍不小心又易成为有争议的选项。由于是全国性的选拔考试，为避免出现有争议的答案，命题者用"最"字去排除这种可能性。也就是说，即使找到了一个选项，与题目内容相关并起到了问题要求的作用，该选项也不一定是正确答案。因为满足这两个条件的选项往往不一定只有一个，这时候，就要比较这些选项哪项所起的作用最大，即正确答案应该最能体现问题的目的，最能符合问题的要求。这就是答案判别的第三个原则程度最大原则。

一个论证的论证力度，是指通过该论证所获得的结论真实性的可接受程度。一个论证的论证力度取决于两点：第一，论据真实性的可靠程度；第二，推理的证据支持度。

怎么来比较各选项所起作用的程度呢？以什么样的指导思想和界限去区分正确答案和干扰选项呢？主要有以下几个规律：

第一，逻辑选项优于非逻辑选项；

第二，围绕逻辑主线的选项优于围绕非逻辑主线的选项；

第三，整体性论述的选项优于部分性论述的选项；

第四，涉及话题关键词的选项优于不涉及话题关键词的选项；

第五，明确选项优于模糊选项。

例： 我国多数软件开发工作者的"版权意识"十分淡漠，不懂得通过版权来保护自己的合法权益。最近对 500 多位软件开发工作者的调查表明，在制定开发计划时也同时制订了版权申请计划的仅占 20%。

以下哪项如果为真，最能削弱上述结论？

A．制定了版权申请计划并不代表有很强的"版权意识"，是否有"版权意识"要看实践。

B．有许多软件开发工作者事先没有制定版权申请计划，但在软件完成后申请了版权。

C．有些软件开发工作者不知道应该到什么地方去申请版权，有些版权受理机构服务态度也不怎么样。

D．版权意识的培养需要有一个好的法制环境。人们既要保护自己的版权，也要尊重他人的版权。

E．在被调查的 500 名软件开发工作者以外还有上万名计算机软件开发者，他们的"版权意识"如何，有待进一步调查。

本题为削弱题。版权意识包括制定版权申请计划以及软件完成后申请版权等方面。B 项中许多软件开发工作者在软件完成后申请了版权，说明仍然有版权意识，削弱了题干关于"我国多数软件开发工作者的版权意识十分淡漠"的结论。A 项对"制定了版权申请计划"的软件开发工作者也提出了质疑，怀疑他们是否真有"版权意识"，会加强题干的结论。C 项对题干论点有削弱的意思，但强度远不如 B 项。请注意"有许多"和"有些"的区别。D 项讲的是理想环境，而题干讲的是现实状况。E 项认为需要再调查，但对题干论点的削弱力度不大，只是指出一种不确定性，可能削弱题干论点，也可能加强题干论点。因为，现在的调查已经是个大样本。另外，进一步的调查，也可能得出进一步加强题干论点的结论。

第四节 常用解题方法总结

一、列表画图法

如果一个问题所涉及或所列出的事物情况至少包括两类元素，而这两类元素之间又存在着某种对应关系，这时我们就可以采用列表法迅速寻找到答案。解答此类问题时，如果不列表而是单凭想象，往往容易混乱，难于理清头绪。

例： 李娜心中的白马王子是高个子、相貌英俊的博士。她认识王为、吴刚、李强、刘大伟四位男士，其中只有一位符合她所要求的全部条件。已知：

（1）四位男士中，有三人是高个子，有两人是博士，仅有一人相貌英俊；

（2）王为和吴刚都是博士；

（3）刘大伟和李强身高相同；

（4）每位男士都至少符合一个条件；

（5）李强和王为并非都是高个子。

请问符合李娜要求的全部条件的是谁？

A．刘大伟。   B．李强。

C. 吴刚。   D. 王为。

E. 李强和刘大伟。

正确选项是 C。题干所给出的事物情况可分为两类元素。一类是条件，即高个子、相貌英俊、博士；另一类是李娜所认识的四位男士，即王为、吴刚、李强、刘大伟。根据这些条件，可以列表如下：

	王为	吴刚	李强	刘大伟
高个子	×（1）	√（5）	√（3）	√（5）
相貌英俊				
博士	√（2）	√（2）	×（1）	×（1）

由上表可以看出，能够满足条件的只可能是吴刚。

二、代入法

通常，逻辑题的五个选项中只有一个难以排除，其他三个选项可能根本与问题目的无关，所以排除法是提高解题速度的关键。其实，逻辑出题人在编写选项时也往往非常困难，既要保证一个选项正确，又要使其他选项具有迷惑性，所以许多逻辑题四个错误选项的出法往往是荒谬的，考生必须从大量训练中体会正确选项的模式，找出错误选项的特征。

在实际解题时，尽可能使用排除法，首先划掉绝对不可能的选项。

根据题项结合原则，阅读完问题后扫描选项，当选项出现要素列举的时候，要优先考虑用代入法来排除或者验证选项。

例： 颜子、曾寅、孟申、荀辰申请一个中国传统文化建设项目。根据规定，该项目的主持人只能有一名，且在上述 4 位申请者中产生；包括主持人在内，项目组成员不能超过两位。另外，各位申请者在申请答辩时做出如下陈述：

（1）颜子：如果我成为主持人，将邀请曾寅或荀辰作为项目组成员；

（2）曾寅：如果我成为主持人，将邀请颜子或孟申作为项目组成员；

（3）荀辰：只有颜子成为项目组成员，我才能成为主持人；

（4）孟申：只有荀辰或颜子成为项目组成员，我才能成为主持人。

假定 4 人陈述都为真，关于项目组成员的组合，以下哪项是不可能的？

A. 孟申、曾寅。   B. 荀辰、孟申。

C. 曾寅、荀辰。   D. 颜子、孟申。

E. 颜子、荀辰。

本题宜采用代入法验证选项，需要注意问题中的相反陷阱。当孟申做主持人时，根据条件（4），A 项不能成立；但是当曾寅做主持人时，A 项可能成立，故不选 A 项。以此类推，只有 C 项组合，无论谁担任主持人，都违反题干条件。

例： 赵明、钱红、孙杰三人被北京大学、清华大学和北京师范大学录取。他们分别被哪个学校录取的，同学们各自作了猜测。同学 A 猜："赵明被清华大学录取，孙杰被北京师范大学录取。"同学 B 猜："赵明被北京师范大学录取，钱红被清华大学录取。"同学 C 猜："赵明被北京大学录取，孙杰被清华大学录取。"

结果，他们的猜测各对了一半。那么，他们的录取情况是：

A.赵明、钱红、孙杰分别被北京大学、清华大学和北京师范大学录取。

B.赵明、钱红、孙杰分别被清华大学、北京师范大学和北京大学录取。

C.赵明、钱红、孙杰分别被北京师范大学、清华大学和北京大学录取。

D.赵明、钱红、孙杰分别被北京大学、北京师范大学和清华大学录取。

E.赵明、钱红、孙杰分别被清华大学、北京大学和北京师范大学录取。

本题应该用代入法验证选项。只有 A 项符合"他们的猜测各对了一半"的条件。

三、否定代入法

当正确选项难于确定，错误选项又难以排除时，就应该运用否定代入法，特别是对一些综合推断型、真话假话型考题，用否定代入法非常有效。具体的做法是：先假设某备选项为假，然后代入题干，如果与题干某个条件出现矛盾，说明该选项在否定之前是必然为真的；如果某选项假设为假后不能导致矛盾，说明该选项可以为假。

例： 所有持有当代商厦购物优惠卡的顾客，同时持有双安商厦的购物优惠卡。今年国庆节，当代商厦和双安商厦同时给持有本商厦购物优惠卡的半数顾客赠送了价值 100 元的购物奖券。结果，上述同时持有两个商厦购物优惠卡的顾客，都收到了这样的购物奖券。

如果上述断定是真的，则以下哪项断定也一定为真？

Ⅰ.所有持有双安商厦的购物优惠卡的顾客，也同时持有当代商厦的购物优惠卡。

Ⅱ.今年国庆节，没有一个持有上述购物优惠卡的顾客分别收到两个商厦的购物奖券。

Ⅲ.持有双安商厦的购物优惠卡的顾客中，至多有一半收到当代商厦的购物奖券。

A.只有Ⅰ。　　　　　　　　　　B.只有Ⅱ。

C.只有Ⅲ。　　　　　　　　　　D.只有Ⅰ和Ⅱ。

E.Ⅰ、Ⅱ和Ⅲ。

本题可采用否定代入法解题。由题干可知，所有持有当代商厦购物优惠卡的顾客，同时持有双安商厦购物优惠卡。这说明，持有双安商厦购物优惠卡的顾客人数不会少于持有当代商厦购物优惠卡的顾客人数。如果持有双安商厦购物优惠卡的顾客中，有超过一半的人收到当代商厦的购物奖券，这说明收到当代商厦购物奖券的人数，超过了持有当代商厦购物优惠卡顾客人数的半数，这和题干的条件矛盾，因此，Ⅲ的断定一定为真。

可以画图表达题干第一句话，如右图所示，则有的持有双安商厦购物优惠卡的顾客不是持有当代商厦购物优惠卡的顾客。所以，Ⅰ的断定不一定为真。

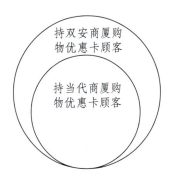

如果两个商厦的顾客是全同关系，则持有当代商厦购物优惠卡的半数顾客正好是持有双安商厦购物优惠卡的半数顾客，这是有可能的，所以Ⅱ也不一定为真。

正确选项是 C。

附 录

2018 年入学管理类综合能力逻辑真题

26. 人民既是历史的创造者,也是历史的见证者;既是历史的"剧中人",也是历史的"剧作者"。离开人民,文艺就会变成无根的浮萍、无病的呻吟、无魂的躯壳。观察人民的生活、命运、情感,表达人民的心愿、心情、心声,我们的作品才会在人民中传之久远。

根据以上陈述,可以得出以下哪项?

A. 只有不离开人民,文艺才不会变成无根的浮萍、无病的呻吟、无魂的躯壳。

B. 历史的创造者都不是历史的"剧中人"。

C. 历史的创造者都是历史的见证者。

D. 历史的"剧中人"都是历史的"剧作者"。

E. 我们的作品只要表达人民的心愿、心情、心声,就会在人民中传之久远。

27. 盛夏时节的某一天,某市早报刊载了由该市专业气象台提供的全国部分城市当天的天气预报,择其内容列表如下:

天津	阴	上海	雷阵雨	昆明	小雨
呼和浩特	阵雨	哈尔滨	少云	乌鲁木齐	晴
西安	中雨	南昌	大雨	香港	多云
南京	雷阵雨	拉萨	阵雨	福州	阴

根据上述信息,以下哪项作出的论断最为准确?

A. 由于所列城市盛夏天气变化频繁,所以上面所列的 9 类天气一定就是所有的天气类型。

B. 由于所列城市并非我国的所有城市,所以上面所列的 9 类天气一定不是所有的天气类型。

C. 由于所列城市在同一天不一定展示所有的天气类型,所以上面所列的 9 类天气可能不是所有的天气类型。

D. 由于所列城市在同一天可能展示所有的天气类型,所以上面所列的 9 类天气一定是所有的天气类型。

E. 由于所列城市分处我国的东南西北中,所以上面所列的 9 类天气一定就是所有的天气类型。

28. 现在许多人很少在深夜 11 点以前安然入睡，他们未必都在熬夜用功，大多是在玩手机或看电视，其结果就是晚睡，第二天就会头晕脑涨、哈欠连天。不少人常常对此感到后悔，但一到晚上他们多半还会这么做。有专家就此指出，人们似乎从晚睡中得到了快乐，但这种快乐其实隐藏着某种烦恼。

以下哪项如果为真，最能支持上述专家的结论？

A. 晨昏交替，生活周而复始，安然入睡是对当天生活的满足和对明天生活的期待。而晚睡者只想活在当下，活出精彩。

B. 晚睡者具有积极的人生态度。他们认为，当天的事须当天完成，哪怕晚睡也在所不惜。

C. 大多数习惯晚睡的人白天无精打采，但一到深夜就感觉自己精力充沛，不做点有意义的事情就觉得十分可惜。

D. 晚睡其实是一种表面难以察觉的、对"正常生活"的抵抗，它提醒人们现在的"正常生活"存在着某种令人不满的问题。

E. 晚睡者内心并不愿意睡得晚，也不觉得手机或电视有趣，甚至都不记得玩过或看过什么，但他们总是要在睡觉前花较长时间磨蹭。

29. 分心驾驶是指驾驶人为满足自己的身体舒适、心情愉悦等需求而没有将注意力全部集中于驾驶过程的驾驶行为，常见的分心行为有抽烟、饮水、进食、聊天、刮胡子、使用手机、照顾小孩等。某专家指出，分心驾驶已成为我国道路交通事故的罪魁祸首。

以下哪项如果为真，最能支持上述专家的观点？

A. 一项统计研究表明，相对于酒驾、药驾、超速驾驶、疲劳驾驶等情形，我国由分心驾驶导致的交通事故占比最高。

B. 驾驶人正常驾驶时反应时间为 0.3~1.0 秒，使用手机时反应时间则延迟 3 倍左右。

C. 开车使用手机会导致驾驶人注意力下降 20%：如果驾驶人边开车边发短信，则发生车祸的概率是其正常驾驶时的 23 倍。

D. 近年来使用手机已成为我国驾驶人分心驾驶的主要表现形式，59% 的人开车过程中看微信，31% 的人玩自拍，36% 的人刷微博、微信朋友圈。

E. 一项研究显示，在美国超过 1/4 的车祸是由驾驶人使用手机引起的。

30~31 题基于以下题干

某工厂有一员工宿舍住了甲、乙、丙、丁、戊、己、庚 7 人，每人每周需轮流值日一天，且每天仅安排一人值日。他们值日的安排还需满足以下条件：

（1）乙周二或周六值日；

（2）如果甲周一值日，那么丙周三值日且戊周五值日；

（3）如果甲周一不值日，那么己周四值日且庚周五值日；

（4）如果乙周二值日，那么己周六值日。

30. 根据以上条件，如果丙周日值日，则可以得出以下哪项？

A. 甲周日值日。　　　　　　　　　B. 乙周六值日。

C. 丁周二值日。　　　　　　　　　D. 戊周二值日。

E. 己周五值日。

31. 如果庚周四值日，那么以下哪项一定为假？

A. 甲周一值日。　　　　　　　　B. 乙周六值日。

C. 丙周三值日。　　　　　　　　D. 戊周日值日。

E. 己周二值日。

32. 唐代韩愈在《师说》中指出："孔子曰：三人行，则必有我师。是故弟子不必不如师，师不必贤于弟子，闻道有先后，术业有专攻，如是而已。"

根据上述韩愈的观点，可以得出以下哪项？

A. 有的弟子必然不如师。

B. 有的弟子可能不如师。

C. 有的师不可能贤于弟子。

D. 有的弟子可能不贤于师。

E. 有的师可能不贤于弟子。

33. "二十四节气"是我国在农耕社会生产生活的时间活动指南，反映了从春到冬一年四季的气温、降水、物候的周期性变化规律。已知各节气的名称具有如下特点：

（1）凡含"春""夏""秋""冬"字的节气各属春、夏、秋、冬季；

（2）凡含"雨""露""雪"字的节气各属春、秋、冬季；

（3）如果"清明"不在春季，则"霜降"不在秋季；

（4）如果"雨水"在春季，则"霜降"在秋季。

根据以上信息，如果从春至冬每季仅列两个节气，则以下哪项是不可能的？

A. 雨水、惊蛰、夏至、小暑、白露、霜降、大雪、冬至。

B. 惊蛰、春分、立夏、小满、白露、寒露、立冬、小雪。

C. 清明、谷雨、芒种、夏至、立秋、寒露、小雪、大寒。

D. 立春、清明、立夏、夏至、立秋、寒露、小雪、大寒。

E. 立春、谷雨、清明、夏至、处暑、白露、立冬、小雪。

34. 刀不磨要生锈，人不学要落后。所以，如果你不想落后，就应该多磨刀。

以下哪项与上述论证方式最为相似？

A. 妆未梳成不见客，不到火候不揭锅。所以，如果揭了锅，就应该是到了火候。

B. 兵在精而不在多，将在谋而不在勇。所以，如果想获胜，就应该兵精将勇。

C. 马无夜草不肥，人无横财不富。所以，如果你想富，就应该让马多吃夜草。

D. 金无足赤，人无完人。所以，如果你想做完人，就应该有真金。

E. 有志不在年高，无志空活百岁。所以，如果你不想空活百岁，就应该立志。

35. 某市已开通运营一、二、三、四号地铁线路，各条地铁线每一站运行加停靠所需时间均彼此相同。小张、小王、小李三人是同一单位的职工，单位附近有北口地铁站。某天早晨，3人同时都在常青站乘一号线上班，但3人关于乘车路线的想法不尽相同。已知：

（1）如果一号线拥挤，小张就坐2站后转三号线，再坐3站到北口站，如果一号线不拥挤，小张就坐3站后转二号线，再坐4站到北口站；

（2）只有一号线拥挤，小王才坐2站后转三号线，再坐3站到北口站；

（3）如果一号线不拥挤，小李就坐4站后转四号线，坐3站之后再转三号线，坐1站到达北口站；

（4）该天早晨地铁一号线不拥挤。

假定三人换乘及步行总时间相同，则以下哪项最可能与上述信息不一致？

A.小王和小李同时到达单位。　　　　　B.小张和小王同时到达单位。

C.小王比小李先到达单位。　　　　　　D.小李比小张先到达单位。

E.小张比小王先到达单位。

36.最近一项调研发现，某国30岁至45岁人群中，去医院治疗冠心病、骨质疏松等病症的人越来越多，而原来患有这些病症的大多是老年人。调研者由此认为，该国年轻人中"老年病"发病率有不断增加的趋势。

以下哪项如果为真，最能质疑上述调研结论？

A.由于国家医疗保障水平的提高，相比以往，该国民众更有条件关注自己的身体健康。

B."老年人"的最低年龄比以前提高了，"老年病"的患者范围也有所变化。

C.近年来，由于大量移民涌入，该国45岁以下年轻人的数量急剧增加。

D.尽管冠心病、骨质疏松等病症是常见的"老年病"，老年人患的病未必都是"老年病"。

E.近几十年来，该国人口老龄化严重，但健康老龄人口的比重在不断增大。

37.张教授：利益并非只是物质利益，应该把信用、声誉、情感甚至某种喜好等都归入利益的范畴。根据这种"利益"的广义理解，如果每一个体在不损害他人利益的前提下，尽可能满足其自身的利益需求，那么由这些个体组成的社会就是一个良善的社会。

根据张教授的观点，可以得出以下哪项？

A.如果一个社会不是良善的，那么其中肯定存在个体损害他人利益或自身利益需求没有尽可能得到满足的情况。

B.尽可能满足每一个体的利益需求，就会损害社会的整体利益。

C.只有尽可能满足每一个体的利益需求，社会才可能是良善的。

D.如果有些个体通过损害他人利益来满足自身的利益需求，那么社会就不是良善的。

E.如果某些个体的利益需求没有尽可能得到满足，那么社会就不是良善的。

38.某学期学校新开设4门课程："《诗经》鉴赏""老子研究""唐诗鉴赏""宋词选读"，李晓明、陈文静、赵珊珊和庄志达4人各选修了其中一门课程。已知：

（1）他们4人选修的课程各不相同；

（2）喜爱诗词的赵珊珊选修的是诗词类课程；

（3）李晓明选修的不是"《诗经》鉴赏"就是"唐诗鉴赏"。

以下哪项如果为真，就能确定赵珊珊选修的是"宋词选读"？

A.庄志达选修的不是"宋词选读"。

B.庄志达选修的是"老子研究"。

C.庄志达选修的不是"老子研究"。

D.庄志达选修的是"《诗经》鉴赏"。

E.庄志达选修的不是"《诗经》鉴赏"。

39.我国中原地区如果降水量比往年偏低，该地区河流水位会下降，流速会减缓。这有利于河流中的水草生长，河流中的水草总量通常也会随之增加。不过，去年该地区在经历了一次极端干旱之后，尽管该地区某河流的流速十分缓慢，但其中的水草总量并未随之而增加，只是处于一个很低的水平。

以下哪项如果为真，最能解释上述看似矛盾的现象？

A.经过极端干旱之后，该河流中以水草为食物的水生动物数量大量减少。

B.我国中原地区多平原，海拔差异小，其地表河水流速比较缓慢。

C.该河流在经历了去年极端干旱之后干涸了一段时间，导致大量水生物死亡。

D.河水流速越慢，其水温变化就越小，这有利于水草的生长和繁殖。

E.如果河中水草数量达到一定的程度，就会对周边其他物种的生存产生危害。

40~41题基于以下题干

某海军部队有甲、乙、丙、丁、戊、己、庚7艘舰艇，拟组成两个编队出航，第一编队编列3艘舰艇，第二编队编列4艘舰艇，编列需满足以下条件：

（1）舰艇己必须编列在第二编队；

（2）戊和丙至多有一艘编列在第一编队；

（3）甲和丙不在同一编队；

（4）如果乙编列在第一编队，则丁也必须编列在第一编队。

40.如果甲在第二编队，则下列哪项中的舰艇一定也在第二编队？

A.乙。 B.丙。

C.丁。 D.戊。

E.庚。

41.如果丁和庚在同一编队，则可以得出以下哪项？

A.甲在第一编队。 B.乙在第一编队。

C.丙在第一编队。 D.戊在第二编队。

E.庚在第二编队。

42.甲：读书最重要的目的是增长知识、开拓视野。

乙：你只见其一，不见其二。读书最重要的是陶冶性情、提升境界。没有陶冶性情、提升境界，就不能达到读书的真正目的。

以下哪项与上述反驳方式最为相似？

A.甲：文学创作最重要的是阅读优秀文学作品。

乙：你只见现象，不见本质。文学创作最重要的是观察生活、体验生活。任何优秀的文学作品都来源于火热的社会生活。

B.甲：做人最重要的是要讲信用。

乙：你说得不全面。做人最重要的是要遵纪守法。如果不遵纪守法，就没法讲信用。

C.甲：作为一部优秀的电视剧，最重要的是能得到广大观众的喜爱。

乙：你只见其表，不见其里。作为一部优秀的电视剧最重要的是具有深刻寓意与艺术魅力。没有深刻寓意与艺术魅力，就不能成为优秀的电视剧。

D.甲：科学研究最重要的是研究内容的创新。

乙：你只见内容，不见方法。科学研究最重要的是研究方法的创新。只有实现研究方法的创新，才能真正实现研究内容的创新。

E.甲：一年中最重要的季节是收获的秋天。

乙：你只看结果，不问原因。一年中最重要的季节是播种的春天，没有春天的播种，哪来秋天的收获？

43.若要人不知，除非己莫为；若要人不闻，除非己莫言。为之而欲人不知，言之而欲人不闻，此犹捕雀而掩目，盗钟而掩耳者。

根据以上陈述，可以得出以下哪项？

A.若己不言，则人不闻。

B.若己为，则人会知；若己言，则人会闻。

C.若能做到盗钟而掩耳，则可言之而人不闻。

D.若己不为，则人不知。

E.若能做到捕雀而掩目，则可为之而人不知。

44.中国是全球最大的卷烟生产国和消费国，但近年来政府通过出台禁烟令，提高卷烟消费税等一系列公共政策努力改变这一形象。一项权威调查数据显示，在2014年同比上升2.4%之后，中国卷烟消费量在2015年同比下降了2.4%，这是1995年来首次下降。尽管如此，2015年中国卷烟消费量仍占全球的45%，但这一下降对全球卷烟总消费量产生巨大影响，使其同比下降了2.1%。

根据以上信息，可以得出以下哪项？

A.2015年发达国家卷烟消费量同比下降比率高于发展中国家。

B.2015年世界其他国家卷烟消费量同比下降比率低于中国。

C.2015年世界其他国家卷烟消费量同比下降比率高于中国。

D.2015年中国卷烟消费量大于2013年。

E.2015年中国卷烟消费量恰好等于2013年。

45.某校图书馆新购一批文科图书。为方便读者查阅，管理人员对这批图书在文科新书阅览室中的摆放位置作出如下提示：

（1）前3排书橱均放有哲学类新书；

（2）法学类新书都放在第5排书橱，这排书橱的左侧也放有经济类新书；

（3）管理类新书放在最后一排书橱。

事实上，所有的图书都按照上述提示放置。根据提示，徐莉顺利找到了她想查阅的新书。

根据上述信息，以下哪项是不可能的？

A.徐莉在第2排书橱中找到哲学类新书。

B.徐莉在第3排书橱中找到经济类新书。

C.徐莉在第4排书橱中找到哲学类新书。

D.徐莉在第6排书橱中找到法学类新书。

E.徐莉在第7排书橱中找到管理类新书。

46. 某次学术会议的主办方发出会议通知：只有论文通过审核才能收到会议主办方发出的邀请函，本次会议只欢迎持有主办方邀请函的科研院所的学者参加。

根据以上通知，可以得出以下哪项？

A. 本次学术会议不欢迎论文没有通过审核的学者参加。

B. 论文通过审核的学者都可以参加本次学术会议。

C. 论文通过审核并持有主办方邀请函的学者，本次学术会议都欢迎其参加。

D. 有些论文通过审核但未持有主办方邀请函的学者，本次学术会议欢迎其参加。

E. 论文通过审核的学者有些不能参加本次学术会议。

47~48 题基于以下题干：

一江南园林拟建松、竹、梅、兰、菊 5 个园子。该园林拟设东、南、北 3 个门，分别位于其中 3 个园子。这 5 个园子的布局满足如下条件：

（1）如果东门位于松园或菊园，那么南门不位于竹园；

（2）如果南门不位于竹园，那么北门不位于兰园；

（3）如果菊园在园林的中心，那么它与兰园不相邻；

（4）兰园与菊园相邻，中间连着一座美丽的廊桥。

47. 根据以上信息，可以得出以下哪项？

A. 兰园不在园林的中心。　　　　　B. 菊园不在园林的中心。

C. 兰园在园林的中心。　　　　　　D. 菊园在园林的中心。

E. 梅园不在园林的中心。

48. 如果北门位于兰园，则可以得出以下哪项？

A. 南门位于菊园。　　　　　　　　B. 东门位于竹园。

C. 东门位于梅园。　　　　　　　　D. 东门位于松园。

E. 南门位于梅园。

49. 有研究发现，冬季在公路上撒盐除冰，会让本来要成为雌性的青蛙变成雄性，这是因为这些路盐中的钠元素会影响青蛙的受体细胞并改变原可能成为雌性青蛙的性别。有专家据此认为，这会导致相关区域青蛙数量的下降。

以下哪项如果为真，最能支持上述专家的观点？

A. 大量的路盐流入池塘可能会给其他水生物造成危害，破坏青蛙的食物链。

B. 如果一个物种以雄性为主，该物种的个体数量就可能受到影响。

C. 在多个盐含量不同的水池中饲养青蛙，随着水池中盐含量的增加，雌性青蛙的数量不断减少。

D. 如果每年冬季在公路上撒很多盐，盐水流入池塘，就会影响青蛙的生长发育过程。

E. 雌雄比例会影响一个动物种群的规模，雌性数量的充足对物种的繁衍生息至关重要。

50. 最终审定的项目或者意义重大或者关注度高，凡意义重大的项目均涉及民生问题。但是有些最终审定的项目并不涉及民生问题。

根据以上陈述，可以得出以下哪项？

A. 意义重大的项目可以引起关注。

B. 有些项目意义重大但是关注度不高。

C. 涉及民生问题的项目有些没有引起关注。

D. 有些项目尽管关注度高但并非意义重大。

E. 有些不涉及民生问题的项目意义也非常重大。

51. 甲：知难行易，知然后行。

乙：不对，知易行难，行然后知。

以下哪项与上述对话方式最为相似？

A. 甲：知人者愚，自知者明。

乙：不对。知人不易，知己更难。

B. 甲：不破不立，先破后立。

乙：不对。不立不破，先破后立。

C. 甲：想想容易做起来难，做比想更重要。

乙：不对。想到就能做到，想比做更重要。

D. 甲：批评他人易，批评自己难；先批评他人后批评自己。

乙：不对。批评自己易，批评他人难；先批评自己后批评他人。

E. 甲：做人难做事易，先做人再做事。

乙：不对。做人易做事难，先做事再做人。

52. 所有值得拥有专利的产品或设计方案都是创新，但并不是每一项创新都值得拥有专利；所有的模仿都不是创新，但并非每一个模仿者都应该受到惩罚。

根据以上陈述，以下哪项是不可能的？

A. 有些创新者可能受到惩罚。

B. 有些值得拥有专利的创新产品并没有申请专利。

C. 有些值得拥有专利的产品是模仿。

D. 没有模仿值得拥有专利。

E. 所有的模仿者都受到了惩罚。

53. 某国拟在甲、乙、丙、丁、戊、己 6 种农作物中进口几种，用于该国庞大的动物饲料产业，考虑到一些农作物可能会有违禁成分，以及它们之间存在的互补或可替代因素，该国对进口这些农作物有如下要求：

（1）它们当中不含违禁成分的都进口；

（2）如果甲或乙有违禁成分，就进口戊和己；

（3）如果丙含有违禁成分，那么丁就不进口了；

（4）如果进口戊，就进口乙和丁；

（5）如果不进口丁，就进口丙，如果进口丙，就不进口丁。

根据上述要求，以下哪项所列的农作物是该国可以进口的？

A. 甲、乙、丙。　　　　　　　　B. 乙、丙、丁。

C. 甲、戊、己。　　　　　　　　D. 甲、丁、己。

E. 丙、戊、己。

◆♪ 54~55 题基于以下题干：

某校四位女生施琳、张芳、王玉、杨虹与四位男生范勇、吕伟、赵虎、李龙进行中国象棋比赛。他们被安排在四张桌上，每桌一男一女对弈，四张桌从左到右分别记为 1、2、3、4 号，每对选手需要进行四局比赛，比赛规定：选手每胜一局得 2 分，和一局得 1 分，负一局得 0 分。前三局结束时，按分差大小排列，四对选手的总积分分别是 6∶0、5∶1、4∶2、3∶3。已知：

（1）张芳跟吕伟对弈，杨虹在 4 号桌比赛，王玉的比赛桌在李龙比赛桌的右边；

（2）1 号桌的比赛至少有一局是和局，4 号桌双方的总积分不是 4∶2；

（3）赵虎前三局总积分并不领先他的对手，他们也没有下成过和局；

（4）李龙已连输三局，范勇在前三局总积分上领先他的对手。

◆♪ 54. 根据上述信息，前三局比赛结束时谁的总积分最高？

A. 杨虹。 B. 施琳。

C. 范勇。 D. 王玉。

E. 张芳。

◆♪ 55. 如果下列有位选手前三局均与对手下成和局，那么他（她）是谁？

A. 施琳。 B. 杨虹。

C. 张芳。 D. 范勇。

E. 王玉。

【答案】

ACDAB　DEECD　CADCD　DCBBD　ABCED　ECABC

2019 年入学管理类综合能力逻辑真题

26. 新常态下，消费需求发生深刻变化，消费拉开档次，个性化、多样化消费渐成主流。在相当一部分消费者那里，对产品质量的追求压倒了对价格的考虑。供给侧结构性改革，说到底是满足需求。低质量的产能必然会过剩，而顺应市场需求不断更新换代的产能不会过剩。

根据以上陈述，可以得出以下哪项？

A. 低质量的产能不能满足个性化需求。

B. 只有质优价高的产品才能满足需求。

C. 新常态下，必须进行供给侧结构性改革。

D. 顺应市场需求不断更新换代的产能不是低质量的产能。

E. 只有不断更新换代的产品才能满足个性化、多样化消费的需求。

27. 据碳-14检测，卡皮瓦拉山岩画的创作时间最早可追溯到3万年前。在文字尚未出现的时代，岩画是人类沟通交流、传递信息、记录日常生活的主要方式。于是今天的我们可以在这些岩画中看到：一位母亲将孩子举起嬉戏，一家人在仰望并试图碰触头上的星空……动物是岩画的另一个主角，比如巨型犰狳、马鹿、螃蟹等。在许多画面中，人们手持长矛，追逐着前方的猎物。由此可以推断，此时的人类已经居于食物链的顶端。

以下哪项如果为真，最能支持上述推断？

A. 岩画中出现的动物一般是当时人类捕猎的对象。

B. 能够使用工具使得人类可以猎杀其他动物，而不是相反。

C. 对星空的敬畏是人类脱离动物、产生宗教的动因之一。

D. 3万年前，人类需要避免自己被虎豹等大型食肉动物猎杀。

E. 有了岩画，人类可以将生活经验保留下来供后代学习，这极大地提高了人类的生存能力。

28. 李诗、王悦、杜舒、刘默是唐诗宋词的爱好者，在唐朝诗人李白、杜甫、王维、刘禹锡中4人各喜爱其中一位，且每人喜爱的唐诗作者不与自己同姓。关于他们4人，已知：

（1）如果爱好王维的诗，那么也爱好辛弃疾的词；

（2）如果爱好刘禹锡的诗，那么也爱好岳飞的词；

（3）如果爱好杜甫的诗，那么也爱好苏轼的词。

如果李诗不爱好苏轼和辛弃疾的词，则可以得出以下哪项？

A. 杜舒爱好岳飞的词。　　　　　　B. 王悦爱好苏轼的词。

C. 李诗爱好岳飞的词。　　　　　　D. 杜舒爱好辛弃疾的词。

E. 刘默爱好苏轼的词。

29. 人们一直在争论猫与狗谁更聪明。最近，有些科学家不仅研究了动物脑容量的大小，还研究其大脑皮层神经细胞的数量，发现猫平常似乎总摆出一副智力占优的神态，但猫的大脑皮层神经细胞的数量只有普通金毛犬的一半。由此，他们得出结论：狗比猫更聪明。

以下哪项最可能是上述科学家得出结论的假设？

A. 动物大脑皮层神经细胞的数量与动物的聪明程度呈正相关。

B.猫的脑神经细胞数量比狗少，是因为猫不像狗那样"爱交际"。

C.狗可能继承了狼结群捕猎的特点，为了互相配合，它们需要做出一些复杂行为。

D.棕熊的脑容量是金毛犬的3倍，但其脑神经细胞的数量却少于金毛犬，与猫很接近，而棕熊的脑容量却是猫的10倍。

E.狗善于与人类合作，可以充当导盲犬、陪护犬、搜救犬、警犬等，就对人类的贡献而言，狗能做的似乎比猫多。

30~31题基于以下题干

某单位拟派遣3名德才兼备的干部到西部山区进行精准扶贫。报名者踊跃，经过考察，最终确定了陈甲、傅乙、赵丙、邓丁、刘戊、张己6名候选人。根据工作需要，派遣还需满足以下条件：

（1）若派遣陈甲，则派遣邓丁但不派遣张己；

（2）若傅乙、赵丙至少派遣1人，则不派遣刘戊。

30.以下哪项的派遣人选和上述条件不矛盾？

A.陈甲、傅乙、赵丙。　　　　　　B.赵丙、邓丁、刘戊。

C.陈甲、赵丙、刘戊。　　　　　　D.傅乙、邓丁、刘戊。

E.邓丁、刘戊、张己。

31.如果陈甲、刘戊至少派遣1人，则可以得出以下哪项？

A.派遣陈甲。　　　　　　　　　　B.派遣傅乙。

C.派遣赵丙。　　　　　　　　　　D.派遣邓丁。

E.派遣刘戊。

32.近年来，手机、电脑的使用导致工作与生活界限日益模糊，人们的平均睡眠时间一直在减少，熬夜已成为现代人生活的常态。科学研究表明，熬夜有损身体健康，睡眠不足不仅仅是多打几个哈欠那么简单。有科学家据此建议，人们应该遵守作息规律。

以下哪项如果为真，最能支持上述科学家所作的建议？

A.长期睡眠不足会导致高血压、糖尿病、肥胖症、抑郁症等多种疾病，严重时还会造成意外伤害或死亡。

B.熬夜会让人的反应变慢、认知退步、思维能力下降，还会引发情绪失控，影响与他人的交流。

C.所有的生命形式都需要休息与睡眠。在人类进化过程中，睡眠这个让人短暂失去自我意识、变得极其脆弱的过程并未被大自然淘汰。

D.睡眠是身体的自然美容师，与那些睡眠充足的人相比，睡眠不足的人看上去面容憔悴，缺乏魅力。

E.缺乏睡眠会降低体内脂肪调节激素的水平，同时增加饥饿激素，容易导致暴饮暴食、体重增加。

33.有一论证（相关语句用序号表示）如下：

① 今天，我们仍然要提倡勤俭节约。② 节约可以增加社会保障资源，③ 我国尚有不少地区的人民生活贫困，亟须更多社会保障资源，但也有一些人浪费严重；④ 节约可以减少资源消耗，⑤ 因为被浪费的任何粮食或者物品都是消耗一定的资源得来的。

如果用"甲→乙"表示甲支持（或证明）乙，则以下哪项对上述论证基本结构的表示最为准确？

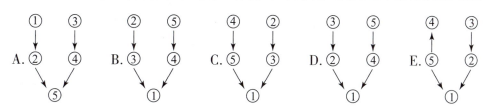

◆♪34. 研究人员使用脑电图技术研究了母亲给婴儿唱童谣时两人的大脑活动，发现当母亲与婴儿对视时，双方的脑电波趋于同步，此时婴儿也会发出更多的声音尝试与母亲沟通。他们据此认为，母亲与婴儿对视有助于婴儿的学习与交流。

以下哪项如果为真，最能支持上述研究人员的观点？

A. 当部分学生对某学科感兴趣时，他们的脑电波会渐趋同步，学习效果也随之提升。

B. 在两个成年人交流时，如果他们的脑电波同步，交流就会更顺畅。

C. 当母亲和婴儿对视时，她们都在发出信号，表明自己可以且愿意与对方交流。

D. 当父母与孩子互动时，双方的情绪与心率可能也会同步。

E. 脑电波趋于同步可优化双方对话状态，使交流更加默契，增进彼此了解。

◆♪35. 一个保险柜所有密码都是4个阿拉伯数字和4个英文字母的组合。已知：

（1）若4个英文字母不连续排列，则密码组合中的数字之和大于15；

（2）若4个英文字母连续排列，则密码组合中的数字之和等于15；

（3）密码组合中的数字之和或者等于18，或者小于15。

根据上述信息，以下哪项是可能的密码组合？

A. 58bcde32。   B. 18ac42de。

C. 37ab26dc。   D. 1adbe356。

E. 2acgf716。

◆♪36. 有一6×6的方阵，它所含的每个小方格中可填入一个汉字，已有部分汉字填入。现要求该方阵中的每行每列均含有礼、乐、射、御、书、数6个汉字，不能重复也不能遗漏。

根据上述要求，以下哪项是方阵底行5个空格中从左至右依次应填入的汉字？

	乐		御	书	
			乐		
射	御	书		礼	
	射			数	礼
御		数			射
					书

A. 数、礼、乐、射、御。   B. 乐、数、御、射、礼。

C. 数、礼、乐、御、射。   D. 乐、礼、射、数、御。

E. 数、御、乐、射、礼。

◆♪37. 某市音乐节设立了流行、民谣、摇滚、民族、电音、说唱、爵士这7大类的奖项评选。在入围提名中，已知：

（1）至少有6类入围；

（2）流行、民谣、摇滚中至多有 2 类入围；

（3）如果摇滚和民族类都入围，则电音和说唱中至少有一类没有入围。

根据上述信息，可以得出以下哪项？

A.流行类没有入围。　　　　　　B.民谣类没有入围。

C.摇滚类没有入围。　　　　　　D.爵士类没有入围。

E.电音类没有入围。

38.某大学有位女教师默默资助一偏远山区的贫困家庭长达 15 年。记者多方打听，发现做好事者是该大学传媒学院甲、乙、丙、丁、戊 5 位教师中的一位。在接受采访时，5 位老师都很谦虚，他们是这么对记者说的：

甲：这件事是乙做的。

乙：我没有做，是丙做了这件事。

丙：我并没有做这件事。

丁：我也没有做这件事，是甲做的。

戊：如果甲没有做，则丁也不会做。

记者后来得知，上述 5 位老师中只有一人说的话符合真实情况。

根据以上信息，可以得出做这件好事的人是

A.甲。　　　　　　　　　　　　B.乙。

C.丙。　　　　　　　　　　　　D.丁。

E.戊。

39.作为一名环保爱好者，赵博士提倡低碳生活，积极宣传节能减排。但我不赞同他的做法，因为作为一名大学老师，他这样做，占用了大量的科研时间，到现在连副教授都没评上，他的观点怎么能令人信服呢？

以下哪项论证中的错误和上述最为相似？

A.公司的绩效奖励制度是为了充分调动广大员工的积极性，它对所有员工都是公平的。如果有人对此有不同意见，则说明他反对公平。

B.最近听说你对单位的管理制度提了不少意见，这真令人难以置信！单位领导对你差吗？你这样做，分明是和单位领导过不去。

C.有一种观点认为，只有直接看到的事物才能确信其存在。但是没有人可以看到质子、电子，而这些都被科学证明是客观存在的。所以，该观点是错误的。

D.张某提出要同工同酬，主张在质量相同的情况下，不分年龄、级别一律按件计酬。她这样说不就是因为她年轻、级别低吗？其实她是在为自己谋利益。

E.单位任命李某担任信息科科长，听说你对此有意见。大家都没有提意见，只有你一个人有意见，看来你的意见是有问题的。

40.下面 6 张卡片，一面印的是汉字（动物或者花卉），一面印的是数字（奇数或者偶数）。

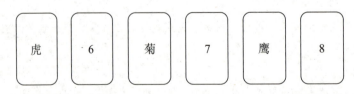

对于上述 6 张卡片，如果要验证"每张至少有一面印的是偶数或者花卉"，至少需要翻看几张卡片？

A. 2。   B. 3。

C. 4。   D. 5。

E. 6。

41. 某地人才市场招聘保洁、物业、网管、销售等 4 种岗位的从业者，有甲、乙、丙、丁 4 位年轻人前来应聘。事后得知，每人只选择一种岗位应聘，且每种岗位都有其中一人应聘。另外，还知道：

（1）如果丁应聘网管，那么甲应聘物业；

（2）如果乙不应聘保洁，那么甲应聘保洁且丙应聘销售；

（3）如果乙应聘保洁，那么丙应聘销售，丁也应聘保洁。

根据以上陈述，可以得出以下哪项？

A. 甲应聘物业岗位。   B. 乙应聘网管岗位。

C. 丙应聘保洁岗位。   D. 丁应聘销售岗位。

E. 甲应聘网管岗位。

42. 旅游是一种独特的文化体验。游客可以跟团游，也可以自由行。自由行游客虽避免了跟团游的集体束缚，但也放弃了人工导游的全程讲解，而近年来他们了解旅游景点的文化需求却有增无减。为适应这一市场需求，基于手机平台的多款智能导游 App 被开发出来。它们可定位用户位置，自动提供景点讲解、游览问答等功能。有专家就此指出，未来智能导游必然会取代人工导游，传统的导游职业行将消亡。

以下哪项如果为真，最能质疑上述专家的论断？

A. 好的人工导游可以根据游客需求进行不同类型的讲解，不仅关注景点，还可表达观点，个性化很强，这是智能导游 App 难以企及的。

B. 至少有 95% 的国外景点所配备的导游讲解器没有中文语音，中国出境游客因为语言和文化上的差异，对智能导游 App 的需求比较强烈。

C. 国内景区配备的人工导游需要收费，大部分导游讲解的内容都是事先背好的标准化内容。但是，即便人工导游没有特色，其退出市场也需要一定的时间。

D. 目前发展较好的智能导游 App 用户量在百万级左右，这与当前中国旅游人数总量相比还只是一个很小的比例，市场还没有培养出用户的普遍消费习惯。

E. 旅行中才会使用的智能导游 App，如何保持用户黏性、未来又如何取得商业价值等都是待解问题。

43. 甲：上周去医院，给我看病的医生竟然还在抽烟。

乙：所有抽烟的医生都不关心自己的健康，而不关心自己健康的人也不会关心他人的健康。

甲：是的，不关心他人健康的医生没有医德。我今后再也不会让没有医德的医生给我看病了。

根据上述信息，以下除了哪项，其余各项均可得出？

A. 甲认为上周给他看病的医生不会关心甲的健康。

B. 乙认为上周给甲看病的医生不会关心乙的健康。

C. 乙认为上周给甲看病的医生没有医德。

D. 甲认为上周给他看病的医生不关心医生自己的健康。

E. 甲认为他不会再找抽烟的医生看病。

44. 得道者多助，失道者寡助。寡助之至，亲戚畔之；多助之至，天下顺之。以天下之所顺，攻亲戚之所畔，故君子有不战，战必胜矣。

以下哪项是上述论证所隐含的前提？

A. 失道者亲戚畔之。　　　　　　　　B. 君子是得道者。

C. 得道者必胜失道者。　　　　　　　D. 得道者多，则天下太平。

E. 失道者必定得不到帮助。

45. 如今，孩子写作业不仅仅是他们自己的事，大多数中小学生的家长都要面临陪孩子写作业的任务，包括给孩子听写、检查作业、签字等。据一项针对 3 000 余名家长进行的调查显示，84% 的家长每天都会陪孩子写作业，而 67% 的受访家长会因陪孩子写作业而烦恼。有专家对此指出，家长陪孩子写作业，相当于充当学校老师的助理，让家庭成为课堂的延伸，会对孩子的成长产生不利影响。

以下哪项如果为真，最能支持上述专家的论断？

A. 家长是最好的老师，家长辅导孩子获得各种知识本来就是家庭教育的应有之义，对于中低年级的孩子，学习过程中的父母陪伴尤为重要。

B. 大多数家长在孩子教育上并不是行家，他们或者早已遗忘了自己曾经学过的知识，或者根本不知道如何将自己拥有的知识传授给孩子。

C. 家长通常有自己的本职工作，有的晚上要加班，有的即使晚上回家也需要研究工作、操持家务，一般难有精力认真完成学校老师布置的"家长作业"。

D. 家长辅导孩子，不应围绕老师布置的作业，而应着重激发孩子的学习兴趣，培养孩子良好的学习习惯，让孩子在成长中感到新奇、快乐。

E. 家长陪孩子写作业，会使得孩子在学习中缺乏独立性和主动性，整天处于老师和家长的双重压力下，既难生发学习兴趣，更难养成独立人格。

46. 我国天山是垂直地带性的典范。已知天山的植被形态分布具有如下特点：

（1）从低到高有荒漠、森林带、冰雪带等；

（2）只有经过山地草原，荒漠才能演变成森林带；

（3）如果不经过森林带，山地草原就不会过渡到山地草甸；

（4）山地草甸的海拔不比山地草甸草原的低，也不比高寒草甸高。

根据以上信息，关于天山植被形态，按照由低到高排列，以下哪项是不可能的？

A. 荒漠、山地草原、山地草甸草原、森林带、山地草甸、高寒草甸、冰雪带。

B. 荒漠、山地草原、山地草甸草原、高寒草甸、森林带、山地草甸、冰雪带。

C. 荒漠、山地草甸草原、山地草原、森林带、山地草甸、高寒草甸、冰雪带。

D. 荒漠、山地草原、山地草甸草原、森林带、山地草甸、冰雪带、高寒草甸。

E. 荒漠、山地草原、森林带、山地草甸草原、山地草甸、高寒草甸、冰雪带。

47. 某大学读书会开展"一月一书"活动。读书会成员甲、乙、丙、丁、戊 5 人在《论语》《史记》《唐诗三百首》《奥德赛》《资本论》中各选一种阅读，互不重复。已知：

（1）甲爱读历史，会在《史记》和《奥德赛》中挑一本；

（2）乙和丁只爱读中国古代经典，但现在都没有读诗的心情；

（3）如果乙选《论语》，则戊选《史记》。

事实上，各人都选了自己喜爱的书目。

根据上述信息，可以得出以下哪项？

A. 甲选《史记》。

B. 乙选《奥德赛》。

C. 丙选《唐诗三百首》。

D. 丁选《论语》。

E. 戊选《资本论》。

48. 如果一个人只为自己劳动，他也许能够成为著名学者、大哲人、卓越诗人，然而他永远不能成为完美无瑕的伟大人物。如果我们选择了最能为人类福利而劳动的职业，那么，重担就不能把我们压倒，因为这是为大家而献身；那时我们所感到的就不是可怜的、有限的、自私的乐趣，我们的幸福将属于千百万人，我们的事业将默默地、但是永恒发挥作用地存在下去，而面对我们的骨灰，高尚的人们将洒下热泪。

根据以上陈述，可以得出以下哪项？

A. 如果一个人只为自己劳动，不是为大家而献身，那么重担就能将他压倒。

B. 如果我们为大家而献身，我们的幸福将属于千百万人，面对我们的骨灰，高尚的人们将洒下热泪。

C. 如果我们没有选择最能为人类福利而劳动的职业，我们所感到的就是可怜的、有限的、自私的乐趣。

D. 如果选择了最能为人类福利而劳动的职业，我们就不但能够成为著名学者、大哲人、卓越诗人，而且还能够成为完美无瑕的伟大人物。

E. 如果我们只为自己劳动，我们的事业就不会默默地、但是永恒发挥作用地存在下去。

49~50 题基于以下题干

某食堂采购 4 类（各种蔬菜名称的后一个字相同，即为一类）共 12 种蔬菜：芹菜、菠菜、韭菜、青椒、红椒、黄椒、黄瓜、冬瓜、丝瓜、扁豆、毛豆、豇豆，并根据若干条件将其分成 3 组，准备在早、中、晚三餐中分别使用。已知条件如下：

（1）同一类别的蔬菜不在一组；

（2）芹菜不能在黄椒那一组，冬瓜不能在扁豆那一组；

（3）毛豆必须与红椒或韭菜同一组；

（4）黄椒必须与豇豆同一组。

49. 根据以上信息，可以得出以下哪项？

A. 芹菜与豇豆不在同一组。

B. 芹菜与毛豆不在同一组。

C. 菠菜与扁豆不在同一组。

D. 冬瓜与青椒不在同一组。

E. 丝瓜与韭菜不在同一组。

50. 如果韭菜、青椒与黄瓜在同一组，则可以得出以下哪项？

A. 芹菜、红椒与扁豆在同一组。

B. 菠菜、黄椒与豇豆在同一组。

C. 韭菜、黄瓜与毛豆在同一组。

D. 菠菜、冬瓜与豇豆在同一组。

E. 芹菜、红椒与丝瓜在同一组。

51.《淮南子·齐俗训》中有曰："今屠牛而烹其肉，或以为酸，或以为甘，煎熬燔炙，齐味万方，其本一牛之体。"其中的"熬"便是熬牛肉制汤的意思。这是考证牛肉汤做法的最早文献资料，某民俗专家由此推测，牛肉汤的起源不会晚于春秋战国时期。

以下哪项如果为真，最能支持上述推测？

A.《淮南子·齐俗训》完成于西汉时期。

B. 早在春秋战国时期，我国已经开始使用耕牛。

C.《淮南子》的作者中有来自齐国故地的人。

D. 春秋战国时期我国已经有熬汤的鼎器。

E.《淮南子·齐俗训》记述的是春秋战国时期齐国的风俗习惯。

52. 某研究机构以约 2 万名 65 岁以上的老人为对象，调查了笑的频率与健康状态的关系。结果显示，在不苟言笑的老人中，认为自身现在的健康状态"不怎么好"和"不好"的比例分别是几乎每天都笑的老人的 1.5 倍和 1.8 倍。爱笑的老人对自我健康状态的评价往往较高。他们由此认为，爱笑的老人更健康。

以下哪项如果为真，最能质疑上述调查者的观点？

A. 乐观的老年人比悲观的老年人更长寿。

B. 病痛的折磨使得部分老人对自我健康状态的评价不高。

C. 身体健康的老年人中，女性爱笑的比例比男性高 10 个百分点。

D. 良好的家庭氛围使得老年人生活更乐观，身体更健康。

E. 老年人的自我健康评价往往和他们实际的健康状况之间存在一定的差距。

53. 阔叶树的降尘优势明显，吸附 PM2.5 的效果最好，一棵阔叶树一年的平均滞尘量达 3.16 公斤。针叶树叶面积小，吸附 PM2.5 的功效较弱。全年平均下来，阔叶林的吸尘效果要比针叶林强不少。阔叶树也比灌木和草的吸尘效果好得多。以北京常见的阔叶树国槐为例，成片的国槐林吸尘效果比同等面积的普通草地约高 30%。有些人据此认为，为了降尘北京应大力推广阔叶树，并尽量减少针叶林面积。

以下哪项如果为真，最能削弱上述有关人员的观点？

A. 阔叶树与针叶树比例失调，不仅极易暴发病虫害、火灾等，还会影响林木的生长和健康。

B. 植树造林既要治理 PM2.5，也要治理其他污染物，需要合理布局。

C. 建造通风走廊，能把城市和郊区的森林连接起来，让清新的空气吹入，降低城区的 PM2.5。

D. 阔叶树冬天落叶，在寒冷的冬季，其养护成本远高于针叶树。

E. 针叶树冬天虽然不落叶，但基本处于"休眠"状态，生物活性差。

54~55 题基于以下题干

某园艺公司打算在如下形状的花圃中栽种玫瑰、兰花和菊花三个品种的花卉。该花圃的形状如下所示：

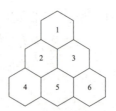

拟栽种的玫瑰有紫、红、白 3 种颜色，兰花有红、白、黄 3 种颜色，菊花有白、黄、蓝 3 种颜色。栽种需满足如下要求：

（1）每个六边形格子中仅栽种一个品种、一种颜色的花；

（2）每个品种只栽种两种颜色的花；

（3）相邻格子中的花，其品种与颜色均不相同。

54. 若格子 5 中是红色的花，则以下哪项是不可能的？

　　A. 格子 2 中是紫色的玫瑰。　　　　　B. 格子 1 中是白色的兰花。

　　C. 格子 1 中是白色的菊花。　　　　　D. 格子 4 中是白色的兰花。

　　E. 格子 6 中是蓝色的菊花。

55. 若格子 5 中是红色的玫瑰，且格子 3 中是黄色的花，则可以得出以下哪项？

　　A. 格子 1 中是紫色的玫瑰。　　　　　B. 格子 4 中是白色的菊花。

　　C. 格子 2 中是白色的菊花。　　　　　D. 格子 4 中是白色的兰花。

　　E. 格子 6 中是蓝色的菊花。

【答案】

DBCAE　DADEC　ACDDB　BACBE　BDBAB　EEACD

2020年入学管理类综合能力逻辑真题

26. 领导干部对于各种批评意见应采取有则改之、无则加勉的态度，营造言者无罪、闻者足戒的氛围。只有这样，人们才能知无不言、言无不尽。领导干部只有从谏如流并为说真话者撑腰，才能做到"兼听则明"或作出科学决策；只有乐于和善于听取各种不同意见，才能营造风清气正的政治生态。

根据以上信息，可以得出以下哪项？

A. 领导干部必须善待批评、从谏如流，为说真话者撑腰。

B. 大多数领导干部对于批评意见能够采取有则改之、无则加勉的态度。

C. 领导干部如果不能从谏如流，就不能作出科学决策。

D. 只有营造言者无罪、闻者足戒的氛围，才能形成风清气正的政治生态。

E. 领导干部只有乐于和善于听取各种不同意见，人们才能知无不言、言无不尽。

27. 某教授组织了120名年轻的参试者，先让他们熟悉电脑上的一个虚拟城市，然后让他们以最快速度寻找由指定地点到达关键地标的最短路线，最后再让他们识别茴香、花椒等40种芳香植物的气味。结果发现，寻路任务中得分较高者其嗅觉也比较灵敏。该教授由此推测，一个人空间记忆力好、方向感强，就会使其嗅觉更为灵敏。

以下哪项如果为真，最能质疑该教授的上述推测？

A. 大多数动物主要靠嗅觉寻找食物、躲避天敌，其嗅觉进化有助于"导航"。

B. 有些参试者是美食家，经常被邀请到城市各处的特色餐馆品尝美食。

C. 部分参试者是马拉松运动员，他们经常参加一些城市举办的马拉松比赛。

D. 在同样的测试中，该教授本人在嗅觉灵敏度和空间方向感方面都不如年轻人。

E. 有的年轻人喜欢玩方向感要求较高的电脑游戏，因过分投入而食不知味。

28. 有学校提出，将效仿免费师范生制度，提供减免学费等优惠条件以吸引成绩优秀的调剂生，提高医学人才培养质量。有专家对此提出反对意见：医生是既崇高又辛苦的职业，要有足够的爱心和兴趣才能做好，因此，宁可招不满，也不要招收调剂生。

以下哪项最可能是上述专家论断的假设？

A. 没有奉献精神，就无法学好医学。

B. 如果缺乏爱心，就不能从事医生这一崇高的职业。

C. 调剂生往往对医学缺乏兴趣。

D. 因优惠条件而报考医学的学生往往缺乏奉献精神。

E. 有爱心并对医学有兴趣的学生不会在意是否收费。

29. 某公司为员工免费提供菊花、绿茶、红茶、咖啡和大麦茶5种饮品。现有甲、乙、丙、丁、戊5位员工，他们每人都只喜欢其中的2种饮品，且每种饮品都只有2人喜欢。已知：

（1）甲和乙喜欢菊花，且分别喜欢绿茶和红茶中的一种。

（2）丙和戊分别喜欢咖啡和大麦茶中的一种。

根据上述信息，可以得出以下哪项？

A. 甲喜欢菊花和绿茶。　　　　　B. 乙喜欢菊花和红茶。

C. 丙喜欢红茶和咖啡。　　　　　D. 丁喜欢咖啡和大麦茶。

E. 戊喜欢绿茶和大麦茶。

30. 考生若考试通过并且体检合格，则将被录取。因此，如果李铭考试通过，但未被录取，那么他一定体检不合格。

以下哪项与以上论证方式最为相似？

A. 若明天是节假日并且天气晴朗，则小吴将去爬山。因此，如果小吴未去爬山，那么第二天一定不是节假日或者天气不好。

B. 一个数若能被 3 整除且能被 5 整除，则这个数能被 15 整除。因此，一个数若能被 3 整除但不能被 5 整除，则这个数一定不能被 15 整除。

C. 甲单位员工若去广州出差并且是单人前往，则均乘坐高铁。因此，甲单位小吴如果去广州出差，但未乘坐高铁，那么他一定不是单人前往。

D. 若现在是春天并且雨水充沛，则这里野草丰美。因此，如果这里野草丰美，但雨水不充沛，那么现在一定不是春天。

E. 一壶茶若水质良好且温度适中，则一定茶香四溢。因此，如果这壶茶水质良好且茶香四溢，那么一定温度适中。

31~32 题基于以下题干

"立春""春分""立夏""夏至""立秋""秋分""立冬""冬至"是我国二十四节气中的八个节气，"凉风""广莫风""明庶风""条风""清明风""景风""阊阖风""不周风"是八种节风。上述八个节气与八种节风之间一一对应。已知：

（1）"立秋"对应"凉风"；

（2）"冬至"对应"不周风""广莫风"之一；

（3）若"立夏"对应"清明风"，则"夏至"对应"条风"或者"立冬"对应"不周风"；

（4）若"立夏"不对应"清明风"或者"立春"不对应"条风"，则"冬至"对应"明庶风"。

31. 根据上述信息，可以得出以下哪项？

A. "秋分"不对应"明庶风"。　　　B. "立冬"不对应"广莫风"。

C. "夏至"不对应"景风"。　　　　D. "立夏"不对应"清明风"。

E. "春分"不对应"阊阖风"。

32. 若"春分"和"秋分"两节气对应的节风在"明庶风"和"阊阖风"之中，则可以得出以下哪项？

A. "春分"对应"阊阖风"。　　　　B. "秋分"对应"明庶风"。

C. "立春"对应"清明风"。　　　　D. "冬至"对应"不周风"。

E. "夏至"对应"景风"。

33. 小王：在这次年终考评中，女员工的绩效都比男员工高。

小李：这么说，新入职员工中绩效最好的还不如绩效最差的女员工。

以下哪项如果为真，最能支持小李的上述论断？

A. 男员工都是新入职的。

B. 新入职的员工有些是女性。

C. 新入职的员工都是男性。

D. 部分新入职的女员工没有参与绩效考评。

E. 女员工更乐意加班，而加班绩效翻倍计算。

34. 某市 2018 年的人口发展报告显示，该市常住人口 1 170 万，其中常住外来人口 440 万，户籍人口 730 万。从区级人口分布情况来看，该市 G 区常住人口 240 万，居各区之首；H 区常住人口 200 万，位居第二；同时，这两个区也是吸纳外来人口较多的区域，两个区常住外来人口 200 万，占全市常住外来人口的 45% 以上。

根据以上陈述，可以得出以下哪项？

A. 该市 G 区的户籍人口比 H 区的常住外来人口多。

B. 该市 H 区的户籍人口比 G 区的常住外来人口多。

C. 该市 H 区的户籍人口比 H 区的常住外来人口多。

D. 该市 G 区的户籍人口比 G 区的常住外来人口多。

E. 该市其他各区的常住外来人口都没有 G 区或 H 区的多。

35. 移动支付如今正在北京、上海等大中城市迅速普及。但是，并非所有中国人都熟悉这种新的支付方式，很多老年人仍然习惯传统的现金交易。有专家因此断言，移动支付的迅速普及会将老年人阻挡在消费经济之外，从而影响他们晚年的生活质量。

以下哪项如果为真，最能质疑上述专家的论断？

A. 到 2030 年，中国 60 岁以上人口将增至 3.2 亿，老年人的生活质量将进一步引起社会关注。

B. 有许多老年人因年事已高，基本不直接进行购物消费，所需物品一般由儿女或社会提供，他们的晚年生活很幸福。

C. 国家有关部门近年来出台多项政策指出，消费者在使用现金支付被拒时可以投诉，但仍有不少商家我行我素。

D. 许多老年人已在家中或社区活动中心学会移动支付的方法以及防范网络诈骗的技巧。

E. 有些老年人视力不好，看不清手机屏幕；有些老年人记忆力不好，记不住手机支付密码。

36. 下表显示了某城市过去一周的天气情况：

星期一	星期二	星期三	星期四	星期五	星期六	星期日
东南风 1~2级 小雨	南风 4~5级 晴	无风 小雪	北风 1~2级 阵雨	无风 晴	西风 3~4级 阴	东风 2~3级 中雨

以下哪项对该城市这一周天气情况的概括最为准确？

A. 每日或者刮风，或者下雨。

B. 每日或者刮风，或者晴天。

C. 每日或者无风，或者无雨。

D. 若有风且风力超过 3 级，则该日是晴天。

E. 若有风且风力不超过 3 级，则该日不是晴天。

37~38 题基于以下题干

放假 3 天，小李夫妇除安排一天休息之外，其他两天准备做 6 件事：①购物（这件事编号为①，其他依次类推）；②看望双方父母；③郊游；④带孩子去游乐场；⑤去市内公园；⑥去影院看电影。他们商定：

（1）每件事均做一次，且在 1 天内做完，每天至少做两件事；

（2）④和⑤安排在同一天完成；

（3）②在③之前 1 天完成。

37. 如果③和④安排在假期的第 2 天，则以下哪项是可能的？

A.①安排在第 2 天。　　　　　　B.②安排在第 2 天。

C.休息安排在第 1 天。　　　　　D.⑥安排在最后 1 天。

E.⑤安排在第 1 天。

38. 如果假期第 2 天只做⑥等 3 件事，则可以得出以下哪项？

A.②安排在①的前 1 天。　　　　B.①安排在休息一天之后。

C.①和⑥安排在同一天。　　　　D.②和④安排在同一天。

E.③和④安排在同一天。

39. 因业务需要，某公司欲将甲、乙、丙、丁、戊、己、庚 7 个部门合并到丑、寅、卯 3 个子公司。已知：

（1）一个部门只能合并到一个子公司；

（2）若丁和丙中至少有一个未合并到丑公司，则戊和甲均合并到丑公司；

（3）若甲、己、庚中至少有一个未合并到卯公司，则戊合并到寅公司且丙合并到卯公司。

根据上述信息，可以得出以下哪项？

A.甲、丁均合并到丑公司。　　　B.乙、戊均合并到寅公司。

C.乙、丙均合并到寅公司。　　　D.丁、丙均合并到丑公司。

E.庚、戊均合并到卯公司。

40. 王研究员：吃早餐对身体有害。因为吃早餐会导致皮质醇峰值更高，进而导致体内胰岛素异常，这可能引发Ⅱ型糖尿病。

李教授：事实并非如此。因为上午皮质醇水平高只是人体生理节律的表现，而不吃早餐不仅会增加患Ⅱ型糖尿病的风险，还会增加患其他疾病的风险。

以下哪项如果为真，最能支持李教授的观点？

A.一日之计在于晨，吃早餐可以补充人体消耗，同时为一天的工作准备能量。

B.糖尿病患者若在 9 点至 15 点之间摄入一天所需的卡路里，血糖水平就能保持基本稳定。

C.经常不吃早餐，上午工作处于饥饿状态，不利于血糖调节，容易患上胃溃疡、胆结石等疾病。

D.如今，人们工作繁忙，晚睡晚起现象非常普遍，很难按时吃早餐，身体常常处于亚健康状态。

E.不吃早餐的人通常缺乏营养和健康方面的知识，容易形成不良生活习惯。

41. 某语言学爱好者欲基于无涵义语词、有涵义语词构造合法的语句。已知：

（1）无涵义语词有 a、b、c、d、e、f，有涵义语词有 W、Z、X；

（2）如果两个无涵义语词通过一个有涵义语词连接，则它们构成一个有涵义语词；

（3）如果两个有涵义语词直接连接，则它们构成一个有涵义语词；

（4）如果两个有涵义语词通过一个无涵义语词连接，则它们构成一个合法的语句。

根据上述信息，以下哪项是合法的语句？

A. aWbcdXeZ。   B. aWbcdaZe。

C. fXaZbZWb。   D. aZdacdfX。

E. XWbaZdWc。

42. 某单位拟在椿树、枣树、楝树、雪松、银杏、桃树中选择4种栽种在庭院中。已知：

（1）椿树、枣树至少种植一种；

（2）如果种植椿树，则种植楝树但不种植雪松；

（3）如果种植枣树，则种植雪松但不种植银杏。

如果庭院中种植银杏，则以下哪项是不可能的？

A. 种植椿树。   B. 种植楝树。

C. 不种植枣树。   D. 不种植雪松。

E. 不种植桃树。

43. 披毛犀化石多分布在欧亚大陆北部，我国东北平原、华北平原、西藏等地也偶有发现。披毛犀有一个独特的构造——鼻中隔，简单地说就是鼻子中间的骨头。研究发现，西藏披毛犀化石的鼻中隔只是一块不完全的硬骨，早先在亚洲北部、西伯利亚等地发现的披毛犀化石的鼻中隔要比西藏披毛犀的"完全"，这说明西藏披毛犀具有更原始的形态。

以下哪项如果为真，最能支持以上论述？

A. 一个物种不可能有两个起源地。

B. 西藏披毛犀化石是目前已知最早的披毛犀化石。

C. 为了在冰雪环境中生存，披毛犀的鼻中隔经历了由软到硬的进化过程，并最终形成一块完整的骨头。

D. 冬季的青藏高原犹如冰期动物的"训练基地"，披毛犀在这里受到耐寒训练。

E. 随着冰期的到来，有了适应寒冷能力的西藏披毛犀走出西藏，往北迁徙。

44. 黄土高原以前植被丰富，长满大树，而现在千沟万壑，不见树木，这是植被遭破坏后水流冲刷大地造成的惨痛结果。有专家进一步分析认为，现在黄土高原不长植物，是因为这里的黄土其实都是生土。

以下哪项最可能是上述专家推断的假设？

A. 生土不长庄稼，只有通过土壤改造等手段才适宜种植粮食作物。

B. 因缺少应有的投入，生土无人愿意耕种，无人耕种的土地瘠薄。

C. 生土是水土流失造成的恶果，缺乏植物生长所需要的营养成分。

D. 东北的黑土地中含有较厚的腐殖层，这种腐殖层适合植物的生长。

E. 植物的生长依赖熟土，而熟土的存续依赖人类对植被的保护。

45. 日前，科学家发明了一项技术，可以把二氧化碳等物质"电成"有营养价值的蛋白粉，这项技术不像种庄稼那样需要具备合适的气温、湿度和土壤等条件。他们由此认为，这项技术开辟了未来新型食物生产的新路，有助于解决全球饥饿问题。

以下各项如果为真，则除了哪项均能支持上述科学家的观点？

A. 让二氧化碳、水和微生物一起接受电流电击，可以产生出有营养价值的食物。

B. 粮食问题是全球性重大难题，联合国估计到 2050 年将有 20 亿人缺乏基本营养。

C. 把二氧化碳等物质"电成"蛋白粉的技术将彻底改变农业，还能避免对环境造成不利影响。

D. 由二氧化碳等物质"电成"的蛋白粉，约含 50% 的蛋白质、25% 的碳水化合物、核酸及脂肪。

E. 未来这项技术将被引入沙漠或其他面临饥荒的地区，为解决那里的饥饿问题提供重要帮助。

46~47 题基于以下题干

某公司甲、乙、丙、丁、戊 5 人爱好出国旅游。去年，在日本、韩国、英国和法国 4 国中，他们每人都去了其中的两个国家旅游，且每个国家总有他们中的 2~3 人去旅游。已知：

（1）如果甲去韩国，则丁不去英国；

（2）丙与戊去年总是结伴出国旅游；

（3）丁和乙只去欧洲国家旅游。

46. 根据以上信息，可以得出以下哪项？

A. 甲去了韩国和日本。　　　　　　　　B. 乙去了英国和日本。

C. 丙去了韩国和英国。　　　　　　　　D. 丁去了日本和法国。

E. 戊去了韩国和日本。

47. 如果 5 人去欧洲国家旅游的总人次与去亚洲国家的一样多，则可以得出以下哪项？

A. 甲去了日本。　　　　　　　　　　　B. 甲去了英国。

C. 甲去了法国。　　　　　　　　　　　D. 戊去了英国。

E. 戊去了法国。

48. 1818 年前后，纽约市规定，所有买卖的鱼油都需要经过检查，同时缴纳每桶 25 美元的检查费。一天，一名鱼油商人买了三桶鲸鱼油，打算把鲸鱼油制成蜡烛出售。鱼油检查员发现这些鲸鱼油根本没经过检查，根据鱼油法案，该商人需要接受检查并缴费。但该商人声称鲸鱼不是鱼，拒绝缴费，遂被告上法庭。陪审团最后支持了原告，判决该商人支付 75 美元检查费。

以下哪项如果为真，最能支持陪审团所作的判决？

A. 古希腊有先哲早就把鲸鱼归类到胎生四足动物和卵生四足动物之下，比鱼类更高一级。

B. 纽约市相关法律已经明确规定，"鱼油"包括鲸鱼油和其他鱼类的油。

C. "鲸鱼不是鱼"和中国古代公孙龙的"白马非马"类似，两者都是违反常识的诡辩。

D. 19 世纪的美国虽有许多人认为鲸鱼是鱼，但也有许多人认为鲸鱼不是鱼。

E. 当时多数从事科学研究的人都肯定鲸鱼不是鱼，而律师和政客持反对意见。

49. 尽管近年来我国引进不少人才，但真正顶尖的领军人才还是凤毛麟角。就全球而言，人才特别是高层次人才紧缺已呈常态化、长期化趋势。某专家由此认为，未来 10 年，美国、加拿大、德国等主要发达国家对高层次人才的争夺将进一步加剧，而发展中国家的高层次人才紧缺状况更甚于发达国家，因此，我国高层次人才引进工作急需进一步加强。

以下哪项如果为真，最能加强上述专家的论证？

A. 我国近年来引进的领军人才数量不及美国等发达国家。

B. 我国理工科高层次人才紧缺程度更甚于文科。

C. 发展中国家的一般性人才不比发达国家少。

D. 我国仍然是发展中国家。

E.人才是衡量一个国家综合国力的重要指标。

50.移动互联网时代，人们随时都可进行数字阅读。浏览网页、读电子书是数字阅读，刷微博、朋友圈也是数字阅读。长期以来，一直有人担忧数字阅读的碎片化、表面化。但近来有专家表示，数字阅读具有重要价值，是阅读的未来发展趋势。

以下哪项如果为真，最能支持上述专家的观点？

A.数字阅读便于信息筛选，阅读者能在短时间内对相关信息进行初步了解，也可以此为基础作深入了解，相关网络阅读服务平台近几年已越来越多。

B.长有长的用处，短有短的好处，不求甚解的数字阅读也未尝不可，说不定在未来某一时刻，当初阅读的信息就会浮现出来，对自己的生活产生影响。

C.当前人们越来越多地通过数字阅读了解热点信息，通过网络进行相互交流，但网络交流者常常伪装或匿名，可能会提供虚假信息。

D.有些网络读书平台能够提供精致的读书服务，它们不仅帮你选书，而且帮你读书，你只需"听"即可，但用"听"的方式去读书，效率较低。

E.数字阅读容易挤占纸质阅读的时间，毕竟纸质阅读具有系统、全面、健康、不依赖电子设备等优点，仍将是阅读的主要方式。

51.某街道的综合部、住建部、平安部和民生部4个部门，需要负责街道的秩序、安全、环境、协调等4项工作，每个部门只负责其中的一项工作，且各部门负责的工作各不相同。已知：

（1）如果住建部负责环境或秩序，则综合部负责协调或秩序；

（2）如果平安部负责环境或协调，则民生部负责协调或秩序。

根据以上信息，以下哪项工作安排是可能的？

A.住建部负责环境，平安部负责协调。

B.住建部负责秩序，民生部负责协调。

C.综合部负责安全，民生部负责协调。

D.民生部负责安全，综合部负责秩序。

E.平安部负责安全，住建部负责秩序。

52.人非生而知之者，孰能无惑？惑而不从师，其为惑也，终不解矣。生乎吾前，其闻道也固先乎吾，吾从而师之；生乎吾后，其闻道也亦先乎吾，吾从而师之。吾师道也，夫庸知其年之先后生于吾乎？是故无贵无贱，无长无少，道之所存，师之所存也。

根据以上信息，可以得出以下哪项？

A.与吾生乎同时，其闻道也必先乎吾。

B.师之所存，道之所存也。

C.无贵无贱，无长无少，皆为吾师。

D.与吾生乎同时，其闻道不必先乎吾。

E.若解惑，必从师。

53.学问的本来意义与人的生命、生活有关。但是，如果学问成为口号或教条，就会失去其本来的意义。因此，任何学问都不应该成为口号或教条。

以下哪项与上述论证方式最为相似？

A.大脑会改编现实经历。但是，如果大脑只是储存现实经历的"文件柜"，就不会对其进行改编。

因此，大脑不应该只是储存现实经历的"文件柜"。

B.人工智能应该可以判断黑猫和白猫都是猫。但是，如果人工智能不预先"消化"大量照片，就无从判断黑猫和白猫都是猫。因此，人工智能必须预先"消化"大量照片。

C.机器人没有人类的弱点和偏见。但是，只有数据得到正确采集和分析，机器人才不会"主观臆断"。因此，机器人应该也有类似的弱点和偏见。

D.椎间盘是没有血液循环的组织。但是，如果要确保其功能正常运转，就需依靠其周围流过的血液提供养分。因此，培养功能正常运转的人工椎间盘应该很困难。

E.历史包含必然性。但是，如果坚信历史只包含必然性，就会阻止我们用不断积累的历史数据去证实或证伪它。因此，历史不应该只包含必然性。

54~55 题基于以下题干

某项测试共有 4 道题，每道题给出 A、B、C、D 四个选项，其中只有一项是正确答案。现有张、王、赵、李 4 人参加了测试，他们的答题情况和测试结果如下：

答题者	第一题	第二题	第三题	第四题	测试结果
张	A	B	A	B	均不正确
王	B	D	B	C	只答对 1 题
赵	D	A	A	B	均不正确
李	C	C	B	D	只答对 1 题

54. 根据以上信息，可以得出以下哪项？

A. 第二题的正确答案是 C。 B. 第二题的正确答案是 D。

C. 第三题的正确答案是 D。 D. 第四题的正确答案是 A。

E. 第四题的正确答案是 D。

55. 如果每道题的正确答案各不相同，则可以得出以下哪项？

A. 第一题的正确答案是 B。 B. 第一题的正确答案是 C。

C. 第二题的正确答案是 D。 D. 第二题的正确答案是 A。

E. 第三题的正确答案是 C。

【答案】

CACDC　BECAB　EACDC　AECCB　EABDA　EEADA

2021年入学管理类综合能力逻辑真题

26. 哲学是关于世界观、方法论的学问，哲学的基本问题是思维和存在的关系问题，它是在总结各门具体科学知识基础上形成的，并不是一门具体科学。因此，经验的个案不能反驳它。

以下哪项如果为真，最能支持以上论述？

A. 哲学并不能推演出经验的个案。

B. 任何科学都要接受经验的检验。

C. 具体科学不研究思维和存在的关系问题。

D. 经验的个案只能反驳具体科学。

E. 哲学可以对具体科学提供指导。

27. M 大学社会学学院的老师都曾经对甲县某些乡镇进行家庭收支情况调研，N 大学历史学院的老师都曾到甲县的所有乡镇进行历史考察。赵若兮曾经对甲县所有乡镇家庭收支情况进行调研，但未曾到项郢镇进行历史考察；陈北鱼曾经到梅河乡进行历史考察，但从未对甲县家庭收支情况进行调研。

根据以上信息，可以得出以下哪项？

A. 赵若兮是 M 大学的老师。

B. 陈北鱼是 N 大学的老师。

C. 对甲县的家庭收支情况调研，也会涉及相关的历史考察。

D. 若赵若兮是 N 大学历史学院的老师，则项郢镇不是甲县的。

E. 陈北鱼是 M 大学社会学学院的老师，且梅河乡是甲县的。

28. 研究人员招募了 300 名体重超标的男性，将其分成餐前锻炼组和餐后锻炼组，进行每周三次相同强度和相同时段的晨练。餐前锻炼组晨练前摄入零卡路里安慰剂饮料，晨练后摄入 200 卡路里的奶昔；餐后锻炼组晨练前摄入 200 卡路里的奶昔，晨练后摄入零卡路里安慰剂饮料。三周后发现，餐前锻炼组燃烧的脂肪比餐后锻炼组多。该研究人员由此推断，肥胖者若持续这样的餐前锻炼，就能在不增加运动强度或时间的情况下改善代谢能力，从而达到减肥效果。

以下哪项如果为真，最能支持该研究人员的上述推断？

A. 有些餐前锻炼组的人知道他们摄入的是安慰剂，但这并不影响他们锻炼的积极性。

B. 肌肉参与运动所需要的营养，可能来自最近饮食中进入血液的葡萄糖和脂肪成分，也可能来自体内储存的糖和脂肪。

C. 餐前锻炼可以增强肌肉细胞对胰岛素的反应，促使它更有效地消耗体内的糖分和脂肪。

D. 餐前锻炼组觉得自己在锻炼中消耗的脂肪比餐后锻炼组多。

E. 餐前锻炼组额外的代谢与体内肌肉中的脂肪减少有关。

29. 某企业董事会就建立健全企业管理制度与提高企业经济效益进行研讨。在研讨会中，与会者发言如下：

甲：要提高企业经济效益，就必须建立健全企业管理制度。

乙：既要建立健全企业管理制度，又要提高企业经济效益，二者缺一不可。

丙：经济效益是基础和保障，只有提高企业经济效益，才能建立健全企业管理制度。

丁：如果不建立健全企业管理制度，就不能提高企业经济效益。

戊：不提高企业经济效益，就不能建立健全企业管理制度。

根据上述讨论，董事会最终做出了合理的决定，以下哪项最有可能符合实际情况？

A. 甲、乙的意见符合决定，丙的意见不符合。

B. 上述 5 人中只有 1 人的意见符合决定。

C. 上述 5 人中只有 2 人的意见符合决定。

D. 上述 5 人中只有 3 人的意见符合决定。

E. 上述 5 人的意见均不符合决定。

30. 气象台的实测气温与人实际的冷暖感受常常存在一定的差异。在同样的低温条件下，如果是阴雨天，人会感到特别冷，即通常说的"阴冷"；如果同时赶上刮大风，人会感到寒风刺骨。

以下哪项如果为真，最能解释上述现象？

A. 炎热的夏日，电风扇转动时，尽管不改变环境温度，但人依然感到凉快。

B. 人的体感温度除了受气温的影响外，还受风速与空气湿度的影响。

C. 低温情况下，如果风力不大、阳光充足，人不会感到特别寒冷。

D. 即使天气寒冷，若进行适当锻炼，人也不会感到太冷。

E. 即使室内外温度一致，但是走到有阳光的室外，人会感到温暖。

31. 某俱乐部共有甲、乙、丙、丁、戊、己、庚、辛、壬、癸 10 名职业运动员，来自 5 个不同的国家（不存在双重国籍的情况）。已知：

（1）该俱乐部的外援刚好占一半，他们是乙、戊、丁、庚、辛；

（2）乙、丁、辛 3 人来自两个国家。

根据以上信息，可以得出以下哪项？

A. 甲、丙来自不同国家。

B. 乙、辛来自不同国家。

C. 乙、庚来自不同国家。

D. 丁、辛来自相同国家。

E. 戊、庚来自相同国家。

32. 某高校的李教授在网上撰文指责另一高校张教授早年发表的一篇论文存在抄袭现象，张教授知晓后，立即在同一网站对李教授的指责作出反驳。

以下哪项作为张教授的反驳最为有力？

A. 李教授早年的两篇论文其实也存在不同程度的抄袭现象。

B. 自己投稿在先而发表在后，所谓论文抄袭其实是他人抄自己。

C. 李教授的指责纯属栽赃陷害，混淆视听，破坏了大学教授的整体形象。

D. 李教授的指责是对自己不久前批评李教授学术观点所作的打击报复。

E. 李教授的指责可能背后有人指使，不排除受到两校不正当竞争的影响。

33. 某电影节设有"最佳故事片""最佳男主角""最佳女主角""最佳编剧""最佳导演"等多个奖项。颁奖前，有专业人士预测如下：

（1）若甲或乙获得"最佳导演"，则"最佳女主角"和"最佳编剧"将在丙和丁中产生；

（2）只有影片P或影片Q获得"最佳故事片"，其片中的主角才能获得"最佳男主角"或"最佳女主角"；

（3）"最佳导演"和"最佳故事片"不会来自同一部影片。

以下哪项颁奖结果与上述预测不一致？

A. 甲获得"最佳导演"，"最佳编剧"来自影片Q。

B. 乙没有获得"最佳导演"，"最佳男主角"来自影片Q。

C. 丙获得"最佳女主角"，"最佳编剧"来自影片P。

D. 丁获得"最佳编剧"，"最佳女主角"来自影片P。

E. "最佳女主角""最佳导演"都来自影片P。

34. 黄瑞爱好书画收藏，他收藏的书画作品只有"真品""精品""名品""稀品""特品""完品"，它们之间存在如下关系：

（1）若是"完品"或"真品"，则是"稀品"；

（2）若是"稀品"或"名品"，则是"特品"。

现知道黄瑞收藏的一幅画不是"特品"，则可以得出以下哪项？

A. 该画是"真品"。

B. 该画是"稀品"。

C. 该画是"精品"。

D. 该画是"完品"。

E. 该画是"名品"。

35. 王、陆、田三人拟到甲、乙、丙、丁、戊、己6个景点结伴游览，关于游览的顺序，3人意见如下：

（1）王：1甲、2丁、3己、4乙、5戊、6丙。

（2）陆：1丁、2己、3戊、4甲、5乙、6丙。

（3）田：1己、2乙、3丙、4甲、5戊、6丁。

实际游览时，每个人的意见中都恰有一半的景点序号是正确的。

根据以上信息，他们实际游览的前3个景点分别是：

A. 己、丁、丙。

B. 丁、乙、己。

C. 甲、乙、己。

D. 乙、己、丙。

E. 丙、丁、己。

36. "冈萨雷斯""埃尔南德斯""施米特""墨菲"这4个姓氏是且仅是卢森堡、阿根廷、墨西哥、爱尔兰四国其中一国常见的姓氏。已知：

（1）"施米特"是阿根廷或卢森堡常见姓氏；

（2）若"施米特"是阿根廷常见姓氏，则"冈萨雷斯"是爱尔兰常见姓氏；

（3）若"埃尔南德斯"或"墨菲"是卢森堡常见姓氏，则"冈萨雷斯"是墨西哥常见姓氏。

根据以上信息，可以得出以下哪项？

A."施米特"是卢森堡常见姓氏。

B."埃尔南德斯"是卢森堡常见姓氏。

C."冈萨雷斯"是爱尔兰常见姓氏。

D."墨菲"是卢森堡常见姓氏。

E."墨菲"是阿根廷常见姓氏。

37. 甲、乙、丙、丁、戊 5 人是某校美学专业 2019 级研究生，第一学期结束后，他们在张、陆、陈 3 位教授中选择导师，每人只选择 1 人作为导师，每位导师都有 1 至 2 人选择，并且得知：

（1）选择陆老师的研究生比选择张老师的多；

（2）若丙、丁中至少有 1 人选择张老师，则乙选择陈老师；

（3）若甲、丙、丁中至少有 1 人选择陆老师，则只有戊选择陈老师。

根据以上信息，可以得出以下哪项？

A. 甲选择陆老师。　　　　　　　　B. 乙选择张老师。

C. 丁、戊选择陆老师。　　　　　　D. 乙、丙选择陈老师。

E. 丙、丁选择陈老师。

38. 艺术活动是人类标志性的创造性劳动。在艺术家的心灵世界里，审美需求和情感表达是创造性劳动不可或缺的重要引擎；而人工智能没有自我意识，人工智能艺术作品的本质是模仿。因此，人工智能永远不能取代艺术家的创造性劳动。

以下哪项最可能是以上论述的假设？

A. 模仿的作品很少能表达情感。

B. 没有艺术家的创作，就不可能有人工智能艺术品。

C. 大多数人工智能作品缺乏创造性。

D. 只有具备自我意识，才能具备审美需求和情感表达。

E. 人工智能可以作为艺术创作的辅助工具。

39. 最近一项科学观测显示，太阳产生的带电粒子流即太阳风，含有数以千计的"滔天巨浪"，其时速会突然暴增，可能导致太阳磁场自行反转，甚至会对地球产生有害影响。但目前我们对太阳风的变化及其如何影响地球知之甚少。据此有专家指出，为了更好保护地球免受太阳风的影响，必须更新现有的研究模式，另辟蹊径研究太阳风。

以下哪项如果为真，最能支持上述专家的观点？

A."高速"太阳风源于太阳南北极的大型日冕洞，而"低速"太阳风则来自太阳春道上的较小日冕洞。

B. 太阳风里有许多携带能量的粒子和磁场，而这些磁场会发生意想不到的变化。

C. 对太阳风的深入研究，将有助于防止太阳风大爆发时对地球的卫星和通讯系统乃至地面造成影响。

D. 目前，根据标准太阳模型预测太阳风变化所获得的最新结果与实际观测相比，误差约为 10~20 倍。

E.最新观测结果不仅改变了天文学家对太阳风的看法，而且将改变预测太阳天气事件的能力。

40~41题基于以下题干：

冬奥组委会官网开通全球招募系统，正式招募冬奥会志愿者。张明、刘伟、庄敏、孙兰、李梅5人在一起讨论报名事宜。他们商量的结果如下：

（1）如果张明报名，则刘伟也报名；

（2）如果庄敏报名，则孙兰也报名；

（3）只要刘伟和孙兰两人中至少1人报名，则李梅也报名。

后来得知，他们5人中恰有3人报名。

40.根据以上信息，可以得出以下哪项？

A.张明报名了。　　　　　　　　　B.刘伟报名了。

C.庄敏报名了。　　　　　　　　　D.孙兰报名了。

E.李梅报名了。

41.如果增加条件"刘伟报名，则庄敏也报名"那么可以得出以下哪项？

A.张明和刘伟都报名了。

B.刘伟和庄敏都报名了。

C.庄敏和孙兰都报名了。

D.张明和孙兰都报名了。

E.刘伟和李梅都报名了。

42.酸奶作为一种健康食品，既营养丰富又美味可口，深受人们的喜爱。很多人饭后不忘来杯酸奶，他们觉得，饭后喝酸奶能够解油腻、助消化。但近日有专家指出：饭后喝酸奶其实并不能帮助消化。

以下哪项如果为真，最能支持上述专家的观点？

A.酸奶可以促进胃酸分泌，抑制有害菌在肠道内繁殖，有助于维持消化系统健康，对于食物消化起到间接帮助作用。

B.人体消化需要消化酶和有规律的肠胃运动，酸奶中没有消化酶，饮用酸奶也不能使肠胃有规律地运动。

C.酸奶含有一定糖分，吃完饭再喝酸奶会加重肠胃负担，同时也使身体增加额外的营养，容易导致肥胖。

D.酸奶中的益生菌可以维持肠道消化系统的健康，但是这些菌群大多不耐酸，胃部温酸环境会使大部分失去活性。

E.足量膳食纤维和维生素B_1被人体摄入后可有效促进肠胃蠕动，进而促进食物消化，但酸奶不含膳食纤维，维生素B_1的含量也不丰富。

43.为进一步宣扬传统文化，有专家提议将每年的2月1日、3月1日、4月1日、9月1日、11月1日、12月1日6天中的3天确定为"传统文化宣扬日"。根据实际需要，确定日期必须考虑以下条件：

（1）若选择2月1日，则选择9月1日但不选择12月1日。

（2）若3月1日、4月1日至少选择其一，则不选11月1日。

以下哪项选择的日期与上述条件一致？

A. 2 月 1 日、3 月 1 日、4 月 1 日。

B. 2 月 1 日、4 月 1 日、11 月 1 日。

C. 3 月 1 日、9 月 1 日、11 月 1 日。

D. 4 月 1 日、9 月 1 日、11 月 1 日。

E. 9 月 1 日、11 月 1 日、12 月 1 日。

44. 今天的教育质量决定明天的经济实力。PISA 是经济合作与发展组织每隔三年对 15 岁学生的阅读、数学和科学能力进行的一项测试。根据 2019 年最新测试结果，中国学生的总体表现超过其他国家学生，对此有专家认为，该结果意味着中国有一支优秀的后备力量以保障未来经济的发展。

以下哪项如果为真，最能支持上述专家的论证？

A. 中国学生在阅读、数学和科学三项排名中均位列第一。

B. 这次 PISA 测试的评估重点是阅读能力，能很好地反映学生的受教育质量。

C. 在其他国际智力测试中，亚洲学生整体成绩最好，而中国学生是亚洲最好的。

D. 未来经济发展的核心驱动力是创新，中国教育非常重视学生创新能力的培养。

E. 中国学生在 15 岁时各项能力尚处于上升期，他们未来会有更出色的表现。

45. 下面有一个 5×5 方阵，它所含的每个小方格可填入一个词（已有部分词填入）。现要求该方阵中的每行、每列及每个粗线条围住的五个小方格组成的区域中均含有"道路""制度""理论""文化""自信" 5 个词，不能重复也不能遗漏。

①	②	③	④	
	自信	道路		制度
理论				道路
制度		自信		
				文化

根据上述要求，以下哪项是方阵顶行①②③④空格中从左至右依次应填入的词？

A. 道路、理论、制度、文化。

B. 道路、文化、制度、理论。

C. 文化、理论、制度、自信。

D. 理论、自信、文化、道路。

E. 制度、理论、道路、文化。

46. 水产品的脂肪含量相对较低，而且含有较多不饱和脂肪酸，对预防血脂异常和心血管疾病有一定作用；禽肉的脂肪含量也比较低，脂肪酸组成优于畜肉；畜肉中的瘦肉脂肪含量低于肥肉，瘦肉优于肥肉。因此，在肉类选择上，应该优先选择水产品，其次是禽肉，这样对身体更健康。

以下哪项如果为真，最能支持以上论述？

A. 脂肪含量越低，不饱和脂肪酸含量越高。

B. 所有人都有罹患心血管疾病的风险。

C. 肉类脂肪含量越低对人体越健康。

D. 人们认为根据自己的喜好选择肉类更有益于健康。

E. 人必须摄入适量的动物脂肪才能满足身体的需要。

47~48题基于以下题干：

某剧团拟将历史故事"鸿门宴"搬上舞台，该剧有项王、沛公、项伯、张良、项庄、樊哙、范增7个主要角色，甲、乙、丙、丁、戊、己、庚7名演员每人只能扮演其中一个，且每个角色只能由其中一人扮演。根据各演员的特点，角色安排如下：

（1）如果甲不扮演沛公，则乙扮演项王。

（2）如果丙或己扮演张良，则丁扮演范增。

（3）如果乙不扮演项王，则丙扮演张良。

（4）如果丁不扮演樊哙，则庚或戊扮演沛公。

47. 根据上述信息，可以得出以下哪项？

A. 甲扮演沛公。

B. 乙扮演项王。

C. 丙扮演张良。

D. 丁扮演范增。

E. 戊扮演樊哙。

48. 若甲扮演沛公而庚扮演项庄，则可以得出以下哪项？

A. 丙扮演项伯。

B. 丙扮演范增。

C. 丁扮演项伯。

D. 戊扮演张良。

E. 戊扮演樊哙。

49. 某医学专家提出一种简单的手指自我检测法：将双手放在眼前，把两个食指的指甲那一面贴在一起，正常情况下，应该看到两个指甲床之间有一个菱形的空间；如果看不到这个空间，则说明手指出现了杵状改变，这是患有某种心脏或肺部疾病的迹象。该专家认为，人们通过手指自我检测能快速判断自己是否患有心脏或肺部疾病。

以下哪项如果为真，最能质疑上述专家的论断？

A. 杵状改变是手指末端软组织积液造成，而积液是由于过量血液注入该区域导致，其内在机理仍然不明。

B. 杵状改变可能由多种肺部疾病引起，如肺纤维化、支气管扩张等，而且这种病变需要经历较长的一段过程。

C. 杵状改变不是癌症的明确标志，仅有不足40%的肺癌患者有杵状改变。

D. 杵状改变检测只能作为一种参考，不能用于替代医生的专业判断。

E. 杵状改变有两个发展阶段，第一个阶段的畸变不是很明显，不足以判断人体是否有病变。

50. 曾几何时，快速阅读进入了我们的培训课堂。培训者告诉学员，要按"之"字形浏览文章。只要精简我们看的地方，就能整体把握文本要义，从而提高阅读速度；真正的快速阅读能将阅读速度提高至少两倍，并不影响理解。但近来有科学家指出，快速阅读实际上是不可能的。

以下哪项如果为真，最能支持上述科学家的观点？

A. 阅读是一项复杂的任务，首先需要看到一个词，然后要检索其涵义、引申义，再将其与上下文相联系。

B. 科学界始终对快速阅读持怀疑态度，那些声称能帮助人们实现快速阅读的人通常是为了谋生或赚钱。

C. 人的视力只能集中于相对较小的区域，不可能同时充分感知和阅读大范围文本，识别单词的能力限制了我们的阅读理解。

D. 个体阅读速度差异很大，那些阅读速度较快的人可能拥有较强的短时记忆或信息处理能力。

E. 大多声称能快速阅读的人实际上是在浏览，他们可能相当快地捕捉到文本的主要内容，但也会错过众多细枝末节。

51. 每篇优秀的论文都必须逻辑清晰且论据翔实，每篇经典的论文都必须主题鲜明且语言准确。实际上，如果论文论据翔实但主题不鲜明，或论文语言准确而逻辑不清晰，则他们都不是优秀的论文。

根据以上信息可以得出哪项？

A. 语言准确的优秀论文是经典的论文。

B. 逻辑不清晰的论文不是经典的论文。

C. 主题不鲜明的论文不是优秀的论文。

D. 论据不翔实的论文主题不鲜明。

E. 语言准确的经典论文逻辑清晰。

52. 除冰剂是冬季北方城市用于去除道路冰雪的常见产品。下表显示了五种除冰剂的各项特征：

除冰剂类型	融冰速度	破坏道路设施的可能风险	污染土壤的可能风险	污染水体的可能风险
Ⅰ	快	高	高	高
Ⅱ	中等	中	低	中
Ⅲ	较慢	低	低	中
Ⅳ	快	中	中	低
Ⅴ	较慢	低	低	低

以下哪项对上述五种除冰剂的特征概括最为准确？

A. 融冰速度较慢的除冰剂在污染土壤和污染水体方面的风险都低。

B. 没有一种融冰速度快的除冰剂三个方面的风险都高。

C. 若某种除冰剂至少在两个方面风险低，则其融冰速度一定较慢。

D. 若某种除冰剂三方面风险都不高，则其融冰速度一定也不快。

E. 若某种除冰剂在破坏道路设施和污染土壤方面的风险都不高，则其融冰速度一定较慢。

53. 孩子在很小的时候，对接触到的东西都要摸一摸、尝一尝，甚至还会吞下去。孩子天生就对这个世界抱有强烈的好奇心，但随着孩子慢慢长大，特别是进入学校之后，他们的好奇心越来越少。对此有教育专家认为，这是由于孩子受到外在的不当激励所造成的。

以下哪项如果为真，最能支持上述专家观点？

A.孩子助人为乐能获得褒奖，损人利己往往受到批评。

B.现在孩子所做的很多事情大多迫于老师、家长等的外部压力。

C.老师、家长只看考试成绩，导致孩子只知道死记硬背书本知识。

D.野外郊游可以激发孩子好奇心，长时间宅在家里就会产生思维惰性。

E.现在许多孩子迷恋电脑、手机，对书本知识感到索然无味。

54~55 题基于以下题干：

某高铁线路设有"东沟""西山""南镇""北阳""中丘"5座高铁站。该线现有甲、乙、丙、丁、戊 5 趟车运行。这 5 座高铁站中，每站均恰好有 3 趟车停靠，且甲车和乙车停靠的站均不相同。已知：

（1）若乙车或丙车至少有一车在"北阳"停靠，则它们均在"东沟"停靠；

（2）若丁车在"北阳"停靠，则丙、丁和戊车均在"中丘"停靠；

（3）若甲、乙和丙车中至少有 2 趟车在"东沟"停靠，则这 3 趟车均在"西山"停靠。

54. 根据上述信息，可以得出以下哪项？

A.甲车不在"中丘"停靠。

B.乙车不在"西山"停靠。

C.丙车不在"东沟"停靠。

D.丁车不在"北阳"停靠。

E.戊车不在"南镇"停靠。

55. 若没有车在每站都停靠，则可以得出以下哪项？

A.甲车在"南镇"停靠。

B.乙车在"东沟"停靠。

C.丙车在"西山"停靠。

D.丁车在"南镇"停靠。

E.戊车在"西山"停靠。

【答案】

DDCCB　CBECB　AEDDE　CBEBA　CBDAC　CCCAC

2021年入学经济类综合能力逻辑真题

36."理念是实践的先导"，理念科学，发展才能蹄疾步稳；"思想是行动的指南"，思想破冰，行动才能突破重围；"战略是发展的规划"，战略得当，未来才能行稳致远。执政环境不会一成不变，治国理政需要与时俱进。

根据以上陈述，可以得出以下哪项？

A.只有以正确思想为指导，才能进行科学的战略规划。

B.只要思想破冰，行动就可以突破重围。

C.治国理政只有与时俱进，才能不断改善执政环境。

D.若战略不得当，未来就不能行稳致远。

E.要正确处理好理念、思想、战略和发展的辩证关系。

37.某会议海报在黑体、宋体、楷体、隶书、篆书和幼圆6种字体中选择3种进行编排设计。已知：

（1）若黑体、楷体至少选择一种，则选择篆书而不选择幼圆；

（2）若宋体、隶书至少选择一种，则选择黑体而不选择篆书。

根据上述信息，该会议海报选择的字体是：

A.宋体、楷体、黑体。

B.隶书、篆书、幼圆。

C.黑体、楷体、篆书。

D.黑体、宋体、隶书。

E.楷体、隶书、幼圆。

38.文物复制件是依照文物体量、形制、质地、纹饰、文字、图案等历史信息，基本采取原技艺方法和工艺流程，制作与文物相同的制品。为了避免珍贵文物在陈列展示中受到损害，一些博物馆会用文物复制件替代文物原件进行展出。

根据上述信息，以下哪项与文物复制件的描述最为吻合？

A.王师傅不断学习和临摹古人作品，他复制临摹的古人笔迹类作品已达到形神兼备的境界。

B.为了修补乾隆年间的一幅罗汉拓片画作上的裂纹，修复师李师傅特地找厂家定制了一种纸，以保证与原画作在色泽和质地上一致。

C.金属器物修复研究所对一件待修复的青铜器文物进行激光三维扫描，建立了与原青铜器文物一模一样的实物模型。

D.黄师傅采用制作秦兵马俑所用的质料、彩色颜料以及技艺方法和工艺流程制成一批秦兵马俑仿制品，几可乱真。

E.按照工作流程，修复师林师傅对某件青铜器文物进行信息采集、取样、清洗、焊接、调色和补配等操作。

39. 一天中午,快递公司张经理将 12 个快递包裹安排给张平、李安、赵明、王亮 4 位快递员投递。未到傍晚,张经理就发现自己交代的任务完成了,于是问 4 人实际投递的快递数量,4 人的回答如下:

张平:我和李安共送了 5 个;

李安:张平和赵明共送了 7 个;

赵明:我和王亮共送了 6 个;

王亮:我和张平共送了 6 个。

事实上,4 人的回答中只有 1 人说错了,而这位说错的快递员送了 4 个快递。根据以上信息,可以得出张平、李安、赵明、王亮 4 人送的快递数依次为:

A. 4、3、2、3。　　　　　　　　B. 4、1、5、2。

C. 3、2、4、3。　　　　　　　　D. 3、4、2、3。

E. 2、3、4、3。

40. 老式荧光灯因成本低、寿命长而在学校广泛使用。但是,老式荧光灯老化后因放电产生的紫外辐射会导致灯光颜色和亮度的不断闪烁。对此,有研究人员建议,由于使用老式荧光灯易引发头痛和视觉疲劳,学校应该尽快将其淘汰。

以下哪项如果为真,最能支持上述研究人员的建议?

A. 灯光闪烁会激发眼部的神经细胞对刺激作出快速反应,加重视觉负担。

B. 有些学校改换了新式荧光灯后,很多学生的头痛和视觉疲劳开始消失。

C. 新式荧光灯设计新颖、外形美观、节能环保,很受年轻人喜爱。

D. 老式荧光灯蒙上彩色滤光纸后,可以有效减弱荧光造成的颜色变化。

E. 全部淘汰老式荧光灯,学校要支出一大笔经费,但很多家长认为这笔钱值得花。

41. 某市发改委召开该市高速公路收费标准调整价格听证会,旨在征求消费者、经营者和专家的意见。实际参加听证会的共有 15 人,其中消费者 9 人、经营者 5 人、专家 3 人,此外无其他人员列席。

根据上述信息,可以得出以下哪项?

A. 有专家是消费者。

B. 有专家是经营者。

C. 有专家不是经营者。

D. 有专家是消费者但不是经营者。

E. 有专家是经营者但不是消费者。

42. 政府只有不超发货币并控制物价,才能控制通货膨胀。若控制物价,则政府税收减少;若政府不超发货币并且税收减少,则政府预算将减少。

如果政府预算未减少,则可以得出以下哪项?

A. 政府控制了物价。

B. 政府未能控制通货膨胀。

C. 政府超发了货币。

D. 政府既未超发货币,也未控制物价。

E. 政府既超发了货币,又控制了物价。

43. 目前科学家已经揭示，与抽传统卷烟相比，抽电子烟同样会产生严重危害。为进一步保护未成年人免受电子烟危害，我国政府有关部门发布"禁电子烟令"，要求电子烟生产、销售企业或个人及时关闭电子烟销售网站、店铺及客户端，将电子烟产品及时下架，禁止销售电子烟。可是，"禁电子烟令"发布后的两周内，有些电商依然在国内网站上销售电子烟。

以下各项如果为真，则除哪项外均能解释上述电商的行为？

A. 目前有些电商认为，只卖烟棒而不卖烟弹，不算销售电子烟。

B. 近年来有些投资人对电子烟生产、销售已有大量投入，不甘心先前投入打水漂。

C. 禁令是为了保护未成年人，禁止向他们出售电子烟，对成年人似乎并没有禁止。

D. 政策执行存在一定的滞后性，有些电商并未收到来自上级主管部门的具体通知。

E. 电子烟危害已得到多国政府关注，但他们并未出台类似中国的"禁电子烟令"。

44. 负责人赵某：我单位今年招聘的 8 名新员工都是博士，但这些新员工有些不适合担任管理工作，因为博士未必都适合担任管理工作。

以下哪项与赵某的论证方式最为类似？

A. 创新产品都受欢迎，但是它们未必都能盈利，因为价格高就难以受欢迎。

B. 院子里的花都是名贵品种，但是这些花都不好养，因为名贵品种都不好养。

C. 正直的人都受人尊敬，但是他们不都富有，因为富有的人未必都受人尊敬。

D. 6 的倍数都是偶数，但 6 的倍数有些不是 3 的倍数，因为偶数未必都是 3 的倍数。

E. 最近上市的公司都是医药类的，但是这些公司的股票未必都热销，因为最近热销的股票都不是医药类的。

45. 如今近视的年轻人越来越多了。60 年前，中国的年轻人中近视患者只有 10%~20%，现在这一数字则接近 90%。近视不只是不方便，它还意味着近视患者的眼球会稍稍伸长而发生病变。以往人们常常将近视的原因归之于遗传、长时间或不正确姿势阅读等，但近来有专家对这些观点表示怀疑，他们认为近视率的剧增主要是因为人们在白天的户外活动时间过短。

以下哪项如果为真，最能支持上述专家的观点？

A. 1969 年科学家对住在阿拉斯加的 139 名因纽特人调查发现，其中只有 2 人近视，如今他们的儿孙中超过一半的人成了近视。

B. 如今许多国家的少儿每天花 10 多个小时来读书做作业，或者看电脑、电视、智能手机等。

C. 科学家对某地近 5 000 名小学生长达 3 年时间的跟踪研究发现，那些在户外活动更久的孩子虽不一定减少看书、看屏幕的时间，却很少成为近视。

D. 与在一般室内光照环境下生长的鸡相比，处于与户外光照相当的室内高光照水平下的鸡，其近视发生率减少了大约 60%。

E. 室外光照刺激视网膜释放出比在其他环境下更多的多巴胺，正是这些多巴胺阻止了眼球的伸长。

46~47 题基于以下题干

某单位汤、宋、李、陈、罗、刘、方 7 人乘坐高铁出差，他们的座位如图所示。已知：

（1）罗与方的座位左右紧挨着；

（2）汤和宋隔着一个座位；

（3）陈与方的座位均为 F 位或者均为 D 位。

4F	4D

5F	5D		5C	5B	5A

46. 如果李与刘的座位左右紧挨着，则可以得出以下哪项？

A. 汤坐在5F。　　　　　　　　　　B. 宋坐在5C。

C. 李坐在5A。　　　　　　　　　　D. 陈坐在5D。

E. 刘坐在5B。

47. 如果李与汤隔着两个座位，则以下哪项是不可能的？

A. 方坐在4D。　　　　　　　　　　B. 刘坐在5B。

C. 罗坐在4F。　　　　　　　　　　D. 宋坐在5C。

E. 李坐在5F。

48. 改革开放以来，省际间人口大规模流动已成为一个突出的社会现象。2018年，中国流动人口为2.41亿，相当于每6个中国人中就有1个流动人口。庞大的流动人口被视为中国城市化的重要推动力量。但有专家指出，大规模的人口流动也给流入地政府的基本公共服务和社会保障带来巨大压力，同时进一步加剧了省际之间的财政矛盾。

以下哪项如果为真，最能质疑上述专家的观点？

A. 目前公共财政支出的人口统计口径依然是以户籍作为主要单位，流动家庭基本公共服务的提供仍然需要流入地政府额外的财政投入。

B. 受户籍制度制约，流动人口应享有的教育、医疗、住房、养老等诸多公共服务在"流入地"与"流出地"之间衔接不畅。

C. 进入2010年后，我国流动人口增速开始逐步变缓：从2015年开始，流动人口在增速下降的同时，规模也开始减小。

D. 针对农民工子女的义务教育问题，国家早就发文指出，以流入地为主，以公办学校为主，流入地政府承担流动儿童的主要教育责任。

E. 近年来，国家出台一系列财政转移支付政策，将外来人口纳入测算标准，并将财政资金向人口流入地倾斜，适当弥补人口流入省份的财政缺口。

49. 动物肉一直是餐桌上不可或缺的食物。前不久，某专家宣布，他的研究团队已首次利用动物干细胞在实验室培育出了人造肉，这种人造肉在口感和成分上与动物肉非常接近。该专家认为，这种人造肉在不远的将来会有很好的市场前景。

以下哪项如果为真，最能质疑上述专家的观点？

A. 目前人造肉的生产成本远高于动物肉，且产量极低，近期还很难有技术突破的可能。

B. 以植物蛋白为原料，模拟动物肉外观和口感的人造肉已在素斋中广泛使用。

C. 上述实验中人造肉制造需要加入大量的动物血清，而要获得动物血清仍需要饲养大量动物。

D. 目前宇航员在太空中自主栽培蔬菜已成为可能，但肉类蛋白的获取只能依靠饲养黄粉虫，其口感大大逊于动物肉。

E. 目前关于人造肉研发的风险投资正在不断加大，而相关上市公司的股票价格却持续走低。

50. 甲、乙、丙、丁、戊、己6人被同期安排至山溪乡扶贫，其中一人到该乡最僻远、最贫困的石坝村扶贫。一天，乡里召开扶贫工作会，到访记者询问参会的甲、乙、丁、戊，他们同期6人中谁去了石坝村扶贫，4人的回答如下：

甲：不是丁去了，就是戊去了；

乙：我没有去，丙也没有去；

丁：甲如果没有去，己就去了；

戊：甲和丙中肯定有人去了。

事实上，因为山区的交通、通信不便，他们相互了解不够，上述4人的回答只有一个人说的符合实际。

根据以上信息，可以得出上述6人中去石坝村扶贫的是：

A. 甲。   B. 乙。

C. 丙。   D. 丁。

E. 己。

51. 贾研究员：4万年前尼安德特人的灭绝不是因为智人的闯入，而是近亲繁殖导致的恶果。

尹研究员：事情并非如此，因为尼安德特人当时已经"濒危"。种群个体数量的减少，不仅会给个体健康带来负面影响，而且一旦种群的出生率、死亡率或性别比发生偶然变动，就会直接导致种群的灭绝。

以下哪项如果为真，最能支持尹研究员的观点？

A. 一个仅有1 000人左右的种群，若一年中只有不到四分之一的育龄妇女生孩子，就会直接导致这个种群的灭绝。

B. 非洲某部落虽也近亲繁殖，但促使该部落消失的根本原因是大多数幼儿患麻疹而死亡。

C. 800万年前濒临灭绝的猿类是人类的祖先，他们因为吃成熟发酵的水果进化出一种特定的蛋白质，反而活了下来。

D. 父母的本能是照顾后代，确保生命的延续，但是尼安德特人没能通过这种方式将他们的种群延续下去。

E. 近亲繁殖的新生儿容易患多种疾病，可能会给种群繁衍带来不利影响。

52. 某医院针灸科专家林医生提供给甲、乙、丙3人下周一至五的门诊预约信息如下：

门诊时间　　星期	星期一	星期二	星期三	星期四	星期五
上午	约满	余1个	余1个	约满	余2个
下午	休息	余2个	休息	余2个	余1个

据此，她们3人每人预约了3次针灸，且一人一天只安排1次。还已知：

（1）甲和乙没有预约同一天下午的门诊；

（2）如果乙预约了星期二上午的门诊，则乙还预约了星期五下午的门诊；

（3）如果丙预约了星期五上午的门诊，则丙还预约了星期三上午的门诊。

根据上述信息，可以得出以下哪项？

A. 甲预约了星期三上午的门诊。

B.乙预约了星期二上午的门诊。

C.丙预约了星期五上午的门诊。

D.甲预约了星期四下午的门诊。

E.乙预约了星期二下午的门诊。

53.有专家指出，人们可以通过健身长跑增进健康。因为健身长跑过程中，有节奏的深长呼吸能使人体吸入大量氧气，这可以改善心肌供氧状态，加快心肌代谢，提高心脏的工作能力。

以下哪项最可能是上述专家论断的假设？

A.健身长跑可以使心肌纤维变粗，心脏收缩力增强。

B.健身长跑不仅可以改善心肌供氧状态，还可以抑制人体癌细胞的生长和繁殖。

C.心脏是循环系统的中心，而健身长跑在提高人的呼吸系统机能的同时，可以改善心脏循环系统的机能。

D.人体的健康与呼吸系统机能提高和心脏循环系统机能的改善密切相关。

E.体育以身体活动为基本手段，不仅能强身健体，还能培养人的各种心理品质。

54~55 题基于以下题干

美佳、新月、海奇三家商店在美食一条街毗邻而立。已知，三家店中两家销售茶叶，两家销售水果，两家销售糕点，两家销售调味品；每家都销售上述 4 类商品中的 2~3 种。另外，还知道：

（1）如果美佳销售水果，则海奇也销售水果；

（2）如果海奇销售水果，则它也销售糕点；

（3）如果美佳销售糕点，则新月也销售糕点。

54.根据以上信息，可以得出以下哪项？

A.美佳销售茶叶。

B.新月销售水果。

C.海奇销售调味品。

D.美佳不销售糕点。

E.新月不销售糕点。

55.如果美佳不销售调味品，则可以得出以下哪项？

A.海奇销售茶叶。

B.新月销售水果。

C.美佳不销售水果。

D.海奇不销售水果。

E.新月销售茶叶。

【答案】

DCDCA CBEDE DEEAC AEDDE

2022 年入学管理类综合能力逻辑真题

26. 百年党史充分揭示了中国共产党为什么能、马克思主义为什么行、中国特色社会主义为什么好的历史逻辑、理论逻辑、实践逻辑。面对百年未有之大变局，如果信念不坚定，就会陷入停滞彷徨的思想迷雾，就无法应对前进道路上的各种挑战风险。只有坚持中国特色社会主义道路自信、理论自信、制度自信、文化自信，才能把中国的事情办好、把中国特色社会主义事业发展好。

根据以上陈述，可以得出以下哪项？

A. 如果坚持"四个自信"，就能把中国的事情办好。

B. 只要信念坚定，就不会陷入停滞彷徨的思想迷雾。

C. 只有信念坚定，才能应对前进道路上的各种挑战风险。

D. 只有充分理解百年党史揭示的历史逻辑，才能将中国特色社会主义事业发展好。

E. 如果不能理解百年党史揭示的理论逻辑，就无法遵循百年党史揭示的实践逻辑。

27. "君问归期未有期，巴山夜雨涨秋池。何当共剪西窗烛，却话巴山夜雨时。"这首《夜雨寄北》是晚唐诗人李商隐的名作。一般认为这是一封"家书"，当时诗人身处巴蜀，妻子在长安，所以说"寄北"。但有学者提出，这首诗实际上是寄给友人的。

以下哪项如果为真，最能支持以上学者的观点？

A. 李商隐之妻王氏卒于大中五年，而该诗作于大中七年。

B. 明清小说戏曲中经常将家庭塾师或官员幕客称为"西席""西宾"。

C. 唐代温庭筠的《舞衣曲》中有诗句"回鸾笑语西窗客，星斗寥寥波脉脉"。

D. 该诗另一题为《夜雨寄内》，"寄内"即寄怀妻子。此说得到了许多人的认同。

E. "西窗"在古代专指客房、客厅，起自尊客于西的先秦古礼，并被后世习察日用。

28. 退休在家的老王今晚在《焦点访谈》《国家记忆》《自然传奇》《人物故事》《纵横中国》这5个节目中选择了3个节目观看。老王对观看的节目有如下要求：

（1）如果观看《焦点访谈》，就不观看《人物故事》；

（2）如果观看《国家记忆》，就不观看《自然传奇》。

根据上述信息，老王一定观看了如下哪个节目？

A.《纵横中国》   B.《国家记忆》

C.《自然传奇》   D.《人物故事》

E.《焦点访谈》

29. 2020 年全球碳排放量减少大约 24 亿吨，远远大于之前的创纪录降幅，例如第二次世界大战结束时下降 9 亿吨，2009 年金融危机最严重时下降 5 亿吨。非政府组织全球碳计划（GCP）在其年度评估报告中说，由于各国在新冠肺炎疫情期间采取了封锁和限制措施，汽车使用量下降了一半左右，2020 年的碳排放量同比下降了创纪录的 7%。

以下哪项如果为真，最能支持 GCP 的观点？

A. 2020 年碳排放量下降最明显的国家或地区是美国和欧盟。

B. 延缓气候变化的办法不是停止经济活动，而是加速向低碳能源过渡。

C. 根据气候变化《巴黎协定》，2015 年之后的 10 年全球每年需减排约 10 ～ 20 亿吨。

D. 2020 年在全球各行业减少的碳排放总量中，交通运输业所占比例最大。

E. 随着世界经济的持续复苏，2021 年全球碳排放量同比下降可能不超过 5%。

30. 某小区 2 号楼 1 单元的住户都打了甲公司的疫苗，小李家不是该小区 2 号楼 1 单元的住户，小赵家都打了甲公司的疫苗，而小陈家都没有打甲公司的疫苗。

根据以上陈述，可以得出以下哪项？

A. 小李家都没有打甲公司的疫苗。

B. 小赵家是该小区 2 号楼 1 单元的住户。

C. 小陈家是该小区的住户，但不是 2 号楼 1 单元的。

D. 小赵家是该小区 2 号楼的住户，但未必是 1 单元的。

E. 小陈家若是该小区 2 号楼的住户，则不是 1 单元的。

31. 某研究团队研究了大约 4 万名中老年人的核磁共振成像数据、自我心理评估等资料，发现经常有孤独感的研究对象和没有孤独感的研究对象在大脑的默认网络区域存在显著差异。默认网络是一组参与内心思考的大脑区域，这些内心思考包括回忆旧事、规划未来、想象等。孤独者大脑的默认网络联结更为紧密，其灰质容积更大。研究人员由此认为，大脑默认网络的结构和功能与孤独感存在正相关。

以下哪项如果为真，最能支持上述研究人员的观点？

A. 人们在回忆过去、假设当下或预想未来时会使用默认网络。

B. 有孤独感的人更多地使用想象、回忆过去和憧憬未来以克服社交隔离。

C. 感觉孤独的老年人出现认知衰退和患上阿尔茨海默病的风险更高，进而导致部分脑区萎缩。

D. 了解孤独感对大脑的影响，拓展我们在这个领域的认知，有助于减少当今社会的孤独现象。

E. 穹隆是把信号从海马体输送到默认网络的神经纤维束，在研究对象的大脑中，这种纤维束得到较好的保护。

32. 关于张、李、宋、孔 4 人参加植树活动的情况如下：

（1）张、李、孔至少有 2 人参加；

（2）李、宋、孔至多有 2 人参加；

（3）如果李参加，那么张、宋 2 人要么都参加，要么都不参加。

根据以上陈述，以下哪项是不可能的？

A. 宋、孔都参加。   B. 宋、孔都不参加。

C. 李、宋都参加。   D. 李、宋都不参加。

E. 李参加，宋不参加。

33. 2020 年下半年，随着新冠病毒在全球范围内的肆虐及流感季节的到来，很多人担心会出现大范围流感和新冠疫情同时爆发的情况。但是有病毒学家发现，2009 年甲型 H1N1 流感毒株出现时，自 1977 年以来一直传播的另一种甲型流感毒株消失了。由此他推测，人体同时感染新冠病毒和流感病毒的可能性应该低于预期。

以下哪项如果为真，最能支持该病毒学家的推测？

A. 如果人们继续接种流感疫苗，仍能降低同时感染这两种病毒的概率。

B. 一项分析显示，新冠肺炎患者中大约只有 3% 的人同时感染另一种病毒。

C. 人体感染一种病毒后的几周内，其先天免疫系统的防御能力会逐步增强。

D. 为避免感染新冠病毒，人们会减少室内聚集、继续佩戴口罩、保持社交距离和手部卫生。

E. 新冠病毒的感染会增加参与干扰素反应的基因的活性，从而防止流感病毒在细胞内进行复制。

34. 补充胶原蛋白已经成为当下很多女性抗衰老的手段之一。她们认为：吃猪蹄能够补充胶原蛋白，为了美容养颜，最好多吃些猪蹄。近日有些专家对此表示质疑，他们认为多吃猪蹄其实并不能补充胶原蛋白。

以下哪项如果为真，最能质疑上述专家的观点？

A. 猪蹄中的胶原蛋白会被人体的消化系统分解，不会直接以胶原蛋白的形态补充到皮肤中。

B. 人们在日常生活中摄入的优质蛋白和水果、蔬菜中的营养物质，足以提供人体所需的胶原蛋白。

C. 猪蹄中胶原蛋白的含量并不多，但胆固醇含量高、脂肪多，食用过多会引起肥胖，还会增加患高血压的风险。

D. 猪蹄中的胶原蛋白经过人体消化后会被分解成氨基酸等物质，氨基酸参与人体生理活动，再合成人体必需的胶原蛋白等多种蛋白质。

E. 胶原蛋白是人体皮肤、骨骼和肌腱中的主要结构蛋白，它填充在真皮之间，撑起皮肤组织，增加皮肤紧密度，使皮肤水润而富有弹性。

35. 某单位有甲、乙、丙、丁、戊、己、庚、辛、壬、癸 10 名新进员工，他们所学专业是哲学、数学、化学、金融和会计 5 个专业之一，每人只学其中一个专业。已知：

（1）若甲、丙、壬、癸中至多有 3 人是数学专业，则丁、庚、辛 3 人都是化学专业；

（2）若乙、戊、己中至多有 2 人是哲学专业，则甲、丙、庚、辛 4 人专业各不相同。

根据上述信息，所学专业相同的新员工是

A. 乙、戊、己。   B. 甲、壬、癸。

C. 丙、丁、癸。   D. 丙、戊、己。

E. 丁、庚、辛。

36. H 市医保局发出如下公告：自即日起，本市将新增医保电子凭证就医结算，社保卡将不再作为就医结算的唯一凭证。本市所有定点医疗机构均已实现医保电子凭证的实时结算；本市参保人员可凭医保电子凭证就医结算，但只有将医保电子凭证激活后才能扫码使用。

以下哪项最符合上述 H 市医保局的公告内容？

A. H 市非定点医疗机构没有实现医保电子凭证的实时结算。

B. 可使用医保电子凭证结算的医院不一定都是 H 市的定点医疗机构。

C. 凡持有社保卡的外地参保人员，均可在 H 市定点医疗机构就医结算。

D. 凡已激活医保电子凭证的外地参保人员，均可在 H 市定点医疗机构使用医保电子凭证扫码就医。

E. 凡未激活医保电子凭证的本地参保人员，均不能在 H 市定点医疗机构使用医保电子凭证扫码结算。

37. 宋、李、王、吴 4 人均订阅了《人民日报》《光明日报》《参考消息》《文汇报》中的两种报纸，每种报纸均有 2 人订阅，且各人订阅的均不完全相同。另外，还知道：

（1）如果吴至少订阅了《光明日报》《参考消息》中的一种，则李订阅了《人民日报》而王未订阅《光明日报》；

（2）如果李、王 2 人中至多有 1 人订阅了《文汇报》，则宋、吴均订阅了《人民日报》。

如果李订阅了《人民日报》，则可以得出以下哪项？

A. 宋订阅了《文汇报》。　　　　　　B. 宋订阅了《人民日报》。

C. 王订阅了《参考消息》。　　　　　D. 吴订阅了《参考消息》。

E. 吴订阅了《人民日报》。

38. 在一项噪声污染与鱼类健康关系的实验中，研究人员将已感染寄生虫的孔雀鱼分成短期噪声组、长期噪声组和对照组。短期噪声组在噪声环境中连续暴露 24 小时，长期噪声组在同样的噪声环境中暴露 7 天，对照组则被置于一个安静环境中。在 17 天的监测期内，该研究人员发现，长期噪声组的鱼在第 12 天开始死亡，其他两组鱼则在第 14 天开始死亡。

以下哪项如果为真，最能解释上述实验结果？

A. 噪声污染不仅危害鱼类，也危害两栖动物、鸟类和爬行动物等。

B. 长期噪声污染会加速寄生虫对宿主鱼类的侵害，导致鱼类过早死亡。

C. 相比于天然环境，在充斥各种噪声的养殖场中，鱼更容易感染寄生虫。

D. 噪声污染使鱼类既要应对寄生虫的感染又要排除噪声干扰，增加鱼类健康风险。

E. 短期噪声组所受的噪声污染可能引起了鱼类的紧张情绪，但不至于损害它们的免疫系统。

39. 节日将至，某单位拟为职工发放福利品，每人可在甲、乙、丙、丁、戊、己、庚 7 种商品中选择其中的 4 种进行组合，并且每种组合还需满足如下要求：

（1）若选择甲，则丁、戊和庚 3 种中至多选择其一；

（2）若丙、己 2 种中至少选择 1 种，则必须选择乙但不能选择戊。

以下哪项组合符合上述要求？

A. 甲、丁、戊、己。　　　　　　B. 乙、丙、丁、戊。

C. 甲、乙、戊、庚。　　　　　　D. 乙、丁、戊、庚。

E. 甲、丙、丁、己。

40. 幸福是一种主观愉悦的心理体验，更是一种认知和创造美好生活的能力。在日常生活中，每个人如果既能发现当下的不足，也能确立前进的目标，并通过实际行动改进不足和实现目标，就能始终保持对生活的乐观精神。而有了对生活的乐观精神，就会拥有幸福感。生活中大多数人都拥有幸福感；遗憾的是，也有一些人能发现当下的不足，并通过实际行动去改进，但他们却没有幸福感。

根据以上陈述，可以得出以下哪项？

A. 生活中大多数人都有对生活的乐观精神。

B. 个体的心理体验也是个体的一种行为能力。

C. 如果能发现当下的不足并努力改进，就能拥有幸福感。

D. 那些没有幸福感的人即使发现当下的不足，也不愿通过行动去改变。

E. 确立前进的目标并通过实际行动实现目标，生活中有些人没能做到这一点。

◆♀ 41～42 题基于以下题干

本科生小刘拟在 4 个学年中选修甲、乙、丙、丁、戊、己、庚、辛 8 门课程，每个学年选修其中的 1～3 门课程，每门课程均在其中的一个学年修完。同时还满足：

（1）后 3 个学年选修的课程数量均不同；

（2）丙、己和辛课程安排在 1 个学年，丁课程安排在紧接其后的 1 个学年；

（3）若第 4 学年至少选修甲、丙、丁中的 1 门课程，则第 1 学年仅选修戊、辛 2 门课程。

◆♀ 41. 如果乙在丁之前的学年选修，则可以得出以下哪项？

A. 乙在第 1 学年选修。　　　　　　　　　B. 乙在第 2 学年选修。

C. 丁在第 2 学年选修。　　　　　　　　　D. 丁在第 4 学年选修。

E. 戊在第 1 学年选修。

◆♀ 42. 如果甲、庚均在乙之后的学年选修，则可以得出以下哪项？

A. 戊在第 1 学年选修。　　　　　　　　　B. 戊在第 3 学年选修。

C. 庚在甲之前的学年选修。　　　　　　　D. 甲在戊之前的学年选修。

E. 庚在戊之前的学年选修。

◆♀ 43. 习俗因传承而深入人心，文化因赓续而繁荣兴盛。传统节日带给人们的不只是欢乐和喜庆，还塑造着影响至深的文化自信。不忘历史才能开辟未来，善于继承才能善于创新。传统节日只有不断融入现代生活，其中的文化才能得以赓续而繁荣兴盛，才能为人们提供更多心灵滋养与精神力量。

根据以上信息，可以得出以下哪项？

A. 只有为人们提供更多心灵滋养与精神力量，传统文化才能得以赓续而繁荣兴盛。

B. 若传统节日更好地融入现代生活，就能为人们提供更多心灵滋养与精神力量。

C. 有些带给人们欢乐和喜庆的节日塑造着人们的文化自信。

D. 带有厚重历史文化的传统将引领人们开辟未来。

E. 深入人心的习俗将在不断创新中被传承。

◆♀ 44. 当前，不少教育题材影视剧贴近社会现实，直击子女升学、出国留学、代际冲突等教育痛点，引发社会广泛关注。电视剧一阵风，剧外人急红眼，很多家长触"剧"生情，过度代入，焦虑情绪不断增加，引得家庭"鸡飞狗跳"，家庭与学校的关系不断紧张。有专家由此指出，这类教育影视剧只能贩卖焦虑，进一步激化社会冲突，对实现教育公平于事无补。

以下哪项如果为真，最能质疑上述专家的主张？

A. 当代社会教育资源客观上总是有限的且分配不平衡，教育竞争不可避免。

B. 父母过度焦虑轻则导致孩子间暗自攀比，重则影响亲子关系、家庭和睦。

C. 教育影视剧一旦引发广泛关注，就会对国家教育政策走向产生重要影响。

D. 教育影视剧提醒学校应明确职责，不能对义务教育实行"家长承包制"。

E. 家长不应成为教育焦虑的"剧中人"，而应该用爱包容孩子的不完美。

45～46题基于以下题干

某电影院制定未来一周的排片计划。他们决定，周二至周日（周一休息）每天放映动作片、悬疑片、科幻片、纪录片、战争片、历史片6种类型中的一种，各不重复。已知排片还有如下要求：

（1）如果周二或周五放映悬疑片，则周三放映科幻片；

（2）如果周四或周六放映悬疑片，则周五放映战争片；

（3）战争片必须在周三放映。

45. 根据以上信息，可以得出以下哪项？

A．周六放映科幻片。　　　　　　　　B．周日放映悬疑片。

C．周五放映动作片。　　　　　　　　D．周二放映纪录片。

E．周四放映历史片。

46. 如果历史片的放映日期既与纪录片相邻，又与科幻片相邻，则可以得出以下哪项？

A．周二放映纪录片。　　　　　　　　B．周四放映纪录片。

C．周二放映动作片。　　　　　　　　D．周四放映科幻片。

E．周五放映动作片。

47. 有些科学家认为，基因调整技术能大幅延长人类寿命。他们在实验室中调整了一种小型土壤线虫的两组基因序列，成功将这种生物的寿命延长了5倍。他们据此声称，如果将延长线虫寿命的科学方法应用于人类，人活到500岁就会成为可能。

以下哪项如果为真，最能质疑上述科学家的观点？

A．基因调整技术可能会导致下一代中一定比例的个体失去繁殖能力。

B．即使将基因调整技术成功应用于人类，也只会有极少的人活到500岁。

C．将延长线虫寿命的科学方法应用于人类，还需要经历较长一段时间。

D．人类的生活方式复杂而多样，不良的生活习惯和心理压力会影响身心健康。

E．人类寿命的提高幅度不会像线虫那样简单倍增，200岁以后寿命再延长基本不可能。

48. 贾某的邻居易某在自家阳台侧面安装了空调外机。空调一开，外机就向贾家卧室窗户方向吹热风，贾某对此叫苦不迭，于是找到易某协商此事。易某回答说："现在哪家没装空调？别人安装就行，偏偏我家就不行？"

对于易某的回答，以下哪项评价最为恰当？

A．易某的行为虽影响到了贾家的生活，但易某是正常行使自己的权利。

B．易某的行为已经构成对贾家权利的侵害，应该立即停止这种侵权行为。

C．易某没有将心比心，因为贾家也可以在正对易家卧室窗户处安装空调外机。

D．易某在转移论题，问题不是能不能安装空调，而是安装空调该不该影响邻居。

E．易某空调外机的安装不应正对贾家卧室的窗户，不能只顾自己享受而让贾家受罪。

49～50题基于以下题干

某校文学社王、李、周、丁4人每人只爱好诗歌、散文、戏剧、小说4种文学形式中的一种，且各不相同；他们每人只创作了上述4种中的一种作品，且形式各不相同；他们创作的作品形式与各自的文学爱好均不相同。已知：

（1）若王没有创作诗歌，则李爱好小说；

（2）若王没有创作诗歌，则李创作小说；

（3）若王创作诗歌，则李爱好小说且周爱好散文。

49. 根据上述信息，可以得出以下哪项？

A. 王爱好散文。　　　　　　　　　　　B. 李爱好戏剧。

C. 周爱好小说。　　　　　　　　　　　D. 丁爱好诗歌。

E. 周爱好戏剧。

50. 如果丁创作散文，则可以得出以下哪项？

A. 周创作小说。　　　　　　　　　　　B. 李创作诗歌。

C. 李创作小说。　　　　　　　　　　　D. 周创作戏剧。

E. 王创作小说。

51. 有科学家进行了对比实验：在一些花坛中种植了金盏草，而在另外一些花坛中未种植金盏草。他们发现：种植了金盏草的花坛，玫瑰长得很繁茂；而那些未种植金盏草的花坛，玫瑰却呈现病态，很快就枯萎了。

以下哪项如果为真，最能解释上述现象？

A. 为了利于玫瑰的生长，某园艺公司推荐种植金盏草而不是直接喷洒农药。

B. 金盏草的根系深度不同于玫瑰，不会与其争夺营养，却可保持土壤湿度。

C. 金盏草的根部可分泌出一种能杀死土壤中害虫的物质，使玫瑰免受其侵害。

D. 玫瑰花坛中的金盏草常被认为是一种杂草，但它对玫瑰的生长具有奇特的作用。

E. 花匠会对种有金盏草和玫瑰的花坛施肥较多，而对仅种有玫瑰的花坛施肥偏少。

52. 李佳、贾元、夏辛、丁东、吴悠 5 位大学生暑期结伴去皖南旅游。对于 5 人将要游览的地点，他们却有不同的想法：

李佳：若去龙川，则也去呈坎；

贾元：龙川和徽州古城两个地方至少去一个；

夏辛：若去呈坎，则也去新安江山水画廊；

丁东：若去徽州古城，则也去新安江山水画廊；

吴悠：若去新安江山水画廊，则也去江村。

事后得知，5 人的想法都得到了实现。

根据以上信息，上述 5 人游览的地点肯定有

A. 龙川和呈坎。　　　　　　　　　　　B. 江村和新安江山水画廊。

C. 龙川和徽州古城。　　　　　　　　　D. 呈坎和新安江山水画廊。

E. 呈坎和徽州古城。

53. 胃底腺息肉是所有胃息肉中最为常见的一种良性病变。最常见的是散发型胃底腺息肉，它多发于 50 岁以上人群。研究人员在研究 10 万人的胃镜检查资料后发现，有胃底腺息肉的患者无人患胃癌，而没有胃底腺息肉的患者中有 178 人发现有胃癌。他们由此断定，胃底腺息肉与胃癌呈负相关。

以下哪项如果为真，最能支持上述研究人员的断定？

A. 有胃底腺息肉的患者绝大多数没有家族癌症史。

B. 在研究人员研究的 10 万人中, 50 岁以下的占大多数。

C. 在研究人员研究的 10 万人中, 有胃底腺息肉的人仅占 14%。

D. 有胃底腺息肉的患者罹患萎缩性胃炎、胃溃疡的概率显著降低。

E. 胃内一旦有胃底腺息肉, 往往意味着没有感染致癌物 "幽门螺杆菌"。

54 ~ 55 题基于以下题干

某特色建筑项目评选活动设有纪念建筑、观演建筑、会堂建筑、商业建筑、工业建筑 5 个门类的奖项。甲、乙、丙、丁、戊、己 6 位建筑师均有 2 个项目入选上述不同门类的奖项, 且每个门类均有上述 6 人的 2 ~ 3 个项目入选。已知:

(1)若甲或乙至少有一个项目入选观演建筑或工业建筑, 则乙、丙入选的项目均是观演建筑和工业建筑;

(2)若乙或丁至少有一个项目入选观演建筑或会堂建筑, 则乙、丁、戊入选的项目均是纪念建筑和工业建筑;

(3)若丁至少有一个项目入选纪念建筑或商业建筑, 则甲、己入选的项目均在纪念建筑、观演建筑和商业建筑之中。

54. 根据上述信息, 可以得出以下哪项?

A. 甲有项目入选观演建筑。   B. 丙有项目入选工业建筑。

C. 丁有项目入选商业建筑。   D. 戊有项目入选会堂建筑。

E. 己有项目入选纪念建筑。

55. 若己有项目入选商业建筑, 则可以得出以下哪项?

A. 己有项目入选观演建筑。   B. 戊有项目入选工业建筑。

C. 丁有项目入选商业建筑。   D. 丙有项目入选观演建筑。

E. 乙有项目入选工业建筑。

【参考答案】

CEADE   BBEDA   ECBDE   AACCB   CEDDA   CBEDA

2022 年入学经济类综合能力逻辑真题

36. 党的十八大以来，以习近平同志为核心的党中央把脱贫攻坚摆在治国理政的突出位置。经过艰苦努力，到 2020 年我国 9 899 万农村贫困人口全部脱贫，832 个贫困县全部摘帽，12.8 万个贫困村全部出列。有专家由此指出，我国取得这场脱贫攻坚战的胜利为全球减贫事业作出了重大贡献。

以下哪项如果为真，最能支持上述专家的论断？

A. 这场脱贫攻坚战的胜利是我国创造的又一个彪炳史册的人间奇迹，举世瞩目。

B. 这场脱贫攻坚战的胜利体现了我国社会主义制度可集中力量办大事的政治优势。

C. 我国脱贫攻坚战所形成的中国特色反贫困理论和经验，赢得国际社会广泛赞誉。

D. 按照世界银行的国际贫困标准，我国减贫人口占同期全球减贫人口的 70% 以上。

E. 根据第 7 次人口普查数据，我国人口总量已超 14 亿，约占全球人口总数的 1/5。

37. 某城市公园中央有甲、乙、丙、丁 4 个大花坛，每个花坛均分为左、中、右 3 格，每格种植同一种花卉。具体种植情况如下：

	左	中	右
甲	牡丹	郁金香	茉莉
乙	郁金香	菊花	牡丹
丙	玫瑰	百合	菊花
丁	菊花	牡丹	百合

关于上述 4 个花坛的具体种植情况，以下哪项陈述是正确的？

A. 每个花坛均种有牡丹或者茉莉。

B. 每个花坛菊花或者郁金香至多种了一种。

C. 若中间格种的不是郁金香，则该花坛种有菊花。

D. 若中间格种的不是牡丹，则该花坛其他格种有牡丹。

E. 若左边格种的不是郁金香或玫瑰，则该花坛种有百合。

38 ～ 39 题基于以下题干

有金、银、铜 3 种奖牌放在甲、乙、丙三个箱子中，每个箱子放有两枚奖牌。已知：

（1）甲箱中至少有一枚奖牌是铜牌；

（2）至少有一个箱子，其两枚奖牌的类别不同；

（3）乙箱中至少有一枚奖牌是金牌，但没有银牌。

38. 根据以上条件，以下哪项可以是三个箱子中奖牌的正确组合？

A. 甲：银牌和铜牌；乙：金牌和银牌；丙：铜牌和铜牌。

B. 甲：金牌和银牌；乙：金牌和铜牌；丙：银牌和银牌。

C. 甲：铜牌和铜牌；乙：银牌和银牌；丙：金牌和铜牌。

D. 甲：金牌和铜牌；乙：金牌和铜牌；丙：银牌和铜牌。

E. 甲：铜牌和铜牌；乙：金牌和金牌；丙：铜牌和铜牌。

39. 以下哪项作为丙箱中的奖牌组合总是可以满足上述条件？

A. 银牌和银牌。
B. 金牌和银牌。
C. 金牌和金牌。
D. 金牌和铜牌。
E. 铜牌和铜牌。

40. 一般认为，近现代社会发展的最初阶段主要靠效率引擎驱动。只有效率够高，才能更快地推动工业化和城市化，才能长期保持 GDP 高速增长。而当社会发展到一定阶段时就需要效率与公平双轮驱动，甚至以公平驱动为主。因为只有公平驱动才能提高消费能力，才能释放生产能力。

根据上述信息，可以得出以下哪项？

A. 如果没有效率驱动，就没有公平驱动。
B. 如果实现社会公平，就能释放生产能力。
C. 只有提高消费能力，才能实现效率与公平双轮驱动。
D. 如果效率不够高，就不能更快地推动工业化和城市化。
E. 只有长期保持 GDP 高速增长，才能更快地推动工业化和城市化。

41. 近期有三家外国制药公司宣称，他们生产的新冠肺炎疫苗的有效率分别为 94%、95% 和 70%。但有研究人员指出，这些公司宣称的"有效率"指的是保护人们避免出现新冠肺炎症状的几率，而导致新冠病毒传遍全球的主要途径是无症状患者的传播。该研究人员由此认为，目前还不能确定接种这些疫苗是否可以获得群体免疫，进而阻止新冠病毒在全球范围内的传播。

以下哪项如果为真，最能支持上述研究人员的观点？

A. 一些接种疫苗者获得了免疫力，并不能说明他们可以避免被感染。
B. 其中一家公司的数据显示，接种疫苗的志愿者中存在少数无症状患者。
C. 这三家公司的 3 期试验中，没有进一步检测接种疫苗者中的无症状病例。
D. 一些接种疫苗者没有按照要求继续采取佩戴口罩、保持社交距离等预防措施。
E. 这些公司提供的数据不足以说明他们的疫苗可以阻止接种者成为无症状传播者。

42. 老李在兰花、罗汉松、金桔、牡丹、茶花这 5 个盆栽中选购了 3 个放在家中观赏。老李对选购的盆栽有如下要求：

（1）如果选购兰花，就选购罗汉松；
（2）如果选购牡丹，就选购罗汉松和茶花。

根据上述信息，老李一定选购了如下哪个盆栽？

A. 兰花
B. 罗汉松
C. 金桔
D. 牡丹
E. 茶花

43. 甲、乙、丙、丁 4 位企业家准备对我国西部某山区进行教育捐赠。4 位企业家表示，他们要共同捐赠以发挥最大效益。关于捐赠的对象，4 人的意愿如下：

甲：如果捐赠中高村，则捐赠北塔村；
乙：如果捐赠北塔村，则捐赠西井村；
丙：如果捐赠东山村或南塘村，则捐赠西井村；

丁：如果捐赠南塘村，则捐赠北塔村或中高村。

事实上，除丙以外其余人的意愿均得到了实现。

根据以上信息，4位企业家共同捐赠的山村是

A.北塔村   B.中高村

C.东山村   D.西井村

E.南塘村

44. 在2020年的4个季度中，宋杰、袁浩、黄兵3人都至少有2个季度绩效为优秀。另外还知道：

（1）宋杰与袁浩有2个季度同为优秀；

（2）宋杰与黄兵没有在同一季度均为优秀；

（3）袁浩在二季度不是优秀，宋杰在四季度不是优秀。

根据以上陈述，可以得出以下哪项？

A.宋杰在二季度优秀。   B.袁浩在四季度优秀。

C.黄兵在三季度优秀。   D.袁浩在四季度不是优秀。

E.黄兵在三季度不是优秀。

45. 小张：现在网红餐厅一心想赚快钱，重"面子"而轻"里子"，把大量资源投入到营销、包装、用餐环境等方面，忽视了口味、食品安全等餐饮业的核心服务要素。

小李：你不能一概而论。有些网红餐厅没有因网红带来的更多流量和生意而陶醉，而是更有意识去维护这一"网红"状态，不断提高服务质量。

以下哪项最可能是上述两人争论的焦点？

A.网红餐厅是否都一心想赚钱。

B.网红餐厅是否都以口味为王。

C.网红餐厅是否都重"面子"而轻"里子"。

D.网红餐厅是否都能一直保持其"网红"状态。

E.网红餐厅是否都忽视了餐饮业的核心服务要素。

46. 《春秋》原是先秦时代各国史书的通称，后仅指鲁国的《春秋》。《春秋》最突出的特点就是寓褒贬于记事的"春秋笔法"。因此，《春秋》是"微言大义"的经典，是定名分、制法度的范本。史学家从中领悟到修史应该有严格而明确的倾向性，文学家则体会到遣词造句力求简洁而意蕴深刻。

根据以上信息，可以得出以下哪项？

A.鲁国的《春秋》之所以传世是由于其寓褒贬于记事的"春秋笔法"。

B.凡具有"微言大义"的经典都是定名分、制法度的范本。

C.有些定名分、制法度的文本也是"微言大义"的经典。

D.如果寓褒贬于记事，则修史就能具有明确的倾向性。

E.只有遣词造句力求简洁，修史才能做到意蕴深刻。

47. 有一论证（相关语句用序号表示）如下：

①天行有常，不为尧存，不为桀亡。②应之以治则吉，应之以乱则凶。③强本而节用，则天不能贫；养备而动时，则天不能病；循道而不贰，则天不能祸。④故水旱不能使之饥，寒暑不能使之疾，

袄怪不能使之凶。⑤本荒而用侈，则天不能使之富；养略而动罕，则天不能使之全；倍道而妄行，则天不能使之吉。⑥故水旱未至而饥，寒暑未薄而疾，袄怪未至而凶。

如果用"甲 ——→ 乙"表示"甲支持（或证明）乙"，则以下哪项对上述论证基本结构的表示最为准确？

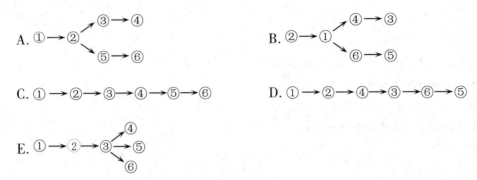

48. "十一"长假小李、小王、小张3人相约周边游，他们拟在竹山、花海、翠湖、南山古镇、植物园、海底世界6个景点中选择若干进行游览。关于这次游览的方案，3人的意见如下：

小李：我既想逛南山古镇，又想爬竹山；

小王：如果游览翠湖，则花海和南山古镇均不游览；

小张：如果不游览翠湖，就游览海底世界但不游览植物园。

根据他们3人的意见，他们3人游览的景点一定有

A. 花海、翠湖、植物园。　　　　　　　B. 花海、竹山、翠湖。

C. 竹山、南山古镇、植物园。　　　　　D. 竹山、南山古镇、海底世界。

E. 南山古镇、植物园、海底世界。

49. 近日，M市消委会公布了3款知名薯片含有致癌物的检测报告并提醒消费者谨慎购买。该报告显示，S公司生产的薯片样品中致癌物丙烯酰胺的含量超过 2 000 μg/kg，高于欧盟设定的基准水平值 750 μg/kg。S公司知晓后，立即对此事件做出了回应和反驳。

以下哪项如果为真，作为S公司的回应和反驳最为有力？

A. 关于食物中丙烯酰胺的限量，我国目前没有出台相关的法规和标准。

B. 薯片类产品普遍含有丙烯酰胺，但吃一包薯片丙烯酰胺的实际摄入量极低。

C. S公司的薯片因销量突出才受到消委会的关注，不排除竞争对手的恶意举报。

D. 大多数品牌的薯片丙烯酰胺都超标，消委会不应该只检测S公司等几个品牌的薯片。

E. 多家权威机构公布的相关检测报告显示，与消委会检测的薯片样品同批次的薯片抽检均无问题。

50. 某单位从各部门抽调人员组成"人事调动组""后勤保障组""安全保卫组""网络应急组"负责该单位的新冠肺炎疫情防控工作。4个组每组3～5人；共有男性16人，女性3人；有研究生学历的13人。除"人事调动组"外，其他小组成员均是男性；除"网络应急组"外，其他小组均有成员未拥有研究生学历；"安全保卫组"所有成员均没有研究生学历。

根据以上信息，可以得出以下哪项？

A. 安全保卫组共有4名男性成员。

B. 人事调动组的女性成员都有研究生学历。

C. 人事调动组有女性成员没有研究生学历。

D. 后勤保障组至多有 3 名成员拥有研究生学历。

E. 后勤保障组至少有 2 名成员没有研究生学历。

51. 一项研究显示，如果按照现有排放趋势，全球海平面到 2100 年将上升 1 米。科研人员由此指出，除非温室气体排放量减少，否则到 2100 年全球将有多达 4.1 亿人生活在海拔低于 2 米的地区，他们都将面临海平面上升带来的生存风险。

以下哪项如果为真，最能支持上述科研人员的观点？

A. 目前全世界有 2.7 亿人生活在海拔低于 2 米的地区。

B. 温室气体排放会导致全球气温升高，从而导致海平面上升。

C. 如果温室气体排放量减少，就可以消除海平面上升带来的风险。

D. 海平面上升会带来大量气候移民，给全球社会的稳定造成威胁。

E. 目前，生活在海拔低于 2 米地区的部分居民并未感知到海平面上升带来的风险。

52. 近年来，流失海外百余年的圆明园 7 尊兽首铜像"鼠首、牛首、虎首、兔首、马首、猴首和猪首"通过"华商捐赠""国企竞拍""外国友人返还"这 3 种方式陆续回归中国。每种方式均获得 2 ~ 3 尊兽首铜像，且每种方式获得的兽首铜像各不相同。已知：

（1）如果牛首、虎首和猴首中至少有一尊是通过"华商捐赠"或者"外国友人返还"回归的，则通过"国企竞拍"获得的是鼠首和马首；

（2）如果马首、猪首中至少有一尊是通过"国企竞拍"或者"外国友人返还"回归的，则通过"华商捐赠"获得的是鼠首和虎首。

根据上述信息，以下哪项是通过"外国友人返还"获得的兽首铜像？

A. 鼠首、兔首。　　　　　　　　　B. 马首、猴首。

C. 兔首、猪首。　　　　　　　　　D. 鼠首、马首。

E. 马首、兔首。

53. 近年来，中国把知识产权保护工作摆在更加突出的位置，将知识产权置于战略高位，在各个经济领域都注重知识产权保护。2020 年中国国家知识产权局受理的专利申请数量达到 150 万件，继续排名世界第一。这充分体现了中国对创新保护工作的高度重视。

以下哪项如果为真，最能支持以上论述？

A. 创新是引领发展的第一动力。

B. 保护知识产权就是保护创新。

C. 中国正在着力引导知识产权向提高质量转变。

D. 中国将进一步激发创新活力，加大鼓励专利申报力度。

E. 一个国家的专利申报数量越多，说明该国科技实力越强。

54 ~ 55 题基于以下题干

某大学为进一步加强本科教学工作，从甲、乙、丙、丁、戊、已和庚七个学院中挑选了 8 名教师加入教学督导委员会。已知：

（1）每个学院至多有 3 名教师入选该委员会；

（2）甲、丙、丁学院合计只有1名教师入选该委员会；

（3）若甲、乙中至少有一个学院的教师入选，则戊、己、庚中至多有一个学院的教师入选。

54. 根据上述信息，可以得出以下哪项？

A. 丁和庚学院都有教师入选。　　　　　　B. 戊和己学院都有教师入选。

C. 丙和乙学院都有教师入选。　　　　　　D. 甲和戊学院都有教师入选。

E. 戊和丁学院都有教师入选。

55. 若乙和戊两学院合计仅有1名教师入选，则可以得出以下哪项？

A. 甲和丙学院共有1名教师入选。　　　　B. 戊和丁学院共有2名教师入选。

C. 乙和己学院共有3名教师入选。　　　　D. 丁和己学院共有4名教师入选。

E. 丙和庚学院共有3名教师入选。

【参考答案】

DCDBD　EBCEE　CADEA　BABBC

请将考研带给你柠檬般的酸楚，

酿成犹如柠檬汽水般的香甜。